破产管理人实务指引
编委会

主编：刘 毅

编写人员（按姓名首字母排序）：

蔡欣源　陈玉莲　陈梓源　后冰倩

彭西妮　邵杰成　徐文涛　张旭娟

破产管理人实务指引

刘毅 主编

Practical Guidelines
for Bankruptcy Administrators

图书在版编目(CIP)数据

破产管理人实务指引 / 刘毅主编. -- 北京：北京大学出版社，2024.9. -- ISBN 978-7-301-35634-0

Ⅰ. D922.291.924

中国国家版本馆 CIP 数据核字第 202486S92A 号

书　　　名	破产管理人实务指引 POCHAN GUANLIREN SHIWU ZHIYIN
著作责任者	刘　毅　主编
责 任 编 辑	刘秀芹
标 准 书 号	ISBN 978-7-301-35634-0
出 版 发 行	北京大学出版社
地　　　址	北京市海淀区成府路 205 号　100871
网　　　址	http://www.pup.cn　新浪微博：@北京大学出版社
电 子 邮 箱	zpup@pup.cn
电　　　话	邮购部 010-62752015　发行部 010-62750672　编辑部 021-62071998
印 刷 者	北京溢漾印刷有限公司
经 销 者	新华书店
	730 毫米×1020 毫米　16 开本　22.5 印张　404 千字 2024 年 9 月第 1 版　2025 年 3 月第 2 次印刷
定　　　价	78.00 元

未经许可，不得以任何方式复制或抄袭本书之部分或全部内容。
版权所有，侵权必究
举报电话：010-62752024　电子邮箱：fd@pup.cn
图书如有印装质量问题，请与出版部联系，电话：010-62756370

序 言

在经济全球化和市场竞争激烈的时代,企业面临的风险和挑战日益增多,破产作为一种概括性清算程序和企业挽救程序,对于优化资源配置、维持企业营运价值、保护债权人和债务人的合法权益等均具有不可替代的作用。不同于一般诉讼和非讼案件,在破产案件的操作流程中,管理人承担着推动破产程序顺利进行、确保破产财产合理分配、兼顾各方利害关系人利益等重要职责,其能力、经验和素质不仅影响办理破产案件质效,还关系到破产企业的生死命运。

破产管理人的履职需要深厚的法律知识储备、丰富的实务操作经验、勤勉尽责的敬业精神与敏锐的商事观察力和判断力。如果说《企业破产法》只提供了法律规范方面的框架结构的话,一套成熟的破产案件办理操作流程和操作模型则需要依赖管理人和法官自身的实际操作经验来加以构建。

刘毅律师主编的《破产管理人实务指引》正是这样一本集法律规范框架、法律规则体系、实务操作重点难点、全流程方案设计以及管理人工作艺术等于一体的实用工具书。刘毅律师领衔的上海市光大律师事务所清算重组团队从破产管理人视角出发,立足于其管理人履职内容,通过本书系统阐述破产程序中的各项操作流程和实务技巧。从管理人的选任、职责明确,到破产企业的接管、财产调查、债权审核,再到债权人会议的组织、财产的管理和变价以及破产财产的分配和破产程序的终结,本书提供了细致、周全的全景式操作指引。

与市面上的相关图书相比,本书具有五大特色:

一、场景感。本书全部内容的设计和安排给读者以亲临管理人办案现场之感,每一个操作步骤、每一项工作内容、每一个方案设计、每一条操作路径等,都能够让读者感受到"手把手"现场操作指引的具体场景。

二、实训性。 由于破产业务的复杂性和对管理人"通才＋专才"的多元知识技能需求，对于那些已经通晓法律、会计、审计等不同业务的破产管理人才，若希望快速熟悉破产案件的具体操作流程并胜任管理人角色，就需要有一本以实际操作为导向、立足"一线操盘手"快速入门的工具书。

三、专业性。 本书编委会成员均为破产律师，具有丰富的管理人履职经验，深刻洞悉管理人履职的重点、难点和痛点。故本书从法院摇号指定管理人开始，直至破产程序终结，除了为管理人"点面结合"地给出针对性指引外，还为债务人股东及其董监高、债权人以及共益债投资人和重整投资人等在破产程序中的角色定位及其在破产程序中的行为规范等问题，提供了精准建议和具体指导。

四、全面性。 根据《企业破产法》及相关配套法律法规以及各地针对破产案件制定的相关指引与实施细则，本书在提供破产清算、破产重整、破产和解等标准程序下的履职指引之外，还介绍了预重整、合并破产等特殊程序，同时对破产衍生诉讼的不同案由进行了精细分析，并提供了清晰的诉讼思路与详细的案例解读。可以说，本书足以让读者洞悉与破产相关的几乎所有事务。

五、新颖性。 上海作为代表中国参与世界银行营商环境评估的样本城市，在法治层面的理论研究与实践经验均具有很强的前瞻性，本书恰是立足于上海破产案件实践经验撰写而成，其中不乏匹配上海市司法环境及市场主体出清的相关政策要求，实务处理方式更为新颖、开放和灵活。本书成稿时，恰逢《公司法》修订通过，编委会基于《公司法》修订中与破产相关的内容，进行了补充分析和实操提示，能够为当下办理破产案件提供最新的路径参考。

上海市法学会破产法研究会会长
上海交通大学凯原法学院特聘教授
韩长印
2024 年 6 月 4 日

前　言

　　破产是市场经济发展到一定阶段必然出现的法律现象。《企业破产法》自2007年6月1日施行至今，已十七载有余，对促进市场资源优化配置、推动我国经济良性运转发挥了重要的作用，并为市场主体提供了广泛的权利保障。但由于破产涉及的利益群体、法律关系之复杂性，仅依托一部破产法并不能真正解决实务问题，需要同时适用诸如公司法律制度、物权法律制度、合同法律制度、担保法律制度、侵权法律制度、劳动法律制度等；此外，破产制度具有极强的实践性和社会性，只有深入案件本身，方能真正解决问题，并洞悉破产法律制度的核心要义。

　　破产管理人制度是破产法的重要组成部分，破产程序中大部分事务的推动与完成，均有赖于管理人通过积极、全面履职实现，管理人是破产程序的主要推动者和破产事务的具体执行者。故基于制度和实践所需，管理人需要具备扎实的法律等专业知识、敏锐的市场判断力及高效的决策和执行能力。

　　刘毅律师领衔的上海市光大律师事务所清算重组团队，2012年以跨境破产和重组为起点，历经十余年发展，其间担任数百起案件的破产管理人，承办案件连续多年被上海破产法庭、上海铁路运输法院、上海市破产管理人协会评为典型案例、优秀履职案例，已经形成成熟的破产案件办理流程。据此，光大律所入选上海市高级人民法院一级企业破产案件管理人名册（2022年）。为了继续加强团队建设和提升执业能力，在光大律所成立30周年之际，我们决定编写一本《破产管理人实务指引》，对过往上海地区的管理人实践进行总结归纳，以期能够为管理人同行或其他参与主体提供有益的借鉴，同时也为光大律所进入"而立之年"献上一份贺礼。

　　基于前述，本书系自人民法院裁定受理破产案件并指定管理人开始论述，从管理人履职的角度，详细介绍破产全流程事务及其办理要点，全面剖析管理人在各个阶段的履职要求，特别强调实务操作中的策略选择与技能运用，并辅以相关案例解读。同时，本书还探讨了破产程序之间的转换、预重整、合并破产、破产衍生诉讼等特殊主题，既呼应了当前破产领域的发展趋势，也拓宽了办理破产案件的多元化思路。

办好破产案件，维护好每个利害关系人的合法权益，既是"破人"们的初心，也是优化营商环境和实现高质量发展的内在要求。我们深知，市场环境具有复杂性，每个破产案件的情况也千差万别，一本书实难涵盖所有情形，唯有立足于共性问题，保持专业的谦逊态度，方能形成具备参考价值的管理人实务指南。同时，由于我们学识有限，本书难免存在不足之处，还请读者不吝指正，以便我们持续完善本书内容。

目 录

第一章　管理人前期准备工作　1

　第一节　管理人内部利冲检索、立项　1

　　一、利冲检索范围和方法　1

　　二、在内部系统建立案件信息　2

　第二节　案件背景调查　2

　　一、债务人概况检索与调查　2

　　二、组建项目小组及确定人员分工　6

　　三、联络破产受理法院，递交管理人任职材料及协查申请　7

　　四、项目组建章立制　8

　第三节　管理人执行职务的准备工作　8

　　一、刻章、开户、确定债权申报期间和第一次债权人会议时间及召开方式　8

　　二、破产重整网案件信息登记　9

　　三、刊登债权申报通知及一债会公告，并发送首轮债权申报通知与催收函　9

　　四、梳理破产申请材料信息，联系相关方了解案件情况　10

第二章　接管债务人　11

　第一节　接管前准备工作　11

　　一、联系债务人相关人员并发函通知　11

　　二、现场实地勘查，保持和属地政府机构的有效沟通　13

　　三、制订接管方案　13

　第二节　正式接管　15

　　一、接管会议　15

　　二、分步分类实施接管，制作接管文件　16

　　三、根据情况采取接管措施，离场　17

第三节 接管后续工作 18
　　一、接管情况专项报告人民法院 18
　　二、制订财产管理方案，并报人民法院许可 19
　　三、制订均未履行完毕合同的处理方案，报人民法院许可 19
　　四、债务人继续营业和自行营业的分析及报告人民法院 20
　　五、制订聘请审计、评估等中介机构的方案，并报人民法院许可 21
　　六、完善企业年检、报税等事项，保持企业正常状态 22

第四节 "三无"企业接管 22
　　一、向相关人员（户籍地、已知居住地）穷尽手段送达接管函 23
　　二、债务人的注册地、经营地实地走访 23
　　三、向债权人、其他人员及出租方了解企业情况 23

第五节 拒不配合企业的接管 24
　　一、穷尽全部的接管措施 24
　　二、申请人民法院裁定强制接管 24
　　三、做好强制接管的预案并报人民法院 25
　　四、在人民法院主持下强制接管及对相关人员的处罚措施 25

第三章 财产调查 26

第一节 债务人的财产范围 26
　　一、债务人财产的特征 26
　　二、债务人财产的范围 27

第二节 流动资产的调查 28
　　一、货币资金 28
　　二、应收票据、应收账款和预付账款 31
　　三、存货 33
　　四、股东出资 34
　　五、其他流动资产 35

第三节 非流动资产的调查 36
　　一、不动产 36
　　二、在建工程 37
　　三、长期股权投资及分支机构 41

　　　　四、车辆　43

　　　　五、设备　44

　　　　六、生产性生物资产　45

　　　　七、无形资产　45

　　　　八、其他非流动资产　46

第四章　债权申报与审核　49

　　第一节　确定已知债权人　49

　　　　一、税务、社保、公积金等债权人　49

　　　　二、梳理涉诉涉执案件信息　51

　　　　三、债务人提供的债权人清单　52

　　　　四、审计机构梳理的对外应付及预收款名单　52

　　　　五、管理人履职中发现的可能债权人　53

　　第二节　向已知债权人发送债权申报通知文件　53

　　　　一、法院的债权申报公告　53

　　　　二、发送债权申报文件　54

　　　　三、对特殊主体的债权通知文件　55

　　　　四、逾期申报的处理　56

　　　　五、债权申报资料的接收与档案管理　56

　　第三节　债权的审核、核查与确认　57

　　　　一、债权审定流程及要求　57

　　　　二、职工债权的处理　60

第五章　未决诉讼/仲裁、执行案件的处理　62

　　　　一、梳理案件信息，与债务人沟通案件情况　62

　　　　二、发送中止审理/执行申请文件　63

　　　　三、未决诉讼/仲裁、执行案件代理人的处理　65

　　　　四、视案件情况决定处理方式　65

第六章　财产管理和变价　69

　　第一节　财产管理　69

　　　　一、财产管理方案　69

　　　　二、共益债融资　75

三、选聘第三方服务机构　79
第二节　财产变价　84
　　一、财产变价方案　84
　　二、以公开拍卖为基本原则　90
　　三、财产变价限制　93
　　四、变价财产的权属变更　93

第七章　债权人会议　97
第一节　概述　98
　　一、债权人会议的特征　98
　　二、债权人会议的职权　99
　　三、参会人员及表决权　103
　　四、会议准备　107
第二节　第一次债权人会议　110
　　一、会议议程　110
　　二、会议文件　111
　　三、会议的表决　118
　　四、会议后续事项　119
第三节　后续债权人会议　120
　　一、召集人　120
　　二、召开程序　120
　　三、会议议题　120

第八章　一债会后的主要工作　121
第一节　核查债权及提请确认无异议债权　121
　　一、核查待定及补充申报的债权　121
　　二、应诉债权确认纠纷　122
　　三、提请确认无异议债权　123
第二节　执行财产管理及变价方案　125
　　一、严格执行各项财产管理和变价方案　125
　　二、启动追讨对外债权等诉讼　126
　　三、注意事项　126

第三节　推进第三方中介服务工作　127

　　　　一、沟通需求，有效配合，快速出具服务结果　127

　　　　二、监督第三方机构合规开展工作　128

　　　　三、听取人民法院、债权人、债务人的意见　128

　　第四节　其他重要事项　128

　　　　一、定期提交履职报告　128

　　　　二、向债权人、债务人等进行信息披露以及有效沟通　129

　　　　三、制作清算账目　130

第九章　宣告破产和分配　132

　　第一节　宣告破产　132

　　　　一、概念　132

　　　　二、宣告破产的依据　132

　　　　三、宣告破产的法律效果　133

　　第二节　破产财产变价和分配　135

　　　　一、执行财产变价方案　135

　　　　二、分配财产　136

第十章　破产终结　139

　　　　一、无财产可供分配的终结　139

　　　　二、破产财产分配完毕的终结　139

　　　　三、特殊情况下的破产终结　140

　　　　四、终结裁定　140

第十一章　终结后管理人履职　141

　　第一节　注销工作　141

　　　　一、注销破产企业的银行账户、税务、社保、工商等登记信息　142

　　　　二、移交接管的证照、印鉴、文书等资料　151

　　　　三、注销管理人账户、封存印章　153

　　第二节　管理人终止执行职务　154

　　第三节　追加分配　154

　　　　一、追加分配的财产范围　155

　　　　二、追加分配的分配方案　156

三、追加分配财产不足时的处理 156

第四节 提起其他诉讼的可能 156
一、程序正义与实体正义的纠葛 157

二、既有案例 158

三、破产终结后债权人仍可提起诉讼 160

第五节 信用修复 161
一、金融机构的信用修复 162

二、行政机关的信用修复 163

三、司法机关的信用修复 166

第十二章 程序转换的识别、转换及应用 167

第一节 破产程序的识别与转换 167
一、破产清算与重整之间的转换 167

二、破产清算与和解之间的转换 169

三、合并破产程序 170

四、预重整与重整之间的转换 171

第二节 重整程序 172
一、重整的申请 173

二、重整的受理 176

三、债务人财产和营业事务的管理 177

四、重整投资人招募 183

五、重整计划草案的制订 185

六、重整计划草案的表决 190

七、重整计划的通过和批准 192

八、重整计划的执行与管理人监督 194

九、重整计划的变更 198

十、重整计划的终止 199

第三节 和解程序 200
一、和解申请的提出与审查 201

二、制作和解协议草案 205

三、和解协议的通过和认可 207

四、和解协议的执行　208

　　五、终止和解协议的执行　210

　　六、终止和解程序　211

　　七、破产中的自行和解　212

第四节　合并破产　213

　　一、关联企业的认定　213

　　二、实质合并破产的适用标准　214

　　三、实质合并破产的启动　218

　　四、实质合并破产的申请与受理　219

　　五、实质合并破产的法律后果　221

　　六、程序合并破产制度　225

第五节　预重整程序　228

　　一、准备工作　229

　　二、申请与受理　231

　　三、预重整工作方案的制订与实施　232

　　四、债权人会议　234

　　五、投资人招募　234

　　六、预重整方案及表决　235

　　七、程序终结与转换　235

第十三章　破产案件衍生诉讼　238

第一节　概述　238

　　一、破产衍生诉讼的概念　238

　　二、破产衍生诉讼的主体　239

　　三、破产衍生诉讼的管辖　240

　　四、诉讼费　241

　　五、破产衍生诉讼的提起时间　241

第二节　请求撤销个别清偿行为纠纷　242

　　一、法律规定及解读　242

　　二、管理人对于债务人个别清偿行为的处理路径　244

　　三、相关案例　246

第三节　请求确认债务人行为无效纠纷　248
　　一、法律规定及解读　248
　　二、管理人对于债务人无效行为的处理路径　249
　　三、相关案例　253

第四节　对外追收债权纠纷　255
　　一、法律规定及解读　255
　　二、管理人对于对外债权追收的处理路径　256
　　三、相关案例　258

第五节　追收未缴出资纠纷　260
　　一、法律规定及解读　260
　　二、管理人追收未缴出资的处理路径　263
　　三、相关案例　267

第六节　追收抽逃出资纠纷　269
　　一、法律规定及解读　269
　　二、管理人追收抽逃出资的处理路径　270
　　三、相关案例　273

第七节　追收非正常收入纠纷　275
　　一、法律规定及解读　276
　　二、管理人对于非正常收入的处理路径　278
　　三、相关案例　281

第八节　破产债权确认纠纷　286
　　一、法律规定及解读　286
　　二、管理人对于破产债权确认纠纷的处理路径　286
　　三、相关案例　288

第九节　取回权纠纷　293
　　一、法律规定及解读　293
　　二、管理人对于取回权纠纷的处理路径　297
　　三、相关案例　298

第十节　破产抵销权纠纷　300
　　一、法律规定及解读　300

二、管理人对于破产抵销的处理路径　304

　　三、相关案例　306

第十一节　别除权纠纷　309

　　一、法律规定及解读　309

　　二、管理人对于别除权纠纷的处理路径　313

　　三、相关案例　315

第十二节　破产撤销权纠纷　319

　　一、法律规定及解读　319

　　二、管理人应对撤销权纠纷的路径　322

　　三、相关案例　323

第十三节　损害债务人利益赔偿纠纷　326

　　一、法律规定及解读　326

　　二、管理人对于损害债务人利益行为的处理路径　329

　　三、相关案例　332

第十四节　管理人责任纠纷　334

　　一、法律规定及解读　334

　　二、管理人应对管理人责任纠纷的解决路径　335

　　三、相关案例　337

附录　常见管理人工作文书样式　341

第一章
管理人前期准备工作

第一节　管理人内部利冲检索、立项

一、利冲检索范围和方法

管理人系破产案件受理后，由人民法院指定成立的专门处理债务人财产的接管、资债清查、财产处置及分配等破产事务的中立第三方机构。为保证其履职的公允性及实时接受破产受理法院的指导与监督，《最高人民法院关于审理企业破产案件指定管理人的规定》建立了由破产受理法院预先编制管理人名册、个案从中指定的管理人选任制度。具体到实务中，选任方式包括随机摇号、竞争性选聘、抽签、轮候或相关主体推荐指定等。为了避免管理人选任中的"权力寻租"及利害关系人不当干预，绝大多数案件优先采用管理人名录中随机摇号的方式选定管理人，但是这样的选任方式很可能出现利益冲突问题。根据《中华人民共和国企业破产法》（以下简称《企业破产法》）第24条第3款及《最高人民法院关于审理企业破产案件指定管理人的规定》第23条、第24条、第25条等规定，建立事先的利冲检索机制十分有必要。

具体到上海市，《上海市破产管理人协会破产案件管理人工作指引（试行）》第5条、第6条、第7条、第10条以及《上海市破产管理人协会强制清算案件清算组工作指引（试行）》第6条、第7条、第9条等均规定了管理人利益冲突的情形及回避制度。因此，在上海市高级人民法院以随机摇号方式选定破产清算案件管理人的情况下，管理人应当在知晓摇号结果后第一时间通过本单位内部管理系统查询，根据查询结果对照法律法规规定，判断是否存在与案件有利益冲突的情形。如存在利益冲突，应向人民法院提交利冲报告和回避申请并附利冲证明材料；如确定没有利益冲突，则在收到通知后 3 日内与人民法院联系办理指定管理人相关手续。

二、在内部系统建立案件信息

在确定没有案件利益冲突后，由团队指定负责人员在管理人所属机构内部 OA 系统立项报备，并就办理指定管理人手续相关文件申请用印；同时，根据报送人民法院的管理人工作组成员名单组建项目小组。通常来说，各管理人会根据所属机构的合规管理要求、办案实际需求及辅助工具使用习惯，选择使用相应的项目管理软件、即时沟通群组（如微信、钉钉等），以便及时、高效、全面记录破产管理工作进度，并能够与债权人、人民法院等形成良好互动。

第二节 案件背景调查

一、债务人概况检索与调查

管理人在确认无利益冲突后，应第一时间着手对债务人概况进行初步的线上检索与调查（包括工商内档中的基本情况、涉诉与涉执情况、可在线核查的财产情况、税务状况等），以便研判案件难易程度和预测工作量，合理组建项目小组及安排工作。

（一）工商内档

1. 查询内容

（1）企业及相关人员的信息：企业工商注册登记地址及联系方式；企业年报中的地址及联系方式；企业工商注册代理人的联系方式；股东与董事、监事、高级管理人员的名称/姓名及联系方式等。对于仅有股东及董事、监事、高级管理人员身份证号码而无具体联系地址或电话的，后续还应当前往公安机关调取相应自然人的人口信息登记卡（以下简称"口卡"），并根据其上记载的地址进行联系。

（2）内部文书资料：公司章程、历次股东会与董事会会议记录或决议文件、章程修正案等。

（3）股权相关情况：股东出资情况、股权权利负担、股权变动情况等。

（4）资产相关情况：验资报告中的验资户等银行账户情况、企业注册地址租赁合同或自有房产证信息等。

（5）对外投资、分支机构等相关情况：如确有对外投资和分支机构的，应当一并调取相应的工商内档，并同步核查相应内容。如债务人对外投资、分支机构设立在外地，除浙江、深圳等已开通在线调档的区域外，对于无法在线调档的区域，管理人后续应当亲自前往当地或者委托当地律师代为调取工商内档。

2．调取方式

（1）线上调取：通过上海市一网通办上的"上海企业登记档案查阅系统"调取债务人工商登记全套档案。同时，通过国家企业信用信息公示系统查询债务人相关信息，包括但不限于债务人注册地址、联系方式、邮箱、企业年报登记的通信地址、实际经营地址等（摘录债务人联系地址及方式等）。

（2）线下调取：前往债务人工商注册登记机关调取。有限责任公司工商登记机关通常为企业所在区市场监督管理局，股份有限公司则为上海市市场监督管理局。

（二）涉诉与涉执行情况

1．查询内容

在线梳理债务人的涉诉与涉执行情况，有助于管理人初步掌握债务人的债权、债务状况，判断后续破产工作推进的难易程度。同时，也可通过诉讼及执行相关文书初步挖掘债务人的财产信息，查看有无优质资产及资产被采取的限制措施，进而初步判断后续有无重整或者和解可能。具体查询内容包括：

（1）已决案件

需查询案号、管辖法院、案由、债务人的诉讼地位、判决金额、是否已进入执行程序、已履行/未履行金额、是否有终结本次执行情况等，该等查询结果应以表格形式摘录重要信息后备用，以便在收到人民法院破产受理裁定书、指定管理人决定书后的第一时间能够向债权人寄送债权申报通知，并向债务人的债务人寄送催收函件。

（2）未决案件

需查询是否已开庭、开庭公告信息、案由、管辖法院等。《企业破产法》第20条规定："人民法院受理破产申请后，已经开始而尚未终结的有关债务人的民事诉讼或者仲裁应当中止；在管理人接管债务人的财产后，该诉讼或者仲裁继续进行。"故，对于查询到的未决案件信息，应第一时间联系受案法院及主审法官，告知债务人已进入破产程序，并沟通中止审理或更换诉讼代表人、代理人等事项。同时，《企业破产法》第19条规定："人民法院受理破产申请后，有关债务人财产的保全措施应当解除，执行程序应当中止。"对于正在进行的执行案件及已被采取保全措施的债务人财产，应当与法官先行沟通中止执行及解除保全事宜，待后续收到人民法院破产受理裁定文书后，再行递交书面函件。

2. 查询方式

可先通过企查查、天眼查等网站进行初步查询，再通过威科先行、北大法宝、法信、Alpha等第三方法律检索网站对债务人所涉案件进行查漏补缺，最后通过中国裁判文书网[1]、中国执行信息公开网等官方网站进行核对确认。相关网站信息如下：

- 中国裁判文书网：https://wenshu.court.gov.cn。
- 中国执行信息公开网：https://zxgk.court.gov.cn。
- 威科先行：https://law.wkinfo.com.cn。
- 北大法宝：https://pkulaw.com。
- 法信：https://www.faxin.cn。
- Alpha：https://alphalawyer.cn。
- 企查查：https://www.qcc.com。
- 天眼查：https://www.tianyancha.com。

（三）财产状况初调

1. 查询内容

通过在线方式可初步核查债务人的资产情况，除却前述工商内档中记载的信息、涉诉涉执案件中的财产线索外，其余财产主要包括：各项无形资产

---

[1] 本书成稿时，最高人民法院办公厅刚刚发布了《关于建设全国法院裁判文书库的通知》（法办〔2023〕551号），将自2024年1月上线运行全国法院裁判文书库，重新调整了裁判文书查询范围。如后续管理人的查询因此受到影响，可另行通过破产受理法院与承办法官查询债务人涉诉涉执信息。

（诸如商标权、专利权、著作权、计算机软件著作权、域名、ICP、特许经营权等，以及微信公众号、微博等自媒体账号）、质押动产、质押股票、债券信息等。管理人应对各项资产的在线检索查询结果进行留存，作为后续管理人的工作底稿。

2. 查询方式

（1）无形资产的主要查询网站：

- 注册商标：http：//sbj.cnipa.gov.cn。
- 专利权：http：//www.sipo.gov.cn。
- 著作权：http：//qgzpdj.ccopyright.com.cn。
- 计算机软件著作权：https：//register.ccopyright.com.cn/query.html。
- 特许经营权：http：//txjy.syggs.mofcom.gov.cn。
- 域名、IP 地址：https：//beian.miit.gov.cn/♯/integrated/index。

（2）其他资产查询网址：

- 中登网（动产融资统一登记公示系统）：https：//www.zhongdengwang.org.cn/。
- 上交所—股票质押回购：http：//www.sse.com.cn/market/others-data/repurchase/。
- 深交所—股票质押回购：http：//www.szse.cn/disclosure/innovate/stock/message/index.html。
- 中国结算网址：http：//www.chinaclear.cn/zdjs/gpzyshg/center_mzzbhg.shtml。
- 中国债券信息网：https：//www.chinabond.com.cn/。
- 中国证券投资基金业协会：https：//www.amac.org.cn/。

（四）税务状况

1. 调查内容

通过国家税务总局上海市税务局网站"纳税服务"专栏"公众查询"处的"企业纳税人信息一户式查询"功能，可初步查询债务人的税务账户登记信息、非正常户信息、未申报及欠税信息、丢失被盗发票信息及重大违法信息。

对于查询结果，应及时致电债务人主管税务机关的税务专管员，以便了解：(1) 如债务人的税务登记状态为正常，则进一步查询其是否存在税费欠缴情况、是否正常进行纳税申报；对于需要办理的纳税申报、清税事宜，询问办理要求及所需资料。(2) 如债务人的税务登记状态为注销，则询问债务人账户开立、有无税费欠缴、是否系非正常户注销、转正常户的罚款金额、清税障碍等情况，诸如税控盘丢失、有无未缴销的增值税发票等。致电咨询时，可一并询问税务局对线下清税办理时的材料要求。

此外，还应当告知税务专管员债务人已进入破产程序的事实，随后将向其寄送债权申报通知，并询问寄送地址、接收科室/接收人、联系电话等。

2. 查询方式

- 企业纳税人信息一户式查询网址：http://shanghai.chinatax.gov.cn/newxbwz/wzfw/yihushi.jsp。
- 12366 税务专线电话：可查询债务人主管税务局/所电话，并询问债务人税务专管员的联络方式，后续该债务人的相关涉税事宜，可直接与税务专管员对接沟通，并请求其协助办理。

二、组建项目小组及确定人员分工

在前述债务人基本情况调查结果的基础上，管理人所属机构负责人及内部业务负责人应当根据债务人的资产、负债状况，预估案件办理难度、周期、重整与和解的可能性等，综合评判后确定管理人工作组成员，筹建项目小组并明确主办律师。在项目小组内部，通常会进一步细分财产调查组、债权审核组、秘书处、机动协调组等，以便分工明确、互相配合地高效完成破产管理工作。

(一) 财产调查组

主要职责：接管债务人的财产、印章和账簿、文书等资料；实地查看债务人住所地及调查财产状况（包括但不限于社保、税务、银行存款、不动产、股权、证券、机动车等财产状况）；委托财产审计与评估；催讨清收对外债权；制作财产状况报告；制作财产管理方案；制作财产变价或处置方案；制作破产偿债测算及清偿方案（破产重整/和解程序中）等。

(二) 债权审核组

主要职责：配合财产调查组接管债务人企业；合同的清理及涉诉案件的

处理等重大事项决断；债权申报通知与审核，制作债权申报登记表、债权表等文件；跟进债权核查及债权异议的处理；偏颇清偿等撤销权、取回权的审查与执行等；参与破产衍生诉讼；制作破产财产分配方案或重整计划草案。

（三）秘书处

主要职责：准备债权人会议材料；负责起草、搜集案件办理过程中的工作记录、管理人工作会议记录、管理人工作报告（包括但不限于定期报告、专项报告、《企业破产法》规定的其他报告）；档案管理；等。

（四）机动协调组

主要职责：在以上管理人工作人员需要协助配合的时候，及时提供支持，协助各组/处完成既定的工作职责。

三、联络破产受理法院，递交管理人任职材料及协查申请

（一）寄送管理人任职材料

根据上海市破产受理法院的要求，管理人确定主办律师及项目组成员后，一般应在收到摇号选定管理人通知后3日内向人民法院寄送管理人任职函件及项目组成员名单，并明确管理人负责人、主办律师、债权申报对接人等信息（详见附件1[①]）。

（二）提交协查申请

如前述，为了全面调查债务人的资债情况，为后续财产调查及债权申报通知工作做好准备，管理人在递交任职资料的同时，还可以向破产受理法院同步寄送协助查询债务人涉诉涉执行案件及财产状况的申请书（详见附件2），通过人民法院内部查控系统，查询并统计债务人的涉诉、涉执行案件情况；同时，通过人民银行系统及不动产、车辆查询系统等，反馈债务人在各个银行的账户、其他财产信息等。

但鉴于人民法院无法全面协查债务人所有的财产线索，即便反馈了银行账户信息，也可能因已销户等情况而存在遗漏，且上海法院无法协助查询外地法院的诉讼、执行案件情况，因此，管理人仍需以破产受理法院查控反馈结果为基础，全面核查债务人财产信息及外地涉诉、涉执行案件情况。

---

① 即本书附录之附件1，下同。

四、项目组建章立制

为保障依法全面履职，规范工作流程，管理人应及时制定各项工作制度（包括印章管理制度、破产费用使用制度、会议制度、工作日志制度等），明确工作小组内部成员的分工，同时进一步按照最高人民法院的相关规定及文书样式指引，对管理人工作文书采取统一命名和文号使用规则，便于档案管理工作，并保留一切原始工作记录。

第三节 管理人执行职务的准备工作

一、刻章、开户、确定债权申报期间和第一次债权人会议时间及召开方式

（一）刻制管理人公章、财务章

收到人民法院的破产受理裁定书、指定管理人决定书后，管理人应当及时刻制"×××公司管理人"字样公章，并视债务人是否有资产、是否需开立管理人账户等情况，判断是否需要刻制财务章。印章刻制完毕后，应当向破产受理法院寄送印章备案函（详见附件3），封样备案后启用。

（二）开立管理人账户

管理人账户应视案件情况判断是否需要开立。通常能够接管到债务人财产、需要通过管理人账户收支款项时，则应当及时开立管理人账户。如债务人为"三无"类企业，难以接管到任何财产、日后亦无其他款项收支需求时，为节约破产费用开支，可暂时不开立管理人账户，后续如有需要再行开立。管理人账户开立完成后，亦应及时向破产受理法院寄送管理人账户备案函（详见附件4）。

（三）与破产受理法院沟通确定第一次债权人会议时间及召开方式

《企业破产法》第45条规定："人民法院受理破产申请后，应当确定债权人申报债权的期限。债权申报期限自人民法院发布受理破产申请公告之日起计算，最短不得少于三十日，最长不得超过三个月。"故法定的债权申报期限并非固定期限，法律规定给予的伸缩周期系保障人民法院在充分考虑不同案件债权人数量、通知申报债权的工作开展难易程度及债权人配合度的情况下，综合评判后自主确定。同时，根据《企业破产法》第62条第1款的规定，第一次债权人会议（以下简称"一债会"）将于债权申报期限届满之日起15日内召开。因此，管理人应及时申请调阅破产受理法院接收的破产申请材料，并向承办法官汇报债务人资债初调情况、破产事务难易程度及工作量预测等，商议债权申报期限及一债会召开的时间、方式等，以便统筹安排各项工作，确保一债会召开前的一周内，能够完成债务人资产、负债的初步核查确认工作，并将一债会报告提前递交至人民法院。

二、破产重整网案件信息登记

收到指定管理人决定书后，管理人应当及时联系承办法官，申请将相应案件添加进全国企业破产重整案件信息网（以下简称"破产重整网"）的管理人账户中，以便管理人后续通过破产重整网，向债权人或者公众发布与案件相关的文书、公告，并可在该系统内按破产受理法院的要求填报相应的破产管理数据，便于承办法官跟踪案件情况、进行结案管理等。

三、刊登债权申报通知及一债会公告，并发送首轮债权申报通知与催收函

（一）刊登债权申报通知及一债会公告

管理人应当在破产重整网上发布债权申报通知及一债会公告，通知债权人及时申报债权并提示一债会召开的时间和方式。

（二）发送债权申报通知

1. 发送对象

经前述初步调查，管理人应当及时向已知的涉诉、涉执行案件中的债权人，以及税务部门、社保部门、公积金部门、水电公司、出租方等已知或常规的债权人发送债权申报通知。

2. 发送方式

首次债权申报通知通常以EMS快递形式发出，便于留存底稿并及时跟踪签收情况，且方便债权人直接填报后回寄。但在已知债权人其他有效送达方式的情况下，亦可通过非邮寄方式（如电子邮箱、微信等）送达。不论通过何种方式送达，都要完整、及时地留存送达记录。

3. 债权申报通知所需材料

债权申报通知材料通常应当包括：债权申报通知书、债权申报须知、破产受理裁定书、指定管理人决定书、法院公告、债权申报表、债权申报书、债权申报文件清单、债权人送达地址及联系方式确认书、法定代表人身份证明书、授权委托书（详见附件5）。

（三）发送催收函

在涉诉、涉执行案件信息中，若发现存在次债务人的，应当向次债务人发送催收函（详见附件6）。

如次债务人为法人的，可通过企查查、工商内档等，查询其相应的联络地址与联系方式，尝试电话联系次债务人，并向相应地址寄送催收函。如次债务人为自然人的，可尝试联系该涉诉或执行案件的主审法官，询问次债务人的有效联络信息；已归档案件，可前往受理法院调取卷宗资料，以便获得次债务人的联络方式，并向其致电和发函。

四、梳理破产申请材料信息，联系相关方了解案件情况

如前所述，管理人接受人民法院指定后，可向承办法官申请调取破产申请材料。若为债务人自行申请破产，则申请材料中通常附有债务人的财务资料及相关审计资料，以及债务人负责人及代理人的联络方式；若为债权人申请破产，则申请材料中通常会有债权人与债务人之间纠纷的判决书、执行裁定书等资料，以及债权人及其代理人的联络方式。此时，管理人可根据申请材料，初步梳理债务人的资债情况及债权人的债权状况，并与相关人员联络沟通，以便深入了解债务人状况。

第二章 接管债务人

债务人接管系管理人开展破产事务、全面履职的基础和先决条件。《企业破产法》第 25 条规定了管理人应履行接管债务人的职责，但对于如何接管并未作详细规定。具体到上海市，上海破产法庭于 2022 年 6 月 7 日发布了《上海破产法庭关于规范破产案件接管工作办法》，确定管理人接管工作的原则为：（1）法院依法支持、监督管理人履行接管职责；（2）管理人忠实、勤勉履行接管职责，依法依规开展接管工作，提高接管效率，切实维护当事人合法权益；（3）接管工作应公开透明，依法保障债权人程序参与权和知情权，接受债权人监督。同时规定了接管的基本要求、特殊情形下的接管和强制接管制度，确保管理人接管工作有据可依且人民法院给予必要支持。

第一节 接管前准备工作

实践中，为了规范高效地完成接管工作并预防可能的突发状况及提前做好预案，管理人一般会在接管前做好基础准备工作，诸如前述债务人基础信息背调、资债情况统计、联络债务人相关人员及债权人了解情况、成立接管临时小组、发送接管通知并附接管要求及清单、必要时制作接管方案及突发事件应急预案等，确保管理人的接管工作如期顺利进行。

一、联系债务人相关人员并发函通知

（一）联系债务人相关人员

管理人通过网上公示、债务人工商内档记载信息、人民法院受案材料中已有的联系方式，先行尝试电话联系债务人的股东、法定代表人、实际

控制人、董事、监事和高级管理人员，告知破产受理情况并要求其履行破产事务配合义务及按照管理人要求配合接管。若无法通过已获取的信息联系到上述人员，可自公安部门申请调取以上人员口卡，通过向相关人员户籍地址寄件的方式尝试联络，无论采用电话、电子通信还是寄件通知，均应注意留痕。

2023年12月29日，第十四届全国人民代表大会常务委员会第七次会议修订通过《中华人民共和国公司法》（以下简称《公司法》），并自2024年7月1日起施行。2023年《公司法》明确将董事列为公司清算义务人，系基于董事在公司运营管理中的角色使然，同时对其勤勉尽责的要求予以明确。以往，公司董事可能以并不实际参与公司运营管理、不持有公司相关资料、不了解公司情况为由，未实际履行配合接管之义务；但2023年《公司法》明确将董事列为清算义务人，意味着董事必须要勤勉尽责，全面掌握公司情况，按照法律规定及章程履职，并在公司出现清算事由时及时履行清算义务，推此及彼，在破产程序中，其配合接管、询问等义务将更加明晰，如达不到配合要求，管理人以损害债务人利益纠纷追究其责任的证明方式将更为显性。

（二）发送接管通知文件

管理人在进行上述初步沟通后，根据了解到的情况（即债务人资料的实际保管人、实际经营管理层人员等），分别向股东、法定代表人、实际控制人、董事、监事和高级管理人员发送接管函并附接管要求及接管清单（详见附件7），要求其限期配合管理人的接管。接管函发送的具体地址包括但不限于：债务人注册地址，最近一期年报地址，法定代表人及其股东、实际控制人、董事、监事和高级管理人员的住所地址。如可查询到债务人及相关人员的电子邮箱、微信号、手机号等，还可同步通过电子送达方式发送接管函。

需要注意的是：从债务人接管工作开始，管理人将会持续接收债务人及第三方的资料，且不断与该等主体沟通破产事务，管理人应妥善保管接收到的相关文件资料并实时向承办法官汇报案件进度。在向受理法院汇报履职情况时，应当将相关工作的原始记录作为附件，内容包括但不限于：实地查看的债务人现场记录、照片；联系法定代表人、实际控制人、股东、高管等重要人员的电话记录、寄送凭证；通过实地调查、网络核查、电话联系等方式查询债务人财产状况的过程；通过人民法院、公安机关、诉讼文书网等途径查询的相关情况等。该等原始工作记录应执行档案保管制度，并根据情况作为债权人会议报告、管理人递交受理法院的相关工作报告的附件。

二、现场实地勘查，保持和属地政府机构的有效沟通

（一）现场实地勘查

管理人应前往债务人的工商注册地、实际经营地、年报地、法定代表人住所地、实际控制人住所地等地址进行实地调查，确认债务人有无实际办公、经营状况等，视情况张贴或现场送达人民法院的受理案件裁定书、指定管理人决定书及接管函等文件，并记录实地调查过程及结果。实地走访调查工作可通过执法记录仪、拍照、录制视频、定位等方式留痕。

（二）与属地政府机构沟通

对于债务人企业性质特殊，或属特殊行业，或持有特殊资产，或股东/实际控制人存在特殊背景，以及破产管理过程中可能存在维稳或民生保障工作需求等情形的，管理人在现场勘查过程中，还应当主动联系债务人属地政府机构并进行充分有效的沟通，告知债务人破产事宜，充分听取相关职能机构关于债务人历史情况和现状的介绍、对于管理人履职过程中需要关注的事项提示、相关工作开展的意见和建议等，以便取得政府机构的工作支持和配合，降低履职风险。

三、制订接管方案

（一）接管原则

管理人接管，通常以全面接管为原则。在无法全面接管的情况下，应当由债务人的相关人员在接受管理人访谈时进行解释说明并签署访谈笔录，或者单独出具情况说明，详细说明无法配合管理人全面接管的原因，例如证照、账册、经营资料遗失或损毁、不动产被第三方占用而无法腾退、动产被第三方占用而无法取回等，并应提供相关线索，便于管理人后续依法追回或请求人民法院强制接管。

（二）接管方案与流程设计

为顺利完成接管，管理人需根据前期了解的债务人情况及实地勘查结果，

针对性地制订个案接管方案和流程。通常来说，接管尽量一次性完成，避免后续资料或财产被不当处分、遗失等风险；对于规模较大、涉及财产和资料较多或者因为资料分散需要跨区域接管的企业，确实无法当次完成接管的，应预先制订分批接管方案，按照接管内容的重要程度确定每批次接管范围。需要多次接管的企业，往往涉及的人、事、物均较多，在制订接管方案和流程设计时，需特别注意接管小组不同成员间的分工和配合，以及是否需提前协调审计、评估、安保等相关人员一并前往接管。

1. 接管方案

根据《上海破产法庭关于规范破产案件接管工作办法》及结合实务经验，接管方案的内容通常包括：（1）接管原则；（2）接管范围，包括债务人的财产、印章、账簿和文书等资料（详见《企业破产法》第 25 条、《上海破产法庭关于规范破产案件接管工作办法》第 4 条等规定）；（3）接管时间及地点；（4）接管小组人员及分工；（5）接管注意事项；（6）突发事件应对预案。

2. 接管流程设计

通常来说，接管工作在债务人的财产、资料集中存放地展开，管理人的接管流程包括：（1）到达现场后，首先按照既定接管方案进行人员分工，并根据债务人配合人员的数量及所属岗位，匹配至不同资料板块，协助管理人清点并根据管理人清点核查情况接受询问。（2）对于清点完成的资料/财产，重要资料/无形资产、小型物品等由管理人带回至办公地，其余资料/财产在现场具备存储条件且不产生存储费用或费用经报告人民法院获批的，以原地存放并加贴封条、安装监控设施等方式进行管理；对于需要持续使用的财产（如对外租赁的房产等），应安排专管人员进行维护，管理人及时记录现场情况并随后向人民法院集中报告管理方案。（3）管理人应对清点完成、原地存放且已加贴封条的资料或财产进行现场拍照、录像，留存现状证据。（4）对于无接管方案或接管方案与现场情况差别过大无法执行的，管理人应及时调整工作方式，但均应确保债务人财产和资料的全面清点、封存及工作留痕。（5）接管工作完成后，管理人应及时向破产受理法院书面报告接管情况，并附接管清单、接管访谈笔录、照片、视频等材料；分批接管的，根据接管进展提交定期工作报告。

第二节 正式接管

一、接管会议

正式接管时，为提高接管过程中各方的配合度，再次释明接管注意事项及对接管过程进行留痕，管理人将于接管现场召开协调会议，统筹安排与债务人接管有关的各项工作，并对债务人情况（包括经营管理、股东、高管、职工等相关人员情况）及债权人情况（历史往来、争议纠纷等）进行简单摸底。

（一）接管会议参与方

一般案件中，通常由债务人的法定代表人及其财产和资料等的保管责任人员、管理人接管小组成员参加接管会议。遇重大案件（如债务人财产状况复杂、债权人人数众多、经营业务尚在进行中、职工等相关主体存在信访等不稳定因素等）时，管理人还应视情况提前报告人民法院、属地政府机构，由破产案件承办法官及地方政府负责官员衡量是否参会及主持现场或协调其他职能机构提供保障，必要时请求公安人员或聘请安保人员维持现场秩序、请求消防部门或工商管理部门至现场排查经营风险等。就管理人后续工作开展内容而言，亦可在报经人民法院批准后安排辅拍机构、审计机构、评估机构相关人员参会。

（二）接管会议主要内容

接管会议主题主要分为动员和工作安排两个板块。

1. 会议动员

管理人首先应就人民法院受理债务人破产及指定管理人的相关事宜告知参会主体，其后明确配合人员范围及其配合义务的具体内容、法律依据和拒不配合的法律责任，安抚参会人员情绪（比如负责债务人资料保管的职工可能因企业破产、历史欠薪等情况存在抵触情绪或纠集其他职工擅闯会议现场、煽动其他人员情绪、打断会议进程等），确保各方能够积极配合移交工作。

2. 工作安排

一般而言，管理人将按照债务人财产、证照印鉴、经营资料、经管决策文件、财务资料、人事档案、投资或借款资料、工商档案等板块，分别安排不同人员进行资料梳理、核查及登记确认，要求各个板块交接人员核对资料的名称、数量、原件/复印件、现状、价值并衡量接管后存放地安排。相关交接清单登载完成后，应注明接管时间、接管结果并由交接双方签字确认，各自留存底稿。印章的接管还需注意现场制作印章接管表（详见附件8），留有印章图样，并经交接双方签字确认。

二、分步分类实施接管，制作接管文件

（一）分类分步接管并制作交接清单

如上所述，交接清单通常分为债务人财产、证照印鉴、经营资料、经管决策文件、财务资料、人事档案、投资或借款资料、工商档案等板块，由于资料种类繁杂，管理人将以分板块、分批次接管为原则，即：安排不同人员完成不同板块清点核查及交接清单登载工作；当次无法完成全部接管的，应按照原定的接管方案并根据现场情况确定接管批次，分批完成接管工作。但为了保障债务人重要财产价值及资料的完整性，一般分批接管的第一批次包含了债务人的证照印鉴、财务资料、财产及重要的经营合同、借款合同等。对于当次尚未开启接管的部分，可采取以照片、视频或执法记录仪留存现状照片、视频或加装监控等措施，避免接管完成前债务人发生故意或不当毁损的行为。

2023年《公司法》第17条第3款规定："公司研究决定改制、解散、申请破产以及经营方面的重大问题、制定重要的规章制度时，应当听取公司工会的意见，并通过职工代表大会或者其他形式听取职工的意见和建议。"因此，当破产程序系由债务人申请启动时，管理人应核查并接收债务人申请破产前提交工会、职工大会或职工代表大会的征询文件及所获工会、职工大会或职工代表大会对破产的意见和建议文件。此外，根据2023年《公司法》第172条之规定，国有独资公司申请破产的资料中还应有履行出资人职责的机构决定文书。

2023年《公司法》第69条规定："有限责任公司可以按照公司章程的规定在董事会中设置由董事组成的审计委员会，行使本法规定的监事会的职权，不设监事会或者监事。公司董事会成员中的职工代表可以成为审计委员会成员。"针对此后依据2023年《公司法》所设立企业的破产事务，管理人还应根据其章程核实是否设置审计委员会，并及时接收相关资料。对于国有独资

公司而言，根据 2023 年《公司法》第 176 条之规定，其必须在董事会中设置由董事组成的审计委员会行使监事会职权，故应主动关注审计委员会的履职材料。

另外，基于 2023 年《公司法》对董事"勤勉尽责"的含义界定及"清算义务人"的角色定位，管理人在接管过程中，应及时接收董事履职相关材料，为后续判定董事责任打好证据基础。

（二）接管访谈笔录

虽然接管的重点在于清点核查，但在此过程中，除需保留登载的接管清单外，还应就接管各板块情况向移交人员进行询问并制作接管笔录。笔录通常涉及被询问人员的个人情况（姓名、身份证号、电话、住所地及在债务人企业任职情况等）、告知配合破产相关义务、债务人企业历史沿革、股东结构及出资情况、公司经营管理层情况、历史经营状况及盈亏情况、财产状况、负债情况、涉诉与执行情况、职工情况、税务状况、出现破产的原因、清算案件是否具有重整或和解的可能、是否需要继续经营及条件等。该等询问过程应如实、全面记录并形成接管访谈笔录（详见附件 9），交被询问人员签字确认，访谈主体（管理人成员、记录人员）也应当签字确认，并作为后续的管理工作底稿。

在能够进行正常接管的情况下，接管访谈笔录应注明"于×年×月×日完成债务人接管，且与债务人做好接管清单、笔录等工作"，并与接管清单一并作为接管原始资料保存，作为后续向人民法院报告接管情况及一债会报告附件。相关人员拒绝签字或无法签字的，管理人应在清单上记明情况和原因。

三、根据情况采取接管措施，离场

为降低破产费用，避免债务人财产或资料存放地点转移过程中可能发生的遗失、毁损等风险，也为了避免破产程序终结后资料归还可能发生的障碍，对于债务人已有仓库或已借用其股东、实控人提供的场所存放财产或资料的，管理人原则上将保持财产或资料的现状，通过加贴封条、锁门、加装监控设施等方式，实现完全控制及实时监管。当然，对于债务人的证照、印鉴、现金存款、价值较高而体积很小的财产，则由管理人清点后带走。

实务中，如债务人的配合度较高，且其股东、实控人具有一定条件支持破产事务的，管理人一般尝试与其协商，由其自行寻找仓库，以便存放债务人财产及资料，管理人实际管控仓库的使用和进出；对于存储在仓库中的财产或资料，管理人应在交接清单中备注实际存放地及封存情况、保管措施。对于债务人及其股东、实控人没有条件或不予配合存储的情况，则管理人应及时报告法院，寻找仓储费用较低且有安全保障的场地集中存放债务人财产及资料。

对于接管的债务人不动产及机动车、轮船、飞机等大型动产，由于无法置于室内存放保管，管理人应根据情况确定由原看管人员就原存放状态继续管理，并将聘用及费用情况报告法院批准；如缺失管理措施的，亦应在接管清单及笔录中注明现状，以便后续及时研判管理方式。总之，接管的结果应是确保所有债务人财产及资料处于管理人的有效管控下，避免遗失、毁损。

第三节　接管后续工作

一、接管情况专项报告人民法院

《上海破产法庭关于规范破产案件接管工作办法》第 11 条规定："管理人应依照《企业破产法》第 23 条规定，及时向法院报告接管工作。管理人报告接管工作应提交书面报告。一次性接管难以完成的，管理人须提交接管进展的定期或专项工作报告。报告一般应包括：接管措施、进度、困难和对策意见，并附接管清单、笔录、影像、录音等材料。若附件材料系复制件的，需与原件核对无误，原件由管理人妥善保管。接管中出现重大、突发事项，或生鲜易腐食品、保质期临界货物等需尽快处理的，管理人应主动及时报告，并提出拟采取的处置意见。遇紧急情形，管理人可以口头方式先行报告法院，事后及时补充书面报告。"实践中，管理人的接管工作报告除该条规定内容外，还包括具体参与人员名单及其职务、接管流程简述、债务人移交人员告知的企业重要情况、部分财产及资料存放地的选择和原因、管理人为接管到的债务人财产或资料采取的保管措施等。

二、制订财产管理方案,并报人民法院许可

接管工作完成后,管理人应第一时间就接管到的财产制订管理方案,并报经人民法院许可后执行。需要注意的是:通常情况下,接管工作完成时间早于第一次债权人会议召开时间,根据《企业破产法》的相关规定,管理人就债务人财产的管理与处置工作因可能影响到债务人及其全体债权人的利益,故须形成切实可行的方案并报经破产受理法院同意后方可实施相关行为。当然,如后续债权人会议表决通过了不同的财产管理方案,自会议决议作出之日起,管理人应执行债权人会议表决认可的方案。因本书第六章将专门介绍债务人财产的管理和变价,故此处暂不详述。

三、制订均未履行完毕合同的处理方案,报人民法院许可

《企业破产法》第18条规定:"人民法院受理破产申请后,管理人对破产申请受理前成立而债务人和对方当事人均未履行完毕的合同有权决定解除或者继续履行,并通知对方当事人。管理人自破产申请受理之日起二个月内未通知对方当事人,或者自收到对方当事人催告之日起三十日内未答复的,视为解除合同。管理人决定继续履行合同的,对方当事人应当履行;但是,对方当事人有权要求管理人提供担保。管理人不提供担保的,视为解除合同。"同时,根据该法第69条的规定,在第一次债权人会议召开前及尚无债权人委员会的情况下,该等事项应及时报告人民法院。从实务角度,债务人进入破产程序后,难免存在双方均未履行完毕的双务合同,管理人应就接管到的债务人合同进行全面梳理并询问债务人的相关人员,确定需要作出继续履行或解除决定的合同范围。

首先,从法条设置的法理要义和实践来看,双方均未履行完毕的合同一般是与债务人签署的商事合同,履行结果包括债务人财产增加(如获得交易对价款/具有较高价值的物品等)或损失减少(如分期付款中已获得价值可观的交易标的,尚未完成付款)或保证债务人生产经营的连续性(如生产场地的租赁合同),故需要管理人审慎分析继续履行合同的必要性。需要注意的是,劳动合同和消费合同不适用本条规定。债务人破产时尚未解除劳动关系的职工,对其劳动合同的处理应按照《中华人民共和国劳动法》(以下简称

《劳动法》）和《中华人民共和国劳动合同法》（以下简称《劳动合同法》）的相关规定；而债务人破产前签署的消费合同，则应依据《中华人民共和国民法典》（以下简称《民法典》）和《中华人民共和国消费者权益保护法》（以下简称《消费者权益保护法》）的相关规定处理。

其次，管理人应全面分析判断合同继续履行与解除的不同法律后果，权衡利弊，作出决策。如上所述，管理人需要分析合同继续履行的可行性（双方是否具有履行的条件和能力、相对方沟通是否顺畅等）、继续履行的内容及结果指向（是否能够增加债务人财产或支持其继续营业或保持其有效财产的价值等），如相对方要求提供担保，则债务人是否具备担保条件；反之，如解除合同，则法律后果如何（特别是债务人财产受到的影响）。

最后，经综合分析、比较利弊，管理人再行拟定继续履行/解除合同的分析报告，提交破产受理法院审查同意后，管理人限期（破产受理后两个月内）向合同相对方发送继续履行合同通知书（详见附件10）或解除合同通知书（详见附件11）。如相对方同意继续履行合同，但要求管理人提供担保的，该等担保行为亦应提前报经人民法院同意。

四、债务人继续营业和自行营业的分析及报告人民法院

《企业破产法》第26条规定："在第一次债权人会议召开之前，管理人决定继续或者停止债务人的营业或者有本法第六十九条规定行为之一的，应当经人民法院许可。"虽然破产程序开启后，债务人的财产处置、偿债行为等均受到限制，但为了持续增加债务人财产或为债务人的破产和解/重整程序做准备，管理人可以在债务人具备继续营业的条件下保持债务人经营的接续性。需要注意的是，债务人继续营业势必会产生新的债权债务关系，由此引发共益债务，且商业行为均有一定的风险，故管理人判断继续营业的可行性时，应综合分析债务人的营业基础是否具备（设备、人员、管理体系等）、预估继续营业的支出、评估继续营业的收益及可能的风险，必要时咨询职业经理人，确保继续营业能够实现债务人及债权人利益最大化；当然，如债务人确实不具备继续营业的条件或继续营业势必会损害利害关系人权益的，应及时终止营业行为，防止损失的扩大。综合分析后，管理人应拟定关于提请人民法院许可继续/停止债务人营业的报告（详见附件12），经人民法院同意后方可执行。

此外，《企业破产法》第73条规定："在重整期间，经债务人申请，人民法院批准，债务人可以在管理人的监督下自行管理财产和营业事务。有前款规定情形的，依照本法规定已接管债务人财产和营业事务的管理人应当向债务人移交财产和营业事务，本法规定的管理人的职权由债务人行使。"所谓术业有专攻，债务人自行经营管理具有一定的天然优势，比如其人员对业务的熟练程度、经营关系网络的维护成本低、商业决策更专业等，管理人需要综合研判债务人自行经营管理的可行性（详见附件45），并有针对性地制订监督方案，报请人民法院同意后，才能依法向债务人移交财产和营业事务。实践中，除了重整程序，破产和解程序也会涉及债务人继续经营和自行经营的问题，管理人亦可参照处理，但相关方案需经人民法院或债权人会议（债权人委员会）决议后方可实施。本书第十二章第二节"重整程序"部分对债务人自行经营管理有详细分析，故此处暂不展开叙述。

五、制订聘请审计、评估等中介机构的方案，并报人民法院许可

无论是破产清算、和解还是重整程序，除非债务人进入破产程序前的最近一期审计报告、评估报告能够全面、客观、真实地反映企业的资产和负债情况，能够为管理人审核债权、制订财产管理方案和处置方案提供准确参考，能够顺利完成和解草案制订或招募重整投资人、制订重整计划草案，否则在具备条件的情况下，应对债务人开展全面审计及资产评估工作。

通常来说，为了保证审计、评估等中介机构选任的公平、公开、透明，原则上会采用公开遴选方式。管理人将针对债务人实际情况及破产需求制订中介机构遴选方案，内容包括：中介机构的资格要求（如必须具有破产类审计/评估经验、系人民法院所建中介机构名录成员、近三年或五年经营状态良好、无相关违法记录等）、审计/评估具体要求（工作范围、时限要求、需要达成的目标）、遴选流程（如报名提交材料、初筛、现场询问/竞标、综合评判等）、评选标准（各项内容及分数分布）等。对于具有特殊资质要求或者通过遴选方式难以选任到较合适的中介机构的，管理人也可通过定向邀标、人民法院摇号系统遴选。无论采用哪种方式，管理人均应制订详细可操作的中介机构遴选方案，报经人民法院准许后再开展工作，必要时，评选过程可邀请债权人代表参加，接受其全程监督。

六、完善企业年检、报税等事项，保持企业正常状态

《中华人民共和国公司登记管理条例》第 57 条第 1 款规定："公司应当于每年 1 月 1 日至 6 月 30 日，通过企业信用信息公示系统向公司登记机关报送上一年度年度报告，并向社会公示。"如未按要求配合年检，提交年度总结报告（包括企业登记事项执行和变动情况、股东或出资人的出资或提供合作条件的情况、企业对外投资情况、企业设立分支机构的情况、企业生产经营情况等），则债务人可能面临罚款、被列入工商黑名单、被吊销营业执照等法律风险，在破产和解及重整程序中，为了给债务人后续恢复运营打好基础，管理人需及时关注市场监督管理部门的相关通知，及时配合年检工作。

《中华人民共和国税收征收管理法》（以下简称《税收征收管理法》）第一章第三节专门规定了企业的纳税申报义务，同时在第五章中明确企业未按期纳税申报的法律责任（罚款、一般纳税人一定期限内的税额抵扣资格及专票使用权取消等），实践中还可能导致税务评级下降等，均会影响债务人后续经营和办理涉税事宜，故需要及时配合税务部门进行纳税申报，即便未产生涉税事项，也按照零申报递交材料。

无论是工商年检，还是纳税申报或其他与债务人相关的外部对接事项，管理人均应实时关注并依法处理，确保债务人不因该等事项产生新的负债或导致财产损失，或直接影响其后续运营。

第四节 "三无"企业接管

管理人接受人民法院指定后，经前期初步核查，如发现债务人系无财产、无人员、无账册的"三无"企业，亦不能放弃可能的接管途径，而应当做到穷尽手段联系、调查，在确认确实无法交接的情况下，管理人应当在工作记录、接管报告及第一次债权人会议报告中写明上述情况及穷尽手段联系、调查的过程及结果，以确保管理人已切实履行了相应职责。一般而言，下列程序事项必须办理且全程留痕：

一、向相关人员（户籍地、已知居住地）穷尽手段送达接管函

除向债务人注册地、实际经营地、最新年报地等地址寄送接管函外，管理人还应当向可查询的法定代表人、股东、董事、监事、高级管理人员等相关人员的户籍地、居住地，以及相关人员关联公司的注册地、实际经营地、最新年报地等寄送接管函，若无法获知其户籍地、居住地的，可根据债务人工商内档所载登记信息，前往派出所调取口卡，或询问可联系到的代账人员、员工等，索取上述相关人员的实际联系地址或联系电话。必要时，可通过公告形式送达接管函。

二、债务人的注册地、经营地实地走访

除穷尽手段向企业及其相关人员地址寄送接管函外，管理人还应当实地前往债务人注册地、实际经营地、最新年报地走访，并留存相应的照片或视频，若发现债务人注册地或经营地或年报地存在债务人相关人员活动迹象的，或者经相关地址实际使用者/物业管理者同意的，应当同步于现场张贴接管函和裁定书、决定书，并向注册地、经营地所在楼宇或园区安保人员、物业管理人员等了解债务人企业的历史情况及最近信息，托其代为转达告知债务人相关人员。

三、向债权人、其他人员及出租方了解企业情况

在上述接管函寄送及实地走访的基础上，管理人还应当向债务人的已知债权人、可联系的工作人员及代记账人员、债务人注册地址及经营地址的出租方人员了解债务人的相关情况，询问债务人历史经营情况、是否还在继续营业及何时停止营业、有无相关人员联络方式等。

若穷尽上述手段依然无法联系债务人及其相关人员，且难以深入了解债务人情况的，管理人需要按照常规流程调查债务人的资产及负债，如通过产权登记部门查询债务人的不动产、船舶、机动车、有价证券、知识产权等信息；通过银行查询债务人的开户情况及账户银行流水；向相关法院、仲裁机构申请查阅涉诉、涉仲裁、涉执行案件卷宗，必要时可申请破产案件受理法

院协助；通过第三方平台、线索征询等途径调查。

根据《上海破产法庭关于规范破产案件接管工作办法》第 8 条的规定，管理人穷尽各种途径完成调查后，应将调查情况及结果书面报告法院，并附调查笔录、寄件凭证、现场照片、工作记录等材料；如未能穷尽途径调查的，应向法院报告原因，法院予以督导；相关调查工作及后续措施应完整、如实地向债权人会议报告。

第五节　拒不配合企业的接管

实务中，对于能够联系到的债务人，有时会出现债务人的相关人员以消极甚至对立的态度妨碍管理人进行接管，除以电话、短信、微信、邮件、书面邮寄等形式发送接管函并告知拒不配合接管的法律后果外，管理人还应将相关沟通过程留痕并由 2 名成员签字留档。

对于经管理人多次督促，债务人的有关人员仍拒不移交、故意拖延移交或部分移交，以及实施其他阻挠行为不配合接管的，管理人应做好以下工作：

一、穷尽全部的接管措施

如前所述，管理人接受指定后，应第一时间查找债务人及其法定代表人、股东、实际控制人、董事、监事、高级管理人员等的联系地址和联系方式，并通过电话、短信、微信、邮件、书面邮寄等方式发送接管函、破产受理裁定书、指定管理人决定书，告知债务人破产事宜及相关人员的配合接管义务、管理人接管的范围及时限要求、不配合接管的法律责任。若其收到通知后拒不配合或恶意阻挠，则向其发出书面警告，再次强调拒不配合的法律后果；同时，为防止其利用掌握的债务人资料行违法犯罪之事，管理人应及时通过破产重整网、报纸等平台发布公告，声明债务人的印章、证照作废。

二、申请人民法院裁定强制接管

如经前期多次沟通，债务人仍不配合的，管理人可向人民法院汇报情况并寄送书面申请书（详见附件 13、14），申请人民法院对债务人的相关责任人员采取司法强制措施及强制进行接管。关于司法强制措施，根据《企业破产法》第127条、《最高人民法院关于推进破产案件依法高效审理的意见》第8条、《全国法院民商事审判工作会议纪要》（以下简称《九民纪要》）第118条等规定，司法强制措施包括罚款、搜查、强制交付、限制出境、拘留等。

三、做好强制接管的预案并报人民法院

在向人民法院提交强制接管申请书后，管理人应及时制订强制接管工作预案，内容包括：拟接管范围、债务人的资产初步调查情况、管理人前期沟通情况及债务人相关人员不予配合的情形、拟采取的强制措施、强制接管的工作准备及预案（维稳、紧急事项应对措施等），该强制接管工作预案报经人民法院同意后，再依法执行。

四、在人民法院主持下强制接管及对相关人员的处罚措施

对于债务人相关人员的态度极其恶劣，人民法院送达相关强制文书后仍不予配合管理人接管的，管理人经评估后认为自行接管具备现实障碍甚至人身危险性等，可请求承办法官主持强制接管事宜，由人民法院监督接管全过程，必要时可以携带法警或聘请安保人员等。在接管完成前，对于债务人的相关人员，视其态度和行为情况，由人民法院当场采取罚款、搜查、强制交付等司法措施。

第三章
财产调查

管理人接管企业后，其中一项核心工作便是债务人财产调查。《企业破产法》第 25 条第 1 款第 2 项将"调查债务人财产状况，制作财产状况报告"规定为管理人依法履行的职责之一，该条规定虽然赋予了管理人调查债务人财产状况的权力，却未进一步明确可以查询的财产范围以及如何查询等，为顺利推进破产程序，管理人需准确、及时、全面地对债务人财产进行调查并依法进行识别，确保尽量不遗漏并为后续追收财产打好基础。

第一节 债务人的财产范围

一、债务人财产的特征

相较于常规尽职调查对标的企业财产的核查和梳理，管理人对债务人财产的尽职调查的深度与广度更高。《企业破产法》第四章及《最高人民法院关于适用〈中华人民共和国企业破产法〉若干问题的规定（二）》[以下简称《破产法解释（二）》]专门就债务人财产进行了范围界定，为管理人履职提供了一定的指引。由相关法条内容可知，债务人财产具有如下特征：

从时间维度来看，《企业破产法》第 30 条规定："破产申请受理时属于债务人的全部财产，以及破产申请受理后至破产程序终结前债务人取得的财产，为债务人财产。"破产申请受理时债务人已有财产将转为"冻结"状态，同时对于破产程序开始以后直至破产程序终结前债务人新取得的财产，亦纳入债务人财产范围；除此之外，对于管理人依据《企业破产法》第 31 条、第 32 条、第 33 条等规定，通过取回、撤销等方式取得的财产也归于债务人财产，以此归集所有财产,用于最终的统一分配。

从空间维度来看,《企业破产法》第 5 条第 1 款规定:"依照本法开始的破产程序,对债务人在中华人民共和国领域外的财产发生效力。"因此,债务人财产既包括债务人在我国境内的财产,也包括债务人在境外的财产。

二、债务人财产的范围

基于上述债务人财产的时间维度和空间维度,再对债务人财产进行细分。根据《破产法解释(二)》第 1 条的规定,债务人财产包括货币、实物(动产、不动产),以及可以用货币估价并可以依法转让的债权、股权、知识产权、用益物权等财产和财产权益等。同时,下列财产也属于债务人财产:

(1) 债务人已依法设定担保物权的特定财产和债务人的特定财产在担保物权消灭或者实现担保物权后的剩余部分。

(2) 债务人对按份享有所有权的共有财产的相关份额,或者共同享有所有权的共有财产的相应财产权利,以及依法分割共有财产所得部分(注:人民法院宣告债务人破产清算,属于共有财产分割的法定事由)。

(3) 人民法院裁定债务人重整或者和解的,共有财产的分割依据物权相关法律规定进行;基于重整或者和解的需要必须分割共有财产,经管理人请求后,人民法院应准许分割。

(4) 破产申请受理后,有关债务人财产的执行程序未依照《企业破产法》第 19 条的规定中止的,采取执行措施的相关单位应当依法予以纠正,依法执行回转的财产应当认定为债务人财产。

需要注意的是,下列财产不应认定为债务人财产:

(1) 债务人基于仓储、保管、承揽、代销、借用、寄存、租赁等合同或者其他法律关系占有、使用的他人财产;

(2) 债务人在所有权保留买卖中尚未取得所有权的财产;

(3) 所有权专属于国家且不得转让的财产;

(4) 其他依照法律、行政法规不属于债务人的财产。

第二节 流动资产的调查

一、货币资金

货币资金分为库存现金、银行存款及其他货币资金三类。管理人可以通过询问破产企业财务人员、向人民法院申请查询债务人存款余额等方式调查货币资金的情况，库存现金在接管时应当当场清点交接，并以债务人实际交付情况登记入册，银行存款以银行出具的对账单为准。

（一）库存现金

库存现金一般存放于债务人办公场所或其财务负责人员处，移交时管理人应当及时清点，并自行核对或由审计机构人员协助核对是否与债务人提供的财务资料账面金额相一致，若不一致的，应当注明原因。库存现金一般应当在清点后及时存入管理人账户内。如库存现金为外币的，应当按照相应规定进行外汇结算。

（二）银行存款

1. 确认基本户，调取开立户清单

管理人应先行确认债务人基本户账户信息，并前往基本户调取债务人已开立银行结算账户清单。开立银行结算账户清单可清楚地显示债务人的全部人民币银行账户信息及状态，该方法可确保较为全面地获取债务人账户信息，以免出现遗漏。从实践来看，管理人确认债务人基本户的方式有以下三种：

（1）接管资料：管理人可通过接管到的债务人《开户许可证》、银行U盾或会计账簿进行查询。

（2）申请人民法院调查：可以借助人民法院执行系统银行账户总对总查询信息结果，了解债务人基本户情况。

（3）申请调查令：如通过上述两种方式仍无法确认债务人的基本户，债务人基本账户状态或为非正常状态，可尝试申请调查令或由破产受理法院承办法官向中国人民银行上海总部查询银行账户信息。

2. 调查内容

管理人应查询债务人的银行账户基本信息、历年交易流水、司法冻结情况、余额情况等。对账户内有余额的，应当及时划转至管理人账户；若账户已被冻结，需及时向相应案件的执行法官发函，由其中止执行程序，解除账户冻结措施，必要时提请破产案件承办法官向相关银行发送解除账户冻结及划款的协助执行通知书（详见附件15）。

3. 其他账户排查

（1）非人民币账户：人民法院执行系统"总对总"系统一般不显示久悬户和已销户的银行账户、部分村镇银行账户、非人民币账户及境外账户信息，因此，若债务人为合资企业，管理人在对其基本户及一般户进行调查时，应注意申请银行一并查询债务人是否开立过非人民币账户。

（2）社保银行账户：从实务经验来看，目前上海市内指定的企业社保账户开户行为工商银行中山南路支行，管理人应尝试前往该银行查询债务人是否存在社保银行账户。

（3）验资户：如债务人的工商内档中有验资报告，管理人可查询验资户信息并前往验资户开户行调取相应的交易明细，查验出资款去向，继而确认是否能获取到其他账户信息。

4. 账户查询所需材料

（1）常规材料

① 基本户的开户清单：开户许可证、开户密码（若无密码或密码遗失，可携带债务人公章、法定代表人人名章、财务专用章及营业执照办理密码重置）。

② 银行明细：银行卡、密码，自助打印（超过1年的需至对公柜台申请调取）。

③ 网上银行查询明细、划转：银行U盾（经办＋授权）、密码，网络查询范围一般仅限1年或2年内的银行流水。

④ 以债务人名义查询：债务人公章、法定代表人人名章、财务专用章、授权委托书、经办人员身份证件、情况说明、申请表。

（2）以破产管理人名义查询

2020年4月，《上海市优化营商环境条例》和《关于合作推进企业重整优化营商环境的会商纪要》两份文件先后公布，对管理人查询企业明细作出了详细的规定。2020年《上海市优化营商环境条例》第72条第2款规定："破产管理人有权查询破产企业注册登记材料、社会保险费用缴纳情况、银行开户信息及存款状况，以及不动产、车辆、知识产权等信息，相关部门、金融机构应当予以配合。"《关于合作推进企业重整优化营商环境的会商纪要》

第 11 条第 1 款规定:"金融机构依据管理人提供的人民法院受理破产申请裁定书、指定管理人决定书查询破产企业的全部开户信息、征信报告和账户流水明细(包括历史账户和现存账户),免收手续费。"

2021 年 3 月 2 日,最高人民法院办公厅转发最高人民法院、中国人民银行、中国银行保险监督管理委员会等十三部委《关于推动和保障管理人在破产程序中依法履职进一步优化营商环境的意见》的通知,明确:"相关部门、金融机构应当按照法律规定积极支持和配合管理人依法履行接管、调查、管理、处分破产企业财产等职责……支持管理人依法接管破产企业账户。管理人可以凭人民法院破产申请受理裁定书、指定管理人决定书接管破产企业账户,依法办理破产企业账户资金划转,非正常户激活或注销,司法冻结状态等账户信息、交易明细、征信信息查询等业务,金融机构应当予以配合并及时办理。"

依照上述规定,管理人仅凭破产受理裁定书和指定管理人决定书,就可以在相关银行调取债务人的开户信息、存款情况及明细,简化注销手续,而且免收手续费。由此大大降低了管理人对人民法院调查令的依赖度,提高破产案件中调查核实企业银行开户和存款状况的效率。

但是在我们的实践经验中,依旧有部分银行以"没有债务人企业材料原件""需要两名管理人且必须为律师、同时到场""指定管理人决定书上必须要有经办人员姓名"等各种理由拒绝协助查询,特别是各个银行系统内部规则不一致、所需提供材料不一致等原因,导致管理人在调查债务人企业银行账户时遇到很大的阻碍,需花费大量时间与银行工作人员协商。故本书建议,管理人携带上述条例、意见等文件前往银行,与相关金融机构、银行进行沟通,明确管理人办理业务的依据来源;如果已经较为全面地接管到了债务人材料,可以视情况以债务人的名义进行查询。

(三) 其他货币资金

其他货币资金包括:(1)支付宝、微信、PayPal 等第三方支付平台账户内结余货币现金;(2)可即刻赎回的国债等货币资金;(3)银行承兑汇票、银行承兑汇票的保证金;(4)对外拆借资金所产生的存放于中央银行的法定存款保证金等。

管理人可与相关部门对接,按照其要求提交资料完成接管。管理人无法接管时,可以申请人民法院查询债务人银行账户信息、保险信息、理财信息、支付宝、微信等第三方支付结算平台信息,并将账户内余额划转至管理人账户。

二、应收票据、应收账款和预付账款

（一）应收票据

票据的概念有广义和狭义之分。广义上的票据包括各种有价证券和凭证，如股票、企业债券、发票、提单等；狭义上的票据，即《中华人民共和国票据法》（以下简称《票据法》）中规定的票据，包括汇票、银行本票和支票，指由出票人签发的、约定自己或者委托付款人在见票时或指定的日期向收款人或持票人无条件支付一定金额的有价证券。票据作为完全的有价证券，集支付结算功能和融资功能于一体，同时兼具无因性、文义性、流通性特征，能够有效解决现金流的问题，实现资金杠杆的扩大化。债务人进入破产程序后，涉及票据的，其既可能是票据权利人，也可能是票据义务人，管理人应对票据足够重视，在接管到票据后，应在破产程序中妥善处理票据资产、票据债权和票据债务。

（二）应收账款和预付账款

1. 概念界定

从财务会计角度，应收账款、预付账款、其他应收款均属于资产类科目，具体如下：

（1）应收账款：应收账款表示企业在销售过程中被购买单位所占用的资金。主要包括应由购买单位或接受劳务单位负担的税金、代购买方垫付的各种运杂费等。

（2）预付账款：预付账款是指企业按照购货合同的规定，预先以货币资金或货币等价物支付供应单位的款项，如预付的材料款、商品采购货款、购货定金、预付工程款、预付备料款等。

（3）其他应收款：是指企业其他非营业活动引起的应收、暂付款项，包括应收的各种赔款、罚款、存储保证金、备用金以及应向职工收取的各种垫付款项等。

2. 核查要点

管理人应在接管环节搜集与该部分债权类资产相关的财务资料、合同、诉讼等法律文书材料，同时结合对企业相关人员的询问情况，进行全面调查，内容包括：

(1) 基本情况：债权的形成原因、形成时间，具体债权内容，债务人的债务人实际状况，历史催收情况，债权是否涉及诉讼或仲裁、是否已过诉讼时效，已诉讼或仲裁的债权的履行期限，是否申请执行以及执行时效等。

(2) 债务人的催收记录：债务人在进入破产程序前的最后一次催收记录，债务人的债务人或财产持有人清偿债务或者交付财产的情况、对外债权的清收情况及清收总额。

3. 调查方式

(1) 债务人的财务资料较为完整

若已接管到债务人较为完整的财务资料，管理人可在征询债权人后采取公开遴选方式选定审计机构，对债务人的财务资料进行全面梳理、汇总，罗列应收款项的明细，并对应收款项进行账龄分类。在此基础上，管理人可根据债务人的相关人员提供的债权清册所载联系信息或通过全国企业信用信息公示系统、企查查等网站查询次债务人的联系地址，分别向相关主体邮寄书面催收函（详见附件6），以便进一步沟通、核实应收款项是否真实存在及具体金额。需要注意的是，对于应收款项拖欠时间久、相对方的组织机构因地址变更、吊销、注销等导致无法送达，且可能存在公司注册地为虚拟挂靠地址的情形，管理人在邮寄催收函时，除次债务人的注册地外，还应重点关注其年报地等地址，做到应发尽发。

若债务人财产不足以支付审计费用，而经过征询债权人拒绝垫付审计费用，且债务人规模较小的情形下，由于账簿文书等资料量少，债权债务较为清晰，为节省破产费用，管理人应自行梳理财务资料。

(2) 债务人的财务资料全部或部分遗失

当管理人遇到三无类企业时，则只能通过裁判文书网、威科先行、北大法宝、法信、Alpha等网站，查询债务人是否存在作为原告或申请执行人的涉诉涉执案件，以判断是否存在应收款项，并搜集次债务人的联系信息，及时发送催收函。

4. 催收方案

(1) 对于事实清楚且有明确线索需要追收的款项，管理人应通过电话、微信、电子邮件、书面发函等方式通知次债务人还款。若对方无回音或明确拒绝还款的，管理人将根据每笔应收款项的证据、是否超过诉讼时效，结合追收所需经济成本、时间成本等因素，综合判断是否采用诉讼方式追回；或通过公开拍卖、向第三方部分或全部打包转让的形式变价应收款项，以实现破产财产价值最大化。通常来说，根据已经接管到的债务人财产总额多寡，可以有针对性地制作应收款项追收的诉讼方案并提请债权人会议审议，比如诉讼费用在一定数额以下且债务人财产足以支付，则由债权人会议授权管理人自行决定是否起诉，反之，管理人应将相关诉讼方案单独另行提交债权人会议审议。

（2）对于账面金额小（一般经比对追收的经济成本确定）、超过诉讼时效、缺乏原始凭证或存在对方无法联系等难以核实真实性的情况，在综合考虑处置难度、成本、时效等因素后，管理人经报告债权人会议决议后，可以作出不予追收的决定，并作财务核销处理。

（3）对于经审计和管理人核查不存在的应收款项，在后续审计报告中将直接进行账目调整，且不再展开处置工作。

（4）对于已经进入破产程序的次债务人，管理人应积极就应收款项向对方管理人申报债权，跟进对方管理人的债权审核结果并及时进行核查、行使异议权等。

需要注意的是：（1）管理人就追回应收款项提起诉讼，若诉讼结果为败诉或者未支持全部诉讼请求的，裁判文书确定债务人应承担的相关诉讼费用计入破产费用。（2）若债务人已进入重整程序的，对于应收款项的处理，可在非诉讼手段全面催收后，综合听取投资人及相关方意见，选择在重整计划草案中一并处理。

三、存货

企业的存货包括原材料、在产品、半成品、产成品、商品、周转材料、委托加工物资、消耗性生物资产、生产原材料、库存商品等。管理人主要通过梳理债务人的财务资料，并问询相关人员的方式，获取存货的存放地点、数量、状态、价值、质量、权属、性质、是否质押（抵押）等信息，及时前往存货的存放地，实地清点核实存货及接收相关凭证。如管理人已经接收到债务人会计账簿的，需要对存货科目余额进行盘点，核实债务人账实是否相符，不一致（如有）的原因是什么，是否合理合法，是否需要管理人追回。且管理人不能直接认可债务人自行计提的存货跌价准备。

若债务人为"三无"类企业，管理人可向税务机关申请调取财务报表，查看账面是否有存货。

四、股东出资

管理人在核查股东出资时,需对出资人名册、出资协议、公司章程、验资报告及实际出资情况、非货币财产出资的批准文件、财产权属证明文件、权属变更登记文件、历次资本变动情况及相应的验资报告等资料逐一进行核查,发现存在未缴出资、抽逃出资迹象的,还应当详细核查公司银行账户的对账单,匹对相应账目的流水。

(一)实收资本

管理人需核查债务人现有注册资本、股东及其股权比例,并核查股东按比例认缴的出资是否均已实缴,已实缴出资是否存在验资报告予以佐证,以及验资报告中所载出资是否实际从验资账户汇入了债务人银行账户内。

管理人通常可先核查工商内档、验资报告中的股东实缴出资情况,并结合验资报告中所附股东出资凭证,与验资账户开户行取得联系,申请调取验资账户对账单,查看最终验资账户的资金真实走向。同时,管理人还可通过与股东、实际控制人、知情人(如债务人的财务管理人员)的谈话,了解注册资本实缴相关情况,并要求股东提供相应的实缴出资证明材料。若存在向第三人转让出资款的情况,还应当向相关第三人寄送追收函件。

(二)未缴出资

《企业破产法》第 35 条规定:"人民法院受理破产申请后,债务人的出资人尚未完全履行出资义务的,管理人应当要求该出资人缴纳所认缴的出资,而不受出资期限的限制。"经前述实缴出资的核查,如发现债务人股东存在未实缴全部出资的情形,管理人应及时向相关股东寄送《要求缴纳出资款的通知书》(详见附件 16)。

2023 年《公司法》第 47 条及第 266 条规定了股东认缴出资期限最长为 5 年,并对过渡期内的公司注册资本实缴问题作出了安排,即:"本法施行前已登记设立的公司,出资期限超过本法规定的期限的,除法律、行政法规或者国务院另有规定外,应当逐步调整至本法规定的期限以内;对于出资期限、出资额明显异常的,公司登记机关可以依法要求其及时调整。具体实施办法由国务院规定。"在核查股东未缴出资时,管理人应基于企业成立时间,判断其是否经历了出资期限调整、减资等流程,并据此核查出资情况。

对于依据 2023 年《公司法》规定设立的公司,管理人应重点核查其自成立之日起五年内的出资实缴情况。同时，2023年《公司法》第51条明确规定："有限责任公司成立后，董事会应当对股东的出资情况进行核查，发现股东未按期足额缴纳公司章程规定的出资的，应当由公司向该股东发出书面催缴书，催缴出资。未及时履行前款规定的义务，给公司造成损失的，负有责任的董事应当承担赔偿责任。"管理人在核查股东未缴出资时，应同时核查董事的催缴出资通知文件，并通过访谈，向董事发函核实，要求其提供董事会决议、书面催缴书等资料，以综合判定其催缴出资义务是否严格履行，并于追收未缴出资时确定是否同时追究董事的相应赔偿责任。

此外，根据2023年《公司法》第52条之规定，管理人应调查股东是否已因未缴出资而失权，债务人公司此后是否及时启动股权转让或减资程序，并核查失权股东是否存在应对转让股权或减资程序之前公司债务不能清偿的部分，在其未出资本息范围内承担补充赔偿责任之情形。而对于未缴出资股东失权后"释放"出的股权，如六个月内未能通过股权转让或者减资程序注销处理的，因公司其他股东需按照其出资比例足额缴纳相应出资，管理人应关注其他股东补足出资的情况。

（三）抽逃出资

在前述实缴出资核查过程中，若股东存在抽逃出资迹象，管理人应当调取债务人的银行对账单，核对相应进出账流水记录；必要时，通过发送书面函件或访谈形式，向债务人股东询问其与债务人之间的资金往来情况，要求其对款项进出情况、是否存在抽逃出资的情况进行说明。

根据股东的问询结果，并结合审计机构对债务人资产的审计情况，若经核查确认股东确实存在抽逃出资情况的，则可直接向股东寄送追收抽逃出资函件（详见附件17）。同时，基于2023年《公司法》强化董事、监事、高级管理人员维护公司资本充实的义务，管理人在追收抽逃出资时，应确定是否将"负有责任的董事、监事、高级管理人员"纳入与抽逃出资股东承担连带赔偿责任的人员范围。

五、其他流动资产

对于债务人可能存在的其他财产，管理人主要通过接管到的财务资料，并问询相关人员的方式进行调查。

1. 应收股利

可以通过向对外投资企业发函的方式获取相关信息；若为三无类企业，管理人可向税务机关申请调取财务报表。

2. 短期投资

短期投资是指企业购入能够随时变现，并且持有时间不超过一年（含一年）的有价证券以及不超过一年（含一年）的其他投资，包括各种股票、债券、基金。

根据实务经验及参考《破产管理人办理证券查询、过户等登记存管业务问答》，管理人可查询债务人名下证券账户：持《证券查询申请表》（可现场填写）、破产受理裁定书、指定管理人决定书、管理人负责人授权委托书（负责人签字及盖章）、经办人有效身份证明文件，前往中国证券登记结算有限责任公司上海分公司查询债务人的证券账户开立情况。需注意，前述查询所需材料每页提供的复印件均需加盖管理人印章。

第三节　非流动资产的调查

一、不动产

（一）核查内容

对债务人不动产的核查内容，包括但不限于房屋所有权、土地使用权、海域使用权以及相关不动产是否存在抵押情形、权利限制等。需注意的是，前述两类使用权虽在会计科目上属于无形资产，但因与不动产密切相关，故在资产核查时，通常与不动产一并进行核查。

（二）核查方式

1. 查询依据

根据上海市《关于优化不动产登记信息和地籍图自助查询服务的通知》《上海市全面深化国际一流营商环境建设实施方案》，企业可查询自己名下的不动产。

2. 上海市内不动产查询途径

查询机构：上海市自然资源确权登记事务中心。

所需材料包括：破产受理裁定书、指定管理人决定书、管理人授权委托书、经办人员的律师证或实习律师证及身份证。

3. 实务提要

（1）事务中心设定了周四固定接待日，如需其他时间前往应提前联系。（2）如在该处查询到债务人有不动产登记记录，具体房产登记信息仍需到不动产所在区的不动产登记事务中心进行具体查询。（3）债务人如存在企业名称变更情形，建议一并查询，并携带名称变更的工商档案资料。

二、在建工程

（一）核查内容

在建工程尽职调查①是指对在建工程的开发建设、资产价值、权利负担等情况进行全面、客观、及时、合法的调查分析，以便为在建工程的财产界定和处置提供依据和建议。在建工程尽职调查不仅涉及法律层面的问题，还涉及行政、技术、市场、风险等多个层面的问题。管理人应多方调取和查阅文件资料、访问当事人和相关人员、实地考察现场情况、咨询专业机构等，并且要对所获取的信息和数据进行核实和分析，确保其真实性和有效性。

（二）核查方式

1. 开发建设情况调查

应当包括项目的立项、规划、设计、施工、验收、销售等各个阶段的情况，以及项目所涉及的土地、房屋、设施等各类资产的情况。

（1）项目立项：该类资料一般可向自然资源管理部门、住建部门调取。

管理人应当重点调查与项目立项相关的文件资料，如开发协议或合同、土地出让合同或划拨批复、项目备案情况、有关政府会议纪要等。

（2）项目规划设计情况：该类资料一般可向自然资源管理部门、住建部门调取，也可以由施工单位、债务人提供，但需注意应以通过审查的文件为准，且应注意设计、规划的变更情况。

管理人应当重点调查与项目规划设计相关的文件资料和有关证照的情况，例如总平面图、分期图、效果图等规划设计文件，以及设计单位和人员的资质证明文件、规划许可证或批复、建设用地规划许可证或批复、建设工程规划许可证或批复等。

（3）项目施工情况：该类资料一般由施工单位、债务人、监理单位、住建部门等提供，并结合实地勘查与书面确认。

管理人应当注意以下问题：首先，应当调查与项目施工相关的文件资料，如施工合同、监理合同、施工许可证、施工单位和人员的资质证明文件、施工日志和记录等，不仅要确定各项工程的施工单位及资质，还要确定资料是

---

① 卢林华、李佳娥：《破产重整中如何做好在建工程尽职调查：原则、内容和重点问题分析》，https://mp.weixin.qq.com/s/fxlGOXc4ZlwfQn5cjMISZw，2023年11月15日访问。

否齐全及是否影响竣工验收。其次,应当与债务人、建设单位、监理单位、造价咨询机构等共同对项目的建设现状进行现场勘查和书面确定,并明确已完成部分和未完成部分;签署和保留有关证据材料,用于后续结算已完成工程款和测算未完成工程量,并为复工建设的工程量做好新老划断。最后,应当核对施工图纸、房产预测报告、房产实测报告等规划设计文件,对不一致的地方(例如违规建设等)向住建部门、债务人、施工单位、监理单位等进行咨询、核对,明确是否存在补救的可能、补救方式以及测算大致的补救费用。

(4)项目资产情况:该类资料一般向住建部门调取,也可自债务人、销售代理机构接管房源信息表,以及向预测或实测机构调取有关报告。

管理人应当核实土地证、房产证、设施清单等权属文件,还应当对比住建部门数据、预测或实测报告以及债务人、销售代理机构提供的房源信息是否存在差异,并通过实地勘查、询问有关人员等调查差异原因,采用更为合理的数据和信息。此外还需调查房源,即项目所涉及的土地、房屋、设施等各类资产的权属、性质、类型、数量、面积、位置、状况等基本信息,核心是住宅、商业、车位等可售房产的数量、类型、面积、户型、位置、状况等,也就是所谓的房源(至于房产是否已经销售或存在其他权利负担将在其他项目中进行调查)。资产情况的调查不应只关注未售房产,对已售房产同样应当关注,在涉及解除购房合同、以房抵债、让与担保等情况下,一开始认为是已售房产的也有可能转化为未售房产。

(5)项目销售情况:该类资料一般向住建部门调取,并可通过债务人或销售代理机构接管销售情况统计表、销售价格表和政策说明等。

管理人应当注意调查与项目销售相关的文件资料,如预售许可证或现售备案证、住建部门提供的预售备案信息、债务人或销售代理机构提供的销售情况统计表、销售价格表和政策说明等,对于销售合同和收款凭证等应当交由债权审查确定。此外,对于按揭贷款合作、公积金贷款合作等的调查也是重要环节,是否能办理贷款以及已经完成有关手续但未发放的贷款,关系到项目的资金回收,更关系到能否破产重整和复工建设。

2. 资产价值调查

项目的资产价值情况调查,应当包括项目的成本、收入、利润等财务指标,以及项目的市场价值、剩余价值、销售潜力等市场指标。

(1)项目价值评估:选聘评估机构,整体把控资产评估。

第一,管理人应根据项目的实际情况和评估目的,采用合适的评估方法。

破产中的在建工程评估通常采用假设开发法（也称剩余法），即在建工程价值＝开发后房地产价值－后续开发成本－销售费用－管理费用－销售税金及附加－投资利息、利润（如有，例如共益债）－土地增值税－所得税。这与房开企业重整中对项目复工建设、优先清偿复工成本、剩余资产销售房产还债的思路基本一致，因此适合绝大多数在建工程的评估。而重置成本法着眼于重新形成该在建工程所需的土地投入及已完成的工程量所需发生的全部费用，在破产重整中很难发挥价值。

第二，管理人应要求评估机构对企业重整状况下、正常交易的市场价值和模拟破产清算状况下、快速变现的清算价值都进行评估，以作为破产重整的参考依据。不能仅着眼于项目在破产前的销售数据和市场情况，还应当考虑到房地产市场下行、项目烂尾造成的品牌价值减损和购房人信任度下降、破产程序中快速变现需求等各个方面。

资产评估中还应当注意，应对在建工程建成后的全部房产价值和现状的全部在建工程价值进行完整评估，并区分工程部分与土地部分的价值，为后续重整计划或财产分配中各类优先债权的处置提供依据。例如，工程价款优先债权的标的仅为在建工程，对土地部分不享有优先权，只能在在建工程范围内受偿，因此有必要对相应标的的价值进行区分。再例如，对已售但未交付和办理产权证书的房产进行评估，进而对破产清算下的退还房款和重整状态下不同的交房办证两种清偿方式进行测算和分析。

（2）开发成本测算：聘请专业机构，或与施工单位、债务人、监理单位等有关单位基本达成一致，采用产值法、估算完工法、百分比完成法等合理方式共同确定。

管理人若聘请专业机构进行测算，则需协助提供相关材料并确认测算范围及依据，主要包括：与施工单位、监理单位、债务人等有关单位共同确定已完成工程量和未完工程量，确定需要测算的建设成本范围；确定未完工程测算的计价依据，特别是复工建设时因施工单位承担不同程度的垫资义务和迟延支付工程价款的风险，与之签订的工程施工合同计价方式相较原合同一般较高的情况下；为避免遗漏、错误，就测算成果征求有关各方意见，并将有关意见向测算机构提出。

需要注意的是，工程续建成本只是开发成本的一部分，项目开发的有关成本和项目运营的有关成本也是开发成本的重要组成部分，一般可以占到续建成本的20%—30%。对于政府规费、税费等，应向政府部门税务机关咨询，特别是涉及房产销售、出租过程中产生的税费、税收优惠和在建工程整体转让情况下的有关税费。

3. 权利负担情况调查

对在建工程所涉及的各类债权债务关系进行清晰、准确、完整的调查，应当包括项目所涉及的各类债权债务关系，如购房债权（含拆迁）、工程价款优先债权、财产担保债权等，以及项目所承担的各类税费、罚款、赔偿等法律责任。

项目权利负担调查主要依靠债权审查，该部分的调查主要根据有关资料整理可能存在的权利负担，通知有关债权人申报债权，并将债权审查结论及时整合到尽职调查结果中。在债权人未申报的情况下，管理人还应按照初步调查的资料为可能存在的权利负担进行预留。

（1）拆迁安置债权：拆迁安置债权的调查需注意，不仅应当包括产权置换的房产具体情况和拆迁款，还应当合理确定房产未建成情况下的赔偿款项。

（2）购房债权：与拆迁安置债权类似，调查中不仅应对购买的房产、价款支付情况进行调查，还应考虑房产未建成下的价款退还情况。此外，购房债权中除是否属于消费者、支付借款等的审查外，还应仔细甄别真实购房与以物抵债、让与担保等。

（3）工程价款优先债权：工程价款优先债权应明确优先标的，其仅能就其建设的部分享有优先权，对于其他建设工程和在建工程占用的土地不享有优先权。

（4）财产担保：财产担保债权的优先直接规定在《企业破产法》第 109 条，但因无涉生存权和困难群体，在各类优先权中排在较后的位置。财产担保债权与工程价款优先权最大的不同在于，在建工程抵押情况下的抵押权，其优先效力及于该在建工程占用的土地部分。

（5）其他权利负担：其他权利负担主要包括项目是否存在被人民法院、公安机关、政府部门等查封、冻结的情况，经调查发现存在查封、冻结的，应当及时申请相关法院解除。

职工债权、税款债权等虽具备优先性，但并不指向在建工程或在建工程的特定部分，因而并非项目的权利负担。对于权利负担的调查主要依赖债权审查，并依照有关法律进行。

4. 数据比对与现场勘查

在进行调查时，管理人需要收集并分析不同来源的数据和信息，如政府部门提供的数据、债务人提供的数据、第三方机构提供的数据、市场调研得到的数据等，并对各项来源数据之间存在的差异进行处理，达至一致的数据基础。

此外，在建工程的现场勘查非常重要，管理人不应该只依赖书面材料，对于重要环节应该亲自到现场进行考察，以避免出现误判或遗漏重要的细节。例如，项目地理位置、周边环境、交通情况、配套设施等重要信息需要在项目周围勘查以获了解。再如，项目的已完成情况和未完成情况，以及项目复工建设的推进情况，必须与有关人员现场确定，做好有关证据的收集和留存（例如照片、视频的拍摄和保存，与参与人员共同签署书面文件等），做到履职有据。

三、长期股权投资及分支机构

（一）核查内容

长期股权投资是指债务人持有的对其子公司、合营企业及联营企业的权益性投资以及持有的对被投资单位不具有控制、共同控制或重大影响，且在活跃市场中没有报价、公允价值不能可靠计量的权益性投资。债务人的对外长期股权投资根据被投资公司（以下简称"长投公司"）类型、持股情况等标准可作不同的分类。按照长投公司的类型，可分为有限责任公司、股份有限公司，股份有限公司又可分为上市公司与非上市公司；按照债务人对长投公司的持股情况，可分为全资子公司、控股子公司及参股公司。管理人可通过国家企业信用信息公示系统、企查查等官方渠道查询并梳理债务人的组织架构，继而展开对长投公司的调查。调查内容主要包括：长投公司的历史沿革、现状和前景、财务资料、资产及负债等。

（二）核查方式

1. 历史沿革、现状及前景

管理人可通过工商内档整理长投公司的历史沿革，并对其现状及前景进行初步的预判。

2. 股权价值判断

（1）财务资料齐全。在能够联系到债务人及其长投公司，且财务资料齐全的情况下，管理人可对长投公司进行衍生审计和股权价值评估，为后续长期股权投资的处置做好准备。如管理人接收到债务人会计账簿的，且账面的长期股权投资情况和工商登记显示情况不符的，管理人需要特别关注，并在执行职务报告中披露。此外，管理人查验债务人对长投公司的出资及相关情况后，应根据调查结果通知长投公司及相关主体申报债权，主要包括以下情形：

① 若债务人未按照长投公司章程规定履行出资义务的，包括完全未出资、出资不实以及抽逃出资等情形，应当通知长投公司及相关主体申报债权；若债务人对长投公司出资未到期的，经司法程序确认债务人需对长投公司债权人承担补充赔偿责任的，管理人应当通知长投公司的相关债权人申报债权。

② 若长投公司的股权被质押的，管理人应当通知该股权质权人申报债权。

③ 长投公司已进入清算或破产程序的，管理人应当通知其清算组/管理人申报债权。

(2) 长投公司"下落不明"或账册不全。管理人需通过外围调查的方式尽可能确定股权价值。管理人一方面需对债务人初始的投资情况进行调查，另一方面需对长投公司的资产和负债情况进行调查。资产的调查方式包括调取长投公司的工商档案，查询其股东出资、公司前期经营状况；至房产及车辆登记机关查询其名下房产和车辆信息；至银行查询账户资金流动情况及现状；至税务机关调取其资产负债表等。债权债务的调查途径包括到长投公司住所地人民法院、裁判文书网及执行信息网等平台查询长投公司涉诉及涉执行情况等。

实践中，往往会出现长投公司与债务人分属异地的情况，大大增加了管理人对长投公司股权价值的调查难度，若长投公司被吊销营业执照，管理人可优先采取申请强制清算的处置方式，其股权价值由长投公司的清算组予以确认；若长投公司处于存续状态但"下落不明"，债务人仅能通过转让股权的方式处置，则必须初步确认股权价值，考虑到异地调查存在障碍，管理人可通过"无讼"App等第三方服务平台下单，委托当地律师开展相关资产调查。

(三) 分支机构

对债务人分支机构的核查内容，包括但不限于：无法人资格的分公司、工厂、办事处等分支机构的资产及负债情况、经营情况。管理人可以通过调取工商内档、国家企业信用信息公示系统以及企查查等渠道查询；在获取初步查询结果后，应当向分支机构负责人寄送接管函件，并需注意分支机构是否存在单独核税，若存在，还需向分支机构所属税务部门寄送债权申报通知，并核查其清税情况。根据《公司法》的相关规定，分支机构需要随债务人破产程序一并清理。

四、车辆

如管理人已接管到债务人会计账簿的，其固定资产科目—运输设备项下会体现债务人拥有的机动车情况，管理人需对账实相符情况进行关注。

（一）核查方式

对象单位：上海市公安局交通警察大队车辆管理所。

所需材料：律师事务所函件（详见附件18）及经办律师的律师执业证。

管理人需要保存查询到的债务人名下车辆信息及车辆查封法院和经办人姓名。

（二）调查重点

1. 调查时重点关注事项

管理人调查时应重点关注：（1）车辆状态，如已达报废状况但不知下落、已注销、违法未处理等；（2）是否存在抵押，若已设定抵押，需联系抵押权人，审核判断其债权的优先性；（3）车牌号码，并根据查询结果制订财产管理方案。

2. 对于下落不明车辆的处理

对于上海本地下落不明的车辆，根据《上海市加强改革系统集成 提升办理破产便利度的若干措施》（沪高法〔2023〕47号），管理人可以申请人民法院协助查控，向公安机关发出协助查控函件，交警部门对于债务人名下下落不明的机动车暂停办理车辆年检、抵押或者解除抵押、质押或者解除质押、转让登记等业务；同时，管理人可以利用交警12123网络信息平台，联系运管部门和交警部门，将团队成员手机号绑定为债务人车辆违章信息的接收号，以便第一时间获取车辆违章信息及违章地点，进而发现并查扣车辆；此外，管理人应注意个别清偿情形，确认车辆转移登记的时间，以便及时撤销相关行为并追回财产。

3. 对于已达报废状况但不知下落车辆的处理

（1）办理注销退牌申请受理单

凭人民法院破产受理裁定书、指定管理人决定书、车管所出具的债务人名下机动车查询结果及经办人员身份证，到债务人注册地派出所办理车辆注销退牌的备案申请。

（2）车管所退牌资料清单

① 破产受理裁定书、指定管理人决定书（原件供核对，留存复印件）；

② 管理人单位营业执照（原件供核对，留存复印件）；

③ 授权委托书及退牌申请；

④ 派出所注销退牌的备案申请受理单；

⑤ 车辆无查封情况，如有，需先解除查封；

⑥ 管理人公章。

4. 对涉及多项查封车辆的处理

若债务人名下车辆涉及多项查封的，相关车辆解封途径如下：（1）申请人民法院逐个解封。（2）首封处置权移送：向相关执行法院发函并抄送函件至破产受理法院，之后再向破产受理法院发函，申请解封。对于司法查封期内的保全措施，只有公检法机关有权解封，需持裁定书、协助执行通知书、移送函等原件，查封期限结束后，所有权人可以申请解封。（3）集中概括式解封，目前尚在探索试行中，尚未实际推行。

五、设备

若管理人已接管到债务人会计账簿的，固定资产科目—机器设备项下会体现债务人拥有的设备情况，管理人应结合问询债务人及相关人员的方式，对账实相符情况进行关注，并前往实地勘查，选聘评估机构协助盘点估值。

若未接管到债务人的任何资料，管理人可通过查询债务人的涉诉涉执案件信息，获取设备情况，若设备在破产受理前6个月内被冻结或拍卖，管理人应当及时采取措施，例如申请解除查封、执行回转、撤销个别清偿等。

此外，管理人还应关注设备是否存在抵押的情况。根据《国务院关于实施动产和权利担保统一登记的决定》（国发〔2020〕18号），自2021年1月1日起，动产抵押登记的设立、变更、注销申请，一律经人民银行征信中心动产融资统一登记公示系统办理。2021年1月1日之前经全国市场监管动产抵押登记业务系统办理的抵押登记，仍可到该系统进行查询。经人民银行征信中心登记的动产抵押，可以在"国务院客户端"小程序，搜索"动产融资统一登记查询"，进入该功能后进行实名认证，输入抵押人的名称和证件号码即可查询法人、非法人组织以及自然人的动产和权利担保公示信息，小程序的查询结果与动产融资统一登记公示系统的页面查询结果一致。

六、生产性生物资产

生产性生物资产，是指为产出农产品、提供劳务或出租等目的而持有的生物资产，包括经济林、薪炭林、产畜和役畜等。生物资产一般出现在农林牧渔行业，这些行业的公司由于产品数量、价值、品质不易计量，管理人应尽快开展调查清点工作，选聘专业机构予以协助，以免出现财产损失。对债务人生产性生物资产的核查内容，包括但不限于：经济林、薪炭林、产畜、役畜等有关数量、状态、质量、权属，是否存在抵押、质押（抵押）情形等。

七、无形资产

中国资产评估协会发布的《资产评估执业准则——无形资产》（中评协〔2017〕37号）将无形资产定义为"特定主体拥有或者控制的，不具有实物形态，能持续发挥作用并且能带来经济利益的资源"。无形资产具有广义和狭义之分，广义的无形资产包括金融资产、长期股权投资、专利权、商标权等，因为它们没有物质实体，而是表现为某种法定权利或技术，故而归入无形资产，此处我们主要讨论商标权、专利权、著作权等知识产权及实务中常见的其他类型无形资产。

（一）商标

1. 查询网址：国家知识产权局商标局中国商标网。
2. 核查重点：商标是否在有效期内，是否存在申请中的商标，是否存在权利提前终止、宣布无效、被撤销等异常情况。

（二）专利权

1. 查询网址：中国及多国专利审查信息系统。
2. 核查重点：专利年限情况（其中发明专利保护年限为20年，实用新型专利和外观设计专利保护期限为10年），专利是否有被宣布无效等异常情况，专利权共有情况，是否及时缴纳了专利年费，是否存在申请中的专利，是否存在国际专利等。

（三）著作权

1. 查询网址：中国版权保护中心（https：//register.ccopyright.com.cn）。

2. 核查重点：是否存在权利提前终止、宣布无效等异常情况。

（四）其他

1. 特许经营权查询网址：http：//txjy.syggs.mofcom.gov.cn。

2. 域名、IP查询网址：https：//beian.miit.gov.cn/♯/Integrated/index。

3. 除此之外，根据债务人所处行业，可能还存在商誉、自媒体账户、经营牌照等，管理人应根据实际情况清查，在咨询相关主体确定其具有变现价值的基础上，及时予以管理处置。

从实践来看，无形资产虽然变现比较难，但是接管相对比较容易，若管理人无法从债务人处接管到相关材料，可通过向中国版权保护中心、国家知识产权局、相关登记部门等发函形式申请调取档案资料。

除无形资产的基本信息外，管理人还应关注债务人是否存在因无形资产产生的争议或纠纷，是否存在质押、优先权等第三方权利，是否存在被查封、冻结等限制转让情形。

八、其他非流动资产

因涉及特殊行业、业务等，债务人可能还存在从特殊主管部门申请税费退还的情况，诸如债务人系旅游行业，设立有旅行社时，将存在文化和旅游局（以下简称"文旅局"）申请退还旅游服务质量保证金（以下简称"旅游保证金"）；债务人存在进出口贸易时，将存在向税务局申请出口退税情况，管理人应及时核查并处理，依据政策办理相关手续，归集相应财产。

1. 文旅局——旅游保证金

根据《中华人民共和国旅游法》（以下简称《旅游法》）、《旅行社条例》等规定，旅行社需缴纳相应的旅游保证金，并应当存入文旅局指定的银行专户内。国家旅游局《关于指定旅行社质量保证金存储银行的公告》《关于增加兴业银行为旅游服务质量保证金指定存储银行的函》规定，旅游保证金可存储于中国银行、中信银行、交通银行、上海浦东发展银行、招商银行、中国邮政储蓄银行、中国工商银行、中国建设银行、中国光大银行、中国农业银行、中国民生银行、兴业银行等12家指定银行。

因此,当债务人设立有旅行社时,管理人应当格外关注其相应专户内的旅游保证金情况,例如基本户银行调取的开立户清单上的相应银行账户,以及接管材料中有关于旅游保证金缴纳凭证中的银行账户及缴费情况。

旅游保证金退还需按照文旅局要求提交旅行社注销材料,待旅行社注销被批准后,即可携带注销回执前往相应的旅游保证金专户开户行划转该保证金至管理人账户内,并同步申请注销该保证金专户。

2. 税务局——出口退税

出口退税发生于企业的国际贸易业务中,对报关出口的货物、劳务和跨境应税服务,退还在国内各生产环节和流转环节按我国税法规定已缴纳的增值税和消费税。一般来说,适用出口退税政策的企业包括出口企业、向境外提供零税率应税服务及无形资产的境内单位、为生产企业代办出口退税的外贸综合服务企业,涉及出口货物、对外提供修理修配劳务、跨境电商等,并以货物类、加工修理修配劳务类、应税服务类规定不同的退税率及其特别规定。管理人在接管债务人的过程中,如发生存在可以办理出口退税的情形,应及时归集相关资料,及时对接税务部门办理退税事宜。

3. 被其他人占有的财产

债务人于破产前可能还存在相关财产被他人占用的情形,主要包括:债务人董监高及其他人员所侵占的财产;因隐匿、转移财产所产生的债务人财产被他人占有;以及在以往交易、租赁等过程中被他人占有的债务人财产。对于他人占有的破产财产,管理人在履职过程中应当注意核查与追回。

4. 债务人存在《企业破产法》第31、32、33条规定情形而涉及的待追收财产

《企业破产法》第31条规定:"人民法院受理破产申请前一年内,涉及债务人财产的下列行为,管理人有权请求人民法院予以撤销:(一)无偿转让财产的;(二)以明显不合理的价格进行交易的;(三)对没有财产担保的债务提供财产担保的;(四)对未到期的债务提前清偿的;(五)放弃债权的。"该条规定的相关情形一般指向债务人财产的减少,在已有破产迹象的情况下,债务人存在恶意转移财产、损害债权人利益之嫌,故应予以撤销并追回财产。

《企业破产法》第32条规定:"人民法院受理破产申请前六个月内,债务人有本法第二条第一款规定的情形,仍对个别债权人进行清偿的,管理人有权请求人民法院予以撤销。但是,个别清偿使债务人财产受益的除外。"个别

清偿行为主要损害的是全体债权人的公平受偿权,且导致债务人财产的减少,除非清偿行为可增加债务人财产性权益或减少其损失,管理人应当及时进行追收。

《企业破产法》第33条规定:"涉及债务人财产的下列行为无效:(一)为逃避债务而隐匿、转移财产的;(二)虚构债务或者承认不真实的债务的。"本条规定的情形无追诉期限限制,故管理人应综合调查债务人全部的财产处置或债务负担资料,判断是否存在无效行为,并及时追回相关财产。

对于本章所述各项财产,管理人应当在第一次债权人会议报告中详细说明调查过程及调查结果;如未查询到前述财产,请列明未查询到的原因,并将具体调查工作的原始工作记录作为一债会报告附件。[①]

[①] 本书成稿时,上海市高级人民法院刚刚下发《上海法院诉讼服务网管理人查询操作手册》,拟通过上海法院诉讼服务网,逐步开放相关查询窗口,以向管理人提供企业档案、实时人口、车辆、银行、不动产、社保、税务等信息查询,管理人可以通过登录上海法院诉讼服务网,统一在"管理人履职"—"管理人查询"模块中完成各项查询功能的申请、进度查看以及结果信息查看。

第四章
债权申报与审核

第一节　确定已知债权人

《企业破产法》第 14 条第 1 款规定:"人民法院应当自裁定受理破产申请之日起二十五日内通知已知债权人,并予以公告。"实务中,如何对已知债权人进行界定以及如何调查已知债权人系评判管理人是否尽职的标准之一。根据《上海市破产管理人协会破产案件管理人工作指引(试行)》第 52 条第 3 款的规定,管理人应当通过合理方式查询已知债权人信息,已知债权人信息可通过以下方式或途径获取:(1)破产案件受理材料;(2)债务人的财务记录;(3)裁判文书网、中国执行信息公开网等网络公开渠道;(4)向人民法院、仲裁机构、劳动人事争议仲裁机构询问与债务人有关的案件情况;(5)向债务人相关人员询问等。管理人在实践中主要通过梳理涉诉涉执案件信息、调查核实债务人提供的债权人清单、审计机构梳理的对外应付及预收款名单、管理人履职中发现的可能债权人等途径调查及确定已知债权人。

一、税务、社保、公积金等债权人

(一)税务债权人

管理人在接受人民法院指定后,应当积极开展税务债权的调查工作,可通过"纳税人一户式查询""12366 纳税服务平台"等方式查询企业所属主管税务机关,并积极与主管税务机关的法制科和专管员取得联系,初步调查企业的税务状态、纳税申报及税款欠缴情况。

除此之外,管理人还应当向债务人主管税务局寄送债权申报通知材料,告知税务局若查询到债务人存在税费欠缴的,应当及时向管理人进行申报。

需要说明的是，2020年11月1日起，企业社会保险费征收职责正式划转至税务部门。对于划转以前的欠费，继续由人社部门申报债权，划转之后的欠费，由税务部门申报债权；2020年起，残疾人就业保障金划转至税务部门征收。对于所属期2019年度及以后的欠费，由税务部门申报债权。

同时，关于纳税申报，人民法院裁定受理债务人破产后，经人民法院许可或债权人会议决议，企业因继续营业或者因破产财产的使用、拍卖、变现所产生的应当由企业缴纳的税（费），管理人以企业名义按规定申报纳税。相关税（费）依法按照共益债务或者破产费用，由破产财产随时清偿，主管税务机关无须另行申报债权，由管理人代为申报缴纳。

（二）社保债权人

管理人需致电市社保中心查询债务人是否开立社保账户。如有，再行确定所属的具体区社保中心，后续持破产受理裁定书、指定管理人决定书，向区社保中心调取债务人的社保信息。鉴于各区社保中心对材料要求、查询流程等可能存在些许差异，具体办理时，建议提前致电各社保中心咨询。

前往社保中心查询债务人企业现在缴纳社保员工情况、社保欠缴情况时，管理人还应注意结合已调取的劳动仲裁文书、欠薪表等情况，查询已不在缴、但有身份证号的员工是否为离职员工、有无相应的联络方式，以备后续联络员工使用。

除线下调取债务人社保账户基本情况外，管理人还应当向社保中心寄送债权申报通知材料，告知社保中心，若债务人有欠缴社保费用的情况，应及时向管理人申报债权。

由于2020年11月以后企业的社保费缴纳均由税务部门分管，社保部门负责2020年10月底前的社保债权申报，2020年11月之后的社保费由税务部门征收和申报债权，因此需要注意债权清偿时的分类处理，避免把应清偿至税务部门的款项错误汇款至社保部门指定账户内，并于分配前与社保部门的委托代理人或者联系人先行电话联系。

（三）公积金债权人

管理人需查询债务人注册地址所在区，并致电所在区公积金中心联系人，询问债务人公积金账户基本情况，诸如：是否开立公积金账户、已开立账户是否实际由该区公积金管理部管辖等。待电话确认公积金账户及管辖相关信息后，管理人应当按照上海市公积金管理中心的要求，向债务人所在区公积金管理部发送《协查函》（详见附件19）及破产受理裁定书、指定管理人决定书等资料，要求公积金管理中心协助查询债务人公积金账户的开户及缴存情况，并告知若债务人存在欠缴公积金的情形，应当及时回函告知债务人欠缴情况。

（四）残疾人就业保障金欠缴情况查询

根据上海市残疾人就业服务中心2021年11月10日发布的《关于残疾人就业保障金债权申报主体变更的函》的相关规定，自2020年起，残疾人就业保障金的征收工作及以前年度应缴未缴的保障金应由税务部门负责征缴入库，管理人无须再向市残疾人就业服务中心寄发债权申报通知函，统一由税务部门进行核查申报。

因此，在向税务部门寄送有关税费欠缴的债权申报通知的同时，管理人还应当向税务部门同步寄送有关债务人企业残疾人就业保障金的债权申报通知，并需在寄送时备注区分两份债权申报通知材料对应的内容与主管部门。

二、梳理涉诉涉执案件信息

如本书前述，管理人接受人民法院指定后，即可通过在线检索方式公开查询，并向案件承办法官申请或由承办法官依职权通过法院案件管理系统查询债务人的涉诉、涉执行案件信息。

（一）在线查询债务人涉诉涉执案件信息

管理人可以通过中国裁判文书网、中国执行信息公开网等官方渠道，并结合企查查、天眼查、启信宝等专业的企业征信机构检索债务人的涉诉涉执情况，并对查询到的信息进行梳理汇总，记录登记对方当事人姓名或名称、代理人情况、注册地或联系地、诉讼执行案件信息（案号、案由、标的额、判决/执行情况）等。

（二）调取人民法院、仲裁机构案卷资料

人民法院受理破产申请后，管理人可以向破产案件的承办法官申请或由承办法官依职权通过法院案件管理系统查询的债务人涉诉、涉执行信息。需注意的是，法院内部的案件管理系统仅可查询到债务人在上海市各级人民法院的涉诉、涉执行情况，暂时无法查询全国案件情况，故外地案件仍旧需要管理人积极通过公开渠道及债务人交接资料查询获取。管理人在获取破产法院提供的债务人涉诉涉执案件清单后，应当及时前往作出相应法律文书的人民法院、仲裁机构调取相关卷宗。在获取案件卷宗后，应当仔细查阅卷宗，并结合在线查询情况进行汇总甄别。同时，管理人在查阅卷宗时若发现执行时效经过、可能涉嫌虚假诉讼等情况，应当对上述债权人进行标记，并进一步展开调查。

除此之外，管理人对于接管过程中债务人移交的涉诉、涉执行案件资料，应当梳理并汇总，完善债务人债务清册。

需要说明的是，在梳理诉讼、执行案件时，管理人应当同步关注债务人作为原告或申请人的案件，若涉及债务人对外债权的，应当及时、积极采取措施，防止债务人财产不当减损。而对于涉诉、涉执行案件中核查到的负债，管理人需及时向各债权人发送债权申报通知，并在收到债权申报材料后及时进行债权审核，具体的债权审核将在后文详述。

三、债务人提供的债权人清单

在债务人自行申请破产的情况下，人民法院一般会在破产申请阶段对债务人的债权债务情况进行审查，而债务人也会按要求提供债权人清单、审计报告等用以证明其负债情况的材料，故管理人在接受指定后，可以向破产受理法院申请调阅债务人申请破产的全部资料。若非债务人申请破产，无法通过此种路径调查的，则可在接受指定后联系债务人的相关人员，要求其进行移交。如能顺利接管，应当要求债务人提供债权人清单，或至少应当将债权相对应的合同等经营资料、银行凭证等财务资料做移交，以便管理人能够核查相应的债权。

根据债务人提供的债权人清单，管理人应当结合其他财务资料、经营资料进行查缺补漏，存疑之处应当及时问询债务人，要求债务人作出说明。在确定债权人清单后，应当逐一查找确认相对应的债权人联络方式，并寄送债权申报通知材料。

四、审计机构梳理的对外应付及预收款名单

在管理人顺利接管到破产企业的财务资料后，经债权人会议表决通过或

人民法院许可，管理人可以聘请专业审计机构对债务人进行审计。审计过程中，审计机构将对债务人的应付账款、预收账款等负债类科目进行梳理。管理人可根据审计机构提供的应付账款、预收账款清单，逐一查找对应的债权人联络方式，并向其发送债权申报通知材料。

五、管理人履职中发现的可能债权人

除上述方式外，管理人在履职过程中亦可能发现债务人存在其他负债，例如在房屋租赁合同中出租人破产的，若因出租人原因导致合同解除，需要向承租人承担违约责任，且涉案房屋存在次承租人，根据合同的相对性，次承租人无法直接向出租人主张违约责任，此时管理人应当及时通知次承租人申报债权；再例如，同样是房屋租赁合同中，出租人破产时，管理人应当及时梳理其与各承租人的合同履行情况，若涉及保证金退还、租金超付等情况，应当及时通知承租人申报债权。

第二节　向已知债权人发送债权申报通知文件

一、法院的债权申报公告

人民法院受理破产申请后，根据《企业破产法》的规定，应当于25日内发布公告，一般来说，该公告将刊登于破产重整网、《人民法院报》等影响力较大的网站、报刊。公告事项一般包括申请人、被申请人的名称或者姓名；人民法院受理破产申请的时间；申报债权的期限、地点和注意事项；管理人的名称或者姓名及其处理事务的地址；债务人的债务人或者财产持有人应当向管理人清偿债务或者交付财产的要求；第一次债权人会议召开的时间和地点；未在债权申报期限内申报的法律后果；人民法院认为应当通知和公告的其他事项等。

若债务人已存在资不抵债、无力清偿到期债务的迹象，未主动申请债务人企业破产的债权人，应当及时关注破产重整网上有关债务人的相关公告，及时跟进债权申报、案件审理的进度。

二、发送债权申报文件

(一) 发送范围

根据《企业破产法》第 44、46、47 条之规定,债权人系在人民法院受理破产申请时对债务人享有债权的债权人。若债权人的债权在债务人被裁定受理破产时尚未到期,其债权视为到期,故管理人也应当向其发送债权申报通知。对于附条件、附期限的债权和诉讼、仲裁未决的债权,若在债务人被裁定受理破产时,所附的条件、期限尚未成就,或正在进行的诉讼、仲裁尚未有生效法律文书的,管理人也应当向其发送债权申报通知。

通知已知债权人申报债权是管理人尽责履职的要求之一,管理人确定发送范围之时不应基于自己的主观判断,即,管理人不应当根据现有材料认为即使债权人申报也无法得到确认就将其排除在外,不向其发送债权申报通知。债权申报通知和债权审核有着比较大的区别,债权申报通知更多保障的是债权人的程序权利,而债权审核则是对实体权利的审查。故管理人在确定发送范围时应做到应发尽发,最大限度保障债权人的利益。

(二) 债权申报通知文件内容

管理人向债权人发送债权申报通知时一般需包含以下内容:债权申报通知书、债权申报须知、破产受理裁定书、指定管理人决定书、法院公告、债权申报表、债权申报书、债权申报文件清单、债权人送达地址及联系方式确认书、法定代表人身份证明书、授权委托书等(详见附件5)。

1. 债权申报通知书一般需列明破产案件受理情况、指定管理人情况、债权申报期限、逾期申报的法律后果、第一次债权人会议召开时间及召开方式、管理人联系方式等。

2. 债权申报须知一般需列明债权申报的注意事项,例如停止计息的时间、可申报债权的范围、保证人、连带责任人如何申报等,具体申报流程及申报方式、所需提供材料的要求等。

3. 债权申报表一般需包括债权人姓名或名称、申报总额及构成(本金、利息、违约金等其他款项)、有无财产担保或优先权情况(如有需列明担保标的物及担保物价值)、有无连带责任或主债务人、有无生效法律文书、执行情况、债权人确认事项、其他情况等。

4. 债权申报书一般需包括债权构成明细，以及每笔金额的计算方式（例如本金、利息、违约金、迟延履行金等）、事实及理由（债权形成原因、经过、有无担保、有无清偿、有无催讨等情况）。

5. 联系方式及送达地址确认书一般包括债权人银行账户信息、联系人、联系电话、身份证号、电子邮箱、联系地址、微信号、电子送达方式等。

6. 授权委托书需列明委托人及受托人基本信息，委托权限一般需包括代为变更或放弃所申报的债权，代为对相关事项发表意见，代为接受调查、询问，代为参加债权人会议或其他会议并代为行使表决权等权利，代为提交、接收与本案有关的法律文书，无转委托权等。

（三）债权申报通知文件的发送方式

管理人在梳理已知债权人时应当一并梳理债权人的联系方式，包括联系地址、联系电话、联系人姓名等信息，管理人可以通过电话、短信、邮政快递、微信以及破产案件办理平台系统等多种方式通知债权人申报债权。

三、对特殊主体的债权通知文件

（一）人民法院的诉讼费、执行费

经调查，若债务人在被裁定受理破产前存在生效判决需要承担相应诉讼费、执行费时，管理人应当与债权人、人民法院进行核实，确定债权申报的主体。若上述费用应当由债务人向人民法院缴纳而尚未缴纳的，管理人应当及时通知相应人民法院申报债权。一般来说，管理人应当先行与当时承办案件的法院工作人员取得联系，确定债权申报材料的具体收件人信息，若无法联系的，可以向作出法律文书的法院的执行局寄送相关通知。

（二）银行欠费

管理人在财产调查过程中将必不可少地前往债务人所开立账户的银行进行调查，一般来说，企业在银行开立账户会缴纳相应的服务费、管理费等费用。但当企业进入破产程序后，若确实需要开户行继续提供服务的，应当将相应费用列入破产费用，但对于之前已经欠缴的费用，应当通知银行申报债权。若未通知银行申报债权，则可能导致在终结破产程序后因存在欠费而无法注销银行账户的情况。

（三）税务、社保等债权

关于税务、社保等部门的债权申报通知详见本章第一节。

（四）公积金债权

关于公积金债权，公积金中心并非申报主体，管理人应当向公积金中心寄送《协查函》（详见附件19），就债务人（企业）的单位住房公积金账号、开户日期、末次汇缴月份、目前缴存人数、缴存职工的名单和证件号码及个人住房公积金账号、针对债务人（企业）的投诉举报（含已立案的案件）、债务人（企业）是否已被市公积金中心向人民法院申请强制执行等信息向管理人进行反馈，管理人应当积极跟进，落实职工的公积金债权。

四、逾期申报的处理

根据《企业破产法》第45条、第48条的规定，人民法院应当在受理破产后确定债权人的债权申报期限，债权申报期限应当自公告之日起不少于30日且不超过三个月，债权人应当在人民法院确定的债权申报期限内申报债权。但是基于破产程序的特殊性，超期申报并不意味着丧失对债权的确认及获得清偿的权利。《企业破产法》第56条赋予了债权人在最后一次财产分配前补充申报债权的权利，同时也明确，补充申报的债权人应当承担审查和确认补充申报债权的费用。

但是，《企业破产法》并未明确补充申报的费用如何确定，上海市破产管理人协会制定了《关于审查和确认补充申报债权的工作规程（试行）》，为管理人收取补充申报费用提供了相应依据。债权人补充申报债权的，管理人的工作量将大幅增加，例如管理人需重新编制债权表并提交债权人会议核查、提请人民法院裁定确认、调整破产财产分配方案等。因此，补充审查费以补充申报人的申报金额或管理人工作时长为计算依据，可以综合审查确认难易程度、逾期时间、逾期申报对破产工作的影响等因素加以确定。

五、债权申报资料的接收与档案管理

债权申报通知材料寄出后，在申报期内，管理人将陆续收到各债权人通过邮寄或现场申报等纸质方式、邮箱发送等电子方式，以及债权人通过登录管理人统一使用的破产案件管理系统申报的债权材料。不论通过何种申报方式进行申报，管理人均应当按统一格式登记入册。

除登记债权人申报的债权外，管理人还应主动核查相应债权，诸如职工债权，但因系主动核查债权，不存在债权人自主申报金额与管理人核定金额的差异，从而产生异议债权的问题，因此，主动核定债权无须登记制作债权申报登记册。

根据《企业破产法》第 57 条、《最高人民法院关于适用〈中华人民共和国企业破产法〉若干问题的规定（三）》〔以下简称《破产法解释（三）》〕第 6 条的规定，管理人应当对所申报的债权进行登记造册，详尽记载申报人的姓名、单位、代理人、申报债权额、担保情况、证据、联系方式等事项，形成债权申报登记册。

管理人应当对债权人提交的债权申报材料进行编号，妥善保管并装订成册，在破产案件终结后，归入案卷档案。

第三节　债权的审核、核查与确认

一、债权审定流程及要求

（一）审定流程

1. 管理人内部采取初审与复核相结合的模式

管理人在完成债权申报登记后，应当及时对债权进行审查。一般来说，债权审查应当由两位律师进行，先由一位律师进行初审，再交给第二位律师进行复核。在审核时，应当主动对债权的性质、数额、有无担保财产、是否超过诉讼时效期间、是否超过强制执行期间等情况进行审查。同时，对于审查有难度的债权还应注意个案研讨、特案请示。

2. 通知债权初审认定结果

管理人内部对债权审核完成后，可以在债权人会议核查债权前，将债权初审认定结果通知债权人。通知债权人债权初审认定结果一般采取书面形式，管理人发送的债权初审认定结果通知（详见附件 20）内容包括债权人名称、有/无财产担保、申报债权金额及构成、管理人初审认定结果、申报与认定差异说明（如有）、特别说明（如有）、债权人意见、回复及默示同意规则、权利救济途径、管理人联系方式等。

管理人将初审结果通知债权人后，债权人若对管理人认定结果有异议的，应当于15日内向管理人反馈，由管理人启动债权复核程序。

3. 债权人会议核查债权

管理人根据审核及债权人反馈结果、复核情况编制债权表，并提交债权人会议核查，债权人有权对债权表上所列的所有债权人的债权提出异议。若有多批次债权核查的，已经核查通过的债权不再核查。

4. 人民法院裁定确认

债权人会议核查债权后，若未有债权人就债权提出异议，或虽有债权人提出异议，经管理人答复后无异议的，管理人应当及时向人民法院申请裁定确认无争议债权（详见附件21）。

（二）债权审定具体要求

债权的审核与最终认定内容系实体问题，关涉债务人负债总额及最终参与破产财产分配的主体及金额，故审定要求十分严格，通常应当从主体资格、债权性质、债权计算方式、债权是否真实、诉讼时效、执行时效等多个方面进行。

1. 债权人主体资格及代理人权限

管理人应当主动审核债权人的主体资格，债权人为单位的，需提交如下证明文件：（1）企业单位提交营业执照复印件，金融机构需要另提交金融许可证复印件，相关证照复印件应加盖单位债权人公章；（2）事业单位应提交事业单位法人证书复印件，并加盖单位债权人公章；（3）社会团体应提交社会团体法人登记证书复印件，并加盖单位债权人公章；（4）其他单位应提交其他能够证明债权人法律主体资格的证照复印件，并加盖单位债权人公章；（5）曾变更单位名称且债权申报材料反映债权人变更前名称的，还需提交相关证明文件复印件（如工商局/市场监督管理局出具并盖章的企业名称变更登记工商档案），并加盖单位债权人公章；（6）法定代表人/负责人身份证明书加盖单位债权人公章的原件；（7）法定代表人/负责人身份证明（如身份证或护照）复印件，并加盖单位债权人公章。债权人为自然人的，需提交本人身份证明（如身份证或护照）复印件，并由自然人债权人签字。债权人为境外主体或中国香港、中国澳门、中国台湾主体的，需提交经公证认证的身份证明文件的原件。

如债权人委托代理人参加破产程序，需提交加盖单位债权人公章或由自然人债权人签字的《授权委托书》原件（单位债权人法定代表人/负责人或自然人债权人亲自申报债权并参加破产程序的无须提交）；委托代理人身份证明（如身份证或护照）复印件，并加盖单位债权人公章或由自然人债权人签字。如委托律师参与破产程序，需要提交律师证复印件和加盖律师事务所公章的公函原件。

通常来说，授权委托书中明确的委托权限包括代为变更或放弃所申报的债权，代为对相关事项发表意见，代为接受调查、询问，代为参加债权人会议或其他会议并代为行使表决权等权利，代为提交、接收与本案有关的法律文书，无转委托权等。

2. 债权的确认

在破产程序中，债权性质的不同会直接影响债权人的表决权限及清偿顺位。《企业破产法》涉及的债权性质主要有法定优先权（例如商品房消费者以居住为目的购买房屋并已支付全部价款、建设工程价款优先受偿权等）、担保债权（例如抵押权、质押权、留置权等）、职工债权（包括工资、医疗、伤残补助、抚恤费用、应当划入职工个人账户的基本养老保险、基本医疗保险费用、补偿金等）、社保税收债权（不含滞纳金）、普通债权、劣后债权（例如民事赔偿金、行政罚款、刑事罚金等）。

在审核债权时，管理人应当根据债权人申报的债权性质及提供的相应证据，结合管理人接管的债务人资料以及管理人的外部调查，研判基础法律关系，综合考虑债权债务关系的真实性、履行情况、是否经过除斥期间、是否经过诉讼时效及执行时效、是否存在可撤销情况等。

除管理人主动核查的债权外，债权金额的审定应当以债权人申报的金额为限，管理人不应当超出债权人的申报范围审核债权。债权人的申报金额不仅仅指债权人的申报总额，还应包括本金、利息、违约金等每一项单列金额。

债权人申报时需要提供的证据一般有合同、协议、往来账及相关凭证、收款或付款凭证、对账单、结算单、判决书、裁决书、调解书、裁定书、利息或违约金计算等书面材料。当初步审查后发现债权人申报的债权资料不完整时，管理人应当书面告知债权人在一定期限内补充提交证据。若债权人在限定时间内未提交，管理人可依据材料作出认定或不予认定的结果。

二、职工债权的处理

（一）管理人主动核查职工债权

根据《企业破产法》第 48 条的规定，债务人破产程序中涉及职工债权的，职工不必申报，由管理人调查后列出清单并公示。职工债权包括债务人所欠职工的工资和医疗、伤残补助、抚恤费用，所欠的应当划入职工个人账户的基本养老保险、基本医疗保险费用，以及法律、行政法规规定应当支付给职工的经济补偿金等。

管理人在接受指定后，需前往债务人注册地、实际经营地、年报地所在区的劳动人事争议仲裁委员会、劳动保障监察大队、税务、社保部门，分别调查债务人劳动仲裁案件、劳动监察投诉及欠薪情况、职工社保缴纳情况；同时要求债务人说明职工情况并提供职工安置方案。如有劳动仲裁、劳动监察记录，管理人应当继续调查上述民事、行政法律文书的执行情况，并将调查结果通过职工微信群、债务人 OA 系统、微信公众号、破产重整网等渠道进行公示。

（二）听取职工意见并向法院汇报

若债务人与职工的劳动关系尚未解除，管理人应当根据案件实际情况，结合债务人、职工的意见，就人员是否留用、人员待遇等问题向法院及时、如实汇报。如需留用人员的，破产受理前欠付的职工工资应当列为职工债权，在破产财产分配时一并清偿；破产受理后的职工工资可作为破产费用随时清偿。如需解聘人员的，要做好人员安置工作，确定工资及社保支付情况和经济补偿金等，作为职工债权予以认定。

（三）欠薪保障金制度

2007 年 6 月 21 日，上海市人民政府为了帮助劳动者解决因企业欠薪引起的临时性生活困难，维护社会稳定，发布《上海市企业欠薪保障金筹集和垫付的若干规定》，该规定自 2007 年 10 月 1 日起实施。其中明确垫付原则为应急帮助和有限垫付，鼓励劳动者通过法律途径追讨欠薪，维护自身合法权益。2019 年 12 月 5 日，上海市高级人民法院、上海市人力资源和社会保障局就企业破产情况下欠薪保障金的垫付和追偿形成了会议纪要（以下简称"破产欠薪保障金会议纪要"）。在破产欠薪保障金会议纪要形成以前，欠薪保障金的申请主体仅为被欠薪的劳动者本人,上述会议纪要出台后,人民法院、管理人亦可以申请欠薪保障金用以清偿职工债权。

1. 欠薪保障金的垫付存在一定限制,仅可用来支付破产企业应当支付而未支付的工资,以及解除、终止劳动合同应当支付而未支付的经济补偿金。若职工在任职期间发生了工伤事故,经有关部门鉴定后,职工可以在劳动合同解除时要求支付一次性伤残就业补助金,该补助金应当列为职工债权,但不能从欠薪保障金中予以支付。

2. 欠薪保障金支付的对象也存在一定限制,若员工为欠薪企业的法定代表人或者经营者、欠薪企业中与前项人员共同生活的近亲属、拥有欠薪企业10％以上股份的人员、月工资超过本市职工月平均工资水平三倍的人员以及累计欠薪数额不到200元的人员均不可申领欠薪保障金。

3. 欠薪保障金垫付的金额亦存在一定限制,破产企业拖欠工资或经济补偿金不超过6个月的,垫付欠薪的款项按照实际欠薪月数计算;超过6个月的,按照欠薪最后6个月计算。拖欠的月工资或月经济补偿金高于本市当年职工月最低工资标准的,垫付欠薪的款项按照月最低工资标准计算;低于月最低工资标准的,按照实际欠薪数额计算。人力资源和社会保障局审核决定予以垫付的,可以按规定在垫付的最高数额内予以垫付。

申领欠薪保障金需要提供公函、企业欠薪明细表、市人力资源和社会保障局出具的破产企业是否已申领过欠薪保障金查询结果文书、破产受理裁定书、指定管理人决定书、证明欠薪事实的材料(应载明劳动者姓名及身份证号、每月被拖欠工资金额及明细组成、经济补偿金的拖欠月数及金额等信息)等。

人力资源和社会保障局对劳动者垫付欠薪后有权追偿,管理人应当主动将其债权列为第二顺位债权,无须另行申报。

第五章
未决诉讼/仲裁、执行案件的处理

在破产程序中，以人民法院受理破产申请时相关民事诉讼是否已经立案为划分标准，学理上把受理破产申请前已启动但尚未终结的民事诉讼称为"既有民事诉讼"，把人民法院受理破产申请后新提起的民事诉讼称为"后发民事诉讼"。根据《九民纪要》第110条第3款的规定，人民法院受理破产申请后，债权人新提起的要求债务人清偿债务的民事诉讼，人民法院不予受理。故本书分析的"后发民事诉讼"主要指破产受理后，债权人因对管理人审核确认的债权有异议而提起的债权确认之诉，以及管理人代表债务人提起的追收对外债权纠纷、破产抵销权纠纷、别除权纠纷、追收未缴出资纠纷、追收抽逃出资纠纷、追收非正常收入纠纷、损害债务人利益纠纷等破产衍生诉讼，而不包括债权人新提起的要求债务人清偿债务的民事诉讼。本章主要分析涉及债务人"既有民事诉讼"的处理，对于债务人"后发民事诉讼"的处理详见本书第十三章。

一、梳理案件信息，与债务人沟通案件情况

管理人接受指定后，应及时通过合理方式查询债务人的涉诉涉执及仲裁案件信息，相关查询渠道及方式详见本书第一章第二节的"债务人概况检索与调查"部分。在查询债务人涉诉涉执及仲裁案件信息时，管理人应格外注意债务人是否存在已开始而尚未终结的民事诉讼、仲裁或执行案件，并于人民法院公告网、企查查等公开渠道关注债务人是否存在开庭公告等。经调查梳理发现债务人存在破产受理前已开始而尚未终结的诉讼、仲裁或执行案件，管理人应尽所能通过公开渠道分析汇总案件信息，并第一时间致电承办法官沟通案件进展，申请调取案件卷宗，熟悉案件情况。实践中，由于仲裁案件以不公开审理为原则，仲裁裁决书涉及当事人的身份信息等个人隐私

或涉及商业秘密，不属于仲裁机构公开的范围，故管理人无法从公开渠道获取债务人仲裁案件受理及审理情况，对于债务人未决的仲裁案件实际难以获悉。

根据《企业破产法》第25条第1款的规定，管理人履行下列职责：接管债务人的财产、印章和账簿、文书等资料。其中，管理人接管的文书资料包括债务人涉诉涉执案件资料及涉仲裁案件资料。管理人除通过公开渠道查询债务人的涉诉涉执或仲裁案件情况外，还需要向债务人了解涉诉涉执情况，在与债务人及相关人员进行接管访谈时，应询问债务人及相关人员是否存在未决诉讼、仲裁及执行案件。如存在，应进一步沟通案件情况并接管案件卷宗资料。

二、发送中止审理/执行申请文件

（一）民事诉讼程序或仲裁程序

《企业破产法》第20条规定："人民法院受理破产申请后，已经开始而尚未终结的有关债务人的民事诉讼或者仲裁应当中止；在管理人接管债务人的财产后，该诉讼或者仲裁继续进行。"因此，管理人在获知债务人存在破产受理后已经开始而尚未终结的有关诉讼、仲裁或执行案件后，应及时向审理法院、仲裁机构寄送中止审理通知书。根据我们过往承办案件的经验，向未决诉讼审理法院或未决仲裁的仲裁机构申请中止审理，一般需要如下材料：（1）中止审理申请书（详见附件22）；（2）破产受理民事裁定书；（3）指定管理人决定书；（4）管理人联系方式及联系地址。

至于何时恢复相关程序，实践中对"接管债务人财产"有不同的理解，到底是开始接管财产，还是部分接管财产，或是全部接管财产，《企业破产法》并无明确规定，而对接管时点的把握不同会影响到既有民事诉讼案件恢复审理的时间。本书认为，可以以管理人是否已经掌握了相关案件诉讼/仲裁材料为标准，若管理人已经掌握了案件材料并能够正常参与庭审活动，应推断满足恢复诉讼/仲裁程序之条件，至于接管财产的进度如何无关紧要。

此处需要说明的是，在司法实践中，并非涉及债务人的所有民事诉讼或仲裁案件均应中止审理，如果案件的处理结果并非涉及债务人的权利义务，该类案件的诉讼程序不应当因债务人进入破产程序而受到影响。例如，在执行异议之诉中，案件最终解决的是异议人是否有权排除人民法院查封异议人名下财产的问题，并不涉及债务人的权利义务，债务人进入破产程序并不必然导致案件审理中止[①]。

(二) 执行程序

《企业破产法》第 19 条规定："人民法院受理破产申请后，有关债务人财产的保全措施应当解除，执行程序应当中止。"《破产法解释（二）》第 5 条、第 7 条及《九民纪要》第 107 条均指出，已采取保全措施或者执行程序的相关单位，在知悉人民法院已裁定受理有关债务人的破产申请后，应当依照《企业破产法》第 19 条的规定及时解除对债务人的保全措施，拒不解除保全措施或者拒不中止执行的，上级人民法院依法予以纠正。因此，在人民法院裁定受理对债务人的破产清算申请后，对于已提起的执行程序，执行法院应当主动中止执行，债务人的财产应当由管理人接管并归集后，在破产程序中对全体债权人进行公平清偿，管理人应当及时向执行法院寄送中止执行通知书。根据我们过往承办案件的经验，寄送的中止执行材料通常包括：（1）中止执行及解除财产保全申请书（详见附件 23）；（2）破产受理裁定书；（3）指定管理人决定书；（4）管理人联系方式及联系地址。

实践中，债务人在破产受理前往往涉及多起诉讼，存在同一财产被多个法院查封的情形。若同一财产被多个法院查封的，管理人需要逐一向相应承办法官寄送申请中止执行及解除财产保全告知函。在上海市，为优化营商环境，便于市场主体便捷出清，中国人民银行上海分行与上海市高级人民法院共同发布了《关于合作推进企业重整优化营商环境的会商纪要》。该纪要第 9 条第 2 款规定，金融机构依据管理人提供的破产受理裁定书、指定管理人决定书、原查封法院或破产受理法院的解除保全裁定书解除对破产企业账户的冻结。也即，对于债务人银行账户存在被多个法院查封的情形，管理人不需要再逐一向查封法院寄送申请中止执行或解除财产保全措施的告知函，可以向破产受理法院申请出具相应的解除冻结裁定（详见附件 24），而后凭破产受理法院出具的解除冻结裁定书至相关银行办理账户解除冻结措施，大大提升了管理人的办案效率。

[①] （2021）京民终 515 号民事判决书。

三、未决诉讼/仲裁、执行案件代理人的处理

《企业破产法》第 18 条第 1 款规定："人民法院受理破产申请后,管理人对破产申请受理前成立而债务人和对方当事人均未履行完毕的合同有权决定解除或者继续履行,并通知对方当事人。管理人自破产申请受理之日起二个月内未通知对方当事人,或者自收到对方当事人催告之日起三十日内未答复的,视为解除合同。"对于债务人在破产受理前已开始但尚未完结的诉讼、仲裁或执行案件,如债务人前期已聘请律师代理案件的,管理人应及时联系代理律师了解案件情况,同时应在破产受理后 2 个月内决定是否继续聘任原代理律师提供代理服务,判断标准应为合同继续履行是否有利于提高债务人财产价值及债权人清偿比例。具体而言,本书认为可综合考虑以下因素进行判断:(1) 是否有利于破产程序推进。如原代理律师掌握案件整套卷宗,如继续委托代理,即可快速恢复诉讼,避免管理人因接管问题而导致程序停滞;或者人民法院指定管理人日期与未决诉讼或仲裁案件开庭日期间隔较短,管理人尚无法代表债务人参加庭审的;或者管理人团队成员均为非律师身份(如会计师事务所或清算公司),缺乏诉讼经验等,为推进相关程序进展,可以选择由原代理律师继续代理债务人参加庭审。(2) 继续委托费用是否低于管理人履职费用。如未决诉讼、仲裁或执行案件发生在异地,由管理人代表债务人进行诉讼可能发生高额的差旅费,时间成本也较高,可以考虑继续委托原代理律师进行诉讼。(3) 诉讼利益最大化。如未决诉讼、仲裁或执行案件案情复杂,原代理律师基于对案情的熟悉及专业度,能够更好地为债务人争取利益的,可以选择继续委托原代理人进行诉讼。

四、视案件情况决定处理方式

(一) 恢复诉讼或仲裁

根据《企业破产法》第 19 条的规定,在人民法院受理破产前已经开始的有关债务人的民事诉讼,管理人完成接管后,仍应代表债务人继续进行诉讼,而不应以债务人已被裁定进入破产程序为由驳回原告诉讼请求。[①] 实践中,

---

① (2022) 最高法民再 20 号民事裁定书、(2021) 最高法民申 3522 号民事裁定书。

经常遇到债务人未决的诉讼或仲裁在管理人接受指定后已经开庭审理，但人民法院尚未出具判决书或仲裁机构尚未出具裁决书之情形，债务人大多缺席庭审，对于此类情形，管理人应及时熟悉案件情况并联系主审法官，代表债务人充分发表意见，为债务人及债权人争取最大的利益。

因破产程序的特殊性，结合破产审判工作的实际需要，《企业破产法》及相关法律法规对于债务人的未决诉讼管辖问题进行了特别规定，故管理人在接管债务人后继而恢复诉讼的，应注意案件管辖是否符合规定。关于破产受理后债务人已开始但尚未审结的案件之管辖问题，《最高人民法院执行〈关于〈中华人民共和国企业破产法〉施行时尚未审结的企业破产案件适用法律若干问题的规定〉的通知》规定如下："（一）以债务人为原告的一审案件，已经移交给受理破产案件的人民法院的，由受理破产案件的人民法院继续审理；尚未移交的，适用企业破产法第二十条的规定。以债务人为原告的二审案件，由二审人民法院继续审理。（二）以债务人为被告的案件，已经中止诉讼，且受理破产案件的人民法院对相关争议已经作出裁定的，不适用企业破产法的规定；尚未作出裁定的，依照企业破产法第二十条的规定继续审理。"

（二）中止审理个别清偿诉讼

《破产法解释（二）》第21条第1款规定："破产申请受理前，债权人就债务人财产提起下列诉讼，破产申请受理时案件尚未审结的，人民法院应当中止审理：（一）主张次债务人代替债务人直接向其偿还债务的；（二）主张债务人的出资人、发起人和负有监督股东履行出资义务的董事、高级管理人员，或者协助抽逃出资的其他股东、董事、高级管理人员、实际控制人等直接向其承担出资不实或者抽逃出资责任的；（三）以债务人的股东与债务人法人人格严重混同为由，主张债务人的股东直接向其偿还债务人对其所负债务的；（四）其他就债务人财产提起的个别清偿诉讼。"该条文旨在避免个别清偿，如果人民法院在债务人被宣告破产后，支持了债权人的上述诉讼请求，实际上等于债务人以其应当收回的财产向提起诉讼的债权人进行了个别清偿，违反了《企业破产法》关于债权公平清偿的基本原理，也违反了《企业破产法》第16条的立法本义。

同时，《破产法解释（二）》第21条第2款规定："债务人破产宣告后，人民法院应当依照企业破产法第四十四条的规定判决驳回债权人的诉讼请求。

但是，债权人一审中变更其诉讼请求为追收的相关财产归入债务人财产的除外。"也即，对于债权人提起的《破产法解释（二）》第21条第1款所述个别清偿诉讼，除非其变更诉讼请求为追收的相关财产归入债务人财产，否则人民法院应当在债务人被宣告破产后，判决驳回债权人的诉讼请求，由债权人按照破产程序相关规定主张债权。

特殊情况为，《破产法解释（二）》第21条第3款规定："债务人破产宣告前，人民法院依据企业破产法第十二条或者第一百零八条的规定裁定驳回破产申请或者终结破产程序的，上述中止审理的案件应当依法恢复审理。"在人民法院裁定受理债务人破产申请后至破产宣告期间，债务人因不存在不能清偿到期债务，并且资产不足以清偿全部债务或者明显缺乏清偿能力的破产情形而被破产受理法院裁定驳回破产申请，或者存在第三人为债务人提供足额担保、为债务人清偿全部到期债务或债务人已清偿全部到期债务之情形，破产受理法院裁定终结破产程序的，债权人提起的《破产法解释（二）》第21条第1款规定的诉讼可恢复审理。

（三）告知债权人申报债权

《企业破产法》第44条规定："人民法院受理破产申请时对债务人享有债权的债权人，依照本法规定的程序行使权利。"《九民纪要》第110条第2款规定："上述裁判作出并生效前，债权人可以同时向管理人申报债权，但其作为债权尚未确定的债权人，原则上不得行使表决权，除非人民法院临时确定其债权额。"按照上述条文内容，债权人此前提起的诉讼，在债务人被人民法院受理破产申请后，即便相关诉讼尚未终结，债权人亦可同时向管理人申报债权，主张相关权利。但因其债权金额的确定需要依据诉讼的裁判结果，原则上应列为暂缓确认债权，除非人民法院临时确定其债权额，否则不得行使表决权。对于破产申请受理后，对债务人享有债权的相关主体应当依法向管理人申报债权，而不能再提起清偿诉讼。

此外，《破产法解释（二）》第22条规定："破产申请受理前，债权人就债务人财产向人民法院提起本规定第二十一条第一款所列诉讼，人民法院已经作出生效民事判决书或者调解书但尚未执行完毕的，破产申请受理后，相关执行行为应当依据企业破产法第十九条的规定中止，债权人应当依法向管理人申报相关债权。"如前所述，债权人提起的《破产法解释（二）》第21条第1款所列诉讼，实际等于债务人以其应当收回的财产向提起诉讼的债权人进行了个别清偿,按照《企业破产法》第 16 条的规定,个别清偿无效。故对于《破产法解释(二)》第 21 条第 1 款所列诉讼之生效民事判决书或调解书的执行应当中止,由债权人向管理人申报债权。

(四)执行款归入债务人财产

《破产法解释(二)》第 5 条规定:"破产申请受理后,有关债务人财产的执行程序未依照企业破产法第十九条的规定中止的,采取执行措施的相关单位应当依法予以纠正。依法执行回转的财产,人民法院应当认定为债务人财产。"《最高人民法院关于对重庆高院〈关于破产申请受理前已经划扣到执行法院账户尚未支付给申请执行人的款项是否属于债务人财产及执行法院收到破产管理人中止执行告知函后应否中止执行问题的请示〉的答复函》亦规定:"人民法院裁定受理破产申请时已经扣划到执行法院账户但尚未支付给申请执行人的款项,仍属于债务人财产,人民法院裁定受理破产申请后,执行法院应当中止对该财产的执行。执行法院收到破产管理人发送的中止执行告知函后仍继续执行的,应当根据《最高人民法院关于适用〈中华人民共和国破产法〉若干问题的规定(二)》第五条依法予以纠正……"故,管理人在调查中,如发现执行法院处置了债务人财产,存在已经扣划到人民法院的代管款账户但尚未分配给申请执行人的款项,应及时向执行法院寄送中止执行告知函,并申请将相关执行款项划转至管理人银行专用账户,计入债务人财产并用于后续财产分配。

第六章
财产管理和变价

从本质上来说,破产程序的主要工作是清理债权债务,保障债权人和债务人的合法权益,而这一切均离不开债务人财产的管理和处置。债权人在破产程序中实现权益的最终目的是参与破产财产分配,而债务人财产是分配程序进行的前提和物质基础,与全体债权人的利益均息息相关。

那么,基于本书前面章节所介绍,当管理人对债务人财产进行接管和一系列可能的追收,进而厘清债务人财产的范围后,需要根据债务人财产的具体情况及时制订财产管理方案和变价,对债务人财产进行有效管理并依法处置,实现其价值的最大化。

第一节 财产管理

一、财产管理方案

基于本书行文结构,本节仅介绍破产清算程序中,管理人如何及时、有效地对债务人财产进行管理。管理人基于掌握的财产状况所制订的财产管理方案,应当主要围绕债务人财产接管的具体情况,接管后的保管、处分等管理制度和措施,对未接管财产的进一步接管计划,或者清收债务人财产的方案,以及对财产管理的费用预算等。该方案也将经由债权人会议表决,以体现债权人意志的行为准则,对债务人财产进行合法合理的管理。

(一)基本原则

1. 依法管理原则

管理人制订财产管理方案对债务人财产进行管理,应当遵守《企业破产法》和其他相关法律的规定,方案的内容、程序等均不得违反法律的具体规定或者法律的基本精神和原则。《企业破产法》第 61 条第 1 款规定:"债权人会议行使下列职权……(八)通过债务人财产的管理方案……"第 64 条、第 65 条则规定了财产管理方案应当由出席会议的有表决权的债权人过半数通过,并且其所代表的债权额占无财产担保债权总额的 1/2 以上。故财产管理方案需依法制订并严格经法定程序表决后,方可代表债权人对管理人财产管理职权范围、方式和内容的意愿。

2. 财产保值增值原则

财产保值增值原则是指在破产立法和实施中需要以债务人财产保值增值为目标,以尽可能增加债务人财产的范围和价值的方式设计破产立法,并在合法性框架下以此为原则实施破产法。① 虽然我国现行《企业破产法》中尚未明确债务人财产的保值增值原则,但是该原则在破产理论、立法和司法实践中都发挥着重要作用,事实上《企业破产法》的很多条文也体现了这一原则。

因此,在制订财产管理方案时,管理人应勤勉尽责,以债务人财产保值增值为核心,根据债务人财产不同类型、特性,有针对性地制定财产管理方法和措施;同时,管理人应忠实执行职务,严格落实管理方案,防止财产不当流失,实现财产价值最大化,利用财产保值增值提高债权受偿率,从而使债权人的权利得到最大程度的保护。

(二)具体财产的管理

实践中,鉴于破产企业种类的纷繁多样,其财产类型亦是纷繁多样。管理人面对庞杂的债务人财产,往往需要根据不同财产类型,制作相应的管理方案,因而财产管理方案往往因案而异。本书将以常见破产财产类型为例,对破产财产提出实践性的管理意见。

1. 不动产

管理人在接管债务人不动产后,应视不动产现状确定管理措施。

(1)核查不动产权属状况,了解是否存在权利限制以及法院查封情形

对于权属不清、可能存在争议或者未经登记的不动产,管理人应及时依法确权或登记。对于权属清晰但有查封情况的不动产,应及时查明查封原因并向各查封法院申请解除对不动产的查封措施,或请求首封法院将不动产解封或将不动产处置权移交破产受理法院。

---

① 齐明:《论破产法中债务人财产保值增值原则》,载《清华法学》2018 年第 3 期。

(2) 对不动产进行日常管理和安全维护

① 对于单独的不动产，如无专门看管人员，极有可能出现财产毁损或安全事故隐患，管理人应在报告破产受理法院或经债权人会议决议后，聘请专业的物业安保人员进行看管维护。如不动产已有物业安保服务机构的，管理人可在调查其物业服务的质量、收费标准等基础上，确定是否继续聘用，并向其发送继续履行合同通知函件（详见附件10）；或重新协商物业服务的具体要求、费用（一般而言，以基础性管理、维修、养护为标准定价）等，签署新的物业服务合同。如原有物业服务机构不能满足债务人财产的管理需求或收费畸高且无法下调，则需另行通过公开形式招标、遴选聘用其他物业服务机构提供服务。无论采用哪种形式，相关合同的签署及费用等事宜均应经破产受理法院同意或债权人会议表决通过后方可实施。

② 对于区分所有的不动产，已有物业服务机构提供物业服务，且原物业服务机构管理更为熟悉、便利且质量有所保障的，一般选择由原物业管理机构继续提供物业服务，但管理人应在发送继续履行合同通知函件前，主动告知债务人已进入破产程序的事实，与其核算破产受理前的物业费用结算情况（涉及欠缴费用的，应同时通知其申报债权），并尽可能协商降低物业管理费标准。

(3) 不动产有条件地继续出租，实现债务人财产增值

若不动产系闲置状态、具备对外出租的条件（如商业办公性质或工业仓储性质的不动产，市场租赁需求大），考虑到破产案件处理周期较长，可以采取短租形式，将不动产对外出租以收取租金，但相关的租赁合同应约定，在债务人财产处置时，承租人应配合搬离且不得以此主张违约责任。总之，出租不动产要以不影响将来财产处置或案件重整为原则，以此实现债务人财产价值的最大化。

管理人决定出租债务人不动产的，出租不动产的方案应经债权人会议表决同意，因出租或继续使用不动产所产生的费用应作为债务人财产管理费用，以破产费用列支。

(4) 评估价值，预备处置

如后续对不动产有变价等处置需要，管理人可以视情况聘请专业的第三方评估机构启动对不动产的评估工作，以便以合理、公允的价格处置不动产。

(5) 房地产开发企业房屋管理

如破产企业系房地产开发企业，管理人已接管多套已经销售或已办理网

签但未办理产权转移登记手续的房屋，管理人需要进一步核实具体不动产销售情况。

《最高人民法院关于人民法院办理执行异议和复议案件若干问题的规定》第 28 条规定："金钱债权执行中，买受人对登记在被执行人名下的不动产提出异议，符合下列情形且其权利能够排除执行的，人民法院应予支持：（一）在人民法院查封之前已签订合法有效的书面买卖合同；（二）在人民法院查封之前已合法占有该不动产；（三）已支付全部价款，或者已按照合同约定支付部分价款且将剩余价款按照人民法院的要求交付执行；（四）非因买受人自身原因未办理过户登记。"第 29 条规定："金钱债权执行中，买受人对登记在被执行的房地产开发企业名下的商品房提出异议，符合下列情形且其权利能够排除执行的，人民法院应予支持：（一）在人民法院查封之前已签订合法有效的书面买卖合同；（二）所购商品房系用于居住且买受人名下无其他用于居住的房屋；（三）已支付的价款超过合同约定总价款的百分之五十。"因此，管理人需对已接管的房产销售情况进行实质审查。如买受人符合前述法律规定要求、满足办理转移登记条件的，管理人可以制作协助过户办证的房屋清单，并向全体债权人公示。如债权人未在规定时间内提出异议的，管理人可以遵照协助办证房屋清单，配合房屋买受人办理产权转移登记手续。对于不符合前述法律规定要件的，管理人应当收回房屋，在破产程序中统一处置。

2. 汽车、船舶等交通工具

（1）实地盘点，指定地点保管

管理人应前往交通工具存放地，根据现场调查结果与债务人进行逐一核对，确保接管数量与财务账面记录和调查结果相符。管理人在接管如发票、行驶证、保险单、车船使用税完税证等后，统一安排存放地点以妥善保管交通工具，具体可以停放于债务人办公场所内（如有）或其他能够安全停放且便于保管的场所。

（2）定期维护和保养，以保持其价值

对于已经达到报废标准的车辆，管理人应当根据《报废机动车回收管理办法》及时办理车辆报废手续。

对于仍有使用价值的车辆，管理人应指派工作人员及时前往有关管理部门办理车辆维护、年检、违章处理等工作，避免其价值减损。对于未到报废年限、可正常驾驶的车辆，从提高资产利用率、节约办公成本角度，管理人将在满足年检合格、投保车辆保险等条件下,拟定日常使用方案及监管制度,经债权人会议表决同意后,监督债务人继续经营中的日常办公用车,相关费用作为破产费用列支。

（3）评估价值,预备处置

如后续对交通工具有变价处置需要,管理人可以视情况聘请专业的第三方评估机构启动对交通工具的评估工作,以便以合理、公允的价格处置交通工具。

3. 其他动产

对于债务人所有的办公设备、原材料、库存产品、机器设备等动产,原则上应集中存放,指派专人现场看管,必要时在存放地点设置监控装备。此外,需要特别注意动产存放地的消防安全问题,对易燃易爆物做好消防预案。

具体来说：① 对于机器设备,有养护需求的,管理人可以定期委托专业人员进行养护,保障其正常使用功能。② 对于原材料、库存产品、办公用品或其他动产,存放时间越长越容易贬值的,以及存放保管费用高甚至可能财产价值尚不足以支付保管费用的,管理人应及时制订财产变价方案,待债权人会议表决通过或人民法院裁定认可财产变价方案后开展变价工作；若情况紧急,不及时处置将导致债务人财产出现大幅贬损、腐烂或者出现高额维护成本的,管理人可以提前处置变价,并向债权人和人民法院报告处置情况。③ 对于法律法规有特别管理要求的枪支弹药、警用装备、爆炸物品、危险化学品等财产,管理人需注意特别关注相关规定,确保管理措施依法依规。

基于动产管理所产生的费用应作为债务人财产管理费用,以破产费用列支。

4. 金融资产

（1）银行存款、现金

为了保证债务人财产的独立性、安全性、集中性,管理人应当自接受指定后,开立专门的管理人银行账户,用于归集、管理、分配债务人财产等。

① 如债务人银行账户中存在大额存款或具有大额现金,管理人应当立即划转或存储至管理人银行账户,进行统一储蓄管理,非必要不建议选择购买任何类型的银行理财类产品,即便存在保本保息类的理财产品,亦应经债权人会议决议后方可购买。

② 如债务人银行账户涉及司法冻结,且银行账户存款余额较小,划转成本高于现状储存的,管理人可以选择暂留账户余额,后续根据案件进展再行

划转。

对于接管至管理人账户中的资金，管理人应当厉行节约，依法合理使用，用于支付破产费用、共益债务，以及按照债权人会议决议执行破产财产分配方案，清偿债权。

（2）股票、债券

管理人应当验证所有金融资产的真实性和有效性，监督和管理金融账户，确保资金安全，并根据市场情况，考虑变现的时机和方式。

5. 长期股权投资

（1）根据对外股权投资的具体情况，管理人可通过拍卖或其他变价出售股权方式、标的公司自行清算、简易注销等行政退出方式、依法申请标的公司强制清算或破产、核销等途径进行处置。

（2）管理人在清理债务人对外股权投资时，不得以该投资价值为负或者为零而不予清理。经债权人会议决议通过予以核销或不予清理的，可不予清理。

6. 对外债权

（1）对外应收款

① 账内应收款

在已委托审计机构对债务人应收款情况进行审计的前提下，管理人应当根据审计结果，依法向应收款相对人进行追收；同时，如经审计发现债务人在破产受理前存在偏颇清偿行为的，管理人也应依法向相关主体进行追收。

② 账外应收款

实践中，因债务人税务状态非正常等情况，无法开具发票，导致部分账外应收款的产生。对此，管理人应首先核实债权的真实性和有效性，如查实确有账外应收款的，应及时启动追收工作。

具体追收方式有：a. 对于事实清楚且有明确线索需要追收的款项，管理人应通过电话、微信、发函等方式通知次债务人偿还债务；b. 若相对方无回音或明确拒绝还款的，管理人应根据每笔应收款的证据、是否超过诉讼时效等情况，结合追回款项所需经济成本、时间成本等因素，综合判断是否采用诉讼方式追回应收账款，或以向第三方部分或全部打包转让的形式变价应收款，以实现破产财产价值最大化；c. 考虑对外债权实现的可能性，若认为需要通过诉讼追讨的，应经债权人会议决议（或在初始阶段决议授权管理人决定是否起诉的合理诉讼费用区间）后，提起相应诉讼；d. 对于账面金额小

（通常为追收成本高于债权本身）、超过诉讼时效、缺乏原始凭证或存在对方无法联系等难以核实真实性的情况，在综合考虑处置难度、成本、时效等因素后，管理人可以作出不予追收的处置方案，报经债权人会议决议通过后，在财务上予以核销。

（2）股东出资

实践中，管理人通常在自行核查比对债务人银行流水、财务资料、验资报告、相关合同与决议或聘请审计机构对债务人进行全面审计的基础上，核实债务人股东是否存在未缴出资、抽逃出资、虚假出资等情形。如存在任一情形，管理人应通过电话、微信、发函等方式联系股东，积极追收（详见附件 16、17）；若其无答复、拒不补缴或返还的，管理人在研判诉讼可能性的基础上，应及时对股东提起相关诉讼，要求股东承担出资义务或返还义务。

7. 无形资产

无形资产可能存在权属争议的，管理人应及时采取措施，确定其权属。对于已查证属于债务人所有的专利权、商标权、著作权等，管理人应依照相关法律法规规定，及时安排续期缴费，保障权利的有效性。如果管理人认为无形资产价值不大，在放弃续展、续费之前，需要征得人民法院或债权人会议的同意。

二、共益债融资

进入破产程序并不意味着债务人一定都处于停止经营状态，基于债务人业务所需或财产增值，往往需要继续或重启债务人经营事务。故，为更好地管理持续经营企业的营业事务和保持债务人财产价值，尤其是管理存在重整价值的企业，往往需要借助外部的共益债融资，帮助破产企业维系基本经营，进而实现资产重组。

（一）定义和必要性

1. 定义

共益债融资这一概念来源于 DIP（Debtor-in-Possession，债务人自行管理）融资制度，DIP 融资是《美国联邦破产法》于 1978 年首次引入的创新型交易架构设计。后经过数轮修改，形成了现行《美国联邦破产法》第 11 章第 364 条 a—d 款，其中对于 DIP 融资债权人的清偿根据融资获得难易程度分为四个等级,并针对不同等级的融资设计了不同的受偿优先权。[1] 旨在通过一系列对 DIP 融资者的优惠性、保护性立法来吸引新的资本注入破产企业,帮助破产中的企业迅速而有效地获得重整资金,并确保企业顺利获得资金后通过重整程序得以继续经营。事实上,DIP 融资这种交易模式在美国已经相对完善,很多投资银行频繁以 DIP 债权人的身份出现在诸多破产重整案件中。

我国《企业破产法》第 42 条对共益债务进行了封闭式、列举式的规定,其中包括:"为债务人继续营业而应支付的劳动报酬和社会保险费用以及由此产生的其他债务。"同时,为了优化营商环境,鼓励投资人对债务人继续经营提供资金支持,实现破产重整或增加破产清算资产的价值,《破产法解释(三)》第 2 条第 1 款规定:"破产申请受理后,经债权人会议决议通过,或者第一次债权人会议召开前经人民法院许可,管理人或者自行管理的债务人可以为债务人继续营业而借款。提供借款的债权人主张参照企业破产法第四十二条第四项的规定优先于普通破产债权清偿的,人民法院应予支持,但其主张优先于此前已就债务人特定财产享有担保的债权清偿的,人民法院不予支持。"这两条规定表明,我国已将人民法院受理债务人破产后的融资款项性质认定为共益债融资。

2. 必要性

当债务人被人民法院裁定受理破产,意味着其债务清偿能力几乎完全丧失,且由于网络公告信息等原因,债务人的商业信誉急转直下,融资难度极大。但是,无论出于保障债权人利益最大化,还是对债务人重整可能性的考量,债务人破产程序中都可能需要大量的流动资金,以此维持债务人财产安全或保障其基本的运营状态。

在我国现行法律规定为共益债融资铺设优先清偿的道路下,债务人可以选择通过共益债借款缓解资金链断裂压力,逐步恢复正常经营能力,保障职工权益,降低维稳压力。而对于有重整可能性的企业,更有助于提高其核心资产的价值,从而提升债务人整体重整价值,最终实现全体债权人的最大化权益。

对于共益债融资的债权人而言,我国法律层面的优先清偿保护有利于消除它们对自己所出借资金安全性的忧虑,对进一步刺激债权人投融资具有积极作用。

---

[1] U. S. Bankruptcy Code,Title 11,Section 364.

（二）共益债融资的类型

1. 传统模式

传统共益债融资模式的法律关系相对简单，只涉及融资方和债务人两方。例如：按照提供资金的相关方可以区分为银行贷款，政府融资平台，政府垫资，供应商赊售，委托贷款，出借人、债权人、重整投资人等借款，建设施工单位垫资续建，企业资金拆借等。在某些案件中，为了保障资金安全，融资方可能还会要求债务人企业的股东或者其他主体对借款进行担保。

2. 资产证券化（ABS）模式

资产证券化型交易结构是一种相对复杂的融资模式，主体包括发行人（出借人）、债务人企业、资产交易中心平台、社会投资者。由发行人（出借人）向债务人企业提供相关借款，以该笔借款作为底层资产，将底层资产转让给项目公司（SPV）实现破产隔离后，再将其设计成一种投资收益权的产品在资产交易中心平台进行挂牌销售，社会投资者通过资产交易中心平台进行投资认购。

值得注意的是，作为具有证券化属性的金融工具，选择该种融资模式时要注意相应的合规要求，包括但不限于第三方中介机构负责风险评估、监管银行负责管理监管账户、资产托管人负责资产托管以及律师事务所提供合规性法律意见等。

3. 共益债基金模式

共益债基金型交易结构目前通常由资产管理公司下设共益债基金提供借款，该基金可以是一个母基金，母基金下设子基金，子基金会针对具体的项目设立项目基金。在交易过程中，投放资金的投资人需要做好尽职调查、风险评级、财务预算，确定签订条款的细则，最终签订借款合同。共益债基金可以提供借款给破产企业或其重整投资人，重整成功后可以顺利回笼资金。

（三）共益债融资的利息

虽然《企业破产法》第46条第2款规定了附利息的债权自人民法院受理破产时起停止计息，但针对共益债融资中涉及的利息能否被认定为共益债从而获得优先受偿，现行法律法规及司法解释并未明确，司法实践亦存在争议。例如，广东省高级人民法院（2014）粤高法民二破终字第2号案件直接认为主张共益债的利息缺乏法律依据；但是浙江省绍兴市中级人民法院（2017）

浙 06 民终 2014 号案件及四川省攀枝花市中级人民法院（2017）川 04 民破 1 号案件则认定共益债融资的利息应当与共益债务一同优先受偿。

本书认为，如果对共益债融资的利息持否定态度，会使得共益债沦为融资方的一种纯负担行为。融资方之所以愿意承担比普通投资更高的风险，系因向破产企业提供借款将基于破产程序保护而有更安全与相对高额的投资回报。而反对共益债融资利息的裁判观点打破了共益债融资的底层逻辑，且打击了投资人的投资信心，最终将使共益债融资成为一纸空谈。

因此，应当允许共益债融资设定合理利率，但不得违反相关法律对于融资利率上限的规定，且具体的融资方案需依法经破产受理法院认可或债权人会议表决通过，依此才能对全体债权人及债务人均具有法律效力，并就利息部分和共益债本金一并享有优先受偿权利。

从实践来看，共益债融资设定的利率原则上不超过目前我国司法保护的利率上限，即不超过同期全国银行间同业拆借中心公布的一年期贷款市场报价利率（LPR）的四倍。我们通过检索破产重整网公示的共益债投资人招募公告，发现大部分招募公告也采取了此种利率标准。

（四）还款金额的来源

共益债融资本质上是债权型融资的一种形式，因此其还款金额的来源至关重要。虽然法律赋予的优先受偿权和其他风险防范措施能够确保投资方风险管理的相对有效，但其投资成效与回报的决定性因素仍是债务人的还款能力。如果债务偿还不是基于原定还款来源，而是依赖于担保物的处置或其他非计划手段，由此增加了资金、人力及时间成本，将背离融资的初衷。因此，还款资金来源的确定，对于共益债融资的顺利推进有着关键性作用。

实践中，共益债融资的还款来源将根据债务人最终适用的不同破产程序而分别设定：

1. 破产清算程序

在破产清算程序中，共益债融资的还款金额来源为破产财产。《企业破产法》第 43 条规定了共益债务由债务人财产随时清偿，且优先于破产债权受偿。

2. 破产重整程序

在破产重整程序中，破产企业往往会和重整投资人在签订的重整投资协议中约定共益债融资的还款来源以及还款时间节点等。如房地产开发企业破产重整案件中，管理人往往会以破产企业名下持有的物业达到可销售条件作为偿还共益债务的时间节点，并将销售款作为还款来源。但如果债务人最终重整失败的，应回归清算程序对共益债务进行清偿。

三、选聘第三方服务机构

从目前各地实践来看，担任破产管理人的中介机构主要包括律师事务所、会计师事务所以及专门从事破产清算业务的公司。尽管破产程序允许设立联合管理人以集中专业力量，但绝大多数案件仍以单一中介机构担任管理人为主。考虑到破产案件的复杂性及其涉及的专业知识范围的广泛性，管理人在处理非自身专业领域内的事务时，常常需要委托其他专业中介机构进行协助，以弥补单一管理人在特定领域内专业资源的不足，保证破产程序的顺利进行。《企业破产法》第 28 条授予管理人经人民法院许可聘用必要工作人员的权利，故适时选聘其他专业中介机构辅助管理人，有利于管理人在力有不逮之时综合全面地处理破产案件的各项事务。

实践中，第三方中介机构的选聘模式一般有三种：人民法院直接选定模式、管理人公开选聘模式、管理人推荐并报人民法院决定模式。

（一）常规服务机构（审计、评估）

一般而言，如果债务人名下存在种类或数量繁多的资产，审计、评估这两项中介服务几乎不可避免，相应的审计、评估工作及成果（审计报告和评估报告）是管理人厘清债务人财务状况、确定资产价值的基础，对于后续破产程序的推进具有指导意义。

管理人委托审计，是指管理人委托具有审计资质的专业机构对债务人的会计凭证、会计账簿、财务会计报告及与审计有关的文件、资料进行审计并出具专项审计报告，或者对债务人某事项出具专项审计报告的行为。

管理人委托评估，是指管理人委托具有评估资质的专业机构对债务人的不动产、动产、无形资产等全部财产（含抵押资产）进行评估并出具评估报告或者咨询报告的行为。

1. 选聘原则

（1）公开、公平、公正原则

管理人选聘破产案件审计、评估等中介机构时，应当遵循公开、公平、公正原则。未经债权人会议决议以及人民法院同意，管理人不得选聘或直接委托与管理人及管理人成员具有关联关系的机构。

（2）独立性原则

管理人不得损害审计、评估等中介机构的独立性工作原则，干涉审计或评估结论。

2. 选聘标准

管理人应当综合考虑第三方中介机构的服务报价、服务方案、资质能力、在破产业务领域的项目经验以及与管理人合作沟通的顺畅度等多方面因素，最终分别选定一家最为合适的第三方机构为债务人提供审计、评估服务，遴选结果应及时报告人民法院和债权人会议。

就上海市而言，管理人也可以根据案件需要确定是否在上海法院司法委托机构名册中选定专业的中介机构，以保证机构的专业性、合规性。

3. 选聘方式

《企业破产法》第 61 条第 1 款采取列举方式明确了债权人会议的职权范围，但未涉及审计、评估机构的聘用事宜，同时在第 11 项规定了"人民法院认为应当由债权人会议行使的其他职权"的兜底条款。最高人民法院印发的《全国法院破产审判工作会议纪要》第 11 条通过会议纪要形式，统一了司法意见，将聘用审计、评估机构的职权赋予债权人会议。

但在具体实践中，第三方中介机构的选聘仍然需要管理人结合案件实际情况综合设计，常见的选聘方式有公告公开招募、定向邀请招标、通过人民法院随机摇号确定等。

通过定向邀请招标方式选聘的，管理人可以在明确选聘条件后，提前考察市场上第三方中介机构（通常参考当地人民法院的中介机构名录）的资质、能力，筛选一定数量的候选机构，并向它们发送招标文件。邀标期结束后，管理人可以根据第三方中介机构在回标期间内回复的投标文件，召开关于遴选机构的评议会议（必要时邀请债权人代表到会监督），综合比对各家的服务报价、服务方案、资质能力等因素后，对候选机构进行评分，按照优胜原则选定最终的中介机构。

值得一提的是，鉴于管理人对于选聘中介机构的需求日益增多，当前多种新式选聘方式和渠道也应势而生。2022 年 3 月，京东拍卖破产强清平台便上线了破产中介机构选聘系统，管理人可以在该系统发布中介机构选聘公告。该系统针对破产案件中管理人选聘中介机构的实际场景提供了完整的"发布—报名—审核—反馈—提醒"等功能，既可服务于区域选聘，也可面向全国公开选聘。同时，京东拍卖破产中介机构选聘系统内嵌于京东拍卖破产管理系统—管理人端，管理人可自主发布，也可联系京东工作人员协助发布选聘公告。可见新式选聘中介机构方式的采用日后也将给管理人选聘工作带来便利。

4. 第三方机构聘任费用的列支

经人民法院许可，管理人聘请其他第三方中介机构进行审计、评估等专业性较强工作，所需费用需要列入破产费用的，应当经债权人会议表决同意。

（二）非常规服务机构的选聘

除前述审计、评估工作外，基于破产企业自身的特殊需求，可能还涉及其他中介机构的聘用。如房地产开发企业的破产案件，因案件本身具有复杂性、综合性的特点，通常需要复合型的知识储备才能应对破产程序中法律、财务、税务、公司治理、资本运营等多方面的问题。除基础审计、评估机构的服务外，可能还需要选聘物业安保、税务筹划、工程顾问、工程鉴定等专业中介机构处理相关事务。本书简单介绍几种常见的非常规服务机构。

1. 物业安保公司

对于拥有自持物业或不动产的破产企业而言，管理人接管后首先需要确认其不动产是否具有物业服务及安保措施，从而避免相关资产置于无人看管、具有安全隐患的状态。实践中，管理人对于物业安保公司的选聘通常有以下两种方式：

（1）基于项目熟悉度的考虑，续聘原来与破产企业具有合作历史的物业安保公司。这种情况下，管理人应先审查原物业安保合同的内容，包括服务内容、人员配置、服务期限、费用等是否适宜债务人当下状况，并基于《企业破产法》第18条的规定，及时书面通知原物业安保公司继续履行合同或解除原合同、重新签订新合同。

（2）基于项目特别性的考虑，选择公开或定向选聘新物业安保公司。实务中，时有债务人员工、债权人、第三人占用破产企业财产的情况，甚至出现原物业安保公司因债务人欠缴物业费而擅自封锁资产、不配合管理人接管的情形。在此状况下，继续聘用原物业安保公司可能会对管理人工作造成巨大阻碍，需要及时聘请新服务机构，对债务人场所进行强制清场。在新物业安保公司的选择上，管理人可以对债务人场所周围的物业安保公司进行简单尽调，从资质、项目经验、规模、人员配置、重大事故预案防范等方面考察其与破产企业的适配度，进而考虑采取公开或定向的选聘方式。

需要提醒的是，根据每个破产企业的不同项目情况，需要由管理人设定专门的物业服务内容，以基本的维系服务（例如安保、巡逻、维修、设施养护、防火防盗、垃圾清运等）为主，辅以其他必要特色项目。

同时，无论管理人选择沿用原物业安保公司还是新聘物业安保公司，或采取何种模式选聘物业安保公司，相关工作方案均需报告人民法院许可或征求债权人意见，规避管理人选聘服务机构中的或有利益输送情况，保障债权人的知情权，并实时接受人民法院监督与指导。

2. 税务师事务所

对于进入破产重整程序的房地产开发企业而言，若其拥有自持物业或不动产，可能存在难以单凭自身不动产项目原建造成本和账面数据，对不动产现时变价处分产生税费进行估值分析的情况。为了更加准确地测算债务人重整程序中的模拟清偿率，管理人可以聘请专门的税务师事务所对债务人在销售或处分名下不动产时所产生的增值税、土地增值税、印花税、增值税附加等税费进行测算，进而基于该测算结果分析债务人资产的偿债能力。

若债务人名下不动产系第一手开发房源，针对处分不动产税费测算中最重要的一环即为土地增值税，又因为"土地增值税应纳税额＝增值额×适用税率－扣除项目金额×速算扣除系数"，税务师事务所通常可以通过对债务人涉及房地产开发成本和房地产开发费用资料的整理和筛查，测算据实扣除的项目金额。具体而言，税务师事务所将先行核对不动产的建造成本的发票，根据发票金额确定成本；若发票缺失的，则根据不动产相关建造合同及对应的财务付款凭证加以核算成本；若前者资料仍旧缺失的，则根据债务人账面或审计情况认定相关成本。最终税务师事务所测算的全部税费结果将作为债务人破产清算状态下变价处置不动产的成本在变价资产价值总额中予以扣除，进而协助管理人测算债务人的模拟清偿率。

同样，管理人可以采取公开选聘或定向邀请招标等方式选聘税务师事务所，在机构资质、规模、业务经验等方面综合判定税务师事务所与案件的适配度。

3. 工程顾问或鉴定机构

（1）工程顾问

针对房地产开发类的破产企业，往往存在大量建设工程类债权，管理人在审核此类债权时，需要与相关工程单位就工程量、工程单价等进行对账、结算。鉴于房地产项目开发过程中涉及设计、招标、建造、竣工等全流程管理，而该流程涉及事项较为复杂且专业度高，为确保工程类债权审核的准确性，管理人可以视案件的具体需要，聘请工程顾问机构对管理人给予工程事务的专业建议和指导。

（2）工程鉴定

如果债务人存在的工程类债权涉及多个建设工程价款优先权的，实践中倘若债权人申报的法定优先权成立，则管理人需要甄别各个债权人行使优先权的工程范围，即对优先权所对应的各类工程部位确定价值。鉴于此，管理人可以聘请工程造价鉴定机构予以协助，要求其实地勘查债务人的工程建造情况，对每个工程的具体建造部位进行价值鉴定，且就相关工程所对应部位的单独价值给出参考依据并出具鉴定报告，以供管理人核定建设工程价款优先权债权范围和对应数额。

同时，管理人在核查债权过程中若发现部分工程款债权人虽已完成合同义务但尚未办理结算，或部分工程虽已完成结算但工程造价有待进一步核查的，管理人同样可以聘请工程造价鉴定机构协助管理人对工程类债权的数额进行核查。此外，若债务人名下在建工程涉及大型维修，也可以要求工程造价鉴定机构针对债务人工程所需要修复部位的维修成本、修复周期等作出合理估算。

由于工程类中介机构往往服务费用较高，针对此类中介机构的选聘应当提请债权人会议决议或经人民法院许可。若最终聘请此类中介机构参与案件的，对于需要工程顾问或造价机构就工程专业问题进行相关解释说明，或需要有关鉴定人员出席人民法院、管理人召集或通知的相关会议并作出解释说明的，工程顾问或造价机构应当予以配合和协助，该类义务亦应在聘用合同中予以明确约定。

第二节 财产变价

根据《企业破产法》第 107 条第 2 款的规定，债务人被宣告破产后，债务人财产称为破产财产。根据现行破产法体系，一般债务人财产的变价自宣告破产后开始，故称为破产财产变价，即管理人按照债权人会议表决通过或者人民法院裁定确认的破产财产变价方案，将债务人非货币资产以拍卖或者其他方式转化为货币财产的行为。虽然实务操作中，对于不能变现或者变现将导致破产财产价值严重贬损，经债权人会议同意的，管理人也可以采取实物分配方式。但由于实物价值分割较为困难，故在存在多个债权人的情况下，实物分配很难保证最终财产分配的公允性，因此管理人应当制订合理、可执行的破产财产变价方案，并以对债权人进行货币分配为基本原则，只有在少数极端情况下，才可以考虑将无法变价的破产财产以实物分配作为例外。

实践中，基于债务人财产本身的保值增值及人民法院、债权人要求或实践所需，债务人被宣告破产前往往已经开始了部分财产的变价。为遵从法律规定的严谨性，同时按照实践所需及本书篇章安排，我们将财产变价工作的范围拓展至债务人被宣告破产前的相关财产。故本节如无特别说明，变价方案涉及的财产概念既包括破产财产，也包括债务人财产。

一、财产变价方案

《企业破产法》第 111 条第 1 款规定："管理人应当及时拟订破产财产变价方案，提交债权人会议讨论。"由于财产变价受市场影响较大，所以管理人提交债权人会议表决的财产变价方案，应当列明变价的价值基础、变价方式选择的考量因素、变价实施程序、可能的风险等，给债权人合理预期。

（一）基本原则

管理人拟定财产变价方案时，应当遵循及时、适时出售原则，充分把握变价时机，实现高效、保值变现财产。

由于不同财产变价的时机各有差异，管理人可以预先判断市场行情，制订不同财产的原则性变价方案。对于债务人持有的季节性商品、鲜活、易腐烂变质以及其他不宜长期保存的物品（包括保管成本较高的财产），管理人可在接管并报告人民法院同意后及时变价处置。

（二）市场调查和评估定价

鉴于市场行情处于不断变动中，管理人在拟定财产变价方案前，需要对债务人可供变价的财产进行市场调查，只有充分了解市场，对市场行情、前景进行预先判断、分析，按照市场规律办事，才能使财产变现价值最大化。尤其是财产变价涉及税务、国土、规划、市场监督等部门相关事项的，管理人应当提前对接，尽量将政策等相关因素考虑在变价方案中。

同时，在进行财产变价或者实物分配前，如有必要且有条件进行估价的，应当先行聘请具备评估资质的评估机构进行财产评估。如债务人财产不足支付或无人垫付资金支付评估费用的，在变价财产有可供参照市场价格的情况下，为节省时间和费用，也可以省略评估步骤，报请债权人会议决议以公允、合理的价格对财产进行协商定价。

（三）变价方式

对于不同类型的财产，管理人应当结合财产类型、市场情况、处置成本、变价收益等因素，确定合适的变价方式。常见方式如下：

1. 继续经营，整体变价

适用于债务人财产仍具有继续生产经营的价值，或单独变价可能会导致财产价值大幅贬损的破产企业。整体变价包括不动产或成套设备的整体变价以及企业的整体变价。

一般不动产所含的土地及其地上建筑物、附属物难以拆分，为保持不动产的完整性，应当将其整体一并处置；成套设备是指按照特定的技术目的和要求，依据一定的整体设计，由多种不同的技术装备组合而成的生产系统，往往该系统不仅包括生产系统，还包括内部管理、市场销售、技术研发等系统，同样在优于单独处置的前提下，应当整体变价。但如果整体变价中，可以对现有财产进行优化组合。在组合过程中，可以剥离出一部分有形财产或无形财产单独出售，也可以将现有财产分为若干整体分别出售。

如果债务人规模较大，停工可能还会对当地上下游企业产生影响，甚至导致职工集体失业引发社会稳定问题，管理人可以在维持企业持续经营的状态下，将债务人全部财产、业务甚至正在履行的合同等资产打包进行整体处置。整体变价通常可以采用拍卖或招标形式,对资产进行竞价出售。

2. 部分打包,组合变价

实践中,债务人财产组合变价的形式较为常见,管理人可以将债务人名下财产进行细分,如将多处房屋建筑物、土地使用权及附属构筑物、道路、机器设备、办公用品、家具家电进行组合,作为资产包,以评估价为基准价进行整体拍卖。除此之外,针对债务人名下各类原料、成品、半成品、配件辅材等,也可以分类作为资产包进行整体拍卖,提高效率。这种不同资产间的优化组合,更适应市场需求和吸引买受人,同时也有利于变现价值最大化。

3. 单独变价

对于债务人财产量少、财产类型较单一且各财产价值相对独立的,管理人可以实施分类处置,比如债务人的车辆、对外股权投资、独立房产、设备、无形资产等。

对于生产性企业来说,如相关财产非债务人生产经营核心资产,彼此之间无关联性,没有整体打包的必要且单独处置的成交可能性更高,建议选择单独变价方式。此外,对于可能导致资产包贬值的劣质资产也可以适当剥离,避免影响整体价值。

总之,财产单独变价可以为意向买受人提供更多的选择,在财产单独变价不影响整体财产或组合财产价值的情况下,有利于债务人财产实现更高的变价收入。

(四)划拨土地、集体土地变价的特殊问题

在处置破产企业财产的过程中,划拨土地、集体土地的变价一直是困扰管理人的疑难问题。一方面,在绝大多数破产案件中,土地价值往往在债务人财产中占比较高;另一方面,划拨土地、集体土地由于其性质问题,不能采取常规不动产转让、拍卖等方式进行过户。因此,如何处置划拨土地、集体土地,最大化实现债权人利益,是变价方案需要衡量的首要问题。

1. 登记在国有企业名下的划拨土地

根据《最高人民法院关于破产企业国有划拨土地使用权应否列入破产财产等问题的批复》、《中华人民共和国土地管理法》(以下简称《土地管理法》)、《中华人民共和国城镇国有土地使用权出让和转让暂行条例》(以下简称《城镇国有土地使用权出让和转让暂行条例》)的相关规定,若债务人名下有划拨国有土地使用权,不得将其纳入破产财产,破产时有关人民政府可以收回并依法处置。因为"划拨土地使用权系由土地使用权人依法无偿取得,是政府根据土地使用权人的实际需要,划拨给特定主体且仅用于特定用途的物权。而作为划拨土地使用权人的企业破产后,原划拨土地使用权人已不复存在,当初政府划拨土地的前提亦不存在,政府应当依照有关规定、程序收回该土地,并依法处置,国有划拨土地使用权自然不能列入破产财产"[1]。

前述为登记在国有企业名下划拨土地的一般性处置原则,但对于某些特殊情况,将有例外的处置方式:

① 纳入国家兼并破产计划的破产企业

根据国务院办公厅发布的《关于进一步做好国有企业政策性关闭破产工作的意见》的规定,我国曾于2005年至2008年实施政策性关闭破产,并编制年度企业关闭破产计划。根据《国务院关于在若干城市试行国有企业破产有关问题的通知》第2条及《国务院关于在若干城市试行国有企业兼并破产和职工再就业有关问题的补充通知》第5条第2款等规定,对于纳入国家兼并破产计划的国有企业,其依法取得的国有土地使用权只能进行拍卖或招标转让,转让所得优先用于安置职工。

② 未纳入国家兼并破产计划、但将划拨土地作为出资的破产企业

对于将国有划拨土地使用权作为企业出资并予以登记的破产企业,该资产是否属于债务人财产,最高人民法院相关司法观点认为:"如果划拨土地使用权在企业设立时,经政府有关部门批准已经被作为企业的注册资本予以登记,即作为股东投资,则应当属于债务人财产范围,政府不应再收回。因为公司对出资财产包括土地使用权进行注册资本登记,即表明该土地使用权已经对外公开宣示,纳入对债权人承担责任的财产范围之内。这种情况下,土地使用权虽在名义上是划拨性质,但不应再视为无偿取得,因为出资人将凭借土地使用权取得相应的权利与收益。"[2] 该种情况下,管理人可以对土地使用权进行处置,且处置所得归属债务人。《上海市加强改革系统集成提升办理破产便利度的若干措施》第25条规定:"破产案件办理中涉及国有划拨土地使用权的,管理人应当对拟处置土地使用权征求规划和自然资源部门意见。

---

[1] 罗亚楠:《破产企业的国有划拨土地使用权处置法律问题分析》,https://mp.weixin.qq.com/s/EuOlI6k1xIzXAbWZBZV9vA,2023年12月20日访问。

[2] 最高人民法院民事审判第二庭编著:《最高人民法院关于企业破产法司法解释理解与适用》,人民法院出版社2013年版,第123—124页。

对于符合国土空间规划、可以办理出让手续的国有划拨土地，管理人可申请开展地价评审，由规划和自然资源部门会同有关部门审定应缴政府土地收益。管理人应在财产拍卖时对应缴政府土地收益进行披露。破产企业在拍卖后，受让方持拍卖裁定、成交确认书等文件，与规划和自然资源部门签订土地出让合同，并交纳出让金。管理人和受让方完善用地手续后，可持相关材料申请办理土地权属登记。对于破产企业与其他企业共用一宗划拨土地的情形，符合国土空间规划并经共用土地使用权人同意可以进行分割的，管理人可向有关部门申请开展土地地界测绘等相关土地分割工作，分别办理权属证书……"

如债务人对国有划拨土地使用权已设定抵押的，《中华人民共和国房地产管理法》（以下简称《房地产管理法》）第51条规定："设定房地产抵押权的土地使用权是以划拨方式取得的，依法拍卖该房地产后，应当从拍卖所得的价款中缴纳相当于应缴纳的土地使用权出让金的款额后，抵押权人方可优先受偿。"故，除纳入国家兼并破产计划的国有企业应依据国务院有关文件规定办理外，如破产企业持有的划拨土地使用权已经有审批权限的人民政府或土地行政管理部门批准并依法办理抵押登记手续的，抵押权合法、有效。在破产程序中对划拨土地使用权进行处置后，抵押权人有权在划拨土地使用权处置价款缴纳相当于土地使用权出让金的款项后，对剩余部分优先受偿。

2. 登记在非国有企业名下的集体土地

《上海市加强改革系统集成提升办理破产便利度的若干措施》第25条规定："破产案件中涉及集体土地使用权的，管理人应当依据集体土地处置的相关规定，经集体土地所有权人同意后处置；可以公开上市处置的，按照有关政策执行。"另根据《土地管理法》第66条第1款第3项的规定，因撤销、迁移等原因而停止使用集体土地的，农村集体经济组织报经原批准用地的人民政府批准后，可以收回土地使用权。

实践中，破产企业通常在集体土地之上，拥有地上建筑物，故管理人在处置债务人名下建筑物时，需要与村民委员会沟通交涉，具体处置方式如下：

（1）土地减量化

土地减量化是指在农村土地利用过程中，对农业用地、建设用地或者其他用途的土地进行合理减少或调整的行为，包括减少用地面积、提高土地利用效率、优化土地用途结构等方面的内容。政府在进行减量化的过程中可能会根据土地的面积、性质、位置等情况给予土地登记权利人相应的补偿。

若债务人名下不动产所属土地位于国土空间规划确定的城镇开发边界的集中建设区外，系无法征收的农民集体所有土地，则该地块无法转让，不能改扩建，也无法拍卖处置，更无法经处置后办理产权证书。在此情况下，管理人可以与地方土地规划管理部门联系，查询该土地是否可以通过建设用地减量化政策处置。

① 减量化政策申请

针对上海市而言，管理人需代表债务人企业与属地村民委员会签订《建设用地减量化意向协议书》，约定村民委员会收购减量化所涉地块的土地、建筑物及附属设施等。后由村民委员会层报上级至市级有关规土部门对该项目进行减量化立项，待上级层层批复后，由村民委员会委托具有评估资质的评估机构对涉减量化项目的土地和建筑物及附属设施等评估。最终申报减量化的面积以经评估后、所属区规土局立项批复认可的面积为准。实践中，减量化项目在各地区均有当年度立项计划，且由政府集中受理，管理人需要在实际操作中与相关政府部门确认计划额度。

此后，由村民委员会和债务人企业签订《减量化复垦回购协议书》，协议各项补贴内容。减量化政策系激励拆除违法用地的奖补措施，对减量化立项企业实行分类补偿，补偿内容为：土地使用权、地上物（包括房屋及其附属物、场地、供电供水等设施）、设备搬迁、人员安置四大类，其中土地使用权补贴归村集体所有，由村民委员会代收。

② 减量化施行

通常，村民委员会和债务人企业签订《减量化复垦回购协议书》后，在一定期限内，债务人企业需要腾空不属于减量化范围的财产，并上交该项目房产证和有关土地证明的原件及企业建房审批资料等有关资料。

债务人企业搬离后，方可正式进行建设用地地上物的拆除流程。待立项范围内的地上物（不动产）拆除完毕后，需要历经至少1年的土地复垦流程；待土地复垦完毕，政府将安排相应的土地验收工作，最终以土地实际验收面积作为计算基数，确定减量化立项企业的最终补贴金额（实际验收面积少于立项面积的，需在最终土地补贴中做适当扣除），该补贴将作为债务人财产。

（2）重整

有些情况下，即使土地符合减量化政策要求，但在实操过程中也可能会遇到种种问题，比如相关主管部门不配合、政策补偿价格过低、支付补偿款的周期过长等，都将使涉集体土地财产的处置工作陷入僵局。

基于此，结合近期办理的一起案件，我们试图通过重整程序为处置集体土地提供新思路。该案中破产企业的主要财产系建造在集体土地上的房产，但由于当地主管部门缺乏土地减量化的办理经验，以及按照当地的土地减量化补偿标准，即使按照减量化政策成功处置财产，最终取得的减量化补偿款将显著低于评估价格和债权人的心理预期价位。在这种情况下，管理人积极履职，主动多方寻找意向投资人，并在向投资人披露土地状况、重整风险及向全体债权人充分释明情况及征询意见后，将债务人由破产清算转为重整程序，采用"存续式重整"模式，在保留债务人主体资格的前提下，采用"债务人原股东退出、投资人以新股东方式进入"的形式取得债务人100％股权及其名下全部资产，实现涉案集体土地及地上建筑物等"带壳"转让，显著提高了债权人的整体清偿率。

二、以公开拍卖为基本原则

《企业破产法》第112条第1款规定："变价出售破产财产应当通过拍卖进行。但是，债权人会议另有决议的除外。"拍卖的实质是将特定财产通过公开竞争方式转让给出价最高的竞买人。相比于直接变卖，拍卖更有利于通过市场竞争机制实现债务人财产的价格回归，也更为透明、公开，有利于保护债权人的整体利益。

（一）网络拍卖

为降低财产处置成本，同时保障处置过程的公平、公开，债务人财产多通过网络拍卖方式处置，并有《最高人民法院关于人民法院网络司法拍卖若干问题的规定》（以下简称《网络司法拍卖规定》）、上海市高级人民法院《关于破产程序中财产网络拍卖的实施办法（试行）》等规定作为依据。实务中，管理人常用的网络司法拍卖平台主要是京东拍卖或阿里司法拍卖。在破产拍卖中，如债权人会议决议通过的《破产财产变价方案》明确指定了拍卖平台，则管理人只需在对应平台进行挂拍即可；若未明确拍卖平台，管理人在报告人民法院或征询债权人意见后，可根据实务经验及拍卖活跃度选择合适的平台。

以阿里司法拍卖平台为例，网络拍卖操作流程大体如下：

1. 发布拍卖公告

管理人作为拍卖事务的执行者,需要提前判断标的物是否适合网络拍卖,视情况确定是否需要先行评估,并查明拍卖财产的权属、权利负担、质量瑕疵、欠缴税费、占有使用等现状;同时,按照相关法律规定提前通知已知优先购买权人。以债权人会议决议通过的财产变价方案内容为基础,管理人应以自己的名义制定拍卖公告并发布于阿里司法拍卖平台。拍卖公告的内容包括:拍卖标的物情况介绍和说明、拍卖价格、拍卖方式、费用承担、竞买人条件、优先购买权的设定、咨询看样流程、价款支付条件、成交交付方式等。

(1) 确定拍卖价

一般而言,首次拍卖的起拍价为财产的保留价值(即处置参考价)。根据上海市高级人民法院《关于破产程序中财产网络拍卖的实施办法(试行)》第15、16、17条等规定,起拍价可以采取以下方式确定:① 定向询价:向有官方指导价的机构进行询价;② 网络询价:通过司法网络询价平台进行网络询价;③ 委托评估:委托评估机构进行价值评估;④ 管理人估价:根据市场交易价格、财务数据等进行估算。

针对拍卖标的物第一次拍卖流拍的,应该设定后续再次拍卖的次数和价格,常见操作方式为:如果第一次拍卖出现流拍,将再行拍卖,拍卖底价为前次拍卖底价的70%或80%;以此类推,直至拍卖成交。

实践中,常有债务人财产价值较低或失去再利用可能,经多次拍卖始终无人竞买,管理人可以在财产变价方案中对此设定拍卖次数的上限,若债权人会议表决通过该方案,则当财产按照设定的拍卖次数进行拍卖而最终未能成交的,可视该拍卖标的物价值为0元,从财务方面予以核销,并将此拍卖结果通报债权人和人民法院。

(2) 保证金

管理人对于拍卖标的物保证金数额的设定,原则上应在当次起拍价的百分之五至百分之二十范围内确定。债权人会议决议保证金数额不在该范围内的,依其决议确定。

(3) 公告期

管理人实施网络拍卖应当先期公告。首次拍卖的公告期不少于15日,流拍后再次拍卖的公告期不少于7日。管理人应当在网络拍卖平台及破产重整网发布拍卖公告,并可以根据案件需要自主选择在报纸或者其他媒体发布。

（4）聘请辅拍机构

为专业、高效拍卖资产，提高成交率，管理人可在报经债权人会议决议后，聘请第三方辅拍机构参与拍卖工作，由此产生的需要卖方承担的费用应该列入破产费用。

2. 拍卖成交交付

网络拍卖成交的，网络拍卖平台将以买受人的真实身份自动生成确认书并公示。买受人应当在拍卖公告确定的期限内将剩余价款支付至拍卖公告指定的收款账户。

管理人在买受人支付完毕全部价款后，应当协助买受人办理财产交付及权属转移手续。针对某些标的物不能直接转移过户的，管理人应该向人民法院申请出具确认财产权属的民事裁定书和财产权属转移登记的协助执行通知书。

（二）非拍卖变价方式

1. 招标出售

经债权人会议决议，管理人可以以公开招标形式，对外发布招标公告，载明待出售财产的基本情况，邀请意向买受人出价购买。为提高成交可能，过滤无效、低质量买家，可以设定处置限制条件、购买门槛等。由于此种方式系不公开竞价，需要管理人设定一定的评选规则，对买受人的选定不仅仅局限于"价高者得"，应当设置相关评委会，对收到的投标文件统一进行拆封和评选，且评选过程需接受债权人会议、人民法院的监督。

2. 标价出售

对于债务人较零散且定价明晰的财产，管理人可以对有意向的买受人直接表明价格，促成交易。有条件的情况下，管理人也可以举办交易会、在公开市场陈列出售等，寻求潜在买受人。标价出售往往可以给予意向买受人议价机会，操作相对简单，但可能错失溢价结果。

3. 协议出售

对于一些难以定价或难以出售的财产，可以采取非公开方式寻找意向买受人，通过双方反复磋商的方式来确定财产的处置价格，这种方式使管理人对财产处置具有较大的灵活性，但也较难判断破产财产处置价格是否公允。

三、财产变价限制

根据《企业破产法》第112条第3款的规定，债务人财产如果属于不能拍卖或者限制转让的财产，应当按照国家规定的方式处理。

（一）不得拍卖

《中华人民共和国拍卖法》（以下简称《拍卖法》）第7条规定："法律、行政法规禁止买卖的物品或者财产权利，不得作为拍卖标的。"也即禁止流通物不得拍卖，主要包括国家专有的土地、矿藏、水流、国家禁止交易的野生动物等。

（二）限制转让

限制转让的财产，也就是限制流通物。依法属于限制流通的财产，应当由国家指定部门收购或者按照有关法律规定处理。按照有关规定，限制流通物及其特殊的处理方式主要有：

1. 危险品和受管制的物品。凡对公共安全关系重大的物品，如非军用猎枪、火枪、弹药、爆炸物、麻醉物、剧毒品、放射性物品等禁止任意流通。

2. 与稳定国家金融秩序有关的物品。黄金、白金、白银和金银制品等一律由中国人民银行统一管理和经营。

3. 历史文物，即具有历史、艺术和科学价值的国家珍宝、历史文化遗产等。根据《中华人民共和国文物保护法》第50条第2款的规定，文物收藏单位以外的公民、法人和其他组织收藏的该法第50条第1款规定的文物可以依法流通。《拍卖法》第8条第2款规定："委托拍卖的文物，在拍卖前，应当经拍卖人住所地的文物行政管理部门依法鉴定、许可。"

4. 须审批的物品和财产权利。《拍卖法》第8条第1款规定："依照法律或者按照国务院规定需经审批才能转让的物品或者财产权利，在拍卖前，应当依法办理审批手续。"

鉴于此，管理人在处置以上债务人相关财产时，需要严格遵守法律法规的强制性规定，确保处置的合法性。

四、变价财产的权属变更

实践中，债务人财产经成功变价后，根据财产类型的不同，所面临的财产权属变更手续亦有不同之处。本书将介绍几种常见的财产权属变更方式。

(一) 不动产

若不动产系通过网络拍卖方式成交的，买受人在付清全部价款后，管理人应向破产受理法院提交拍卖情况报告。经变价处置的不动产往往存在如下两种权利限制：

1. 涉及查封

如本书前述，不动产在人民法院受理破产前已被其他法院查封的，管理人会在接管后第一时间发函请求解除查封，或申请执行法院将财产处置权移送至破产受理法院。但实践中，执行法院收函后往往不予回应，也不及时办理解除保全手续。待不动产经拍卖处置后，管理人需要再次与其沟通，必要时，可向破产受理法院申请协助，并申请破产受理法院出具不动产过户以及解除不动产保全措施的法律文书。

根据各地区不动产过户手续办理机构的要求，在破产受理法院出具相关法律文书后，可以由破产案件承办法官持上述法律文书原件至不动产所在地自然资源确权登记事务中心现场办理不动产过户手续；也可以由管理人携破产案件承办法官工作证复印件（通常需要2名以上法官的工作证）和上述法律文书原件，前往不动产所在地自然资源确权登记事务中心办理不动产过户手续。

与此同时，买受人应在一定时间内持相关文件至不动产所在地自然资源确权登记事务中心税务窗口办理不动产涉税手续。税务窗口所需材料一般为：人民法院产权过户民事裁定书、协助执行通知书、管理人拍卖成交确认书、破产企业营业执照、过户不动产历史成本（购买合同、契税单、发票）、破产企业房土二税结清证明、完税证明等。

需要注意的是，如破产企业无三证合一的统一社会信用代码、税务登记状态为非正常户，管理人应先至破产企业注册地税务部门办理恢复企业状况或申请企业组织临时编号的手续，如管理人选择恢复企业状况，则需补缴税务罚款，而选择申请企业临时编号则无须补缴。在恢复企业状况或已获得企业临时编号后，买受人方可办理不动产涉税手续。

2. 涉及抵押

若不动产作为抵押物已经变价处置，需要办理后续不动产过户手续的，管理人应先行积极协调抵押权人配合办理抵押权的注销登记。抵押权人不予配合的,管理人可以申请破产受理法院出具注销抵押权登记裁定书及协助执行通知书等,随后持前述法院文书前往不动产登记部门办理不动产抵押登记注销及其后的过户手续。需要注意的是,不动产权属变更需要破产受理法院单独出具产权过户民事裁定书和协助执行通知书。

管理人处置完毕抵押债权人享有抵押权的不动产后,处置所得价款应当优先清偿担保债权。

(二)机动车

就上海市而言,若债务人名下机动车存在权利限制,则在处置完毕、办理权属转移登记手续之前,同样需要申请破产受理法院出具解除财产保全措施的民事裁定书和协助执行通知书,两份法律文书需要破产受理法院直接送达对应辖地的车辆管理所。

为了高效办理机动车的产权过户手续,管理人可以同步向破产受理法院申请对机动车所有权出具确认、强制过户的民事裁定书以及协助执行通知书。待车辆管理所解除相关财产保全措施后,买受人可以直接凭前述文书前往办理权属变更手续。

(三)无形资产

管理人接管的无形资产,通常缺少相关权利证书,在此情况下,权属变更手续亦需要申请破产受理法院出具所有权确认、强制过户的民事裁定书及协助执行通知书。收到前述法律文书后,买受人可以直接前往相关机构办理权属变更手续。

(四)股权

对于债务人名下对外投资股权变价处置的,通常也需要管理人申请破产受理法院出具确认权属、强制变更股权登记的民事裁定书以及协助执行通知书。

实践中,股权变更登记的办理较为复杂,尤其是股权所涉投资企业系异地的,相关手续更为烦琐且办理周期较长。例如,多个省市市场监督管理部门要求:破产受理法院承办法官亲自到现场协助办理;需要债务人的法定代表人进行"实名认证";对外投资企业遗失营业执照的,需要先行在当地的市场监督管理局网站提交"营业执照作废声明"或在国家企业信息公示网官网提交"营业执照遗失声明";若对外投资企业存在经营异常的,需要先在当地市场监督管理部门办理解除经营异常名录;对外投资企业若遗失公章的,需要补办公章等等。鉴于此，管理人需要在处置债务人对外投资股权之初，就详细咨询产权变更登记要求并做好应对方案。

此外，需要特别注意的是，2018年《公司法》第58条规定："一个自然人只能投资设立一个一人有限责任公司。该一人有限责任公司不能投资设立新的一人有限责任公司"，即自然人无法受让2个以上公司的100%股权。故管理人需要在对外投资股权拍卖变价的过程中，严格审查买受人资格，避免出现股权拍卖成交后无法办理变更登记的情况。

第七章
债权人会议

《企业破产法》第59条第1款规定:"依法申报债权的债权人为债权人会议的成员,有权参加债权人会议,享有表决权。"因此,我国破产程序中的债权人会议,是由依法申报债权的债权人组成,以保障债权人共同利益为目的,为实现债权人的破产程序参与权,讨论决定有关破产事宜,表达债权人意志,协调债权人行为的破产议事机构。[①]

不同于合同行为的合意意思表示形成机制,债权人会议采取的多数决意味着,即使债权人会议的个别成员对某一特定表决事项持否定态度,只要赞成的债权人人数及其债权额达到多数决比例,决议即告成立并生效,会对全体债权人产生相应的法律约束,债权人否定的意思表示被其吸收。因此,区别于合同行为,民法的意思表示自治原则不足以自证债权人会议决议的正当性,为了确保决议效力的合法性,还需辅以程序正当原则并保障民主决策,这就要求管理人在债权人会议的全部阶段(召集、召开、表决等),除了尊重各债权人的真实意思表示外,还需确保债权人会议的程序合法并向债权人充分释明待决议事项及其法律后果,进而保障债权人的共同利益。

由此可见,债权人会议作为对内协调和形成全体债权人的共同意思、对外通过对破产程序的参与和监督实现全体债权人的破产程序参与权的机构,是实现债权人意思自治的重要平台,也是保障其表决权行使的根基。

[①] 王欣新:《破产法(第三版)》,中国人民大学出版社2011年版,第202页。

第一节 概　　述

一、债权人会议的特征

（一）特定性

参加债权人会议的债权人具有特定性，系所有依法申报债权的债权人。债权尚未确定或未依法申报的债权人，非债权人会议的参会人员。

前述依法申报债权的债权人，包括无财产担保的债权人、有财产担保的债权人和代替债务人清偿债务后的保证人等。债权人可以委托代理人出席债权人会议，行使表决权，但代理人应当提交债权人出具的授权委托书。

没有依照破产程序申报债权的债权人，将被视为自愿放弃依破产程序受偿的权利，不能参与破产程序，也不具有参加债权人会议的资格。

（二）临时性

债权人会议仅存在于破产程序中，根据法律规定，第一次债权人会议由人民法院主持召开；此后的债权人会议依据破产进程和需求，适时由管理人、债权人委员会、占债权总额四分之一以上的债权人提议并由债权人会议主席主持召开。故，债权人会议并非常设组织，其召开具有临时性，召开的目的主要在于保证债权人通过债权人会议行使相关职权，保障债权人的知情权、问询权、决策权等。

（三）表意性

债权人通过债权人会议提出对破产事务的意见，通过表决程序表达自己的意志，决定相关事务，展现了民事意思自治原则。经全体债权人表决通过的会议议案，将代表债权人的整体意志，对全体债权人均有约束力。

（四）监督性

《企业破产法》第23条规定："管理人依照本法规定执行职务，向人民法院报告工作，并接受债权人会议和债权人委员会的监督。管理人应当列席债权人会议，向债权人会议报告职务执行情况，并回答询问。"管理人系破产事务的实际执行者，必须列席每次的债权人会议，并向债权人详细报告履职情况和破产进程，债权人有权在听取管理人相关报告后提出问询、主动要求管理人对其职责范围内的事务予以说明或提供相关文件。这显示债权人会议赋予债权人的全面监督职能，通过监督管理人，充分行使知情权，并规范和鞭策管理人依法履职。

二、债权人会议的职权

根据《企业破产法》第 61 条的规定，债权人会议行使如下职权：

（一）核查债权

核查债权是指管理人审核债权人所申报的债权并编制债权表后，再提请债权人会议定向及交叉确认债权的工作。根据《企业破产法》第 58 条的规定，债权核查原则上应当在第一次债权人会议上进行，债权人既有权核查自己的债权，也有权核查他人的债权；债务人应核查全部债权，只有各方核查均无异议后，相关债权才能提交人民法院裁定确认。当然，实务中，囿于债权申报期限届满日距第一次债权人会议召开时间较近，可能存在管理人未审核完毕的债权，或第一次债权人会议后有新申报的债权，故后续可能有再次核查债权的必要，可通过另行召开债权人会议完成。总之，所有债权需经过债权人会议核查无误后，方能最终确定债权是否真实、有效、是否成立，债权数额以及有无担保情况。

通常，管理人制作并提交债权人会议核查的债权表应当载明债权申报性质、申报金额、管理人核定的债权性质、金额以及核定金额与申报金额存在差异的理由。管理人需要在债权人会议中对债权表记载的债权作出详细说明，包括但不限于债权审查的原则、依据、债务人对债权人申报债权的确认情况、管理人对申报债权的确认情况（是否完全确认、不予确认或暂缓确认的理由）等。另，管理人在债权人会议中也应当提交不予确认债权表或暂缓确认债权表，以便向债权人完全披露债权申报情况，使得债权人之间可以相互知晓和监督。

如果债务人、债权人对债权表记载的债权无异议，将由管理人提交人民法院裁定确认；如果债务人、债权人对债权表记载的债权有异议，可以要求管理人作出解释说明或调整，如管理人不予解释说明或复核后不予调整的，债权人或债务人有权向破产受理法院提起诉讼。

（二）申请人民法院更换管理人，审查管理人的费用和报酬

根据《企业破产法》第 22 条、第 28 条第 2 款的规定，管理人系由人民

法院指定，其报酬也由人民法院确定。

管理人接受指定后，是否能够依法、公正、勤勉尽责、忠实地履行职务，将直接影响债务人及全体债权人的利益，故债权人会议有权对管理人履行职责的具体情况进行监督，并且在出现下列情形时可以申请人民法院更换管理人：（1）管理人不能依法、公正履行职务，如，管理人故意篡改债权表或隐匿债权证明材料，或者偏袒某些债权人，等；（2）管理人不能胜任职务，如管理人丧失担任管理人的资质条件，或者管理人无法妥善处理相关破产事务而致矛盾冲突、债权人利益受损等。当然，如果债权人会议提出的更换管理人要求理由不成立或属于恶意阻挠管理人履职的，人民法院也将根据实际情况酌定不允许更换。

管理人履职产生的费用和报酬均属于破产费用，有权自债务人财产中随时获得清偿。但是，由于该部分破产费用的构成、数额及支付安排等将直接影响债权人参与分配的破产财产数额，因此法律赋予债权人对管理人履职费用和报酬的审查权，即管理人的费用和报酬应该在债权人会议中予以披露，债权人有权进行监督且可向人民法院提出异议。

（三）监督管理人

管理人系由人民法院指定，处理债务人的破产事务，类似司法委托，自然应接受人民法院的指导和监督。同时，根据《企业破产法》第23条的规定，管理人还应接受债权人会议和债权人委员会的监督。

债权人会议监督管理人的方式主要是在债权人会议召开期间听取、审议管理人阶段性执行职务的工作报告以及各专项报告或方案，并就有关问题询问管理人，同时可以要求管理人就其履行职务的情况进行解释说明或提供相关材料。对设立有债权人委员会的案件，债权人日常主要通过债权人委员会对管理人进行监督，并由债权人委员会向债权人会议报告监督情况。

（四）选任和更换债权人委员会成员

债权人委员会是债权人会议确定的授权其行使相关职权、监督管理人执行职务的常设机构。《企业破产法》第67条规定："债权人会议可以决定设立债权人委员会。债权人委员会由债权人会议选任的债权人代表和一名债务人的职工代表或者工会代表组成。债权人委员会成员不得超过九人。债权人委员会成员应当经人民法院书面决定认可。"

债权人委员会的选任需要经债权人会议确定，唯有如此，方能真正代表全体债权人意志,并按照《企业破产法》第 68 条、第 69 条的规定行使债权人委员会的有关权利,而债权人委员会成员在执行职务中可能出现不胜任工作、不能公平对待全体债权人等情况,债权人会议也可以对其进行选任与更换,确保各项工作依法开展。

(五) 决定继续或者停止债务人的营业

债务人进入破产程序前后,其经营一般处于停滞或勉强持续状态,若继续或停止营业,将直接影响债务人财产的价值,也即,继续营业可能会使债务人财产有增值机会,但也存在经营状况波动导致亏损的风险。因此,对于此类重大事项应当由债权人会议作出决议。

根据《企业破产法》第 25 条、第 26 条等规定,在第一次债权人会议召开之前,债务人是否继续营业由管理人研判方案并报经人民法院认可;第一次债权人会议召开后,由债权人会议决定继续或者停止债务人的营业。而是否停止或继续债务人营业的判断标准是能否实现债务人利益最大化,并最终保障债权人获得最大程度的清偿。

破产和解或重整程序中,为了给债务人存续或重生打下更为坚实的基础,在有经营条件的情况下,管理人一般会选择继续债务人的营业。但在破产清算程序中,基于破产财产变价和分配的效率考量,以及确保所有破产事务的准确性,加之破产清算最终将债务人退出市场的法律后果,相关营业事务通常不会继续,从而避免可能的财产价值减损。

(六) 通过重整计划

重整计划草案是重整程序的核心,根据《企业破产法》第 79 条的规定,重整计划草案必须在人民法院裁定债务人重整之日起,于一定期限内(一般 6—9 个月)提交债权人会议表决。

重整计划草案的内容包括重整企业的经营方案、债权分类、债权调整方案、清偿方案等,旨在通过对债务人资产进行重新组合、整体调整全体债权人利益的方式,剥除过往已经产生或未来可能引发的企业经营障碍,从而实现涅槃重生。重整计划草案关涉所有债权人甚至债务人的出资人权益,故法律规定需要按照不同的债权分组进行分别表决。

(七) 通过和解协议

《企业破产法》第 97 条规定:"债权人会议通过和解协议的决议,由出席会议的有表决权的债权人过半数同意,并且其所代表的债权额占无财产担保债权总额的三分之二以上。"

和解通常需要各方作出一定的让步,和解协议内容可能涉及债权人同意延期偿还债务、减免部分债务、债权转为股权等,均涉及债权的权利处分,且债权人可能承担一定的风险,比如和解失败、债务人财产的减少等,故和解协议必须交由债权人会议决议。

(八)通过债务人财产的管理方案

如本书前述,为了促进债务人财产的保值增值,管理人完成接管工作后,即需要根据债务人财产情况确定管理方式,诸如安全防范、维护维修、对外租赁等等,其中涉及是否继续履行合同、新聘人员、提起诉讼等事项,可能导致债务人财产的增减变化,故管理人应当尽快制订财产管理方案并提交债权人会议审议,随后根据债权人会议表决通过的方案执行,且需要接受债权人的全程监督。

(九)通过破产财产的变价方案

鉴于破产程序一般以货币清偿为原则、以实物清偿为例外,管理人需要针对债务人的非货币财产制订合理、可执行的变价方案。因财产变现直接关系到债权人最终的受偿利益,故相关变价方案应该提交债权人会议进行表决,且需要预先披露变价财产可能的变现价值及处置风险,充分保障债权人的知情权和决策权。

一般来说,未经债权人会议决议,管理人不得擅自将破产财产进行变价。但是,对于一些不易保存、容易腐败或贬值的财产,如果不及时变价将导致财产价值减损,则管理人可以先行变价处理,但应及时向债权人会议进行说明。根据《企业破产法》第65条第1款的规定,对债务人财产的变价方案经债权人会议表决未通过的,应当由人民法院裁定。

(十)通过破产财产的分配方案

破产财产分配是债权清偿工作启动的基础及破产程序的重要目标,也是决定债权人利益能否得到公平实现的关键。管理人在完成破产财产归集、追收、变价处置等工作后,并在依法具备可分配财产的前提下,需要根据可供分配的财产总额、债权类型及金额,依据法定顺序确定各类债权的受偿方案,也即破产财产分配方案。而为了保障债务人财产得到公正分配,管理人需将拟定的破产财产分配方案提交债权人会议审议,且应在债权人会议表决通过并报请人民法院裁定后执行。同时,根据《企业破产法》第65条第2款的规定,破产财产分配方案经债权人会议两次表决仍未通过的,应当由人民法院裁定。

(十一)人民法院认为应当由债权人会议行使的其他职权

鉴于债权人会议的意思自治原则,实践中,管理人可以针对个案情况提出不同的议案,以供债权人会议审议和表决。需要注意的是,债权人会议的表决事项不是绝对的,"人民法院认为应当由债权人会议行使的其他职权"作为债权人会议职能的兜底,实际为债权人提供了自决其他破产事务的可能,充分保障其意思自治权利,使其更广泛、全面地参与破产事务决策。

三、参会人员及表决权

(一)债权人和债权人会议主席

1. 债权人

根据《企业破产法》第59条的规定,对债务人享有债权、已依法向管理人申报且债权被确定的债权人是债权人会议的成员,对于依法申报但其债权未被管理人审核确认的债权人,在其通过行使异议权或破产债权确认之诉等方式进行权利救济并取得债权确认结果前,不能作为债权人会议的成员。

此外,《企业破产法》第59条第4款规定:"债权人可以委托代理人出席债权人会议,行使表决权。代理人出席债权人会议,应当向人民法院或者债权人会议主席提交债权人的授权委托书。"同时,依据《中华人民共和国民事诉讼法》(以下简称《民事诉讼法》)的相关规定,代理人代理债权人行使对破产财产变价方案、分配方案、和解协议、重整计划草案等关涉债权人实质权益的表决权,还应当有债权人的特别授权。

2. 债权人会议主席

根据《企业破产法》第60条的规定,债权人会议主席系可以设定的会议成员,且由人民法院从有表决权的债权人中指定,以便自第二次债权人会议开始担任主持角色。需要注意的是,如果债权人会议主席系单位债权人的,应委派自然人实际参与会议的主持工作。

(二)主持、召集人

根据《企业破产法》第62条的规定,人民法院主持召集第一次债权人会议。同时,基于后续召开债权人会议的实际需求,在破产受理法院认为必要时,或者管理人、债权人委员会、占债权总额 1/4 以上的债权人向债权人会议主席提议时,由债权人会议主席主持召开。

(三)列席人员

1. 管理人

管理人需要根据法律规定,并在人民法院的指导和监督下,于债权人会议召开前详细梳理债务人全面接管、资产调查、债权审核等各项工作并形成书面报告,以便在会上全面报告破产事务进展情况。针对破产程序中的表决事项,如财产管理方案、变价方案、分配方案、和解协议、重整计划草案等,需要通过会议形式组织全体债权人及其他利害关系人(如债务人的出资人)进行表决,以便得到一致决议后执行。同时,在每次的债权人会议上,管理人一般需要做阶段性执行职务工作报告,以便债权人了解管理人的工作并及时行使监督权、问询权等。

2. 债务人

根据《企业破产法》第 15 条第 1 款第 3 项的规定,债务人的法定代表人应当列席债权人会议并如实回答债权人的询问。此外,经人民法院决定后,债务人的财务管理人员和其他经营管理人员也应当列席债权人会议并接受债权人的询问。

3. 职工或工会代表

根据《企业破产法》第 59 条第 5 款的规定,债务人的职工和工会代表,在破产程序中应当列席债权人会议,对关系职工利益的事项发表意见(例如:涉及职工债权清偿的财产分配方案、涉及职工聘用的议案)。而根据《企业破产法》第 82 条的规定,在重整程序中,职工不仅可以讨论重整计划并发表意见,而且享有表决权。

4. 债务人的出资人

一般情况下,在破产清算或和解案件中,出资人(特别是债务人的实际控制人)根据案件需要或法院要求,可能会列席债权人会议并回答债权人的问题。此外,根据《企业破产法》第 85 条的规定,由于重整程序中通常需要引入新的投资人,对债务人未来的经营管理等作出安排,故在涉及出资人权益调整事项的情况下,债务人的出资人有权参加会议,并在出资人组进行表决。

5. 其他可参加人员

如案件中聘请审计、评估、鉴定机构等专业人员的,管理人可以要求前述人员列席债权人会议，并就案件中所涉专业问题进行解释说明。

（四）表决权

实务中，对于有表决权的债权人通过出席债权人会议行使表决权之行为自不待言，而对于尚未获得表决权的债权人，在一定条件下也可以允许其以列席人员身份参加债权人会议，了解案件情况。基于此，债权人的表决权分为以下三类：

1. 完全表决权

经管理人审核及核查无异议并将其债权编入债权表的债权人，具有完全的表决权，有权对债权人会议相关决议事项投票表达个人意志。

2. 部分表决权

《企业破产法》第59条第3款规定，有财产担保而未放弃优先受偿权利的债权人，对于通过和解协议及破产分配方案的决议事项不享有表决权。除此之外，担保债权人对债权人会议的决议事项具有完全的表决权。之所以有此例外规定，是由于担保债权人可以以担保财产作为受偿基础，而不直接受破产财产分配方案及和解协议的约束。因此，如果在债权人会议的决议中赋予担保债权人与无担保债权人完全一致的表决权利，则可能使本就具有获偿优势的担保债权人更具优势地位，甚至可能诱发道德风险。

3. 临时表决权

《企业破产法》第59条第2款规定："债权尚未确定的债权人，除人民法院能够为其行使表决权而临时确定债权额的外，不得行使表决权。"故临时表决权及表决权代表数额需经法院确认后方能行使。

临时表决权的设立可以充分保障债权人及时参与破产程序、行使决策权，又能督促管理人积极履职、维护债权人利益。但是实务中关于什么时候应该设定临时表决权、由谁申请临时表决权、以什么标准确定临时债权额等问题还有待统一标准。

（1）何时设定临时表决权及启动主体

实务中，在债权申报期公告之后，因管理人在第一次债权人会议前需要同步开展财产调查、接管和管理债务人、涉诉涉执案件处理等诸多工作，加之债权人申报债权不及时或不规范，故管理人在债权申报期限届满时即完成所有债权的审核工作具有现实障碍和滞后性。故在此情况下，为公平维护全体债权人的破产参与权和表决权，对于债权待确认的债权人设定临时表决十分必要。

对于临时表决权的申请主体，各地规定亦有差别。有的规定由债权人申请（如北京高院），有的规定由管理人申请（如上海高院、江苏高院、浙江省律协、成都中院等），而四川高院则规定管理人和债权人都可以作为临时表决权的申请主体。本书认为由管理人申请较为妥当，一则管理人已查阅了债权人的申报材料且对债权成立与否、范围等有基本判断，能够较为客观地确定临时债权额；二则债权人均有各自不同的立场，为防范虚假申报债权或各债权人分别申请的混乱状况，由中立的管理人申请较为合适。当然，如管理人未及时提起申请的，债权人有权要求管理人及时履职，确保在债权人会议召开前形成可被赋予临时表决权的债权人名单并报法院确定。

（2）以何种标准设定临时表决权

临时表决权的债权金额设定将直接影响到债权人会议表决时的比例计算，实务中，常见的设定临时债权额的标准有：按照债权人申报的债权本金、申报的债权总额或管理人临时确定债权的初审金额。

我们曾检索过的各地工作规范、指引等文件，均未明确临时债权额确定的标准；经查全国企业破产重整案件信息网，绝大部分法院在出具确认临时表决权决定书时，仅列明临时债权额但并不明确确定的标准。法院作出的少部分决定书中以债权人申报金额为临时债权额；或以债权性质区分，兼顾债权人申报金额和管理人初审金额分别确定临时债权额；或直接以管理人初审金额为临时债权额。在过往办案过程中，我们也曾遇到过法院指导管理人以债权人申报的债权本金确定临时债权额并于债权人会议召开时口头通知该决定的情况。

本书认为，临时表决权的设定是保障债权人及时行使破产事务决策权的重要方式，为兼顾公平和效率，其设定标准不宜过宽或过严。管理人应在对现有申报材料初步审查的基础上，剥离无法成立的债权部分（如主体不适格、诉讼时效经过等），对剩余债权出具暂审结果，并以暂审结果为基础确定临时债权额。

（3）临时表决权的效力范围

临时表决权设立的前提条件决定了其效力的有限性，基于为相关议程表决之需求，临时表决权一般仅限于当次债权人会议，且常见于第一次债权人会议。如后续召开债权人会议时，相关债权仍未审核完成，是否当然沿用前次债权人会议设定的临时债权额？本书认为不宜继续沿用，理由如下：

① 避免相关主体的拖延行为。如前述，因债权人迟延申报债权等原因，管理人审核完毕所有债权存在客观困难。但债权人会议结束后，债权人应及时补充提交资料，管理人亦应及时完成审核工作。在下次债权人会议召开前应完成债权审核工作，则该债权人的债权将具有定论，原临时表决权的设定条件已不再适用。

② 保证参与表决的债权额的准确度。债权人临时债权额的设定标准与最终审核确认的债权额可能存在一定的出入，进而直接影响到参与表决的债权总额及债权占比。若原本设定的临时债权额在经过管理人最终审核后被依法判定不能成立，则该临时表决权参与决策的事项将约束表决通过的决议，进而影响其他债权人。基于此，临时表决权的设定应执行"当次有效"原则，以避免严重影响后续破产程序中重要事务的决策结果，如后续仍需设定，应根据实际情况确定债权人名单及其临时债权额。

四、会议准备

（一）会议通知

根据《企业破产法》第 14 条的规定，第一次债权人会议的通知工作随人民法院债权申报公告进行，即自破产受理裁定作出之日起 25 日内通知已知债权人，包括第一次债权人会议召开的时间、地点、方式等信息。同时，《企业破产法》第 62 条第 1 款规定："第一次债权人会议由人民法院召集，自债权申报期限届满之日起 15 日内召开。"

实务中，管理人一般会在第一次债权人会议召开之前，再次以电话、微信、邮件等形式通知债权人，并提前发放会议议程及相关文件，以便参会人员做好各项准备工作。此外，基于第一次债权人会议通常会决议后续会议的召开方式和表决规则，故此后的债权人会议通知通常由管理人根据决议内容，确定会议通知的方式及时间。同时，《上海市破产管理人协会破产案件管理人工作指引（试行）》第 67 条规定："管理人应当根据《企业破产法》第六十三条的规定，提前十五日通知已知债权人参加债权人会议，对于因特殊情况未能在前述期间内通知已知债权人参加债权人会议的，管理人应当告知该已知债权人未能在前述期间内通知的原因。此外，管理人可将需审议、表决事项的具体内容提前三日告知已知债权人，但因客观情况无法做到的除外。"

(二) 召开方式

1. 线上模式（网络债权人会议）

当前，基于优化营商环境、提升破产质效的政策要求，破产审判信息化建设正在被大力推行，网络债权人会议亦应运而生并得到广泛适用。多级、多地法院和政府相继出台文件探索推行网络债权人会议，多家网络债权人会议平台或系统也日益成熟。最高人民法院《关于企业破产案件信息公开的规定（试行）》第11条规定："人民法院、破产管理人可以在破产重整案件信息网召集债权人会议并表决有关事项。网上投票形成的表决结果与现场投票形成的表决结果具有同等法律效力。债权人可以选择现场投票或者网上投票，但选择后不能再采用其他方式进行投票，采用其他方式进行投票的，此次投票无效。"故，网络债权人会议的效力已有法律规定层面的支持，并将逐步成为债权人会议召开的主流形式。

（1）优势

① 经济高效、便捷精简

网络会议无须耗费大量路途时间以及参会的交通成本，一部手机或电脑即可随时随地实现参会自由。对于管理人来说，组织会议也更加便利、高效，且仅需要支付视频网络平台的费用（如有），无须再考虑现场参会的时间调配、成本耗费等问题。

② 避免冲突、降低维稳压力

实践中，债权人与债务人或债权人之间难免存在或大或小的冲突，若债权人集中于会议现场，将给管理人以及人民法院甚至是当地政府造成不小的维稳压力，不利于会议的顺利进行。网络会议将规避现实矛盾，减少人民法院和地方政府就维稳方面的公共资源投入，利用非直接接触的虚拟平台促进会议的稳步召开。

③ 电子化全流程记录

线上债权人会议的网络视频记录方式更有利于会议信息的披露和全流程的记录，能帮助债权人在短时间内获取到关键信息，减少法律文件晦涩、冗长带来的理解障碍，使得参会人员与管理人进行信息交互更加便捷，对管理人的履职过程可进行全方位监督。

（2）操作流程

实践中，多地使用的网络会议平台存在一定差异，常见平台有：移动微法院、互联网法庭、钉钉破产案件管理平台、优破案微信公众号平台、破栗子破产案件一体化管理平台、腾讯会议、破易通、工银融e联App"破产清算管理平台"、苏州吴江法院"锐破"破产案件管理系统、京东自研的"ME"（行业版）软件以及QQ、微信等。

以上海市为例，管理人多使用"债权人会议"App，参会人员可以通过"上海破产法庭"公众号获取App下载链接。会议流程如下：

① 会议测试及签到。债权人可以使用管理人设定的账户登录，在对应案号会议页面完成签到。

② 会议召开。对会议各项议程进行视频直播，债权人可自行下载相关会议文件。

③ 提问。债权人可以在网络会议端口点击提问按钮，在法官示意下，就所关心的问题问询管理人。

④ 投票表决。在法官开通投票通道后进行表决，一般每项议案的投票时间设定为2分钟，逾期未表决的，系统自动视为表决同意。

⑤ 统计表决结果。表决截止后，投票通道关闭，系统会根据提前设置好的程序自动进行各个表决组表决结果的统计，统计完成后公示表决结果。

2. 线下模式（现场债权人会议）

针对债权人人数较少，债权人不会操作或不方便使用电子设备参加网络债权人会议，或案件复杂不适宜使用网络债权人会议的，可采用现场会议形式召开债权人会议。

现场债权人会议一般需要管理人提前做好会议准备，主要有：（1）视参会人员人数组建项目组分工，设置现场秩序组、汇报组、机动组等；（2）提前熟悉并布置会场，做好会务工作：包括提前和人民法院、会场管理方沟通安保问题、设置座位顺序、准备表决号牌、制作现场签到表、准备议程表和会议资料、准备原始工作记录材料及管理人工作会议记录等执行职务相关资料原件等；（3）就债权人会议议案内容提前与债权人沟通、交换意见；（4）通知债权人、债务人、相关人员（股东、法定代表人、第三方中介机构等）现场开会；（5）制订突发事件应对预案；（6）将准备情况报告人民法院。

3. 书面征询

根据《破产法解释（三）》第11条及《最高人民法院关于推进破产案件依法高效审理的意见》第10条、第11条等规定，债权人会议决议可以采取非现场方式进行表决,且经第一次债权人会议决议通过,以后的债权人会议可以采用非在线视频通讯群组等其他非现场方式召开。

为便利债权人,降低破产程序成本、提升债权人会议召开和表决效率等,管理人在第一次债权人会议上可以就后续债权人会议召开方式、表决规则等制订征询方案,经债权人会议决议通过后,可以采用书面征询方式召开后续债权人会议,并采取书面方式进行表决。

以书面征询方式召开会议并组织表决的,管理人应在债权人会议召开日后或者表决期届满后 3 日内,以信函、电子邮件、公告等方式,将表决结果书面告知参与表决的债权人,并将非现场表决结果及相关履职情况书面报告人民法院。

第二节　第一次债权人会议

一、会议议程

第一次债权人会议议程一般包含以下事项:(1)合议庭介绍案件审理情况;(2)管理人作关于提请第一次债权人会议核查债权的报告,并将债权表提交债权人会议核查;(3)管理人作管理人执行职务的工作报告;(4)管理人作债务人财产管理、破产财产变价、债务人财产分配等方案并依次提请债权人会议审议和表决;(5)管理人作采取非现场方式召开债权人会议及表决的方案,并提请债权人会议审议和表决;(6)主持人或管理人宣布投票、表决结果;(7)管理人作关于管理人报酬方案的报告。

管理人在向债权人会议报告完毕后,需要回答人民法院、债权人、债务人等相关方的提问,做好释明工作,尤其是对于案件的特殊事项,应在报告时一并解释清楚,回应质疑。同时,债务人也应接受人民法院及债权人的问询。

第一次债权人会议的议程可以根据不同案件的实际情况调整,以后的债权人会议议程亦根据实际需要进行确定。

二、会议文件

（一）债权表

根据《企业破产法》第 57 条、第 58 条第 1 款等规定，管理人在收到债权人的债权申报材料后，除做好档案保管工作外，还应当及时进行债权审核，并就债权人信息、申报金额、申报性质、审核结果等编制债权表，并提交第一次债权人会议核查。管理人编制债权表主要有两个目的：第一，登记申报债权，汇总债权审查结果，确定第一次债权人会议参会人员；第二，将编制的债权表提交债权人会议核查，供债权人、债务人提起异议，根据核查结果报人民法院裁定确认，最终确定债权人的表决权及其代表数额。需要编入的债权种类具体如下：

1. 法定优先债权

常见的法定优先债权，诸如购房消费者的购房款优先权、建设工程价款优先权、船舶优先权和民用航空器优先权等，应当编入债权表，为其后续优先受偿权利的实现做好准备。

2. 有财产担保的债权

担保债权常见于抵押权、质押权、留置权，虽然有财产担保的债权因其所享有的担保物权保护，在破产财产中可对特定财产行使别除权而直接受偿，但依据《企业破产法》第 58 条、第 59 条的规定，担保债权人也要通过向管理人申报债权而参与破产程序，在管理人审核及债权人会议核查期间，其债权同样需要接受其他债权人和债务人的核查和异议。

3. 职工债权

《企业破产法》第 48 条第 2 款规定："债务人所欠职工的工资和医疗、伤残补助、抚恤费用，所欠的应当划入职工个人账户的基本养老保险、基本医疗保险费用，以及法律、行政法规规定应当支付给职工的补偿金，不必申报，由管理人调查后列出清单并予以公示。职工对清单记载有异议的，可以要求管理人更正；管理人不予更正的，职工可以向人民法院提起诉讼。"可见，职工无须主动申报债权，但是对管理人主动调查并公示的职工债权结果有异议的，职工有权向管理人提出更正要求并辅以证明材料。

实务中，管理人因接管材料、调查方式受限，可能存在无法全面调查职工债权的情况。故职工也可主动向管理人提供债权证明（类似于申报债权），帮助管理人准确核定并避免遗漏职工债权。

4. 税收、社保债权

税收、社保债权系因行政关系产生的债权，系公法之债，《企业破产法》没有明确规定该类债权的申报主体。目前已有部分地区的高级人民法院对此类债权的申报主体作出了明确规定，如江苏省高级人民法院民事审判第二庭印发的《破产案件审理指南（修订版）》第6条第2款规定："社会保险费、国家税收债权，由有关征管机关申报。管理人应当根据债务人财务资料及申报人提交的材料进行审查，并记载于债权表。"因此，该类债权还是需要由相应征管机关向管理人申报，避免国家公共利益的损失。需要注意的是，因债务人欠缴税费、社保费用而产生的滞纳金，属于普通债权。

5. 普通债权

在多数破产案件中，普通债权系债权表中的主要类型。部分普通债权因诉讼时效或执行时效经过等事由，导致未被确认，即审核认定债权金额为零，在此情况下，有的管理人基于"编入债权表的债权应当是在债权人会议中拥有表决权的债权，而债权额为零的债权无表决权"之考虑，会将审查核定债权金额为零的债权人剥离，不予编入债权表。

本书认为，经管理人审查确认债权金额为零的申报债权，仍应编入债权表，原因为：该部分债权人仍然有权对管理人的审查意见提起异议，并可通过债权确认诉讼寻求救济。债权表是债权人会议核查和人民法院确认债权的依据，经依法申报的债权人，若其债权未被管理人审查认可就不予纳入债权表，相当于变相剥夺了该部分债权人的异议权。故管理人可以就审查确认债权金额为零的债权以及暂缓确认的债权分别单独列表，并标注不予确认和暂缓确认债权的原因，同样提交债权人会议审议，以此向全体债权人公示全部的债权申报及审核情况，同时也为债权未经确认的债权人提供日后通过诉讼方式救济的依据。

6. 劣后债权

劣后债权作为一种在债权清偿顺位上劣于普通债权的破产债权，在《企业破产法》中并未有明确规定。实务中，劣后债权的认定依据来源于其他规范性文件，如《全国法院破产审判工作会议纪要》第28条、第39条规定的民事惩罚性赔偿金、行政罚款、刑事罚金等惩罚性债权；关联企业成员之间不当利用关联关系形成的债权等。该类债权在债权表中列示是一种破产立法对公平清偿债权的体现，充分考虑到不同类债权清偿顺序上优劣次序的区分。

提请债权人会议核查债权的报告及债权表样式详见附件 25。

(二) 管理人执行职务的报告

根据最高人民法院 2011 年发布的《管理人破产程序工作文书样式 (试行) 》文书样式 33 中对于管理人执行职务的工作报告的要求以及结合我们在办理上海市相关案件中的实务总结样式 (详见附件 26),该报告需要包括以下内容:

1. 债务人的基本情况。介绍债务人企业的基本工商信息、主要历史沿革、员工情况、目前生产经营情况和资产状况。

2. 管理人执行职务的具体情况

(1) 管理人执行职务的准备工作

介绍管理人团队的人员组成和分工情况、内部规章制度的建立情况、管理人工作计划与方案制订情况、聘请工作人员情况以及无利害关系情况说明。

(2) 接管债务人财产的基本情况

介绍管理人调查和联系债务人情况、接管债务人情况、核查债务人财产情况 (如股东出资、货币财产、应收账款、存货、固定资产/设备、不动产、生产性生物资产、对外投资、分支机构、无形资产、营业事务、尚未履行或尚未完全履行的合同、债务人财产被其他人占有状况、机动车、社保、税务、保险情况等)。

(3) 债务人内部管理事务、管理人决定债务人日常开支和其他必要开支、在第一次债权人会议召开前决定继续或者停止债务人营业的工作情况

(4) 债务人财产管理和处分工作

报告债务人是否存在《企业破产法》第 31 条、32 条、33 条涉及的行为;其股东是否有未缴出资、抽逃出资和虚假出资等情形;债权抵销情况及是否存在《企业破产法》第 40 条等有关法律规定不得抵销之特殊情形;是否存在质物、留置物以及债务人财产处分、追收和聘请审计、评估机构等情况。

(5) 债务人的民事诉讼和仲裁情况

(6) 管理人准备债权人会议的相关工作

(7) 其他履职情况

3. 本次会议后下一阶段管理人的工作计划

(三) 财产管理和变价方案

管理人需要根据债务人财产的调查和接管情况,对债务人财产制订合理

的管理及变价方案并提请债权人会议表决,且需要在获得债权人会议决议通过的结果后方可遵照执行。

针对财产管理方案(详见附件27),管理人应明确具体财产的管理方式,对一般的财产进行日常管理;对易腐烂变质、跌价或者保管费用较高的财产,进行特别管理,必要时提前纳入变价处置范围。

针对财产变价方案(详见附件28),管理人应当对需要变价财产的范围、类别、评估价值、拟变价方式、变价理由、变价时间以及变价费用的支付标准等有关破产财产变价的重要事项作出安排和必要说明。

以上两种方案制订时需要注意的具体事项详见本书第六章所述。同时,鉴于债务人破产后可能出现多种突发、紧急情况,故管理人在制订方案时要注意为后续清算工作预留可能的操作变动空间,如因案件发展、情势变动需要对原方案进行必要调整的,后续可就调整事宜书面征询债权人意见。

(四)破产财产分配原则性方案

根据立法精神及破产程序的发展规律,第一次债权人会议一般不制订财产分配方案。一则,相关资产及负债的归集或调查工作并不能保证完整性和全面性,缺乏分配方案制订的准确基础;二则,破产财产分配方案见于破产清算程序中且发生于宣告债务人破产后,假设个案有转为破产和解或重整的可能,则相关财产的分配或偿债安排应以相应的和解协议或重整计划为准。故此处所述破产财产分配方案常见于债务人确无重整或和解的可能性,如三无类企业,为了提高破产事务处理效率,可在第一次债权人会议时制订原则性的分配方案,或在确实已经完成全部财产归集及债权审核确认的情况下,制订具体可执行的财产分配方案(常见财产分配方案样式详见附件29)。

1. 分配原则和顺序

(1)以货币分配为原则,其他分配方式为例外

《企业破产法》第114条规定:"破产财产的分配应当以货币分配方式进行。但是,债权人会议另有决议的除外。"货币作为种类物,具有很强的可分割性,在破产财产经处置、变价之后以货币形式对债权进行清偿,能最大化保证破产财产分配的公平、公正。

作为货币分配原则的例外,破产程序中允许采用其他形式(例如实物、权利)分配,可以避免因部分财产无法或难以变现,或变现将影响财产价值、拖延债权清偿时间、增加破产费用等不利情形的出现。实物分配也即以不动

产、动产、债权、股权、知识产权等有形物和无形物，不经过变现，以原物折价的方式对债权人进行清偿，类似代物清偿、以物抵债。

实践中，管理人采用实物分配时应当注意以下几点：① 向债权人充分披露待分配实物财产情况，包括实物物理瑕疵、权利瑕疵；② 采取评估或其他适当方式对待分配实物财产进行价值判定；③ 接受实物分配的个别债权人，应当就以现物受偿后的差价，相应地支付或领取补偿，但在计算补偿时应适当考虑财产折旧、变现成本、贬值风险等因素。

（2）债权清偿顺序

除法定优先债权和担保债权具有其特定的优先受偿权利外，《企业破产法》第113条规定："破产财产在优先清偿破产费用和共益债务后，依照下列顺序清偿：（一）破产人所欠职工的工资和医疗、伤残补助、抚恤费用，所欠的应当划入职工个人账户的基本养老保险、基本医疗保险费用，以及法律、行政法规规定应当支付给职工的补偿金；（二）破产人欠缴的除前项规定以外的社会保险费用和破产人所欠税款；（三）普通破产债权。破产财产不足以清偿同一顺序的清偿要求的，按照比例分配。破产企业的董事、监事和高级管理人员的工资按照该企业职工的平均工资计算。"

另外，《上海市高级人民法院破产审判工作规范指引（2021）》第112条规定："在清偿对特定财产享有担保权的债权之前，应当先清偿管理、处置该财产所发生的有关破产费用和共益债务。对该特定财产在担保物权消灭或者实现担保物权后的剩余部分，在破产程序中可用以清偿其他破产费用、共益债务和破产债权。"

2. 制订财产分配方案

《企业破产法》第115条第2款规定："破产财产分配方案应当载明下列事项：（一）参加破产财产分配的债权人名称或者姓名、住所；（二）参加破产财产分配的债权额；（三）可供分配的破产财产数额；（四）破产财产分配的顺序、比例及数额；（五）实施破产财产分配的方法。"另外，根据《最高人民法院关于审理企业破产案件若干问题的规定》第93条规定："破产财产分配方案应当包括以下内容：（一）可供破产分配的财产种类、总值，已经变现的财产和未变现的财产；（二）债权清偿顺序、各顺序的种类与数额，包括破产企业所欠职工工资、劳动保险费用和破产企业所欠税款的数额和计算依据，纳入国家计划调整的企业破产，还应当说明职工安置费的数额和计算依据；（三）破产债权总额和清偿比例；（四）破产分配的方式、时间；（五）对将来能够追回的财产拟进行追加分配的说明。"

管理人拟订破产财产分配方案时应注意以下事项：

（1）逐项核对破产人的财产清单，并准确核算确定的可供分配财产的数额，切勿遗漏各项破产费用，并以倒算的方法，科学预留后期费用；仔细根据每类债权核算清偿比例。

（2）全面考虑所有分配情况，对于附条件、附期限债权和诉讼、仲裁未决债权等进行分配额预留。

（3）如财产分配涉及多次分配的，应说明第一次分配的具体时间和给付方式，以及以后各次分配的方法。一般采用银行转账汇款方式，以货币分配；非货币分配的，应根据财产形态等实际情况确定分配模式。

破产财产分配方案需在债权人会议表决通过后提请破产受理法院裁定确认。如债权人会议第一次未表决通过破产财产分配方案，管理人可提请二次表决，第二次表决仍未通过的，将由人民法院依法强制裁定。

（五）管理人报酬方案报告

根据《企业破产法》第 28 条第 2 款、《最高人民法院关于审理企业破产案件确定管理人报酬的规定》第 6 条的规定，管理人报酬由人民法院确定，且应当在第一次债权人会议上报告管理人报酬方案的内容（详见附件 30）。该方案无须债权人会议表决，但是债权人可以向人民法院提出对报酬的异议。

1. 制订原则

（1）依法依规原则。管理人应根据《企业破产法》《最高人民法院关于审理企业破产案件确定管理人报酬的规定》等法律法规的规定制订报酬方案，且应在第一次债权人会议前报人民法院确认。

（2）公平合理原则。报酬收取方式和金额需要与管理人职责、债务人破产程序复杂程度和工作量相适应。

2. 管理人报酬比例

《最高人民法院关于审理企业破产案件确定管理人报酬的规定》第 2 条规定："人民法院应根据债务人最终清偿的财产价值总额，在以下比例限制范围内分段确定管理人报酬：（一）不超过一百万元（含本数，下同）的，在 12% 以下确定；（二）超过一百万元至五百万元的部分，在 10% 以下确定；（三）超过五百万元至一千万元的部分，在 8% 以下确定；（四）超过一千万元至五千万元的部分，在 6% 以下确定；（五）超过五千万元至一亿元的部分,在3%以下确定;(六)超过一亿元至五亿元的部分,在1%以下确定;(七)超过五亿元的部分,在0.5%以下确定。担保权人优先受偿的担保物价值,不计入前款规定的财产价值总额。高级人民法院认为有必要的,可以参照上述比例在30%的浮动范围内制定符合当地实际情况的管理人报酬比例限制范围,并通过当地有影响的媒体公告,同时报最高人民法院备案。"

管理人报酬应根据上述规定,并综合考虑制定原则以及案件的具体情况确定报酬收取的比例及具体金额。

另外,针对管理人为担保财产的维护、变现、交付等管理工作付出合理劳动的,管理人收取报酬时应充分考虑其为担保债权人权利实现而付出的工作内容、耗时长短和难易程度。2023年6月,上海市破产管理人协会起草发布了《关于担保财产处置的工作规程(试行)》,其中对担保财产处置涉及的管理人报酬收取规则进行了明确规定,可供制订方案时参考。

(六)选任债权人委员会

《企业破产法》第67条规定:"债权人会议可以决定设立债权人委员会。债权人委员会由债权人会议选任的债权人代表和一名债务人的职工代表或者工会代表组成。债权人委员会成员不得超过九人。债权人委员会成员应当经人民法院书面决定认可。"债权人委员会系代表债权人在日常破产事务处理过程中行使监督权,以及由法律规定或经债权人会议授权行使相关决策权的一个专门机构。

实践中,管理人可以根据案件复杂程度、债权人人数规模、债权类型、债权人议事情况及综合债权人意见和诉求,决定是否在第一次债权人会议中提出成立债权人委员会的议案,并交由债权人会议决议。决定成立债权人委员会的,可以一并在债权人会议中提交具体的债权人委员会成员候选名单,一般人数以单数为宜,并尽可能确保不同类型的债权人均有代表。

经债权人会议表决选任的债权人委员会成员名单最终需要交由人民法院审查后书面决定认可。人民法院将从多个方面进行审查,综合考虑成员中是否有职工或工会代表、成员债权人的债权是否经债权人会议核查确认、选任的表决程序是否合法、成员能否代表不同类型债权人利益、法人或其他组织授权代表是否有委托手续及履职能力等。

《企业破产法》第68条第1款规定:"债权人委员会行使下列职权:(一)监督债务人财产的管理和处分;(二)监督破产财产分配;(三)提议召

开债权人会议；（四）债权人会议委托的其他职权。"另外，《破产法解释（三）》第14条规定："债权人委员会决定所议事项应获得全体成员过半数通过，并作成议事记录。债权人委员会成员对所议事项的决议有不同意见的，应当在记录中载明。债权人委员会行使职权应当接受债权人会议的监督，以适当的方式向债权人会议及时汇报工作，并接受人民法院的指导。"

债权人会议在授权债权人委员会行使相关职权时，第一，应确保授权范围符合《企业破产法》第61条规定的债权人会议的职权范围；第二，授权的职权内容应当以便于债权人监督了解管理人工作情况、破产企业的经营情况、财产管理情况等为主要目标，充分发挥债权人委员会制度的价值。而对于破产中的其他重大事项，仍应当交由债权人会议决议，充分尊重全体债权人的意见。

（七）特殊事项

管理人可以根据个案情况，制订专属议案并提交第一次债权会议表决，例如制订后续债权人会议《采取非现场方式召开债权人会议及表决的方案》（详见附件31）、《债权异议程序和补充申报费用规则》（详见附件32）、《后续聘请第三方机构的方案》（详见附件33）、《提起诉讼后无力支付/部分垫付案件受理费的处理方案》（详见附件34）、《关于招募重整投资人的方案》（详见附件35）、《关于债务人对外融资借款的方案》（详见附件36）等，充分尊重债权人会议的自治权利，发挥债权人的议事能力，保障债权人的监督权、知情权和决策权。

三、会议的表决

（一）决议方式

《企业破产法》第64条第1款规定："债权人会议的决议，由出席会议的有表决权的债权人过半数通过，并且其所代表的债权额占无财产担保债权总额的二分之一以上。但是，本法另有规定的除外。"由此可见，破产程序中，债权人会议的决议，通常应当同时具备两个条件：（1）债权人人数：出席会议的有表决权的债权人过半数通过；（2）出席会议的债权人所代表债权额：占无财产担保债权总额的1/2以上。这里所说的"过半数"不包括本数，"二分之一以上"包括本数；"债权额"是指经过债权人会议核查且经人民法院裁定确认的金额。这体现出了债权人会议议事规则的严肃性。此外，对于破产和解程序中的和解协议草案和重整程序中重整计划草案，其表决规则更为严格，具体见本书后面章节所述。

（二）决议效力

《企业破产法》第 64 条第 3 款规定："债权人会议的决议，对于全体债权人均有约束力。"即，按照前述表决规则通过的债权人会议相关决议，无论是对出席会议享有表决权但表决不同意的债权人，还是未出席会议的债权人，均有普遍约束力，体现了民主多数决意志。

当然，法律赋予了债权人对会议决议的救济措施。《企业破产法》第 64 条第 2 款规定："债权人认为债权人会议的决议违反法律规定，损害其利益的，可以自债权人会议作出决议之日起十五日内，请求人民法院裁定撤销该决议，责令债权人会议依法重新作出决议。"即债权人可行使决议撤销请求权的情况包括两种：(1) 债权人会议的决议违反法律规定；(2) 债权人会议的决议损害债权人的利益。该等权利应当在债权人会议作出决议之日起 15 日内、通过请求人民法院撤销的方式行使，设定期限的主要目的是督促债权人及时行使权利，避免债权人会议决议处于不确定的状态，保障破产程序的有效进行。而人民法院接到债权人撤销债权人会议决议的请求并依法审查后，如认为符合撤销情形的，应以裁定的方式撤销该决议，并责令债权人会议依法重新作出决议。

四、会议后续事项

第一次债权人会议结束后三日内，管理人需要将会议的最终到会情况、表决情况以及决议结果向人民法院提交书面报告，并同步通知债权人。管理人还可以针对会议中债权人特别关切的事项，于会后以书面专题报告的形式对相关问题进行回应。

对于债权人会议核查的债权表，如：(1) 债务人、债权人对债权表记载的债权均无异议，管理人应当及时向人民法院提交书面申请，并附债权表、债权人会议核查结果、债务人意见以及无异议债权清单，请求人民法院裁定确认无异议债权（详见附件 21）；(2) 债务人、债权人对债权表记载的债权有异议且管理人认为异议不成立的，管理人需告知债务人、债权人应当在债权人会议核查结束后 15 日内向人民法院提起债权确认的诉讼。

此外，第一次债权人会议结束后，如有需要人民法院裁定确认的决议结果，管理人应及时书面申请人民法院依法作出裁定、决定予以确认、批准或准许，例如申请人民法院裁定认可破产财产分配方案（详见附件 37）等。

第三节 后续债权人会议

一、召集人

《企业破产法》第 62 条第 2 款规定："以后的债权人会议，在人民法院认为必要时，或者管理人、债权人委员会、占债权总额四分之一以上的债权人向债权人会议主席提议时召开。"即第一次债权人会议后的其他各次债权人会议由债权人会议主席召集和主持。实践中，对于未设债权人会议主席的案件，通常由管理人负责召集和主持会议。

二、召开程序

由于第一次债权人会议通常会决议《采取非现场方式召开债权人会议及表决的方案》，故管理人可以根据案件实际需要，或经人民法院要求，以线上会议、书面征询等形式，召集和主持后续债权人会议，但应提前 15 日（或会议决议的时限内）通知债权人，并自行做好会议秩序维护、签到工作、记录工作及表决统计等工作。

三、会议议题

后续一般根据个案实际情况，由管理人判断需要债权人会议表决的议题，并形成相关报告或方案提请表决。具体可以就第一次债权人会议中未包含的议案或需要进行变更的议案，在后续会议中提交债权人会议表决，例如第二次核查债权、破产财产分配方案、对债务人相关人员提起清算责任诉讼、债务人应收账款处置议案等等。

第八章
一债会后的主要工作

第一节 核查债权及提请确认无异议债权

一、核查待定及补充申报的债权

(一) 核查待定债权

对于第一次债权人会议召开前已依法申报但尚未确认的债权,管理人应及时与相关债权人联系,要求其在一定期限内补充提交证据材料或申请人民法院调查令等调取相关证据,以进一步核实债权。待债权核定后向债权人发出书面债权审核结果,并就新增确认的待定债权集中制作新债权表,并提请债权人会议再次核查债权。

(二) 核查补充申报的债权

《企业破产法》第56条第1款规定:"在人民法院确定的债权申报期限内,债权人未申报债权的,可以在破产财产最后分配前补充申报;但是,此前已进行的分配,不再对其补充分配。为审查和确认补充申报债权的费用,由补充申报人承担。"债权人补充申报债权通常有如下三种情况:(1)因主客观原因,申报债权人在债权申报期限届满后方才申报债权;(2)申报债权人在债权申报期限内申报过债权,补充申报的债权与此前申报的债权是同一笔,但对申报债权金额或债权性质等内容进行实质性变更,导致相关证据材料需要重新审核;(3)申报债权人在债权申报期限内申报过部分债权,此后新增申报一笔或多笔与此前不同的债权。

在破产财产最后分配前,对于补充申报的债权,管理人应按正常的债权审查流程依法审核、集中编制债权表并提交债权人会议核查,债权人、债务人经核查后无异议的,管理人应及时申请人民法院裁定确认无异议债权。债权人如对管理人审查的新增债权有异议的，经管理人解释或调整后，异议人仍然不服的，或者管理人不予以解释或调整的，异议人有权提起债权确认的诉讼。

但是，对于此前申报的债权金额或债权性质进行补充申报的情形，如原申报的债权已经被人民法院裁定为无异议债权，补充申报的主张将发生矛盾结果时，对于该类债权的处理方式目前有两种观点：（1）人民法院裁定无异议债权，系对债权的最终确认，具有法律效力。参照民事诉讼一事不再审原则，既然人民法院已经裁定确认该无异议债权，债权人不得再就同一债权重复或变更申报，故对债权被裁定确认无异议之后补充申报的变更主张，管理人不应再审查；（2）即使人民法院已经裁定确认该债权为无异议债权，只要在最后分配前补充申报的，管理人均应予以审查，并重新报送人民法院进行裁定。本书认同第二种观点，因为管理人对于申请人民法院裁定确认无异议债权具有主动性，基于债权公平受偿的立法考量，在破产财产最后分配前，对于已申报债权的金额或性质确有需要变更的事实或理由的，应当再次核查，并重新提交债权人会议核查和申请人民法院裁定，以此保障债权人债权的准确性和合理性。当然，在新的结果确定前，全体债权人均应遵照人民法院已经出具的裁定内容，由此作出的相关决议或行为效力及于变更债权的债权人，包括但不限于财产变价方案及财产分配方案等。

此外，由于破产程序具有不可逆性，且补充申报债权的债权人自身就逾期申报也可能存在过失，故，如债务人财产在债权人补充申报的债权被确认前已经分配的，那么此前已进行的分配，不再对该补充申报债权人进行补充分配；同时管理人为审查和确认补充申报债权产生的费用（如再次召开会议的费用、公告费、快递费等），也应当由补充申报人承担。

二、应诉债权确认纠纷

对于管理人审核后不予确认的债权，或经债权人会议核查仍有异议的债权，相关债权人已向人民法院提起债权确认诉讼的，管理人应当积极应诉，具体诉讼思路及常见证据材料准备等诉讼要点详见本书第十三章的"破产债权确认纠纷"一节所述。

三、提请确认无异议债权

《企业破产法》第58条及《破产法解释（三）》第8条规定了管理人将初步审查编制的债权表提交债权人会议核查后，对债务人、债权人均无异议的债权，管理人应及时提请人民法院裁定确认；对债务人或债权人有异议的债权，管理人应进行解释说明或确有证据情况下的调整，如仍有异议，应充分告知异议人的救济途径，也即通过债权确认之诉解决。但是，对于人民法院出具的无异议债权确认裁定的性质及是否具有既判力的问题，目前实务中还存在较大争议，相关法律法规亦未对此作出明确规定。

（一）无异议债权裁定的性质和既判力

根据《企业破产法》第48条、第57条、第58条等规定，破产债权的确定通常需要遵循4个基本步骤，即：债权人申报、管理人审查、债权人会议核查和人民法院裁定确认。人民法院作为债权确认的最后一道程序，对无异议债权确认的审查仅限于形式审查，这表明债权的确认是通过债权人意思自治、管理人独立履职和人民法院依法监督三者之间的良性互动共同促就的，人民法院充分尊重管理人、债权人会议对于债权的实际审查结果。人民法院在裁定确认无异议债权的过程中，其审查和认定的理由均为"经债权人会议核查，债务人、债权人对债权表记载的债权均无异议"，故实践中人民法院对于债权的确认裁定仅为程序性裁定，不涉及债权真实、合法性的实体审查，不具有确认其中每项债权真实、合法的实体性法律效力，亦不具有对债权人实体权利作出诉讼判决确认的既判力。

但是，有学者认为债权表经人民法院裁定确认后，即具有与生效判决类似的法律效力，该裁定是涉及当事人实体性权利的裁定[①]，对债务人和全体债权人均有约束力，任何人不得再提起诉讼。从近年来的司法实践看，虽然人民法院没有在裁判文书中直接回应破产债权确认裁定是否具有既判力的问题，但从裁判结果来看，大多数人民法院认为债权异议人在债权确认裁定作出后提起诉讼的行为构成重复起诉，从而驳回起诉。对此，本书认为，之所以将人民法院对于无异议债权的裁定认定为一种涉及当事人实体权利义务并具有相应既判力的裁定，原因主要有三：（1）根据《企业破产法》第12条的

---

① 许德风：《破产法论：解释与功能比较的视角》，北京大学出版社2015年版，第198页。

规定，对破产程序中明确可以提起上诉的只有不予受理和驳回破产申请的裁定，破产程序中的破产债权确认裁定一经作出即具有法律效力，不得对其提出上诉；异议债权人可能会面临债权被裁定确认后无法就该裁定进行上诉，又受制于一事不再理原则而不得另行提起债权确认之诉，故最终仅可能通过审判监督程序进行救济；(2) 人民法院在作出债权确认裁定之前，管理人已经同无异议债权人就其债权金额、性质等达成一致，异议人如果在债权确认裁定作出之后才提出异议，其自身可能存在一定的过错；(3) 基于保障破产程序效率考量以及债权异议人可能享有的审判监督程序救济渠道，故无异议债权裁定被认定为涉及当事人实体权利的裁定将有利于维护人民法院裁定的稳定性，避免实务中无限放大债权异议人的债权救济权限，进而影响破产进程的不利后果。

当然，我们也曾检索到最高人民法院的相关裁判要旨[①]，其中强调"如异议人未在《最高人民法院关于适用〈中华人民共和国企业破产法〉若干问题的规定（三）》第八条所规定十五日内提起债权确认诉讼，应视为其同意债权人会议核查及管理人解释、调整的结论，并在人民法院裁定确认后按此在破产程序中行使权利，由此对异议人表决权行使和破产财产分配等带来的不利后果，由其自行承担。但前述十五日期限届满并不产生异议人诉权或实体权利消灭的法律后果。"即，最高人民法院司法裁判的口径倾向于认为人民法院确认债权的裁定并非异议人诉权消灭的根据。

（二）无异议债权裁定作出后的救济路径探讨

如上文所述，若认为人民法院确认无异议债权裁定是涉及当事人实体性权利的裁定，具有相应的既判力，则异议债权人仅能通过审判监督程序进行救济。但是，基于最高人民法院的裁判观点及结合实践经验，当债务人、债权人、管理人或其他利害关系人发现人民法院的破产债权确认裁定确实存在错误（包括金额错误、债权性质错误等）后，仍然具有按照破产债权审核及核查程序启动复核工作甚至通过再审或审判监督程序进行救济的可能。

具体而言，管理人收到相关债权书面异议后，可以先进行实质审查，作出书面复核意见并送达相关主体，同时告知债务人和全体债权人。必要时，管理人可以提请召开债权人会议进行讨论。管理人在履行必要审查职责以及提请债权人会议核查程序后，再向人民法院提出调整破产债权的申请，交由

---

① 最高人民法院（2023）最高法民再170号民事裁定书。

人民法院进行审查,而非收到债权异议后由管理人直接向人民法院申请变更债权,或者人民法院依职权变更债权。人民法院在对管理人提出的申请进行审查后,如果认为异议成立的,应当裁定撤销原破产债权确认裁定中对债权的错误记载,同时确认调整后的破产债权。如该条救济路径实施不能,则债权人在必要时可通过再审或审判监督程序尝试救济。

第二节 执行财产管理及变价方案

一、严格执行各项财产管理和变价方案

债务人财产的管理和变价工作处于破产程序的核心地位,在债权人会议决议通过财产管理方案和变价方案后,管理人应当严格执行,以实现债务人财产的保值和增值。管理人在落实财产管理及变价方案中,需要注意以下问题:

1. 对于不动产的租赁事务,管理人需要确保租赁条件明确、合理,符合法律法规的规定,并根据不动产的规模、租赁用途等情况判断是否采取公平竞争的招标程序选择合适的承租方。对于动产的租赁,管理人应制定明确的租赁协议,包括租期、租金、到期返还、风险承担等关键条款。同时要确保租金的按时收取,统一归集至管理人账户并登记入清算收入账目。

2. 对于财产的定期维护保养,管理人应当落实制订的保养计划,明确被保养财产的维护标准,确保财产的物理状态得到有效养护。同时,管理人要安排专人对每类财产进行分别管理,尽可能合理控制维护成本,避免保养过甚而增加破产费用的支出。

3. 在破产企业资金监管、税务及工商管理方面,管理人需确保在整个破产程序中债务人的所有相关收入均依法纳税,遵守税收法规,按期为债务人企业进行纳税申报和工商年报申报。对于仍保留相关财务人员的破产企业,需要正常运行相关财务工作,确保会计记录准确、完整,以便日后审计。对于涉及资金流入的各项交易,管理人应确保合规开票,符合税收法规和财务管理的要求,并建立完善的票据管理制度。

4. 在财产变价环节,通过网络拍卖或其他形式进行债务人财产变现处置时,管理人应注意拟定详细的拍卖文件、披露财产已知瑕疵、通知优先购买

权人等,且相关处置进度应及时通报债权人,接受其全程监督,变现后配合买受人办理产权转移登记或财产移交手续。详见本书第六章所述。

二、启动追讨对外债权等诉讼

第一次债权人会议后,管理人在已查清债务人对外应收账款、股东未缴出资或抽逃出资、债务人董监高非正常收入等事实的基础上,应当制订追讨对外债权、出资等的处理方案,或结合经债权人会议表决通过的财产管理方案中对相应债权的追讨方案,落实各类对外债权的追收工作。

一般情况下,初始的追讨工作多以电话、短信或书面函件等非诉讼方式催收为主,在追讨效果不佳的情况下,管理人应及时研判,对于事实清楚、证据确实充分的债权制订诉讼方案,并在征询债权人意见且确保诉讼成本可控的情况下,提起相关诉讼(诉讼实务要点分析详见本书第十三章所述)。

三、注意事项

在执行财产管理方案及变价方案的过程中,管理人还应当注意以下几点:

(一)严格遵从债权人会议通过的方案,如方案有实质变更或新增事宜应再次提交债权人会议表决

管理人在第一次债权人会议后履职的过程中,应当严格遵守债权人会议通过的方案,避免因擅自决定而带来的债权人误解或可能的财产损失。如果因案件实际需要或财产状况出现情势变更,对债权人会议通过的原方案需要进行实质性变更或新增处理方案的,管理人应就相关变更或新增事项再次提请债权人会议审议与表决。如拟对已通过的方案进行变更,但该变更不属于涉及实质性重大变更的,管理人亦可考虑通过向债权人寄送征询函的形式,提请债权人限期对方案更新事宜提出异议,如债权人在规定异议时间内无异议的,则视为同意对方案的相应调整事宜。

(二)降低管理及变价财产的成本,在保障财产安全的情况下,实现财产收益最大化

破产程序中所支出的任何费用都将直接影响债权受偿利益,故管理人作为财产管理方案及变价方案的执行者,务必严控破产费用支出,在保证破产

财产保值增值的前提下，厉行节约，控制预算并缩减不必要的支出。

（三）保持和属地政府机构的有效沟通

对于某些复杂的破产案件，通过与属地政府机构保持紧密而高效的沟通，可以大大提升管理人的履职效率，特别是遇有维稳事件时，管理人及时向属地主管政府部门报告破产案件情况，请求其协调处理部分问题，可以为破产程序稳步推进或债务人的重整/和解创造更有利的环境。

此外，税务机关和社保机构等政府职能部门往往是破产企业的债权人，通过与该类机构保持有效沟通，管理人能够快速知悉各方债权人立场和期望，协调各方利益，减少潜在的分歧和冲突，从而保障破产程序稳步推进。

（四）维护秩序稳定

债务人进入破产程序时，通常已经面临经营困境并伴随着大量的诉讼、仲裁、执行案件，其与众多债权人及企业职工的矛盾已经演变成一系列严峻的社会挑战。若这些问题得不到妥善处理，可能引发社会冲突事件，进而严重影响案件进程和地方稳定。为此，管理人应积极制订一系列有效的矛盾解决预案，包括但不限于定期或不定期召开协调会，通报案件进展，保持与债权人的良性互动；制订或完善职工安置方案等。在维护各方利益的同时，有效防范破产程序推进过程中可能引发的社会不稳定事件。

第三节　推进第三方中介服务工作

一、沟通需求，有效配合，快速出具服务结果

破产程序中的第三方中介服务，常见于审计、评估、拍卖辅助等领域，该部分工作往往是推进破产程序的重点之一，诸如确定破产财产价值、变现处置准备工作等，均与其息息相关。在与第三方中介机构合作时，管理人的首要任务是明确需求，这样才能给中介机构的工作提供目标导向；在此基础上，管理人应全程紧密配合，及时传递有效信息，提供准确的资料。快速出具结果是确保整个破产程序高效运转的必要条件，因此，管理人需要对第三方中介机构的工作进展进行密切监督，并在出现问题时及时调整和优化工作方向，特别是在出现多个中介机构相互协作的事务时，管理人应居中协调，必要时牵头组织中介机构联合沟通会，保证中介机构间信息畅通，促进多方良性配合。

二、监督第三方机构合规开展工作

管理人对第三方中介机构的工作进行全面监督是确保破产程序合规性的重要环节，应对其在法律法规框架下的行为进行严格监督，确保其服务的合规性和合法性。管理人需要建立有效的监督机制，对第三方中介机构的工作过程和结果进行严格审查，以保障破产程序的透明度、公正性和合法性。

三、听取人民法院、债权人、债务人的意见

在推进第三方中介服务工作的同时，管理人必须充分倾听人民法院、债权人和债务人的意见，及时披露工作进程，充分听取各方意见和建议，权衡利益，保障中介服务的结果在合法合规的基础上，尽可能得到各方的认可和支持。这也包括在有争议的情况下，及时采取适当的沟通和调解措施，避免引发新的主体矛盾。

第四节 其他重要事项

一、定期提交履职报告

根据《企业破产法》的相关规定，管理人有义务向人民法院报告破产案件进展、资产处置进度、债务清偿情况等重要事项。这不仅有助于人民法院全面了解破产企业的状况，也便于管理人及时就相关履职情况接受人民法院的监督和指导。实务中，上海市破产受理法院通常要求管理人建立月度工作台账、月报、月度沟通会等工作制度，敦促管理人及时履职，定期向破产受理法院以不同形式汇报案件进展。因此，管理人所提交的履职报告应保证准确性和全面性，确保人民法院获得充分的信息源，从而更好地指导破产案件办理。

除了定期的履职报告外，管理人还应当在必要时进行专题汇报，重点汇

报债权人会议后的关键事项和重大决策。专题汇报可以涉及债务清偿计划的制订、与债权人的协商进展、资产处置的具体方案等，这有助于人民法院更深入地了解管理人在面对复杂破产情况时所采取的具体措施及其可行性，及时给予指导或协调，也便于对管理人的履职能力和效果进行测评。

在履职过程中，管理人应当时刻保持与人民法院的密切沟通，遇有难解决的问题时主动报告以寻求指导或帮助。人民法院作为破产案件的审理机构和管理人履职的监管机构，拥有丰富的法律经验和专业知识，可以指导管理人积极作为，并确保其履职的合法性和合规性。

另外，虽然破产相关法律法规对破产案件的审限并无具体要求，但就上海市而言，一般普通的破产案件需要在 1 年内办结；简易案件需要在 6 个月内办结。故管理人在破产案件工作之初，就应当制订合理的案件办理计划，确保在规定时限内完成工作。而对于情况复杂、工作量繁重的破产案件，管理人在短时间内确实无法完成全部工作的，应提前向人民法院作出解释，说明无法按期完成工作的原因，并提交书面专题报告申请延长案件的审理期限，确保更全面、充分地履职。

二、向债权人、债务人等进行信息披露以及有效沟通

（一）信息充分披露

1. 资产状况报告

管理人应向债权人详细披露破产企业的财产状况，包括但不限于资产总额、负债总额、资产负债率等关键指标以及破产进程中的财产调查更新、归集、评估价值、处置进度及结果等。这有助于债权人全面了解破产财产，建立合理的债权受偿预期，并为债权人会议相关决策提供科学的判断依据。

2. 程序进展报告

由于债权人会议并非常设机构，且部分债权人可能存在逾期申报而错失此前程序，或者因主客观因素未能及时参加相关债权人会议的情况，为了保持信息的同步性，及避免部分债权人因不明所以无法及时参与表决事项，管理人需要与债权人保持动态沟通，及时向债权人提供破产程序的进展报告，包括但不限于债权人会议的召开情况、决议结果、人民法院出具相关裁定或决定的文书进展、资产处置进度等，使债权人能够紧密跟踪破产进程，更好地理解和参与整个案件。

3. 债务清偿计划

债权人有权知晓破产案件中的全部债权人及债权额情况，明确自己的清偿顺位，故管理人需要向债权人详细披露破产企业的整体财产情况、负债总额、债权类型并制订详细的财产分配方案（特别是债权清偿安排），包括还款时间、清偿方式等方面的具体安排，给予债权人合理的受偿预期，从而更好地规划其财务安排。

（二）有效沟通

1. 不定期会议

管理人可以根据案件需要，组织召开与债权人的不定期会议，对债权人关心的问题进行答疑解惑，建立直接沟通渠道，并就疑难复杂问题进行深入讨论，充分听取债权人的意见和建议。通过不定期会议的沟通交流，有助于各方建立互信关系，促进信息传递和理解，并有助于管理人及时获取债权人的反馈，调整案件处理策略，提高信息披露的质量和效果。

2. 个别咨询

针对不同债权人的特殊情况，管理人可通过办公场所接待、电话沟通、邮件沟通等方式，提供个别咨询，了解各债权人的特殊需求和关切点，提供更为贴合实际情况的信息和建议。尤其是对与债务人有较深积怨的债权人，管理人要及时化解双方矛盾，避免因矛盾激化而阻碍整体案件的进程。

3. 沟通记录

管理人在日常履职过程中，应当养成及时记录的习惯，包括日常工作进展及其随附文件；与案涉各方的沟通时间、内容、沟通结果等，做到工作底稿完备可查、履职全过程留痕。这不仅有助于管理人追溯工作、还原各项破产事务过程，也为人民法院、债权人监督提供履职依据，做到透明、公开和合规，防控履职风险。

三、制作清算账目

在清算期间，管理人通常需要对债务人企业的资产变动、费用发生、债权审核认定等情况形成清算损益的过程，并最终出具清算报表。为了便于破产案件审结后清算费用的梳理和清算数据的核查，管理人应当在日常办案过程中制作清算账，以便后期查账管理。

对于已经聘请审计机构的破产案件，审计可同步审查管理人在清算期间全部执行职务的结果，也即破产清算结束日的报表审计。该部分审计多关注管理人账户的收支情况，根据管理人账户流水，对每笔收支发生时间、收付对象进行登记并形成清算期间的财务明细账。登记明细账的具体格式可以参照表 8-1：

表 8-1　财务明细账

序号	日期	摘要	收付对象	收入	支出	余额	清算费用					清偿债务
							办公费	劳务工资	税费	中介费	……	
1												
2												
3												
4												
5												
6												
…												
	合计											

另外，除上述清算明细账外，管理人还需登记序时账，并根据破产案件实际需要，在清算资产负债表的一级会计科目中设置明细科目，增设的会计科目可以分为负债类、累计清算净损益类和清算损益类。

需要提醒的是，作为清算账中出现频率最高的破产费用，如管理人工作组成员日常直接通过管理人账户转账报销的，应当制作报销单并附每次报销的发票，报销单和发票一并作为清算账的凭证附件，以供审计机构后期审查。

第九章
宣告破产和分配

第一节 宣 告 破 产

一、概念

宣告破产,是指在债务人具备《企业破产法》第 2 条所规定的破产原因之情况下,经管理人申请(详见附件 38),由破产受理法院裁定宣告债务人进入破产清算程序,并就债务人财产进行统一分配、以清偿债务的一种司法行为。宣告破产意味着对债务人的所有财产进行分配后,将对债务人企业作注销法人主体资格、强制其退出市场的安排。

通常情况下,宣告破产即意味着债务人不可挽回地陷入破产清算并经由司法途径出清市场。同绝大多数国家一样,我国破产法采用破产程序受理开始主义,而非宣告开始主义,即破产程序以人民法院受理对债务人的破产申请为开端,宣告破产系破产清算的起点,在宣告破产后,一系列完整的破产清算程序方才正式启动。

二、宣告破产的依据

(一)具有破产原因

破产原因,又称"破产界限",是指认定债务人丧失清偿能力,当事人得以提出破产申请,人民法院据以启动破产程序的法律事实,即引起破产程序发生的原因。我国破产法中关于企业破产原因的规定在《企业破产法》第 2 条第 1 款:"企业法人不能清偿到期债务,并且资产不足以清偿全部债务或者明显缺乏清偿能力的,依照本法规定清理债务。"也即,破产程序开始后,意味着人民法院经过初步审查确定债务人确实具备破产原因；而在管理人全面履职、查清资债情况后，如破产原因持续存在且无法通过重整或和解程序挽救的，破产受理法院将适时宣告债务人破产，以便及时完成资债出清，故破产原因是宣告破产的前提条件。

此外，《企业破产法》第 108 条规定："破产宣告前，有下列情形之一的，人民法院应当裁定终结破产程序，并予以公告：（一）第三人为债务人提供足额担保或者为债务人清偿全部到期债务的；（二）债务人已清偿全部到期债务的。"即，债务人原具备破产原因，但又能以特定方式完成债务清偿的，则人民法院不能宣告其破产，而应终结破产程序，给债务人重新回归市场的机会。

（二）无重整或和解的可能

在现行《企业破产法》下，除破产重整及破产和解章节中有特别规定外，适用于破产清算案件中人民法院宣告债务人破产的规定体现在第 107 条："人民法院依照本法规定宣告债务人破产的，应当自裁定作出之日起五日内送达债务人和管理人，自裁定作出之日起十日内通知已知债权人，并予以公告。债务人被宣告破产后，债务人称为破产人，债务人财产称为破产财产，人民法院受理破产申请时对债务人享有的债权称为破产债权。"

而《全国法院破产审判工作会议纪要》第 23 条规定："人民法院受理破产清算申请后，第一次债权人会议上无人提出重整或和解申请的，管理人应当在债权审核确认和必要的审计、资产评估后，及时向人民法院提出宣告破产的申请。人民法院受理破产和解或重整申请后，债务人出现应当宣告破产的法定原因时，人民法院应当依法宣告债务人破产。"该规定是对《企业破产法》的重要补充，即在破产清算申请受理后，若债务人仍具备《企业破产法》第 2 条规定的破产原因，且不存在重整、和解程序转换可能的，人民法院应当依法宣告债务人破产。同时，人民法院受理破产和解或重整申请后，债务人又出现应当宣告破产的法定原因时，人民法院亦应当及时依法宣告债务人破产。

三、宣告破产的法律效果

（一）对债务人及其财产的效果

人民法院作出宣告破产裁定后，债务人称为破产人，并由管理人对破产人的全部财产进行清算。自宣告破产之日起至破产程序终结之日，破产人的法定代表人、财务管理人员和其他经营管理人员，应继续承担配合清算义务；同时，对于破产人所有职工，除必要的留守人员外，管理人应尽快处理其与债务人企业解除劳动合同事宜，并依法计算经济补偿金。

破产人与破产宣告前的债务人尽管为同一主体，但在法律地位上显著不同。破产人没有行使权利的能力，其财产和权利由管理人掌握和行使。在破产清算程序中，破产人只能被动地容忍其财产被管理人变卖以后分配给债权人，直至其法律人格消灭。而在破产宣告前，无论适用重整程序还是和解程序，债务人均可以为继续营业行使自己的一些权利。[1]

此外，破产宣告后，债务人的财产成为破产法意义上的破产财产。宣告破产对破产人身份限制的最终目的在于实现宣告破产对破产人财产的支配效力。王卫国教授认为，破产财产与破产宣告前的债务人财产，在性质、目的和范围上有所不同。破产财产属于执行中的财产，其存在仅以破产分配为目的，其范围不包括已设置担保物权的财产（别除权标的物）。而债务人财产属于保全财产，其存在首先服务于继续营业和企业拯救的目的，其次也服务于最大限度地实现债权清偿的目的，因而原则上包括已设置担保物权的财产。[2]

（二）对债权人的效果

在宣告破产前，所有债权请求权都无法行使，债权人仅能就自己的债权向管理人进行申报，而在宣告破产后，法律赋予了债权人可以行使权利的特别许可，具体如下：

（1）对破产人特定财产享有担保权的债权人即别除权人可以就该担保物提前获得清偿。根据《企业破产法》第109条、第110条的规定，担保债权人享有对担保财产优先受偿的权利。如其行使完优先受偿权后债权未能获得全额清偿的，未获受偿的债权部分将纳入普通债权；放弃优先受偿权利的债权部分，也将作为普通债权。因此，担保债权人应当在宣告破产后及时行使别除权，以便参加随后开始的破产分配。

（2）无财产担保的债权人依破产分配方案获得清偿。无财产担保的债权人因不享有以破产人特定财产优先受偿的权利，故只能依照法律规定的清偿顺序，通过法定程序表决分配方案，由破产财产统一安排清偿。

---

[1] 王卫国：《破产法精义（第二版）》，法律出版社2020年版，第386页。
[2] 同上。

（三）对其他主体的效果

《企业破产法》第 17 条第 1 款规定："人民法院受理破产申请后，债务人的债务人或者财产持有人应当向管理人清偿债务或者交付财产。"追收财产是管理人履职的一项重要工作，人民法院宣告破产后，破产财产分配事宜即将启动，故次债务人或相关破产财产持有人应限期向管理人清偿债务或交付财产，且在破产程序已经持续很长一段时间的情况下，其已不能以不知债务人破产为由拖延或提出善意清偿的抗辩理由，否则应承担由此造成的损失。

（四）对破产程序的效果

破产宣告意味着确定的破产清算程序，根据《企业破产法》对程序转换的相关规定，破产清算程序将不可逆转。而在破产案件受理后、破产宣告以前，债务人是可以通过和解程序或者重整程序或者其他方式（如取得担保、在短期内清偿全部债务）而退出破产程序，故破产宣告后，破产清算程序在一定程度上是其他破产程序的最后兜底环节。

第二节　破产财产变价和分配

一、执行财产变价方案

根据《企业破产法》的立法体例设定，债务人被宣告破产后，管理人方能对破产财产进行变价处置。如本书前述，具体到实务中，如第一次债权人会议前后已确定债务人无和解或重整的可能，则相关的财产变价方案可能会提前提交至债权人会议决议，无论该方案决议通过的时间在破产宣告前还是破产宣告后，管理人均应严格执行。变价过程中，除常规财产（如车辆、不动产、无形资产等）一般通过拍卖方式（见本书第六章）变价外，对破产人对外投资股权的处置以及易贬值、鲜活、易腐烂变质财产的变价需要给予特别关注。

1. 对外投资股权变价

通常，若破产人的对外投资公司系存续状态，则优先将破产人持有的股权以拍卖方式处置。但在实际处置中，由于债权人会议通过财产变价方案的时间与执行财产变价方案的时间存在一定间隔，待启动正式拍卖工作时，破产人对外投资的企业状态可能会发生变化（如被吊销营业执照），进而可能影响拍卖成交的概率。因此，管理人在实际变价处置股权前，务必再次确认对外投资的工商状态，保证股权处于可处置状态。

针对存续的对外投资，若管理人掌握对外投资相关资料，且经调查对外投资净资产金额大于0元的（不包含本数），管理人可以以对外投资的净资产金额作为第一次拍卖的拍卖底价；若对外投资净资产金额为负值的，管理人可以经债权人会议确定的公允价值作为第一次拍卖的拍卖底价。

另外，管理人处置股权前也需要确认后期股权变更登记的可操作性。本书编写团队在实践中就曾遇到破产人持有的股权成功拍卖变价后，因股权买受人存在《公司法》中对于持有股权的限制情况（如一人公司持股限制等），导致后期无法办理股权变更手续。故管理人需要在处置股权前充分考虑股权变更的可能性，避免后期的交易障碍。

2. 易贬值、鲜活、易腐烂变质财产的变价

针对易贬值、鲜活、易腐烂变质的破产财产，及时处置是关键。如有必要，管理人可以提前提请法院或债权人会议许可，在进行全面的市场背景调查后，采取变卖的方式或委托专业机构打包处理，而不受一般拍卖的限制。这样的好处在于：一是避免商品过时，价值贬损；二是降低保管费用，提高处置效率，确保债务人财产价值最大化，降低财务负担。

二、分配财产

（一）公告分配

根据《企业破产法》第116条规定："破产财产分配方案经人民法院裁定认可后，由管理人执行。管理人按照破产财产分配方案实施多次分配的，应当公告本次分配的财产额和债权额。管理人实施最后分配的，应当在公告中指明，并载明本法第一百一十七条第二款规定的事项。"

通常，管理人应当在破产重整网及为个案设定的微信公众号、即时聊天群组等同步公告破产财产分配事务，公告（详见附件39）内容包括：本次分配的财产额和债权额以及分配的时间、地点、分配方式、次数、债权人接受分配的要求、管理人的联系方式等。经公告后，视为债权人已经充分知悉分配事宜，管理人即可执行分配方案。

实践中，有时会发生破产人的债权人因其自身涉执，相关利害关系人在

关注到管理人发布的分配公告后，向相关执行法院申请出具冻结被执行人（即该债权人）对破产人享有的破产债权，同时向管理人送达相关民事裁定书和协助执行通知书的情况，管理人应关注程序及妥善处理分配事宜。

（二）分配执行

为保证破产财产分配的规范性，管理人一般通过银行转账方式进行现金分配，故需要在实际转账前与债权人核对收款账户信息，避免转账错误。同时，在实施分配前，管理人需要和账户开户行沟通对外转账功能设置，例如，提前确认分配日的转账笔数、单笔当日数额限制等。若债权人不能通过银行转账接收分配款，可联系债权人现场领取现金，管理人应在现金交付的同时要求债权人出具收据，并留存身份证件信息。对于通过银行转账进行分配的，管理人需要保留每一笔债权分配银行回单，作为后期执行分配完毕的依据。

（三）提存

对于执行破产财产分配方案过程中，因为法律规定或其他原因导致无法及时完成对部分债权人的财产分配的，管理人应将相关分配额提存。《企业破产法》第117、118和119条规定了如下三类应予提存的情形：

1. 附生效条件或解除条件的债权

对于附生效条件或者解除条件的债权，管理人应当将其分配额提存。在最后分配公告日，生效条件成就或者解除条件未成就的，应当交付给相应的债权人；在最后分配公告日，生效条件未成就或者解除条件成就的，应当分配给其他债权人。

2. 诉讼或仲裁未决的债权

破产财产分配时，对于诉讼或者仲裁未决的债权，管理人应将其分配额提存。自破产程序终结之日起满二年仍不能受领分配的，人民法院应当将提存的分配额分配给其他债权人。

3. 逾期不领取的提存

债权人未受领的破产财产分配额，管理人应当提存。债权人自最后分配公告之日起满二个月仍不领取的，视为放弃受领分配的权利，管理人或者人民法院应当将提存的分配额分配给其他债权人。

（四）补充分配

破产财产的补充分配指破产程序终结、破产企业被注销登记后，在法定期限内发现破产企业有应当追回的财产或应当供分配的其他财产，经债权人请求，人民法院可以按照破产程序中已经债权人表决通过的破产财产分配方案之分配规则，进行追加分配。

根据《企业破产法》第 123 条的规定，自破产程序终结之日起二年内，补充分配包括以下情形："（一）发现有依照本法第三十一条、第三十二条、第三十三条、第三十六条规定应当追回的财产的；（二）发现破产人有应当供分配的其他财产的。"但可供分配的财产数量不足以支付分配费用的，不再进行追加分配，由人民法院将其上交国库。此外，因纠正破产程序中错误支出的款项或错误认可的债务而追回的款项，也属于补充分配的情形。具体分析详见本书第十一章的"追加分配"一节所述。

第十章
破产终结

破产程序终结，是指破产财产分配完结或者存在其他原因导致破产程序没有必要进行下去，破产受理法院依管理人或者当事人申请，裁定终结破产程序。破产程序的终结，意味着破产程序不可逆转地结束。

在破产清算程序中，破产终结具有三种情形：（1）破产人无财产可供分配；（2）破产财产分配完毕；（3）特殊情形下的终结。

一、无财产可供分配的终结

《企业破产法》第120条第1款规定："破产人无财产可供分配的，管理人应当请求人民法院裁定终结破产程序。"《企业破产法》第43条4款规定的"债务人财产不足以清偿破产费用"也属于无财产可供分配的情形，同样应提请人民法院终结破产程序（详见附件40）。

同时，《全国法院破产审判工作会议纪要》第30条规定："人民法院终结破产清算程序应当以查明债务人财产状况、明确债务人财产的分配方案、确保破产债权获得依法清偿为基础。破产申请受理后，经管理人调查，债务人财产不足以清偿破产费用且无人代为清偿或垫付的，人民法院应当依管理人申请宣告破产并裁定终结破产清算程序。"

综上，无财产可供分配的终结破产情形，仍应以调查清楚破产人的总体财产状况及完成债权确认为前提，确保破产事务已依法办结。

二、破产财产分配完毕的终结

《企业破产法》第120条第2款规定："管理人在最后分配完结后，应当及时向人民法院提交破产财产分配报告，并提请人民法院裁定终结破产程序。"破产程序的本质就是债权债务的清理,当债务人的全部财产已经在全体债权人之间按照法律规定进行了公平分配,则破产程序已然发挥了其全部效用,此时,管理人应当及时向人民法院提交书面破产财产分配报告(详见附件 41)并申请终结破产程序(详见附件 42)。

三、特殊情况下的破产终结

如前述,根据《企业破产法》第 108 条的规定,在破产宣告前,当第三人为债务人提供足额担保或者为债务人清偿全部到期债务,或者债务人已清偿全部到期债务的,人民法院应当及时裁定终结破产程序并予以公告。

四、终结裁定

管理人应当向人民法院提出书面终结申请,申请的内容必须对请求裁定终结破产程序的事实、理由和法律依据做详尽的说明。人民法院应当自收到请求之日起 15 日内作出审查,对请求符合《企业破产法》规定的,裁定终结破产程序,并予以公告。

人民法院作出裁定后,管理人应向破产人相关人员、债权人送达裁定文书,且人民法院应在全国性纸质媒体登载终结公告。

第十一章
终结后管理人履职

虽然破产程序的终结意味着破产程序不可逆转地归于结束，但是这并不代表着管理人履职工作的终结，在破产终结后，管理人须向破产企业的原登记机关办理注销登记，递交终止执行职务的报告，对新发现的可用于分配的破产财产追加分配、提起其他破产衍生诉讼以及可能涉及的办理破产企业信用修复等善后事宜。作为管理人履职工作的最后关卡，帮助破产企业有序退出市场，最大化保护债权人的利益，追收尽可能多的财产；同时，还应积极努力修复存续企业的信用。只有完成这些，管理人的履职工作才得以画上圆满句点。

第一节 注 销 工 作

《企业破产法》第121条规定："管理人应当自破产程序终结之日起十日内，持人民法院终结破产程序的裁定，向破产人的原登记机关办理注销登记。"《上海市破产管理人协会破产案件管理人工作指引（试行）》第121条规定："（注销手续）破产程序终结后，管理人应当依照《企业破产法》的规定办理破产人的工商、税务、行政许可的注销登记和有关银行、证券、社保、海关保证金等账户的销户手续。管理人持人民法院指定管理人决定书、宣告破产和终结破产清算程序的民事裁定书申请办理注销登记。非管理人自身原因无法顺利完成上述注销手续的，管理人应与有关行政管理部门进行沟通，解释法律规定的要求，说明相关情况。必要时，可以提请人民法院协调解决。协调后仍无法解决的，应形成相关书面报告向法院说明。"因此，破产程序终结后，管理人应当依法办理破产企业的工商登记、税务登记、社保登记等注销和有关账户的销户手续。

一、注销破产企业的银行账户、税务、社保、工商等登记信息

（一）银行账户注销

1. 需要注销的账户类型

银行账户注销是指存款人因开户资格或其他原因终止银行结算账户使用的行为。管理人在破产程序终结后，依据《人民币银行结算账户管理办法（2020修订）》第49条第1款第1项规定的"被撤并、解散、宣告破产或关闭的"事由，前往开户银行提出撤销银行结算账户的申请，办理账户注销。

银行账户一般有四种类型：基本存款账户、一般存款账户、专用存款账户、临时存款账户，其中基本存款账户是存款人用户办理转账结算和现金收付的主办账户。根据《人民币银行结算账户管理办法实施细则（2020修订）》第33条规定："存款人因《办法》第四十九条第（一）、（二）项原因撤销银行结算账户的，应先撤销一般存款账户、专用存款账户、临时存款账户，将账户资金转入基本存款账户后，方可办理基本存款账户的撤销。"因此，管理人在办理基本存款账户注销前，需根据前期自基本存款账户开户银行调取已开立银行结算账户清单，将破产企业名下的其他一般存款账户、专用存款账户、临时存款账户进行注销。在注销非基本户的账户时，若账户尚存余额，银行会将一般账户结转至破产企业的基本户中，待一般户、专用户与临时户注销完毕后，前往基本户开户银行办理基本账户注销。

管理人申请撤销银行结算账户时，应填写《撤销银行结算账户申请书》。属于申请撤销单位银行结算账户的，应加盖管理人公章；银行在收到管理人撤销银行结算账户的申请后，对于符合销户条件的，应在2个工作日内办理撤销手续。

2. 办理注销所需材料

（1）管理人已全面接管债务人资料

若管理人全面接管到债务人的证照、公章，并已与法定代表人取得联系且其愿意配合管理人销户时，可以携带法定代表人身份证、经办人身份证、营业执照正副本、开户许可证及债务人公司公章、财务章、法定代表人人名章等原公司证件，并至银行填写《撤销银行结算账户申请书》（样式见表11-1），该申请书由相关银行提供，承办人办理时需要加盖管理人章。

表 11-1 撤销银行结算账户申请书

存款人名称			
开户银行名称			
开户银行代码		账号	
账户性质	基本存款账户（　）临时存款账户（　）专用在款账户（　）一般存款账户（　）个人银行结算账户（　）		
开户登记证核准号			
销户原因			
开户银行： 本存款人申请撤销上述银行结算账户。 存款人（签章）： 年 月 日		开户银行审核意见： 经办人（签章）　　开户银行（签章） 年 月 日	

（2）管理人未全面接管债务人资料

管理人未全面接管债务人资料的情况下，可持破产受理法院出具的宣告破产裁定书、终结破产程序裁定书原件（包括以无法清算或无法全面清算为由作出的裁定）、指定管理人决定书原件、身份证明文件（主要指管理人的负责人身份证原件）、授权委托书（加盖管理人公章）、经办人身份证原件、管理人所属中介机构证照（如律所执业许可证（正副本））复印件并加盖中介机构公章、中介机构负责人身份证复印件并加盖中介机构公章、中介机构介绍信、银行账户开户许可证（如有）等材料，并至银行填写《撤销银行结算账户申请书》。

3. 注意事项

（1）管理人在履职过程中，如曾经全面接管过债务人的证照资料，且其法定代表人同意携带身份证前往银行协助管理人办理相关业务，但是在银行核对预留印鉴时，发现接管的债务人相关印鉴与银行预留印鉴无法匹配，此时，即使法定代表人配合，管理人也无法成功注销银行账户。因此，为了节约管理人履职成本，提高工作效率，最大化保障债权人利益，即使管理人已全面接管债务人公章证照等资料，仍应保存债务人各类印鉴留印资料或文件，以备佐以证明历史印鉴或据银行要求办理变更印鉴手续之需。

（2）虽然以优化营商环境、提高办理破产便利度、全面优化破产审判及配套保障制度为目的的相关政策在不断落实完善中，但是各大银行及银行网点对于管理人注销银行账户所要求的文件资料并不完全一致，因此前述注销所需文件清单仅供参考。建议前往各银行网点办理账户销户时，提前电话联系该开户行工作人员，确认好该行的具体资料要求、是否必须要求指定管理人决定书名单上的成员前往办理、是否需要提前预约时间等。

（二）税务注销

1. 相关规定

管理人在接受人民法院指定后，根据《企业破产法》第 25 条与《国家税务总局关于税收征管若干事项的公告》的相关规定，应以债务人的名义为其办理纳税申报、税务注销等涉税事宜。管理人前往市场监督管理部门申请办理破产企业工商注销登记前，应先行办理税务注销登记。

《中华人民共和国税收征收管理法实施细则》（以下简称《税收征收管理法实施细则》）第 16 条规定："纳税人在办理注销税务登记前，应当向税务机关结清应纳税款、滞纳金、罚款，缴销发票、税务登记证件和其他税务证件。"但对于破产企业来说，清欠相关税费可能存在客观上的障碍。近年来，为进一步优化营商环境，保障管理人在破产中依法履职，便利破产企业涉税事项办理，对于管理人办理破产企业税务注销手续的，可直接携带人民法院终结破产程序裁定书申请税务注销登记，税务部门即时出具清税文书，按照有关规定核销"死欠"。同时，根据《关于推动和保障管理人在破产程序中依法履职进一步优化营商环境的意见》的规定，税务机关不得违反规定要求额外提供证明文件，或以税款未获全部清偿为由拒绝办理。

破产企业因长期未实质经营、相关人员下落不明等，往往未按期进行纳税申报，根据《税收征收管理法》《国家税务总局关于税收征管若干事项的公告》的相关规定，已办理税务登记的纳税人未按照规定期限进行纳税申报，税务机关依法责令其限期改正。纳税人逾期不改正的，税务机关可以收缴其发票或者停止向其发售发票。纳税人负有纳税申报义务，但连续三个月所有税种均未进行纳税申报的，税收征管系统自动将其认定为非正常户，并停止其发票领用簿和发票的使用。针对税务登记的不同状态，下文将分别论述其税务注销所需材料与相关手续。

2. 税务注销所需材料与手续

（1）不存在罚款、剩余空发票、非正常户等情形

基于前述相关法律规定，管理人办理税务注销时，人民法院出具的终结破产程序裁定书应为需要提交的唯一文书材料，无须另行提供其他税务注销文书，承担其他税务注销义务。但根据实践经验，除了终结破产程序裁定书外，税务部门一般还会要求管理人一并携带破产受理裁定书、指定管理人决定书、管理人公章、管理人负责人身份证复印件、管理人授权委托书、经办人身份证原件及复印件。因同一区域可能存在多个税务所等办公场所，因此在前往现场办理税务注销登记之前，管理人可提前电话确认办理注销事宜的地址，以及是否需要提前预约等问题。

（2）存在非正常户、需缴纳罚款等情形

在实际操作中，税务机关拒绝办理注销登记的情形往往是债务人作为纳税人有尚未结清的应纳税款、滞纳金、罚款，存在剩余空发票，企业状态为非正常户等情形。

① 应纳税款、滞纳金

如本书前述，对于尚未结清的应纳税款、滞纳金，管理人在债权申报通知环节即应要求税务机关依法申报债权。《税收征收管理法实施细则》第50条规定："纳税人有解散、撤销、破产情形的，在清算前应当向其主管税务机关报告；未结清税款的，由其主管税务机关参加清算。"因此，针对尚未结清的应纳税款、滞纳金，管理人应当向税务机关寄送债权申报通知文件，要求税务机关在破产程序中申报债权，并以应纳税款作为第二顺位税收债权，滞纳金作为第三顺位普通债权进行清偿。

② 非正常户、罚款

破产企业税务账户注销时，极有可能是非正常户状态。在此情况下，管理人可以代破产企业办理撤销非正常户认定等相关事项，需要携带人民法院破产受理裁定书、指定管理人决定书、管理人负责人有效身份证件的复印件、授权委托书及被委托办税人员身份证件、相关税种纳税申报表等资料，前往主管税务机关办税服务厅申请办理。管理人对报送材料的真实性和合法性承担责任。被税务机关认定为非正常户的破产企业，就其逾期未申报行为接受处理并补办纳税申报的，可恢复至正常状态。

3. 其他涉税事项与注意事项

除上述涉税事项外，破产程序中还涉及发票领用、企业纳税信用恢复等涉税事务。其中，对于继续经营、资产处置等涉及开具发票的，管理人应主动向税务机关申请开具发票；对于企业纳税信用恢复的，管理人自税款债权获得清偿后可以向税务机关提出纳税信用恢复申请，推动重整计划的执行。

办理税务账户注销过程中，管理人需提供有效身份证件，当管理人为中介机构的，提供中介机构营业执照、授权委托书及被委托办税人员身份证件；管理人为个人的，提供身份证件。管理人提供的各项资料为复印件的，均需注明"与原件一致"并加盖管理人公章。

（三）工商注销

1. 工商注销的原因

企业办理工商注销登记的原因一般分为内部与外部两种类型。内部原因如决议解散、司法强制解散等因企业经营不善、市场环境不好或章程规定的解散条件已成，由企业自行办理注销手续；外部原因主要指的是公司违反相关法律、法规而被吊销营业执照、责令关闭、撤销、宣告破产等。《中华人民共和国市场主体登记管理条例》（以下简称《市场主体登记管理条例》）第31条规定："市场主体因解散、被宣告破产或者其他法定事由需要终止的，应当依法向登记机关申请注销登记。经登记机关注销登记，市场主体终止。市场主体注销依法须经批准的，应当经批准后向登记机关申请注销登记。"

此外，《市场主体登记管理条例》第34条规定："人民法院裁定强制清算或者裁定宣告破产的，有关清算组、破产管理人可以持人民法院终结强制清算程序的裁定或者终结破产程序的裁定，直接向登记机关申请办理注销登记。"故，因外部原因导致企业工商注销的又分为经人民法院裁定强制清算终结和破产终结两种类型。

2. 工商注销所需材料

根据《市场主体登记管理条例》《上海市市场监督管理局、上海市高级人民法院关于企业注销若干问题的会商纪要》等法律法规及有关政策规定，为保障管理人依法履职，明晰企业注销办理流程，畅通市场主体退出机制，优化营商环境，管理人在办理债务人工商注销时需要携带的资料主要有：企业注销登记申请书（管理人负责人签字）、人民法院宣告及终结破产裁定书、破产受理裁定书、指定管理人决定书、企业营业执照正副本（遗失或无法接管的情形下，应在省级以上报纸登载营业执照正副本、公章等遗失公告）、授权委托书、经办人身份证原件及复印件等。

3. 注意事项

如前所述，经破产程序而终结的企业，管理人需要注销其税务账户后，方能办理工商注销，且实践中部分市场监督管理局明确要求提交清税证明等相关材料。但《上海市市场监督管理局、上海市高级人民法院关于企业注销若干问题的会商纪要》第2条第2、3款规定："对于企业主要财产、账册、重要文件等灭失，或者企业人员下落不明的破产清算案件，管理人已履行查找的必要义务，人民法院向有关责任人员释明或者采取民事制裁措施后，仍无法清算或无法全面清算的，人民法院作出的终结破产清算程序的民事裁定书应当载明上述情况以及债务人的有关人员不履行法定义务，其行为导致无法清算或者造成损失的，债权人有权起诉其承担相应民事责任的内容。属于上述情形的破产企业如无法取得税务部门开具的清税证明文件的，登记机关可以办理注销登记。"即，属于该等情形的，市场监督管理部门不得强制要求提交清税证明文件。

此外，因上海市各区企业注销登记申请书的模板或有不同，且企业注销登记申请书需管理人负责人提前签字确认，在前往市场监督管理部门办理注销手续时，建议提前在网上查询并下载好申请表格及签署相关姓名或加盖公章。对于现场窗口提交材料的，未注明提交复印件的，应当提交原件（未注明复印件的即为原件）；提交复印件的，应当注明"与原件一致"并由申请人签署，或者由其指定的代表或共同委托的代理人签字。

根据我们的实践经验，自2024年1月1日起，工商注销需要提前在上海"随申办市民云"App进行实名认证，具体步骤为：下载"随申办市民云"App—注册登录—在搜索框中输入并查询"登记注册身份验证"—点击"开始验证"—人脸识别后创建新的验证—选择业务类型"注销登记"—填写经营主体名称（具体办理破产公司名称）—选择负责人业务身份"其他"，经办人业务身份选"经办人"。因此，办理注销手续前，仍然建议提前致电预约及核实具体要求，避免跑空。

（四）社保注销

1. 需要注销社保账户的情形

根据《人力资源和社会保障部关于印发工伤保险经办规程的通知（2012修订）（一）》第14条的规定，企业出现营业执照注销或被吊销，被批准解散、撤消、合并、破产、终止，国家法律、法规规定的其他情形等情形的，依法终止社会保险缴费义务，应当向登记部门申请办理社会保险注销登记手续。一般而言，管理人应自工商注销登记或有关部门批准或宣布企业终止之日起30日内，携带相关资料前往辖区社保经办机构办理社保注销登记手续。

2. 社保注销材料与步骤

依据《人力资源和社会保障部关于印发工伤保险经办规程的通知（2012修订）（一）》第15条规定："用人单位办理注销登记时，根据注销类型分别提供以下证件和资料：（一）注销通知或人民法院判决单位破产等法律文书；（二）用人单位主管部门或有关部门批准解散、撤消、终止或合并的有关文件；（三）社会保险登记证；（四）省、自治区、直辖市经办机构规定的其他证件和资料。"管理人申请破产企业社会保险注销登记时，一般需要准备并填写《社会保险注销登记表》、破产企业所在区市场监督管理局的工商注销通知、破产受理裁定书、指定管理人决定书、终结破产程序裁定书、管理人所属中介机构介绍信、授权委托书、经办人身份证原件与复印件等材料，并携带管理人公章前往社保登记机关办理注销登记。

社保登记机关在接收到上述材料后，经严格审核并确认破产企业已经缴纳了主管登记机关的欠费、滞纳金等费用，应当及时办理社保注销业务，并对已注销社会保险登记的用人单位职工信息另行管理。

3. 注意事项

管理人办理社保注销时，需要确认破产企业社保账户下所有参保职工都为暂停参保状态，不能存在正常参保缴费的人员，否则无法进行注销，需提前将缴纳人员的社保转回其户口所在地的村委会或街道办，并通知缴纳人员前往户口所在地的村委会或街道办认领。同时，管理人应检查并核实确认账户内最后一个月的社保缴费已到位，没有拖欠社会保险费、滞纳金、罚款等款项；如存在拖欠费用、罚款等情形，应通过本书前述的债权申报解决。

（五）海关注销

1. 相关规定

破产企业如若具有跨境贸易资格，在办结所有进出口相关业务手续后，管理人可申请办理注销登记或破产企业注册地海关可以依职权主动办理企业注销登记。《中华人民共和国海关报关单位注册登记管理规定》（以下简称《海关报关单位注册登记管理规定》）第32条规定："进出口货物收发货人有下列情形之一的，应当以书面形式向注册地海关办理注销手续。海关在办结有关手续后，应当依法办理注销注册登记手续。（一）破产、解散、自行放弃报关权或者分立成两个以上新企业的；（二）被工商行政管理机关注销登记或者吊销营业执照的；（三）丧失独立承担责任能力的；（四）对外贸易经营者备案登记表或者外商投资企业批准证书失效的；（五）其他依法应当注销注册登记的情形。进出口货物收发货人未依照本条第一款主动办理注销手续的，海关可以在办结有关手续后，依法注销其注册登记。"

2. 海关注销的途径与材料

涉及海关报关相关业务的破产企业，管理人可以通过"中国国际贸易单一窗口"（网址：http://www.singlewindow.cn）、"中华人民共和国海关总署"（网址：http://online.customs.gov.cn）等平台向海关提交报关单位电子注销申请；也可通过市场监管部门与海关联网的注销"一网通办"服务平台提交电子注销申请；或者直接向隶属海关提交加盖企业公章的书面注销申请；由委托代理人代为提出申请的，应当同时出具授权委托书。

管理人在为破产企业办理海关注销登记时，需携带注销申请书、《中华人民共和国海关报关单位注册登记证书》、工商营业执照副本原件及复印件、对外贸易部门同意注销的证明（外资企业需要提交）、人民法院破产受理裁定书、指定管理人决定书以及终结破产程序裁定书、授权委托书、经办人身份证原件及复印件。若有海关报关单位注册登记证书遗失或管理人无法接管的，需登报公告遗失，公告内容需要写清企业名称、海关登记证书编号等必要信息，并出具一份遗失说明，一并携带至注册地海关办理注销登记业务。

3. 特别提示

管理人申请办理注销手续前，应办结破产企业的所有进出口业务相关手续，对于已在海关备案，存在欠税（含滞纳金）及罚款等其他未办结涉税事项的破产企业，应当在办结海关报关单位备案注销后，向市场监管部门申请注销企业登记。

（六）三无企业的注销

如本书前述，三无企业在管理人履职之初即存在接管难题，给管理人的全面履职设置了多重障碍。依据相关法律规定，破产企业注销登记必须提交的相关材料实际也难以获得。实务中，三无企业因财产不足而无法清缴税款、证照及其他相关重要资料缺失，是普遍存在的现象。因此，管理人难以提交注销登记所要求的齐备材料，即便开展了清算也难以办理企业注销登记，进而真正地完成市场出清。①

为完善企业退出制度，为企业依法退出市场提供操作性更强的行政指导，国家市场监督管理总局、海关总署、国家税务总局于2023年12月21日发布了新修订的《企业注销指引》，其中对于企业注销事由、清算流程、办理注销登记以及特殊情形如何处理、注销法律责任等给出了详细的指引，为管理人办理破产企业注销特别是三无企业注销提供了更为详细的依据，特别是在出现破产企业营业执照、公章遗失问题时，可采取遗失公告、股东签字确认等方式替代。

1. 注销登记所需材料及流程

（1）人民法院裁定终结破产程序裁定书原件及复印件。

（2）填写企业工商注销登记申请书，并加盖管理人公章和管理人负责人签字。

（3）对于未接管到企业营业执照、公章的三无企业，管理人需要提前在市级以上公开发行的报纸上登记营业执照正副本与公章的遗失公告，并携带相关报纸公告原件。

（4）经办人与管理人负责人在办理注销登记前在"随申办市民云"App中进行实名认证，具体认证步骤同前文工商注销。

对于已经完成三证合一的企业另需税务注销证明（未三证合一的企业无此要求），并持以上（1）至（3）项材料至相应辖区属行政服务中心办理工商注销登记。

因各地实操略有差别，具体办理前仍建议提前致电咨询属地市场监督管理部门相关办理材料。

---

① 季奎明：《第三类破产："不算而销"的特别清理程序》，载《政法论丛》2021年第6期。

2. 简易注销

简易注销仅适用于有限责任公司、非公司企业法人、个人独资企业和合伙企业，且必须要符合"未开展经营活动"或"无债权债务"二者之一条件。《市场主体登记管理条例》第33条第1款规定："市场主体未发生债权债务或者已将债权债务清偿完结，未发生或者已结清清偿费用、职工工资、社会保险费用、法定补偿金、应缴纳税款（滞纳金、罚款），并由全体投资人书面承诺对上述情况的真实性承担法律责任的，可以按照简易程序办理注销登记。"《关于推动和保障管理人在破产程序中依法履职进一步优化营商环境的意见》亦有落实破产企业简易注销制度的相关规定。因此，管理人可以凭企业注销登记申请书、人民法院终结破产裁定书申请办理简易注销，市场监管部门不得额外设置条件。申请简易注销的破产企业营业执照遗失的，通过国家企业信用信息公示系统免费发布营业执照作废声明或在报纸刊登遗失公告后，破产企业或管理人可不再补领营业执照。

二、移交接管的证照、印鉴、文书等资料

关于破产程序终结后债务人资料的移交与接收如何进行，目前鲜有较为明确的法律规定，管理人作为司法程序中的债务人临时管理机构，在完成自身的职责后，事关破产企业的档案仍由债务人自行保管，也符合档案管理的要义。《最高人民法院关于审理企业破产案件若干问题的规定》第99条规定："破产程序终结后，破产企业的帐册、文书等卷宗材料由清算组移交破产企业上级主管机关保存；无上级主管机关的，由破产企业的开办人或者股东保存。"以此确定了破产企业资料接收主体，即：针对国有破产企业，有明确的上级主管机关的，管理人将前期接管到的账册、文书等资料移交至其上级主管机关保存；针对其他类型的企业，由其开办人或股东接收。《上海市破产管理人协会破产案件管理人工作指引（试行）》第122条也规定了管理人终止职务后应当进行债务人资料移交，但仅明确需要移交至档案馆或其他有权单位，规定较为原则和宽泛，可操作性不强。

（一）移交注意事项

管理人开始移交资料前，应在内部完成对前期接管的债务人资料全面梳理和分类工作，对照接管清单，核查有无遗漏或增减情况。移交资料时，应

按照类别当面清点并记录,一一核对完成后由交接双方确认并签字盖章。需要注意的是,几类具有特殊意义的档案材料应移交给合适的接收对象:(1)破产企业不动产被转让的,应向受让方移交反映不动产所在区域地质、地貌、地下管网布设等与不动产使用、维修、建筑等密切相关的档案资料。(2)对城市建设具有重大历史参考意义的档案资料应移交城市建设规划或管理部门。(3)对经济建设、历史文化、技术发展有重要意义的文献资料和技术档案应移交政府有关档案管理部门。①

(二)破产企业不配合移交时的处理

实务中,曾经出现过部分破产企业的股东在接到管理人通知后拒不配合,导致管理人无法及时移交债务人资料的问题。《中华全国律师协会律师担任破产管理人业务操作指引》第59条第2款规定:"如果管理人接管的债务人或者破产人的账簿、文书等档案资料,在管理人终止执行职务后无法移交而仍需要保管的,管理人可以预留相应的破产费用,以支付债务人或者破产人的账簿、文书等档案资料的保管费用。"即,管理人无法移交时采取的并非强制移交措施,而是由管理人另寻档案管理方式并安排保管费用的支付。鉴于此,建议管理人在终止执行职务前,结合接管时债务人及其股东、实际控制人或相关高管的配合程度、保管条件,债务人历史经营过程中档案保管的状况及其意识强弱等因素,初步判断移交工作的难度,确定是否提前预留破产费用作为档案保管费用。管理人也可先预留档案保管费用,如能顺利完成资料移交,再将相关款项用于补充财产分配。

但是,对于一些"无产可破"案件,管理人报酬尚且需要通过破产援助资金补贴,更别说预留档案保管费用了。目前,北京、重庆、四川自贡、河北、广西南宁等地已尝试通过破产费用援助资金解决档案保管费用不足的问题。例如,《北京市高级人民法院破产费用援助资金使用办法(试行)》(京高法发〔2020〕137号)及《重庆市高级人民法院企业破产费用援助资金使用办法》(渝高法〔2020〕20号)均规定援助资金可用于支付档案保管费用。援助资金的主要来源是地方政府的财政拨款,援助资金模式是地方上贯彻落实府院联动机制的具体表现,因此可通过府院联动机制,构建破产费用援助

---

① 人民法院出版社编:《司法解释理解与适用全集:企业破产卷2》,人民法院出版社2019年版,第44页。

资金或专项基金的模式。[①]

三、注销管理人账户、封存印章

（一）注销管理人账户

管理人账户设立的主要目的是归集债务人财产，避免个别清偿，因而具有临时性、专属性特点，破产程序终结且管理人履职完毕后，该账户已完成其使命，故应及时注销。《关于推动和保障管理人在破产程序中依法履职进一步优化营商环境的意见》明确规定："管理人应当在终止执行职务后，及时办理管理人账户注销手续。"《上海市破产管理人协会破产案件管理人工作指引（试行）》第126条也规定，管理人终止执行职务后，应当及时注销管理人银行账户。

注销管理人账户通常需要持以下材料：破产受理裁定书、指定管理人决定书、终结破产裁定书、管理人负责人身份证原件与复印件、授权委托书、经办人身份证原件与复印件等，并携带管理人公章、财务章、负责人人名章前往注销。

需要注意的是，每个银行对于注销管理人账户的要求并不一致，上述材料仅供参考。实际办理注销前，建议提前电话联系银行工作人员，确认好注销手续所需材料后，再行前往办理。

（二）封存管理人印章

同管理人账户一样，管理人为履行职务刻制的管理人公章、财务专用章及负责人人名章也有其适用的时间范围和空间范围。《最高人民法院关于审理企业破产案件指定管理人的规定》第29条第2款规定："管理人印章只能用于所涉破产事务。管理人根据企业破产法第一百二十二条规定终止执行职务后，应当将管理人印章交公安机关销毁，并将销毁的证明送交人民法院。"就上海市而言，管理人可以参照上海市高级人民法院制定的《上海法院企业破产案件管理人工作职责指引》第58条的规定，在破产受理法院的监督下将管理人印章销毁，或经破产受理法院同意，送交破产受理法院归档。

---

① 陈科林、郭若涵：《破产企业档案处置的困境与对策》，载《档案学研究》2021年第5期。

第二节　管理人终止执行职务

在破产程序中,管理人的工作主要围绕破产企业的资产清理、债权确认、财产变价与分配等工作进行,当全部工作完成且人民法院裁定破产程序终结后,管理人将按照本章第一节所述,办理破产企业的各类注销事务。一旦注销工作完成,破产企业的主体资格也告消灭,标志着管理人已经顺利完成了其全部法定工作,故相关职务也随之终止。

《上海市破产管理人协会破产案件管理人工作指引(试行)》第121条规定:"管理人依法终止执行职务前,人民法院要求管理人提交履职情况报告的,管理人应当提交。"通常而言,管理人向破产受理法院提交的终止执行职务报告(详见附件43)的内容包括:破产财产分配情况、破产程序终结后债务人注销情况、档案移交或交付保管情况、是否存在未决诉讼或者仲裁以及处理情况等,通过报告向人民法院详细汇报所有工作后,即意味着履职终结。当然,存在未决诉讼或仲裁且尚未通过其他形式处理完毕的情况下,管理人的终止执行职务报告应延后提交。

第三节　追　加　分　配

追加分配,是指破产程序终结后,又出现新的属于破产企业的可供分配的破产财产,并依据人民法院裁定确认的破产财产分配方案进行的补充分配。《企业破产法》第123条规定:"自破产程序依照本法第四十三条第四款或者第一百二十条的规定终结之日起二年内,有下列情形之一的,债权人可以请求人民法院按照破产财产分配方案进行追加分配:(一)发现有依照本法第三十一条、第三十二条、第三十三条、第三十六条规定应当追回的财产的;(二)发现破产人有应当供分配的其他财产的。有前款规定情形,但财产数量不足以支付分配费用的,不再进行追加分配,由人民法院将其上交国库。"

通常情况下,破产程序终结时,破产财产已全部分配完毕。然而,由于一些主客观原因,可能会出现破产程序终结后才发现其他可供分配的破产财产的情形。为了实现破产财产价值最大化及充分保障债权人的受偿利益,将已经发现的破产财产追回并继续进行分配，符合破产还债的法理要义。

一、追加分配的财产范围

（一）《企业破产法》明确规定的财产范围

根据《企业破产法》第 123 条的规定，可供追加分配的破产财产主要包括：《企业破产法》第 31 条规定的因撤销债务人破产申请受理前一年内相关行为追回的财产；第 32 条规定的撤销债务人破产申请前六个月内个别清偿行为而追回的财产；第 33 条规定的因债务人无效行为所追回的财产（包括为逃避债务而隐匿、转移的财产及虚构债务或者承认不真实债务而隐瞒的财产）；第 36 条规定的债务人的董事、监事和高级管理人员利用职权从企业获取的非正常收入和侵占的企业财产的追回所得。

（二）其他类型的财产

根据《最高人民法院关于审理企业破产案件若干问题的规定》第 98 条之规定，用于追加分配的财产还包括以下几类：

1. 破产程序中因纠正错误支出收回的款项

破产程序中对于破产企业破产前后不应支出而支出或者虽应支出但多支出的错误支出予以纠正后所得款项，如票据数额错误、多付水电费等情形。

2. 因权利被承认追回的财产

主要是指在破产程序终结前尚存在权利争议，在破产程序终结后，由于发生法律效力的裁决、判决确认破产企业对财产拥有的权利，或者相对人承认破产企业的财产权利，管理人代债务人行使相关权利而追回的财产。

3. 债权人放弃的财产

某些获得财产分配的债权人明确表示放弃的财产，以及依据《企业破产法》第 119 条规定的破产程序终结之日起满二年，债权人仍不受领分配的管理人提存分配额。

4. 其他破产程序终结后实现的财产权利

有些财产权利在破产程序终结后经过一段时间才能实现，这些最终实现的财产权利应归入追加分配的财产，如在破产终结后才产生的合同履行收益。

二、追加分配的分配方案

根据《企业破产法》第 123 条的规定,发现可供分配的财产时,追加分配的方案按照破产程序中已经确认的破产财产分配方案进行分配。追加分配程序具有简易性,一般不再单独召开债权人会议决议分配方案,而是依据最后分配方案进行。① 在破产程序中已获全部清偿的债权不再参与追加分配,对于尚未获得完全清偿的债权,不同顺位的债权优先清偿在先顺位的,同一顺位的债权不能全部清偿的按照比例清偿。需要注意的是,对于一些无产可破的企业,管理人仍然要在其破产程序中制订原则性的破产财产分配方案,并提交债权人会议决议及破产受理法院裁定确认,避免破产程序终结后出现可供分配的财产,但却无可以依据的破产财产分配方案的窘迫状况。毕竟,破产程序终结后,债权人会议已无组织的基础和条件,且没有法定救济程序可供决议出对全体债权人均有约束力的相关方案。

三、追加分配财产不足时的处理

由于追加分配财产需要一定的人力资源与时间成本,由此发生的一些费用(如场地费、会务费、材料费、快递费、公告费、转账手续费等)应视为破产费用或共益债务并优先予以清偿。当用于补充分配的财产总额尚无法覆盖追加分配产生的费用时,根据《企业破产法》第 123 条第 2 款的规定,则没有必要再进行追加分配,此时,由管理人将相关财产转交破产受理法院,并由破产受理法院将其上交国库,以避免社会资源的浪费。

第四节 提起其他诉讼的可能

在破产程序终结,管理人办理破产企业工商注销后,企业市场主体地位已不复存在。在这种情况下,如果出现一些应通过诉讼方式追收的破产财产,比如破产程序中根据债权人会议决议,仅追收股东部分未缴出资却执行效果

---

① 崔明亮:《论破产追加分配》,载《法治研究》2018 年第 6 期。

不理想，债权人要求追加诉讼的；再或者，因为破产财产有限而债权人不愿意垫付诉讼费用，导致破产程序中未能提起追究债务人相关人员清算责任的诉讼，破产程序终结后想通过此种方式要求其对债权人未获受偿的债权承担相应赔偿责任的等等，诸如此类破产程序中的衍生诉讼，在破产程序终结后是否能够提起呢？

一、程序正义与实体正义的纠葛

破产程序为集中偿债程序早已成为共识，全面、准确、细致地完成破产企业资债清理也是管理人工作的最终目标，其中包括破产程序中相关衍生诉讼的及时提起。最高人民法院于2018年3月4日印发的《全国法院破产审判工作会议纪要》也明确要求破产程序的终结"应当以查明债务人财产状况、明确债务人财产的分配方案、确保破产债权获得依法清偿为基础"。因此，与破产有关的衍生诉讼，原则上应当在破产程序终结前完成。但是，由于主客观原因导致破产程序中未能提起相关衍生诉讼，进而影响到债务人及债权人合法权益实现的，如果程序终结后阻断相关救济路径，似乎又违背了立法初衷，针对相关利害关系人的保护制度与保护效果将会被大大削弱，甚至会助长破产企业及其相关责任人员的逃废债行为。

（一）破产程序概括清偿的程序正义

作为一种概括的债务清偿程序，破产必然会涉及债权人、债务人、投资人等诸多主体，法律关系盘根错节，争议类型多种多样。管理人须最大限度地调查及归集债务人财产，统计确认负债情况，并在厘清债权债务关系后，按照法定顺位依次清偿各顺位债权人的债权。为了实现公平、公正、透明、衡平利益，所有的工作理应在程序内完成，无论最终是破产清算、和解还是重整结案，相关未获清偿的债权将视为豁免。否则，无限制地拖延将导致无法了结债权债务关系，相关主体的预期也无法保障，最终将影响社会关系的稳定。

（二）实体权利保障的行权可能

如前所述，为了保障破产程序正义，所有工作（包括衍生诉讼）原则上均应在程序内完成。然而，基于当下营商环境评价体系、人民法院结案要求、破产财产有限等客观因素，实务中难免出现破产程序终结后尚具备提起相关诉讼的条件，诸如追收股东未缴出资、追究相关人员清算责任等，在证据充实、具备胜诉可能的情况下，一旦提起诉讼，意味着破产财产的可能增加，债权人的受偿利益也将得到更大的保障。基于此，如果采用一刀切模式，不允许破产程序终结后提起相关诉讼，债务人及债权人可能会遭受巨大损失，亦会助长债务人及其股东、关联主体滥用破产逃避债务的不法行为。因此，我们需要在破产程序概括清偿与债权人利益保护之间找到平衡点，也即给予破产程序终结后实体权利保障的可能路径。

二、既有案例

（一）追收股东出资纠纷

1. 案情简介

债务人企业因资不抵债，无力偿还员工已生效劳动仲裁裁决中的职工债权，后被该员工申请破产清算。人民法院受理该企业破产清算一案并指定管理人后，因债务人企业不配合，管理人未能接管到任何财产和财务账册资料，且经管理人查询，债务人名下无银行存款、房产和车辆。管理人经详细查询发现债务人股东存在未实缴出资的情形，遂向债权人发送《征询函》，征询其是否同意向股东提起追收出资诉讼并先行垫付相关诉讼费用。因股东未缴出资额高达千万元，诉讼成本极高，加之债权人仅愿意垫付与其债权金额相等的标的对应的诉讼费用，囿于部分起诉的法律风险，最终征询未通过。本案管理人向破产受理法院提请宣告并终结债务人企业破产清算程序，随后办理了工商注销登记手续。嗣后，债权人以自己的名义向人民法院起诉，要求债务人企业的股东对其债权承担给付清偿义务，并认为该支付款项为破产财产分配款。①

2. 裁判要旨

本案争议焦点为：破产程序终结后，个别债权人能否提起追收股东未缴出资诉讼，要求将追回的财产进行破产分配。

法院认为："依据《中华人民共和国企业破产法》第三十五条规定，破产后债务人的出资人出资义务加速到期。《最高人民法院关于适用〈中华人民共和国企业破产法〉若干问题的规定（二）》第二十三条规定，……管理人债

---

① 江苏省泰州市中级人民法院（2022）苏12民终3264号民事判决书（二审）。

务人的出资人等追收债务人财产不予追收的,个别债权人代表全体债权人提起相关诉讼,主张次债务人或者债务人的出资人等向债务人清偿或者返还债务人财产。据此,破产程序中,追收股东未缴出资的责任是管理人的法定义务。若债务人无财产可供清偿破产费用,无财产支付诉讼费用,管理人应当召开债权人会议,就追缴出资的问题及债权人垫付诉讼费事宜形成议案。"

本案管理人虽未召开债权人会议,但据查明的事实,破产管理人已向各债权人发送《征询函》,征询其是否同意垫付向股东提起出资纠纷诉讼的诉讼费用和其他破产费用。因债权人仅同意垫付其债权金额相应的诉讼费,导致管理人无法在破产程序中追究股东出资责任,但这仅仅是在破产程序中不予处理,并不意味着免除债务人的债务。因破产程序是概括性清偿程序,出资人的未缴出资属于破产财产,不能进行个别清偿,个别债权人只能代表全体债权人提起诉讼。现债权人提起诉讼要求追收股东未缴出资,并要求追回的资金进行破产分配,应予支持。

(二)股东损害公司债权人利益责任纠纷

1. 案情简介

债权人因与债务人的借款合同纠纷判决书已生效但未收到债务人的履行款,向人民法院申请债务人进入破产程序。人民法院受理债务人破产清算且指定管理人后,经管理人核查,发现债务人股东与发起人均未履行任何出资义务,但因债权人均表示无力垫付高额诉讼费用,故决议不在破产程序中追缴注册资本。

后破产程序终结且债务人工商登记注销已办理,债权人以债务人的股东和发起人均未履行任何出资义务,且由于股东怠于履行义务,导致债务人账册、重要文件等灭失而无法清算,严重损害公司债权人利益,向法院起诉要求债务人的股东和发起人对两位债权人承担连带清偿责任。①

2. 裁判要旨

本案争议焦点之一:两原告是否有权在公司破产终结后共同起诉公司股东在认缴出资范围内承担偿付责任?

法院认为:"根据《中华人民共和国企业破产法》(以下简称《企业破产法》)第三十五条的规定,破产后债务人的出资人出资义务加速到期;又根

---

① 上海市宝山区人民法院(2021)沪0113民初4375号民事判决书(一审)。

据《企业破产法》第一百二十三条的规定，破产终结后两年内发现应当供分配的财产的应当追加分配。该规定中的'应当供分配的财产'应包括破产企业股东应加速到期的出资。在债务人公司破产程序中，虽然管理人未向公司股东主张出资加速到期，但公司已经破产终结且未能清偿债权人债务，公司各认缴出资股东的出资加速到期责任不能自然免除……在债务人破产且法院裁定终结破产程序后，不应再增加新的债权人。如果发现破产企业有新可供分配的财产需追加分配，也只能在终结破产程序前法院已经裁定确认的债权人之间进行分配；否则，会导致破产程序的过分拖延、司法资源的浪费和法律关系的长期不稳定。本案在公司股东尚未履行出资加速到期义务即已破产终结的情况下，作为在公司破产终结前已确认的全部债权人，有权共同要求公司股东在认缴出资义务范围内继续清偿公司的债务。需指出，本案两原告并非单独起诉要求公司股东个别清偿，而是作为公司经司法裁定确认的全部债权人共同起诉，其实质属于债务人企业破产后对可供分配财产（加速到期出资）的追加分配。追加分配既可以由债权人委托原管理人（或新管理人）出面主张权利并主持分配；在债权人较少的情况下，也可以由债权人直接共同起诉要求按照原破产财产分配方案或债权人之间约定的分配比例直接分配财产（后一种方式还可减少分配成本）。本案在所涉公司破产案件程序中因管理人无法接管财务资料、债务人财产不足以清偿破产费用等原因，未能形成破产财产分配方案，在这种情况下，现两原告在起诉时即明确约定了若执行到款项在两原告之间的分配比例，此做法与法不悖，符合破产法追加分配规定的立法本意。"

综上，法院认为：在公司股东于公司破产程序中未被追究加速到期责任、公司未能清偿债权人债务的情况下，两原告作为在破产程序中确认的公司所有债权人，有权共同起诉公司股东在认缴出资范围内偿付公司债务。

三、破产终结后债权人仍可提起诉讼

为了充分保障债权人利益及避免破产终结后一刀切阻断诉讼路径引发的公平性破坏及逃废债行为，我们应当允许破产终结后提起必要的诉讼，鉴于管理人已终止履行职务，该等诉讼通常由债权人提起，但诉讼利益归于全体债权人。

需要注意的是，实务中需要补充提起诉讼的多系追收出资类案件，原因

是资本认缴制下,很多破产企业的股东享有出资期限利益,直至破产程序打破了这一现状;而2023年《公司法》实施后,由于股东最长出资期限缩短至5年,此后追收未缴出资案件与追收抽逃出资案件在数量及比例上或将发生质的改变,加之董事在股东出资事项上应尽的勤勉尽责义务更为明确,可以预见未来提起追收出资案件的证据、责任主体都更为明晰。但是,由于破产企业往往财产有限而债权人又不愿意垫付诉讼费用,使得破产程序中难以启动相关诉讼程序,直至破产程序终结,债权人维权无望,方才有追收出资的强烈意愿。针对这个问题,一些专家和法官提出建议,采取完善追加分配制度的办法来解决,这种做法将破产衍生诉讼纳入破产终结后追加分配程序中,保障债权人的利益,并可以通过追加分配中的破产财产实现对股东未实缴出资的追偿。[1] 这种做法一方面提高了破产财产回收率,另一方面也提高了破产案件审理效率,维护了程序公正和债权人的利益。

综上,破产程序终结后应当允许债权人提起衍生诉讼,背后的法理考量是:在破产企业无财产支付诉讼费用、债权人又难以预先垫付诉讼费用的情况下,不宜完全阻断破产程序终结后追收破产财产的途径,特别是涉及股东未实缴出资的追收,这既与破产程序终结后两年内补充分配财产的法律规定不相违背,又能够真正实现破产程序中程序正义和实质正义,保护债权人利益并可以提高破产案件审理效率。

第五节 信 用 修 复

信用是市场经济运作的基石,是企业安身立命之本。破产企业因资不抵债、无力偿还到期债务进入破产程序前,大部分已经因为存在逾期还款、未按期纳税申报、工商年检等情况,而被相关部门列入失信执行人、异常纳税人、经营异常名录等。如果企业通过破产程序,特别是通过破产和解或重整履行了相关义务、弥补相应损失或纠正失信行为,理应给其"改过自新"的机会,及时进行信用修复,才能使企业真正恢复正常经营,实现重生。

---

[1] 徐子良、蒯本清:《将破产衍生诉讼纳入破产终结后追加分配程序之研究——以提升破产案件审理效率、促进优化营商环境为背景》,载《人民司法》2022年第31期。

一、金融机构的信用修复

（一）银行征信信息记录

商业银行对客户还款记录、贷款余额、信用额度、欠款情况等信息进行记录，并对客户进行信用状况评估，一旦企业出现严重逾期还款或到期不还款等失信行为，该企业的逾期记录便会同步至中国人民银行征信中心。企业如果被列入央行的征信黑名单，其逾期记录将被其他银行知晓，对企业的信用贷款将产生较大的负面影响，再想申请融资贷款将会被拒绝，或者只能获批较高利率的贷款和较低的信用额度，这将给企业未来的经营带来极大阻碍。

（二）上海市关于恢复金融信用的规定

《关于推动和保障管理人在破产程序中依法履职进一步优化营商环境的意见》规定："（九）支持重整企业金融信用修复。人民法院裁定批准重整计划或重整计划执行完毕后，重整企业或管理人可以凭人民法院出具的相应裁定书，申请在金融信用信息基础数据库中添加相关信息，及时反映企业重整情况。鼓励金融机构对重整后企业的合理融资需求参照正常企业依法依规予以审批，进一步做好重整企业的信用修复。"

《上海市加强改革系统集成提升办理破产便利度的若干措施》细化了上述规定，明确："（十七）支持重整企业恢复金融信用。人民法院裁定批准重整计划后，重整企业或管理人可以依据人民法院的裁定书在金融信息基础数据库中添加信息主体声明，及时反映重整进展。金融机构在破产程序中受偿后重新上报信贷记录，在金融信用信息基础数据库中展示金融机构与破产重整企业的债权债务关系，依据实际对应的还款方式，可以将原企业信贷记录展示为结清状态。推动商业银行、保险公司等各类金融机构对破产重整、和解企业的合理融资需求和担保需求，参照正常企业标准依法依规予以审批，不得因征信系统内原失信信息进行'一票否决'。市场监管等部门对前期被列入严重失信主体名单后冻结企业基本户的重整企业，出具列入原因的说明材料，人民银行引导推动商业银行及时解除基本户冻结状态。"

（三）企业金融信用的恢复

1. 信用修复申请时间节点

人民法院裁定批准重整计划或者裁定认可和解协议后，重整企业或管理人可以依据人民法院的裁定书向人民银行分支机构申请在金融信用信息基础数据库中添加"信息主体声明"，及时反映企业破产重整或和解情况。

2. 申请信用修复所需材料

申请人提出信用修复申请时，应向人民银行分支机构提交信用信息修复申请表、人民法院受理破产裁定书、指定管理人决定书、人民法院裁定批准的重整计划或者认可的和解协议、经办人授权委托书及身份证件、加盖公章的企业登记证件复印件、管理人所属中介机构的证件正副本复印件并加盖中介机构公章、负责人身份证复印件并加盖中介机构公章、管理人所属中介机构介绍信及认定单位规定的其他材料。

3. 金融机构债权人受偿后修改记录并保障破产企业后续融资

金融机构债权人在破产程序中受偿后重新上报信贷记录，在金融信用信息基础数据库中展示金融机构与破产重整/和解企业的债权债务关系，依据实际对应的还款方式，可以将原企业信贷记录展示为结清状态。

金融机构债权人的债权在破产程序中受偿后，按相关规定适时调整重整/和解企业资产质量分类，并报送金融信用信息基础数据库，拓宽企业融资渠道。推动商业银行、保险公司等各类金融机构对破产重整/和解企业的合理融资需求和担保需求，参照正常企业标准依法依规予以审批，保障破产重整/和解企业能正常进行融资经营，给予其后续申请贷款的机会。

二、行政机关的信用修复

（一）工商信用修复

1. 国家企业信用信息公示系统

国家企业信用信息公示系统是市场监督管理总局设立的旨在向公众展示企业的信用信息，其中包括行政处罚、经营异常名录、严重违法失信名单等情况。企业未在规定期限内公示年度报告或其他有关企业信息的、公示企业信息隐瞒真实情况的或通过登记的住所或者经营场所无法联系的将被列入经营异常名录。企业进入经营异常名录满三年，将被列入"严重违法失信企业名单"。一旦进入该黑名单,其法定代表人、股东等重要人员将会被各部门施行信用联合惩戒。而破产企业往往有该等不良记录,即便通过破产重整或和解得以存续,但如果不及时进行修复,将会影响企业信誉及未来的市场发展。

人民法院裁定批准重整计划或者裁定认可和解协议后,管理人或破产企业可以到破产企业所属市场监督管理部门申请信用修复,或通过公示系统向市场监督管理部门提出申请。管理人一般需要持人民法院指定管理人决定书(原件或加盖管理人公章的复印件)、管理人身份证明(包括管理人出具的授权委托书、办理具体业务的个人身份证明复印件)、破产受理法院出具的批准重整计划(或认可和解协议)裁定书及协助执行重整计划(和解协议)通知书、破产受理法院出具的公示信息需求书等资料,向企业所属登记机关申请信用修复。

《上海市加强改革系统集成提升办理破产便利度的若干措施》的规定:"(十八)支持重整企业开展市场监管领域信用修复。人民法院裁定批准重整计划后,管理人或破产重整企业可以凭申请书、人民法院批准重整计划裁定书向市场监管部门申请信用修复。"在公示系统中提交的,通过"国家企业信用公示系统"中的"企业信息填报"—"信用修复"一栏,完成相关信息的更新。根据相关规定市场监管部门按规定受理后,对符合条件的申请,应当在受理核实后7个工作日内移出国家企业信用信息公示系统经营异常名录和严重违法失信名单。

2. 行政处罚信息的修复

通常来说,对"信用中国"和地方信用网站公示的行政处罚信息,除涉及特定严重失信行为的行政处罚外,申请人主动纠正失信行为、履行法定责任和义务、消除不利影响且信息满足最短公示期的,凭作出行政处罚决定的机关同意修复行政处罚信息的材料,通过"信用中国"网站申请停止公示行政处罚信息。公共信用信息工作机构应当在收到企业申请后及时进行处理,停止公示行政处罚信息。

人民法院裁定批准重整计划或认可和解协议后,管理人或破产企业可以凭申请书、人民法院批准重整计划或认可和解协议裁定书向市场监督管理部门申请信用修复。破产企业通过国家企业信用信息公示系统或者"信用中国(上海)"网站申请修复市场监管部门作出的行政处罚信息,市场监管部门按规定受理,对符合条件的申请,在受理核实后7个工作日内作出决定,相关信息在国家企业信用信息公示系统和"信用中国(上海)"网站上的公示同步撤下。

市场监督管理部门对破产企业作出的罚款，如已经按照人民法院裁定批准的重整计划所确认的清偿比例得到清偿的，市场监督管理部门凭人民法院出具的批准重整计划裁定书和说明相关情况的函件，在受理破产企业信用修复申请时视为企业已经履行缴纳罚款义务。人民法院裁定批准的重整计划依法将相关罚款列为劣后债权，且重整裁定作出时的破产企业财产明显不能全额清偿前序债权的，应当认定相关罚款的清偿比例为零。

3. 吊销营业执照的修复

对于因长期未经营被吊销营业执照的重整企业，市场监督管理部门凭人民法院出具的批准重整计划裁定书和载明要求其恢复企业经营资格的协助执行通知或其他相关司法文书，以函件形式函告当地市场监督管理部门，协助管理人或破产企业完成证照的申领等工作，撤销原来作出的吊销营业执照行政处罚决定。

（二）纳税信用修复

1. 税务信用记录

税务部门通常将根据企业纳税记录、欠税情况、税务违法行为等情况对企业的纳税信用信息进行评价和记录。企业信用状况已经成为企业在项目招投标、投融资等领域的必要参考条件，税务部门将企业纳税信用信息对接社会信用信息，定期按照信用信息目录，向全国信用信息共享平台推送税收违法"黑名单"等税务领域信用信息，并联合发改、金融、公安、市场监管、海关等部门实施守信联合激励、失信联合惩戒，让失信者处处受限。因此破产企业想要以新的姿态进入市场并参与竞争，必须及时向主管税务机关申请纳税信用修复，从联合惩戒的公布清单中撤出。

2. 纳税信用修复的办理

根据《国家税务总局关于纳税信用评价与修复有关事项的公告》的相关规定，破产企业在重整/和解程序中，已依法缴纳税款、滞纳金、罚款，并纠正相关纳税信用失信行为的，可向主管税务机关申请纳税信用修复。管理人为其申请企业纳税信用修复时，应当同步提交人民法院批准的重整计划或认可的和解协议，破产企业重整前发生的相关失信行为，可按照《纳税信用修复范围及标准》中破产重整企业适用的修复标准开展修复。税务机关按规定受理，符合条件的在1个工作日内完成审核，并反馈信用修复结果。已被列为重大税收违法失信主体并进行信息公示的破产企业,符合规定条件的,税务机关应当提前停止公布,在向联合惩戒管理部门推送的公布清单中撤出。

三、司法机关的信用修复

(一)财产保全措施的解除及执行程序的终止

《企业破产法》第19条规定:"人民法院受理破产申请后,有关债务人财产的保全措施应当解除,执行程序应当中止。"如本书前述,财产保全措施的解除和执行程序的中止通常应在企业破产受理后第一时间完成,管理人亦会发函请求相关执行法院及时中止执行及解除保全。然而,实践中,由于破产案件审理法院可能与执行法院并非一致,其他执行法院无法及时获悉债务人已进入破产的情况,或者即便其收到了管理人的请求函件,仍不予办理。

如果破产企业拟通过破产重整或和解实现重生,意向投资人或相关主体会再次提出上述要求,此时,管理人需要再行与相关执行法院沟通,必要时,请求破产受理法院出面协调。特别是在人民法院裁定批准的重整计划或认可的和解协议已经进入执行阶段时,相关债权人亦应配合申请执行法院解除财产保全,同时,在重整计划/和解协议执行完毕或者破产清算程序终结后,执行法院应对相关案件做终止执行的结案处理。

(二)被列入失信被执行人的信息删除

失信被执行人信息的删除伴随着上述执行案件的处理进行,《最高人民法院关于公布失信被执行人名单信息的若干规定(2017修正)》第10条第1款第5项规定:因审判监督或破产程序,人民法院依法裁定对失信被执行人中止执行的,人民法院应当在三个工作日内删除失信信息。人民法院执行部门对于因破产程序依法裁定对失信被执行人中止执行的,应在三个工作日内删除或屏蔽该企业失信信息。破产重整或和解企业相关人员因破产程序被限制高消费的,人民法院裁定批准重整计划或认可和解协议后,管理人可向人民法院申请解除相关主体的限制高消费措施。

第十二章
程序转换的识别、转换及应用

第一节 破产程序的识别与转换

我国现行破产制度主要包括破产清算、破产重整与破产和解三种程序，基于不同程序的结果导向，当事人在提交申请之初即需选定破产程序，并按照各类程序的启动要求提交破产申请材料。在人民法院受理破产后，因为当事人的诉求或客观情势变动，可能需要调整已经开展的破产程序，故《企业破产法》赋予了破产程序转换空间，以做好衔接工作并最大化实现破产目的。同时，根据近年来的实务尝试，基于关联破产企业间因高度混同需要合并审理、企业在进入破产程序之前的庭外重组，合并破产及预重整制度也在不断完善，这些程序均需要处理好程序转换的问题。

一、破产清算与重整之间的转换

（一）破产清算程序转为重整程序

1. 转换要求

《企业破产法》第70条第2款规定："债权人申请对债务人进行破产清算的，在人民法院受理破产申请后、宣告债务人破产前，债务人或者出资额占债务人注册资本十分之一以上的出资人，可以向人民法院申请重整。"据此，该转换程序需要具备以下几个条件：（1）针对债权人申请启动的债务人破产清算程序；（2）人民法院已受理破产申请且未宣告债务人破产；（3）转换申请主体包括债务人或出资额占债务人注册资本十分之一以上的出资人；（4）提交转程序申请时，一般应附重整价值和可行性分析报告，如有意向投资人的可简述其投资意向方案。

2. 破产宣告后转程序的可能性及实践

从文义解释的角度,学界多认为破产宣告后无法再申请转重整程序。但实务中,本书编写团队遇到过人民法院宣告破产后债务人又具备重整条件的情形,经充分研判并请示案件承办法官后,我们认为:破产程序系主要围绕债权人利益保护、保护"诚实而不幸"的债务人、以充分尊重案涉各方意思自治为原则的有限司法干预程序,法律规定在破产宣告前转重整程序,其背后的法理可能在于大部分债务人的重整价值识别或意向投资人的出现会在破产宣告前确定,但其忽略了市场的实时发现价值功能。破产制度系私法领域,遵循"法无禁止即自由",故应当允许破产宣告后的重整程序转换。人民法院宣告破产后,如果债务人具备通过重整挽救的可能性,那么其债权人的受偿利益将优于原清算程序,债务人也能因此获得重生,于各方百利而无一害,且能够实现良好的法治效果、经济效果和社会效果。

因此,按照《企业破产法》规定的议事规则,我们在征询了案涉债权人意见并经债权人会议表决通过后,创新性地以债务人为申请主体、以管理人为其代表人向人民法院提交转重整申请,最终破产受理法院裁定撤销原破产宣告裁定书,并裁定自 2023 年 10 月 26 日起对债务人进行重整。截至本书成稿时,该案已制订重整计划草案,即将提交债权人会议分组表决。

(二)破产重整程序转为清算程序

破产重整本是债务人涅槃重生的优选程序,但在程序进行中,难免因为各种预料之外的因素,导致债务人无法按照既定的安排获得挽救。在此情况下,为避免程序迟滞损害各方利益,法律规定应及时提请人民法院宣告债务人破产并开展清算工作。该种程序转换主要包括以下情况:

1. 重整期间出现阻碍因素

根据《企业破产法》第 78 条的规定,重整期间出现阻碍的情况通常包括:债务人的经营状况和财产状况继续恶化,缺乏挽救的可能性;债务人有欺诈、恶意减少债务人财产或者其他显著不利于债权人的行为;由于债务人的行为致使管理人无法执行职务。发生该等情形时,管理人或者利害关系人有权请求人民法院裁定终止重整程序,并宣告债务人破产。

2. 重整计划草案未获通过或未获批准

《企业破产法》第 88 条规定:"重整计划草案未获得通过且未依照本法第八十七条的规定获得批准,或者已通过的重整计划未获得批准的,人民法院应当裁定终止重整程序,并宣告债务人破产。"

3. 重整计划的执行不能

《企业破产法》第 93 条第 1 款规定:"债务人不能执行或者不执行重整计划的,人民法院经管理人或者利害关系人请求,应当裁定终止重整计划的执行,并宣告债务人破产。"

二、破产清算与和解之间的转换

(一)破产清算程序转为和解程序

《企业破产法》第 95 条第 1 款规定:"债务人可以依照本法规定,直接向人民法院申请和解;也可以在人民法院受理破产申请后、宣告债务人破产前,向人民法院申请和解。"即破产清算程序转为和解程序,原则上也应在宣告破产前提出申请;而且,债务人应当提交和解协议草案。

那么宣告破产后,假设债务人与债权人又有和解合意且事实上和解具有可行性的,是否允许程序转换呢?本书认为应当准许,理由同上述重整程序转换的特殊处理分析,尽可能尊重案涉各方的意思自治,且最大化保障债权人的受偿利益,人民法院可经严格审查后裁定撤销原破产宣告裁定书并裁定和解。

(二)破产和解程序转为清算程序

破产和解程序更加注重债务人与债权人的自主协商,且该程序主要是以债权人让渡部分债权、允许债务人分期或延长清偿期等形式,给债务人以喘息机会,故债权人将重点关注债务人的清偿意愿真实性、清偿资金来源及履约风险,如出现以下情形之一的,破产和解程序无法继续,将被申请转为清算程序:

1. 和解协议未获通过或未获人民法院认可

《企业破产法》第 99 条规定:"和解协议草案经债权人会议表决未获得通过,或者已经债权人会议通过的和解协议未获得人民法院认可的,人民法院应当裁定终止和解程序,并宣告债务人破产。"

2. 和解协议执行不能

《企业破产法》第 104 条第 1 款规定:"债务人不能执行或者不执行和解协议的,人民法院经和解债权人请求,应当裁定终止和解协议的执行,并宣告债务人破产。"

3. 和解协议效力问题

《企业破产法》第 103 条第 1 款规定："因债务人的欺诈或者其他违法行为而成立的和解协议，人民法院应当裁定无效，并宣告债务人破产。"

三、合并破产程序

合并破产程序暂未有相关法律规定，根据《全国法院破产审判工作会议纪要》第六部分，合并破产包括实质合并破产和协调审理两种类型，分类依据主要立足于破产关联企业之间的具体关系模式。

（一）实质合并破产

由于实质合并破产事实上否定了破产企业的法人人格独立性，将关联企业的资产、负债放入一个"大盘"中处理，必然会影响到部分债权人的预期，故实务中人民法院对于实质合并破产持谨慎态度。是否选择合并破产程序主要从三个方面综合考量：（1）关联企业成员之间是否存在法人人格高度混同；（2）区分各关联企业成员财产的成本是否过高；（3）是否严重损害债权人公平清偿利益。

1. 单一破产转为实质合并破产

关联企业部分或者全部已进入破产程序后，在判断实质合并破产具备启动条件及必要性后，关联企业成员的债权人或已经进入破产程序的关联企业成员的管理人等即可向人民法院提交合并破产申请。管辖法院一般为核心控制企业住所地人民法院；核心控制企业不明确的，由主要财产所在地人民法院管辖。人民法院收到申请后，将在初步审查的基础上，举行听证会，通知合并破产申请人及与破产案件处理有利害关系的其他当事人参会，并结合听证会上各方意见和建议、新接收的资料等综合判断，以最终确定是否受理。

人民法院裁定受理实质合并破产后，各关联企业成员之间的债权债务归于消灭，各成员的财产作为合并后统一的破产财产，由各成员的债权人在同一程序中按照法定顺序公平受偿。

适用实质合并规则进行和解或重整的，各关联企业原则上将合并为一个企业。和解协议草案或重整计划草案中将制订统一的债权分类、债权调整和债权受偿方案。当然，根据和解协议或重整计划，确有需要保持个别企业独立的，应当依照企业分立的有关规则单独处理。

适用实质合并规则进行破产清算的，破产程序终结后各关联企业成员均应予以注销。

2. 实质合并破产的否定

如前述，人民法院在审理企业破产案件时，基于尊重企业法人人格的独立性，通常以对关联企业成员的破产原因进行单独判断并适用单个破产程序为基本原则，以实质合并破产审理为例外。

人民法院在按照实质合并破产程序启动相关审查、举行听证会的过程中，相关利害关系人如认为关联企业尚未达到法人人格高度混同的实质合并破产条件的，可向人民法院提交异议申请并附相关证据材料，经人民法院综合审查确可单独破产且不会损害债权人公平受偿利益的，人民法院将驳回合并破产申请。

在人民法院出具受理裁定后，如相关利害关系人对受理法院作出的实质合并审理裁定仍不服的，也可以自裁定书送达之日起15日内向受理法院的上一级人民法院申请复议。

（二）协调审理

协调审理实质上并未变更破产程序。根据《全国法院破产审判工作会议纪要》第38条、第39条的规定，在多个关联企业成员均存在破产原因但不符合实质合并破产条件的，人民法院可根据相关主体的申请对多个破产程序进行协调审理，并可根据程序协调的需要，综合考虑破产案件审理的效率、破产申请的先后顺序、成员负债规模大小、核心控制企业住所地等因素，由共同的上级法院确定一家法院集中管辖。协调审理不消灭关联企业成员之间的债权债务关系，不对关联企业成员的财产进行合并，各关联企业成员的债权人仍以该企业成员财产为限依法获得清偿。但关联企业成员之间不当利用关联关系形成的债权，应当劣后于其他普通债权顺序清偿，且该劣后债权人不得就其他关联企业成员提供的特定财产优先受偿。

目前，全国范围内的协调审理模式实践较为有限，其主要原因是各破产企业进入破产程序的时间存在一定差异、管辖法院多存在跨区域因素、管理人工作的衔接问题及向债权人的释明难度等，均在客观上阻碍了协调审理的尝试或顺利进行。

四、预重整与重整之间的转换

我国现行法律规定暂未涉及预重整制度，其属于舶来品，最早见于《全国法院破产审判工作会议纪要》第 22 条："探索推行庭外重组与庭内重整制度的衔接。在企业进入重整程序之前，可以先由债权人与债务人、出资人等利害关系人通过庭外商业谈判，拟定重组方案。重整程序启动后，可以重组方案为依据拟定重整计划草案提交人民法院依法审查批准。"学界通常认为该条所述的"庭外重组"即破产预重整。此后至今，多地人民法院尝试制定了预重整工作指引，实务中亦有一定的实践。

上海市第三中级人民法院于 2022 年 5 月 27 日发布了《上海破产法庭预重整案件办理规程（试行）》，成为上海市预重整工作的重要指引文件。其中明确了预重整的适用条件、需要提交的申请材料、临时管理人的确定、预重整程序中的主要工作等，特别是明确了预重整向重整程序转换后，预重整期间重整计划草案效力的延伸，即"预重整期间已经表决通过的重整计划草案，与重整程序中的重整计划草案一致的，已同意的债权人和出资人表决意见为重整程序中重整计划草案的同意意见"。

当然，如预重整期间未能形成重整计划草案或虽有重整计划草案但未获债权人表决通过的，则不能由预重整直接转入重整程序。如后续债务人存在重整可能性且符合《企业破产法》规定的重整申请条件的，只能由相关主体专门向人民法院提出重整申请。

第二节　重整程序

重整是指对可能或已经发生破产原因但又有挽救希望与挽救价值的法人企业，通过对各种利害关系人的利益协调，强制性进行营业重组与债务清理，以使企业避免破产、获得重生的法律制度[①]。相较于《企业破产法（试行）》（1988 年 11 月 1 日开始施行）较为单一的破产清理程序，现行《企业破产法》专章规定了破产重整，体现了时代背景下的破产法发展趋势以及法律制度设计层面对企业尽心挽救的决心。

作为拯救企业最核心的破产制度，学界关于重整制度优越性的论述文献汗牛充栋。从利好各方及宏观分析的角度，齐明教授认为重整制度的优点至少包括四个方面：第一，对破产管理人而言，重整程序的报酬远高于破产清

---

① 王欣新：《破产法（第三版）》，中国人民大学出版社 2011 年版，第 247 页。

算程序的报酬;第二,破产重整退可以是破产法的核心制度,进可以成为政府应对经济危机的政策工具;第三,重整制度对于事关国计民生但又不能破产的危困企业,具有重要价值;第四,重整程序的清偿率远高于破产清算程序的清偿率。①

一、重整的申请

(一) 申请主体

根据《企业破产法》第 7 条、第 70 条和第 134 条的规定,重整申请的主体包括四类:

1. 债权人

债权人申请债务人重整发生在破产程序初始启动阶段,作为曾经因为商业合作或借贷关系等与债务人发生关联的主体,因为自身的债权受偿利益无法通过非诉讼或诉讼、执行程序获得充分保障,债权人提起破产申请常常带着些许无奈。但同时,在债务人确实存在破产原因的情况下,及时申请人民法院启动破产程序,可以在有限的债务人财产范围内,公平清偿所有债权,避免个别债权人的权益落空。当然,基于对债务人的了解,债权人往往可以判断其是否具有挽救价值,从而选择是否通过重整盘活企业,实现已身利益的最大化。

如债权人先行申请债务人破产清算,在人民法院裁定受理破产后、宣告债务人破产前,债权人能否向人民法院申请转重整程序呢?本书认为应当允许,市场处于不断变动中,债务人的重整价值需要时间被发现,既然我国破产制度中专门规定了程序转换机制,那么在转换过程中,基于利益主体角度衡量,应当赋予债权人此权利。况且,大部分破产企业的债权人都有数十甚至成百上千家,申请破产清算时可能是某一家或几家债权人,进入破产程序后,还有其他债权人陆续向管理人申报债权。在此情况下,如一刀切地剥夺债权人申请转重整的权利,则可能导致该部分债权人无法通过重整提高其债权受偿利益,于法有悖。

2. 债务人

债务人作为"风暴中心",为及时摆脱财务困境、维持主体存续,自然有申请破产重整的权利,且该申请既可以发生在破产启动阶段,也可以发生在人民法院受理破产清算后、宣告破产前。在我国现行破产制度下,债务人类

---

① 齐明:《中国破产法原理与适用》,法律出版社 2017 年版,第 137—139 页。

型多为公司，根据《公司法》的相关规定，公司是企业法人，其内部设有权力机构（股东会或股东大会）、经营管理机构（董事会或执行董事、经理）及监督机构（监事会或监事）。2023年《公司法》第66条第3款规定："股东会作出修改公司章程、增加或者减少注册资本的决议，以及公司合并、分立、解散或者变更公司形式的决议，应当经代表三分之二以上表决权的股东通过。"故债务人申请破产重整时，需要其股东会依法先行作出决议。

3. 债务人的出资人

《企业破产法》第70条第2款规定："债权人申请对债务人进行破产清算的，在人民法院受理破产申请后、宣告债务人破产前，债务人或者出资额占债务人注册资本十分之一以上的出资人，可以向人民法院申请重整。"即债务人的出资人需要在人民法院受理破产清算申请后、宣告债务人破产前申请转重整程序，且其单独或合计持有的出资额占债务人注册资本的1/10以上。王卫国教授认为，允许符合条件的出资人提出破产重整申请，主要基于两点考虑：第一，如果债务人得以拯救，出资人可以得到比债务人更大的利益，因而理论上拯救愿望更为强烈；第二，出资人为挽救前期投资，有可能追加投资，债务人企业被成功拯救的概率更高。① 当然，因破产清算状况下，出资人对债务人的投资目的可能落空，出资人对于债务人在此时是否还具有挽救价值有着更为切身的感受，且其本身具有资源和信息优势，能够助力债务人重生，故而法律赋予了其申请债务人重整的权利。

4. 国务院金融监督管理机构

《企业破产法》第134条第1款规定："商业银行、证券公司、保险公司等金融机构有本法第二条规定情形的，国务院金融监督管理机构可以向人民法院提出对该金融机构进行重整或者破产清算的申请。国务院金融监督管理机构依法对出现重大经营风险的金融机构采取接管、托管等措施的，可以向人民法院申请中止以该金融机构为被告或者被执行人的民事诉讼程序或者执行程序。"

（二）申请文件

1. 债权人

根据《企业破产法》第8条之规定，如债权人申请重整，一般需提交：（1）破产重整申请书；（2）债权人主体资格证明（如企业法人的营业执照副本、自然人的身份证复印件）；（3）债权债务关系证明材料（债权发生的事

---

① 王卫国：《破产法精义（第二版）》，法律出版社2020年版，第235页。

实、性质、金额、有无担保等,并附生效法律文书或催收记录),注意该债权应是具有金钱或财产给付内容的合法有效的到期债权;(4)债务人存在《企业破产法》第2条第2款规定的"不能清偿到期债务且资不抵债"或"有明显丧失清偿能力可能的"情形的证明材料(实务中一般为法院查无财产,终结本次执行的裁判文书;或者债权人在债权清偿期届满后提出清偿要求,债务人明确答复无法清偿或其停止支付状态持续存在等);(5)债务人具有重整价值的可行性分析文件。

2. 债务人

如债务人申请重整,则需提交的资料更为复杂,包括:(1)破产重整申请书;(2)债务人主体资格证明,一般为法人营业执照副本;(3)债务人的公司章程及申请重整的股东(大)会决议;(4)债务人财产状况说明,包括资产种类、数量、各类资产的价值预估等;(5)有关财务会计报告,一般为最新一期的审计报告,或历年财务报告及最新的资产负债表、现金流量表、利润表、所有者权益表等财务资料;(6)债权清册,包括债务人的债务人名称/姓名、联系方式、金额、性质、有无担保、催收记录等;(7)债务清册,包括债权人的名称/姓名、联系方式、金额、性质、有无担保、催收记录等;(8)职工工资及社保缴纳情况说明,包括职工姓名、联系方式、岗位、工资标准、历年发放情况、欠付金额(如有)、社保缴纳记录等;(9)具备可操作性的职工安置预案;(10)涉诉及执行情况说明,包括已结和未结的诉讼、仲裁和执行案件的受理法院、承办法官及其联系方式、争议双方信息、当前程序等;(11)重整价值和可行性分析报告;(12)其他资料。如债务人可与主要债权人进行预先沟通,并提交债权人的重整支持函,以增强人民法院审查时的内心确信。此外,韩传华老师还提出,债务人申请重整时应注明是否申请《企业破产法》第73条规定的债务人自行经管程序。①

可见,围绕债务人的资产、负债、人员安排等的资料均需在申请之初就提交法院,一来可助力法院充分了解债务人情况、全面审查其是否满足破产重整条件;二来可以为管理人的后续接管及投资人充分尽调和投资做准备,避免债务人隐匿或销毁相关证据材料以致重整不能的后果。

根据最高人民法院《关于审理上市公司破产重整案件工作座谈会纪要》,除上述常见资料外,上市公司申请重整还应当提交"关于上市公司具有重整可行性的报告、上市公司住所地省级人民政府向证券监督管理部门的通报情

---

① 韩传华:《企业破产法解析》,人民法院出版社2007年版,第255—257页。

况材料以及证券监督管理部门的意见、上市公司住所地人民政府出具的维稳预案等"。

3. 债务人的出资人

出资人申请重整发生于法院受理债务人破产后、宣告破产前,因此期间已有管理人履职,相关资产、负债调查工作已全面展开。故出资人提交资料的重点为:重整申请书、出资人主体资格证明文件(如出资证明书或股东名册等)、重整价值和可行性分析报告。关于出资比例,允许出资人单独或合计持有股权比例达到 1/10 以上,且不论其出资为认缴还是实缴。

二、重整的受理

(一)审查与听证

1. 审查期限

我国现行破产制度并未专门规定重整受理的审查期限,故原则上应按照《企业破产法》第 10 条规定计算人民法院对重整申请的审查期限:

(1)债权人提出重整申请的,人民法院应当自收到申请之日起 5 日内通知债务人。债务人对申请有异议的,应当自收到人民法院的通知之日起 7 日内向人民法院提出。人民法院应当自异议期满之日起 10 日内裁定是否受理。

(2)债务人或其出资人提出重整申请的,人民法院应当自收到重整申请之日起 15 日内裁定是否受理。

(3)有特殊情况需要延长裁定受理期限的,经上一级人民法院批准,可以延长 15 日。

2. 审查标准

人民法院审查时一般采用形式与实质审查相结合的方式:(1)形式方面,主要看申请人的主体资格、申请材料是否齐备、人民法院是否有权管辖;(2)实质方面,主要看债务人是否具备重整原因、挽救价值和重整可行性(如债务人所处行业情景、自身的资质或资源、生产销售网络的畅通性和优越性、意向投资人的情况)。如果是由破产清算转为重整程序的,则可进行清算状态下和重整状态下债权人债权清偿率的测算及比对分析,从而判断重整是否为更优选择。

3. 听证

《全国法院破产审判工作会议纪要》第 15 条规定:"对于债权债务关系复杂、债务规模较大,或者涉及上市公司重整的案件,人民法院在审查重整申请时,可以组织申请人、被申请人听证。债权人、出资人、重整投资人等利害关系人经人民法院准许,也可以参加听证。听证期间不计入重整申请审查期限。"相比于破产清算较为规整的处理思路,人民法院在重整案件中具有更多方面的自由裁量权,其表现之一就是判断债务人是否满足重整条件从而作出受理裁定。又因为重整案件往往周期较长,牵涉利益主体繁多,后续制定及表决重整计划草案时需要多轮沟通甚至谈判,为了充分释明重整程序的目的、事务及对各方的影响面,人民法院往往会通过召开听证会的形式,由债务人及其股东、主要债权人、意向投资人(如有)等共同参加,发表对于重整与否的意见并收集不同主体的主张证明材料,从而在听证会结束后综合判断,最终作出受理与否的裁定。

(二)裁定

《企业破产法》第71条规定:"人民法院经审查认为重整申请符合本法规定的,应当裁定债务人重整,并予以公告。"一般而言,公告应注明申请人和被申请人的姓名/名称、重整开始的时间、债权申报期限及第一次债权人会议召开信息(发生于初始申请重整时,转换型重整一般不需再公告)等。

三、债务人财产和营业事务的管理

《企业破产法》第72条规定:"自人民法院裁定债务人重整之日起至重整程序终止,为重整期间。"按照王卫国教授的总结,重整程序终止的原因包括重整失败、超过时限、计划被批准、计划未批准,又可以类别化为两类,即完成性终止(计划被批准)和破产性终止(重整失败、超过时限、计划未批准)。[①] 无论哪种情形,在正常的重整期间内,基于债务人营业现状及重整所需,均需要对债务人财产和营业事务的管理作出安排。

(一)债务人财产和经营管理的两种模式

《企业破产法》第73条规定:"在重整期间,经债务人申请,人民法院批准,债务人可以在管理人的监督下自行管理财产和营业事务。有前款规定情形的,依照本法规定已接管债务人财产和营业事务的管理人应当向债务人移交财产和营业事务,本法规定的管理人的职权由债务人行使。"据此,重整期间债务人财产和营业事务的管理可区分为管理人管理和债务人自行管理两种

---

① 王卫国:《破产法精义(第二版)》,法律出版社2020年版,第243页。

模式。

1. 管理人管理

一般情况下，管理人接受人民法院指定后，即应限期接管债务人的财产、印章和账簿、文书等各类资料，并及时拟定财产管理方案和判定债务人是否继续营业。重整程序中，在债务人具备经营条件的情况下，为持续增加债务人财产、保持其营利性并吸引更多的意向投资人，通常会继续债务人的营业。基于管理人职责的法定性，债务人不具备自行经营管理的能力，或者未向人民法院申请自行经营管理，或者虽申请但未获人民法院准许的，管理人应主动承担管理债务人财产和营业事务的职责。

《企业破产法》第74条规定："管理人负责管理财产和营业事务的，可以聘任债务人的经营管理人员负责营业事务。"因管理人团队成员多为律师或会计师，往往缺乏商业运营经验，加之对债务人的营业事务不熟悉，与相关合作方的沟通需要磨合，为保证债务人营业的接续性和高效性，管理人需要债务人原经营管理人员协助。需要注意的是，聘请债务人原有经营管理人员属于《企业破产法》第28条规定的"必要的工作人员"，管理人应当向人民法院递交《关于提请人民法院许可聘用工作人员的报告》（详见附件44），列明聘用的必要性、聘用的岗位及人员名单、工作内容、工资/劳务报酬标准、社保缴纳标准、聘用期限、聘用资金来源、劳务人员履职保险等，并附聘用合同模板、拟聘用人员的简历及证件复印件等。经人民法院同意后，相关聘用人员的费用支出应列入破产费用，由债务人财产随时清偿。

2. 债务人自行经营管理

债务人自行经营管理在实务中较为常见，一则债务人在重整程序中具有极大的决心和信心挽救企业，为了吸引优质的投资人，其将在持续营业中不断释放出债务人具备持续盈利能力的信号；二则债务人对于自身所处的行业发展现状及前景、上下游供应商资源十分熟悉，且有一定的关系网络，能够维持企业的经营资源，为后续重整打好基础。因此，在债务人具备自行经营管理的条件[①]并提出自行经营管理申请时，管理人可在充分调查考察的基础上，向人民法院出具可行性分析报告（详见附件45），由人民法院审查评议后作出许可决定。随后，管理人向债务人移交已接管的财产和相关营业资

[①] 关于债务人自行经营管理的条件判断，可参考《九民纪要》第111条第1款："（1）债务人的内部治理机制仍正常运转；（2）债务人自行管理有利于债务人继续经营；（3）债务人不存在隐匿、转移财产的行为；（4）债务人不存在其他严重损害债权人利益的行为。"

料等。

债务人自行经营管理的期间一般与重整期间一致,即自人民法院裁定债务人重整之日起至重整程序终止。在债务人自行经营管理期间,管理人应履行监督职责,监督范围包括债务人的印章管理、人事任免、资金监管、重大事项的报告、重大行为的审批、定期汇报等事项,涉及重大财产处置、借款等事项还应及时报告人民法院和债权人会议/债权人委员会。管理人的监督要以确保重整目标实现为基本原则,以把控营业风险、避免债务人财产不当减损、维持债务人营业价值及实现盈利等为具体原则。

3. 债务人自行经营管理的终止

债务人自行经营管理期间,如拒绝接受管理人的监督或未经管理人批准/备案知悉的情况下自行作出相关决定,管理人是否有权申请人民法院收回其经管权呢?法律规定层面未给出明确的解决方案。韩传华老师认为,在《企业破产法》未明确规定时,管理人既无权申请人民法院收回债务人经管权,人民法院自身亦无权收回债务人经管权,此时唯一的补救途径是管理人适用《企业破产法》第78条,向人民法院申请终止重整程序,宣告债务人破产。[①] 韩老师此观点所述处理方式应该是将债务人的行为归于"其他显著不利于债权人"或"致使管理人无法执行职务"的情形。

但同时,管理人应在个案中特别注重研判重整继续的可能性,从而仅排除债务人的自行经营管理,而非直接终止重整程序。事实上,最高人民法院在《九民纪要》第111条第3款已规定"管理人发现债务人存在严重损害债权人利益的行为或者有其他不适宜自行管理情形的,可以申请人民法院作出终止债务人自行管理的决定。人民法院决定终止的,应当通知管理人接管债务人财产和营业事务。债务人有上述行为而管理人未申请人民法院作出终止决定的,债权人等利害关系人可以向人民法院提出申请"。

(二) 重整期间相关权利的限制

1. 担保权暂停行使及例外情形

《企业破产法》第75条规定:"在重整期间,对债务人的特定财产享有的担保权暂停行使。但是,担保物有损坏或者价值明显减少的可能,足以危害担保权人权利的,担保权人可以向人民法院请求恢复行使担保权。"基于实务总结,担保物通常为债务人的核心资产,如房开企业的房产、制造企业的生

---

① 韩传华:《企业破产法解析》,人民法院出版社2007年版,第271—272页。

产设备等,为推动债务人重整,以其具有运营价值和竞争力的核心资产及良好的行业前景等吸引投资人,法律对担保权行使作出了上述限制。王卫国教授认为,该等限制,与《企业破产法》第37条规定的质物、留置物取回权制度相得益彰,最终目的都是提高债务人拯救的可能性。① 但需要注意的是,是否适用担保权暂停行使制度,应当根据实际情况判断:如担保物并非重整所必须,不及时变现有可能会减损价值甚至有灭失风险的,则应当允许担保债权人的及时受偿权实现。

当然,基于物权优于债权的民法原则,重整程序中关于担保权行使的限制应以不损害担保权人的利益为前提。当担保物有损坏或者价值明显减少的可能并足以危害担保权人的利益时,担保权人可以向人民法院请求恢复行使担保权。对于是否恢复,人民法院应当综合判断后作出准许与否的裁定。参照《重庆破产法庭 重庆市破产管理人协会破产案件管理人工作指引(试行)》第97条规定:"在重整期间,担保物权人向人民法院请求恢复行使担保物权的,管理人或者自行管理的债务人应当及时针对担保物权人主张的债权是否成立、债权金额、性质、优先受偿权的范围、顺位,以及担保物是否为重整所必需,单独处置是否会降低其他破产财产价值等向法院出具书面意见。人民法院根据担保物权人申请裁定批准行使担保物权的,管理人应当自收到裁定书之日起15日内制订担保财产变价方案。担保物属于《企业破产法》第69条规定的债务人重大财产的,担保财产变价方案应提交债权人会议表决。"人民法院如作出准许恢复行使担保权的裁定,则担保权人即可在担保物变价后获得优先受偿权利;如人民法院驳回担保权人恢复行权申请,参照破产程序中相关裁定的救济措施,担保权人有权申请复议一次。

2. 借款及担保

《企业破产法》第75条第2款规定:"在重整期间,债务人或者管理人为继续营业而借款的,可以为该借款设定担保。"一般来说,基于重整所需,债务人继续经营或管理人履职等需要一定的流动资金。王卫国教授认为,对于陷入财务困境的重整企业来说,重整成功与否的前提即能否改善现金流,获得新的融资;但由于重整企业本身已陷入困境,信用减损严重,已不可能通过普通信用融资来获得新的资金注入,因此有必要赋予债务人或者管理人,

---

① 王卫国:《破产法精义(第二版)》,法律出版社2020年版,第253页。

为了确保债务人能够继续营业，而通过设定担保的方式获得借款。①

《破产法解释（三）》第2条规定："破产申请受理后，经债权人会议决议通过，或者第一次债权人会议召开前经人民法院许可，管理人或者自行管理的债务人可以为债务人继续营业而借款。提供借款的债权人主张参照企业破产法第四十二条第四项的规定优先于普通破产债权清偿的，人民法院应予支持，但其主张优先于此前已就债务人特定财产享有担保的债权清偿的，人民法院不予支持。管理人或者自行管理的债务人可以为前述借款设定抵押担保，抵押物在破产申请受理前已为其他债权人设定抵押的，债权人主张按照民法典第四百一十四条规定的顺序清偿，人民法院应予支持。"由此可知：(1) 借款事宜应经人民法院许可，或报债权人会议决议，或报债权人委员会同意后方可进行；(2) 重整中的借款应归入共益债务范围，由破产财产随时清偿；(3) 为顺利完成借款，允许以破产财产作为担保，但不应突破担保物原有的抵押受偿顺序规则。

3. 取回权的行使限制

人民法院受理破产申请后，债务人占有的不属于债务人的财产，该财产的权利人可以通过管理人取回。这是《企业破产法》第38条规定的取回权一般规则。但在破产重整程序中，债务人或者管理人为继续经营，可能需要持续依法或依约占有并使用他人财产，如财产权利人取回该等财产，将导致营业停滞甚至重整受到阻碍，为此，《企业破产法》第76条规定："债务人合法占有的他人财产，该财产的权利人在重整期间要求取回的，应当符合事先约定的条件。"韩传华老师认为，该条即《企业破产法》第38条取回权行使一般原则的例外条款②。

在满足"债务人合法占有"之前提下，财产权利人行使取回权应"符合事先约定的条件"，既体现出尊重契约精神，又对行权设定了限制条件——有事先约定。即，如果财产权利人要求取回财产，应按照事先约定的程序、行为要求或者期限要求等进行，否则管理人有权拒绝其请求。当然，依据《破产法解释（二）》第40条规定，"因管理人或者自行管理的债务人违反约定，可能导致取回物被转让、毁损、灭失或者价值明显减少的"，财产权利人可以取回而不受前述限制。

---

① 王卫国：《破产法精义（第二版）》，法律出版社2020年版，第256—257页。
② 韩传华：《企业破产法解析》，人民法院出版社2007年版，第276页。

4. 出资人的股权转让限制及分红限制

《企业破产法》第 77 条规定："在重整期间，债务人的出资人不得请求投资收益分配。在重整期间，债务人的董事、监事、高级管理人员不得向第三人转让其持有的债务人的股权。但是，经人民法院同意的除外。"为了督促债务人的股东、董事、监事、高级管理人员积极配合重整程序，及避免其逃避相关义务，法律对其分红权和股权转让进行了限制。

（1）在股权转让方面，股权转让限制的主体包括董事、监事和高级管理人员。根据 2023 年《公司法》第 265 条，高级管理人员包括"公司的经理、副经理、财务负责人，上市公司董事会秘书和公司章程规定的其他人员"。该等人员在债务人过往经营管理中居于核心地位，其掌握着债务人的经管信息且能够起到链接各主体、稳定人心的作用。故，为了稳步推进重整、避免其他利益相关方对债务人丧失挽救信心，需要先维持现下的股权结构，体现出前述人员与债务人同进退的决心。同时，也是为了避免其通过转让股权获得不当利益或转移出资责任。

那么，该等股权转让限制是否完全没有例外情形呢？根据前述《企业破产法》第 77 条规定的内容可知，例外情况有两种：其一，在征得人民法院同意后，董事、监事、高级管理人员可以向第三人转让其持有的债务人的股权。人民法院在衡量其转让可行性时，重点在于对后续出资人权益调整及债务人资本充实原则是否有实质性影响，且当然要关照重整投资人的持股需求；其二，法律并未禁止前述人员相互之间转让股权，故董事、监事、高级管理人员在履行法定程序后依法可相互间转让股权，但亦应及时报告人民法院及管理人。

（2）在分红（即分配投资收益）方面，依据《公司法》的相关规定，分红权是股东的法定权利，但在重整程序中却受到了一定期间的限制。原因主要在于，债务人一旦进入破产程序，其往往处于资不抵债、无力偿债或可能丧失清偿能力的境地，需要借助司法程序统一清偿债权，在此情况下，如继续允许股东行使其分红权，则直接损害了债权人的受偿利益，并与《公司法》第 210 条规定的公司盈利应先弥补亏损和提取公积金再进行分红的法定顺序相违背。需要注意的是，该投资收益的所属期间既包括重整期间，也包括以前的会计年度，假设投资人在债务人进入破产程序前已经分配了投资人收益，管理人还应主动审查其行为是否属于《企业破产法》第 36 条所规定的情形。

四、重整投资人招募

投资人招募是破产重整程序中的重要一环,除少数破产企业能够通过自救(如调整经营发展战略;与债权人协商减免债务、延期清偿或进行债权转股权)或其股东增资的方式重整外,大部分债务人仍需要借助外界力量实现重生。究竟哪些主体能够助力债务人经营发展,或者哪些主体需要通过破产企业实现增利,当面对未知的市场及潜在的投资方时,预先通过招募公告限定彼此之间的合作条件,从而大浪淘沙,最终为破产企业找到最为适当的投资人,方是投资人招募的核心要义。

(一)投资人招募形式

1. 公开招募

为了充分挖掘市场的价值,发现潜力,尽可能扩大重整宣传范围,并通过竞争机制"优中选优",管理人通常采用公开招募形式吸引意向投资人。实务中,该等招募公告一般同步发布于破产重整网、联合产权交易所、破产受理法院官网、当地破产管理人协会官网及微信公众号、京东司法拍卖平台、阿里司法拍卖平台、管理人所属机构宣传网站及为个案注册的微信公众号等。

基于债务人的资债情况、所属行业及偿债、营运需求,意向投资人招募公告(详见附件46)的内容通常包括:(1)债务人的基本情况介绍:包括工商登记信息、股权结构、资产情况、负债情况、破产进程等;(2)招募须知:包括投资人的尽调权、管理人的免责声明等;(3)投资人条件:包括主体资格、资金实力证明、是否接受联合体投资等;(4)招募流程:包括报名期间及材料要求、管理人初审安排、报名保证金及缴纳要求、投资人尽职调查、提交投资方案及投资人的最终遴选确定、签署重整投资协议等;(5)其他事项:包括保证金退还及转换、税费及各项费用承担主体等。

2. 定向邀请

定向邀请常见于债务人所处行业比较特殊,需要一定的准入门槛(如资质或运营经验)的情况,管理人根据行业调研情况及市场反馈,为了更精准锁定投资人范围,或者在债务人的重整方向较为明晰的情况下,可以向债务人的同行业竞争者、上下游企业发送定向邀请。当然,相关邀请函中仍应按照常见的招募公告内容,列明相关要求。嗣后,分别与各家意向投资方洽商投资方案。

3. 投资资格拍卖

近两年，随着京东司法拍卖、阿里司法拍卖等中介平台的服务内容日益成熟，其可以协助管理人完成投资人招募宣传影片制作、集合平台合作企业资源进行定向宣传，扩大影响力，故部分管理人会选择在这些平台上以"××公司重整投资项目意向投资人的考察、洽谈资格"名义发布拍卖公告，从而吸引投资人洽谈投资事宜。

4. 假马竞标

近年来，亦有部分破产案件尝试以"假马竞标"模式吸引投资人。具体而言：先进行首轮的假马投资人招募，确定招募底价及条件；在确定假马投资人的基础上，发布正式招募公告，并从新报名投资人中选择最优投资方案，如没有，则以假马投资人作为托底方制订重整计划草案。该种模式在一定程度上能够刺激市场竞争，从而实现重整对价的最大化，也为了给债权人更加有说服力的重整方案。当然，实务中也存在利用"假马竞标"恶意降低重整条件或排除潜在竞争者的情况，故应由人民法院、债权人等主体实时监督。

5. 委托第三方引进投资人

管理人可以委托第三方专业机构或专业人员（一般为职业经理人），协助处理重整期间的继续营业事务，同时辅助分析判断债务人的重整价值和重整可能，由其利用自身资源定向引进投资人，并判断重整方案的可行性。该等模式与前述定向邀请投资人具有一定的相似性，其区别在于可以充分利用第三方专业机构的投资人资源。由此引进的投资人，如涉及应支付给第三方费用的，可事先约定由重整投资人负担。

6. 协商确定投资人

对于债务人自行经管期间已经接洽了意向投资人且与投资人初步达成可行的债务清偿方案及出资人权益调整方案；或者在启动破产重整程序前已有意向投资人，该意向投资人对于债务人的继续经营提供了资金、营业资源、人员等帮助且商定了可行的债务清偿方案及出资人权益调整方案的，可以与该意向投资人协商谈判，在没有更优投资条件的主体出现的情况下，可据此确定投资人资格并报告人民法院及债权人会议。

(二) 投资人的确定

1. 确定原则

在存在多家意向投资人的情况下，如何优中选优，重点在于以下几方面的考量：(1) 重整清偿率高于清算清偿率，且清偿条件更优；(2) 保障债权人利益最大化，且兼顾不同类别债权人的利益；(3) 投资方案有利于债务人的可持续发展，且有盈利预期；(4) 职工能够妥善安置，避免出现维稳问题。

2. 确定流程

根据常见的投资人招募流程，投资人的确定大体需要经过以下步骤：投资人报名——资格初审——签署保密协议——双向尽职调查（投资人对债务人的尽职调查和管理人对投资人的尽职调查）——提交投资方案（含经营方案和偿债方案）——签署投资协议。

3. 特殊情况处理

近几年，随着市场下行压力增大，部分破产重整案件出现投资人初次招募无果的情况。为此，各地管理人经报告法院后，尝试开启二次招募、三次招募等工作，即在重整期间尚未届满的情况下，不断延长投资人招募期限。还有一些实在无法完成招募，而债务人自身情况又决定了其通过清算将可能"一损俱损"，管理人会组织债务人与债权人进行协商或谈判，采取债务减免、延长清偿期或债权转股权等方式，以自救形式挽救债务人，即无投资人情况下的庭内重组模式。

五、重整计划草案的制订

（一）制订主体

《企业破产法》第 80 条规定："债务人自行管理财产和营业事务的，由债务人制作重整计划草案。管理人负责管理财产和营业事务的，由管理人制作重整计划草案。"故重整计划草案[①]的制订主体包括债务人和管理人，具体根据谁负责经管事务，谁负责制订的原则。此规定能够确保重整计划草案的制订主体获取债务人信息的实时有效性，且能根据债务人经管中出现的问题或需求及时调整并完善投资方案和偿债方案。

1. 债务人

无论是正常经营期间，还是进入破产重整程序后，债务人始终都是最了解自身发展优劣势的主体，其作为重整计划草案的制订主体，可以充分整合

---

① 因个案差距及保密需要，本书未给出重整计划草案的模板，重整计划草案常见内容及拟写要点见下述。

过往经管信息、总结经验教训，从而针对性地制订切实可行且能够促进企业基业长青的经营方案。当然，基于债务人身份的特殊性及破产情况下债权人可能的抵触情绪，需要管理人实时监督，确保债务人制订的方案客观、理性、公平，能够最大限度维护债权人的利益，且债务人不得利用重整程序逃避法律责任或从中获得不正当利益。

2. 管理人

管理人作为中立的第三方，在制订重整计划草案时更专业，且能够平衡不同主体的利益诉求，从而为最终的方案表决奠定良好的基础。但管理人成员多为律师、会计师，在商业运营、市场预判等方面有着天然的短板，故对于重整计划草案中的经营方案的可行性判断，需要适时借助债务人及其出资人、职业经理人的意见和建议综合评判。韩传华老师曾明确提出，如债务人相关经管人员拒绝协助管理人制作重整计划中的经营方案，管理人可以援引《企业破产法》第78条，以债务人的行为致使管理人无法执行职务这一规定，请求法院裁定终止重整程序并宣告债务人破产。①

当然，无论是债务人还是管理人制订重整计划草案，均应及时听取人民法院、主要债权人、债务人的出资人及战略投资人的意见和建议，综合各方诉求或提示要点，制订出切实可行的内容。

(二) 重整计划草案的主要内容

根据《企业破产法》第81条的规定，重整计划草案（详见附件47）应当包括下列内容：

1. 债务人的经营方案

《全国法院破产审判工作会议纪要》第17条规定："重整不限于债务减免和财务调整，重整的重点是维持企业的营运价值。人民法院在审查重整计划时，除合法性审查外，还应审查其中的经营方案是否具有可行性。重整计划中关于企业重新获得盈利能力的经营方案具有可行性、表决程序合法、内容不损害各表决组中反对者的清偿利益的，人民法院应当自收到申请之日起三十日内裁定批准重整计划。"债务人进入破产程序，或多或少与其原有经营方案存在问题相关。在重整中，基于市场变化及债务人经营资源、管理层、人员的重新整合，需要调整经营方案，包括营利模式、股权结构及公司治理结构调整方案、经管人员及其职责分工、现有资产的重组方案、资金筹措及使

---

① 韩传华：《企业破产法解析》，人民法院出版社2007年版，第280页。

用计划、经营活动开展范围及具体安排、裁员或增员及其薪酬方案等，且一般应列明盈利预测数据。经营方案的核心原则在于提高债务人的持续运营能力和市场竞争力、增加资金流、降低资产负债率，获得长久发展。

2. 债权分类

《企业破产法》第 82 条规定："下列各类债权的债权人参加讨论重整计划草案的债权人会议，依照下列债权分类，分组对重整计划草案进行表决：（一）对债务人的特定财产享有担保权的债权；（二）债务人所欠职工的工资和医疗、伤残补助、抚恤费用，所欠的应当划入职工个人账户的基本养老保险、基本医疗保险费用，以及法律、行政法规规定应当支付给职工的补偿金；（三）债务人所欠税款；（四）普通债权。人民法院在必要时可以决定在普通债权组中设小额债权组对重整计划草案进行表决。"即，债权通常被分为：担保债权、职工债权、税收债权、普通债权，普通债权中再分设小额债权组（一般是为了保护困难群体，在清偿条件设计上给予适当倾斜）。对于存在待定债权的，亦应预留相应金额。

此外，最高人民法院于 2018 年 3 月 4 日印发的《全国法院破产审判工作会议纪要》第 28 条、第 39 条首次明确了劣后债权，具体包括清偿破产受理前产生的民事惩罚性赔偿金、行政罚款、刑事罚金等惩罚性债权、关联关系形成的债权等，实务中关于股东债权应列为劣后债权的观点亦占据主导地位。故进行债权分类时，应在前述几种债权的基础上，单分劣后债权组，以便作出后续偿债安排。

3. 债权调整方案

债权调整方案的主要内容在于适度削减债务或者转换清偿方式，即通过债权本金折减、利息折减、延期清偿、分期清偿、债权转股权或者非实物清偿等形式，差异化处理各类债权的清偿问题，其中包含了债权人的让步和力促重整成功的诚意。但应当注意：（1）统筹社保债权不得调减。《企业破产法》第 83 条规定："重整计划不得规定减免债务人欠缴的本法第八十二条第一款第二项规定以外的社会保险费用；该项费用的债权人不参加重整计划草案的表决。"（2）职工债权和税收债权一般需全额清偿。基于《企业破产法》规定的清偿顺序及重整程序中债权清偿条件优于清算程序中的债权清偿条件之法定要求，由于职工债权和税收债权位列普通债权之前，且为了充分保障职工利益及债务人税务事项处理的完整性，原则上不对职工债权和税收债权进行调减。（3）普通债权中可以固定数额为界限，细分为普通债权和小额普通债权组，进一步区分债权清偿率或清偿周期，但不能突破破产清算状态下全部普通债权的整体清偿率或延期清偿损失得到弥补后的可得利益。(4) 劣后债权给予适当比例的清偿，清偿条件原则上逊于在先的普通债权。(5) 出资人权益调整方面，应在测算出资人权益现值的基础上，结合投资人的投资方式，确定债务人原有股东的退出方式及其股权对价或与新投资人的合作模式及股权分布。

根据 2023 年《公司法》第 144 条和第 145 条的规定，如涉及债权转股权的安排，可以针对不同性质的债权人设计不同的债转股方式，比如可对担保债权人的债权转为优先股；对普通债权亦可设置优先于原股东的股权，以此保障优先股的利润分配顺位权。

4. 债权受偿方案

在确定债权调整方案的基础上，应基于债务人破产财产及投资人新注入的投资情况，制订分组、分类债权受偿方案，通常包括债权清偿方式、期限、清偿资金数额及来源、清偿顺位、分期清偿或一次性清偿等。韩传华老师认为：在债权处置部分，重整计划应该对破产费用和共益债务的分担与支付，作出优先安排，并由债务人执行；债务人如果未能按照重整计划支付破产费用和共益债务，重整计划应视为未予执行[①]。

2023 年《公司法》第 214 条规定："公司的公积金用于弥补公司的亏损、扩大公司生产经营或者转为增加公司注册资本。公积金弥补公司亏损，应当先使用任意公积金和法定公积金；仍不能弥补的，可以按照规定使用资本公积金。法定公积金转为增加注册资本时，所留存的该项公积金不得少于转增前公司注册资本的百分之二十五。"这对于存在资本公积金的债务人而言，其偿债资金来源增加，也有利于激发投资人的投资意愿及提升债权人的债权受偿率。

5. 重整计划的执行期限

《企业破产法》并未规定重整计划草案的最短或最长执行期限，在确定该执行期限时，主要参考债权清偿安排及恢复正常经营的周期预测，即完成所有债权的清偿且债务人能够实现稳定盈利的情况（如连续数月营收稳定、资金流增加）。实务中，大部分的重整计划草案设定执行期限多在 1—3 年，而且执行期间越长的重整计划草案，一般设定的债权清偿比例会越高，以此弥

---

① 韩传华：《企业破产法解析》，人民法院出版社 2007 年版，第 282 页。

补债权人逾期获偿的利益损失。

6. 重整计划执行的监督期限

重整计划依法由债务人执行，管理人需要履行监督职责。《企业破产法》第90条规定："自人民法院裁定批准重整计划之日起，在重整计划规定的监督期内，由管理人监督重整计划的执行。在监督期内，债务人应当向管理人报告重整计划执行情况和债务人财务状况。"监督期限既可以设定为与重整计划的执行期间一致，也可以短于重整计划的执行期间。通常情况下，重整计划草案中会明确管理人监督的范围，包括公章证照的管理与监督、人事任免的报备或审批、资金使用的监督与审批、重大事项报告与审批及债务人的定期（季度及年度）制度等。

7. 有利于债务人重整的其他方案

如信用修复安排、金融机构后续融资优惠、税收优惠等等。

此外，《新公司法》第144条规定："公司可以按照公司章程的规定发行下列与普通股权利不同的类别股：（一）优先或者劣后分配利润或者剩余财产的股份；（二）每一股的表决权数多于或者少于普通股的股份；（三）转让须经公司同意等转让受限的股份；（四）国务院规定的其他类别股。公开发行股份的公司不得发行前款第二项、第三项规定的类别股；公开发行前已发行的除外。公司发行本条第一款第二项规定的类别股的，对于监事或者审计委员会成员的选举和更换，类别股与普通股每一股的表决权数相同。"即首次明确公司可以设置类别股（优先股、劣后股、表决权重不同的股、转让受限股），据此，在涉及出资人权益调整时，可以根据破产企业原来是否设置类别股的情况，确定保留的股权类型并核算其表决权比例。此外，在设计投资人的股权时，可以根据投资性质及投资人意愿，设置类别股，比如给财务类投资人设优先股，产业类投资人持劣后股等等。

（三）重整计划草案的制订期限

《企业破产法》第79条规定："债务人或者管理人应当自人民法院裁定债务人重整之日起六个月内，同时向人民法院和债权人会议提交重整计划草案。前款规定的期限届满，经债务人或者管理人请求，有正当理由的，人民法院可以裁定延期三个月。债务人或者管理人未按期提出重整计划草案的，人民法院应当裁定终止重整程序，并宣告债务人破产。"实务中，大部分的破产重整案件很难在6个月内完成投资人招募及重整计划草案的制订，其原因主要是大部分拟进行破产重整企业的资产及负债均十分复杂,导致管理人接管后调查债务人资债的工作困难重重且时限较长,进而影响到重整投资人招募开始时间,加之招募过程中的尽职调查需求及与案涉各方协商/谈判、方案制订等各项工作均需要时间完成。因此,法律特规定在6个月期限届满前,如有正当理由的可以申请延长期限。此处的正当理由通常包括:(1)前述因案情复杂、工作迟滞导致投资人尚未确定的;(2)投资人/债权人谈判等进入关键期,部分利益诉求尚未达成一致但重整可能性较大,重整计划草案具备完成条件的;(3)因其他一些未结诉讼或行政事务的结果实质性影响到重整计划草案的制订,而该等事务预计可在延长期内了结的。当然,人民法院对是否延期享有自由裁量权,故债务人或管理人提交申请时应当理由充分,以给人民法院内心确信。

当然,即便是法定的"6+3"重整期间依然十分紧张,特别是近两年来经济下行压力大,市场投资活跃度降低,投资人招募困难重重。各地也在探索以充分尊重债权人意思自治为原则,突破法定最高重整期间,进行二次乃至多次招募工作,直至找到投资人。同本书前述宣告破产后是否可以转重整程序的分析,部分人民法院倾向于认为,只要债权人、债务人等利害关系人一致要求继续重整,则不应机械适用法定重整期间阻碍债务人重整成功的可能性,毕竟重整成功于各方百利而无一害。需要注意的是,管理人需要在法定最高重整期间届满前提请债权人会议表决,在获得债权人会议同意继续重整的决议后方可进行后续工作,否则应及时提请人民法院宣告债务人破产。

此处需要注意的是,《企业破产法》第78条规定:"在重整期间,有下列情形之一的,经管理人或者利害关系人请求,人民法院应当裁定终止重整程序,并宣告债务人破产:(一)债务人的经营状况和财产状况继续恶化,缺乏挽救的可能性;(二)债务人有欺诈、恶意减少债务人财产或者其他显著不利于债权人的行为;(三)由于债务人的行为致使管理人无法执行职务。"这几种情形归结起来,最终都意味着无法完成重整计划草案的制订。

六、重整计划草案的表决

(一)表决主体及分组规则

从重整计划草案的内容来看,其实质是债权人、投资人、债务人及其股东等各利害关系人之间就债权清偿、债务人运营及相关权属变更确认等事项达成的协议,故需要法定程序确认该协议内容属于全体利害关系人的意思自治结果,这里的法定程序即为债权人会议的表决。根据《企业破产法》第 82 条、第 83 条、第 85 条等规定,对于重整计划草案的表决,必须采用分组模式,这样可以确保同类债权得到公平对待,一般设置担保债权组、职工债权组、税收债权组、普通债权组、小额债权组及出资人组。债务人欠缴的职工债权以外的社会保险费用债权,不参加债权分组表决。

实务中,(1) 经人民法院同意,其他法定优先债权(如工程款优先债权、消费型购房人的优先债权)通常会一并分至担保债权组,当然也可另设优先权组进行表决。(2) 对于普通债权组中分设的小额债权组,原则上按照债权额或清偿比例的差别进行区分。之所以设立小额债权组,一般是考虑到小额债权组人数众多但单个债权人的债权金额又较小,如果一并放入普通债权组,其可能因为受偿预期太低而拒绝或拖延表决,从而影响到表决人数的统计。鉴于适度提高该部分债权人的清偿条件(如提高其债权清偿比例或一次性清偿)不会对其他债权人的受偿利益造成明显影响,可以分设小额债权组,以提高重整计划草案的表决效率。(3) 无论重整计划草案是否涉及出资人权益调整,出资人代表(非全体出资人)均有权列席债权人会议,行使知情权和建议权。涉及出资人权益调整(如通过股权结构调整,增资或稀释出资人的股权或使其退出)的,除非债务人的股东(大)会已对该调整事项作出通过决议,否则必须设置出资人组,以保障出资人表决权的行使。(4) 劣后债权在重整中可以被赋予表决权。根据《企业破产法》第 94 条的规定,重整计划执行完毕后,债务人对债权人未获清偿的债权部分取得豁免抗辩。劣后债权在重整中存在获偿的可能,重整方案如何制订债权清偿计划,将事实上影响其利益的实现,故可以根据实际情况赋予其表决权。假使劣后债权组表决未通过,法院仍有权在判断其利益并未受到实质性损害的基础上强裁重整计划草案。(5) 如涉及尚未确定的债权,应根据已有资料初步审查其债权成立与否及金额,在剥离无法成立的债权部分(如主体不适格、诉讼时效经过等)后,为其申请临时表决权,并纳入相应的表决群组或单设临时表决债权群组。

(二) 表决规则

《企业破产法》第 84 条第 2 款、第 86 条第 1 款规定:"出席会议的同一表决组的债权人过半数同意重整计划草案,并且其所代表的债权额占该组债权总额的三分之二以上的,即为该组通过重整计划草案……各表决组均通过重整计划草案时，重整计划即为通过。"即，对于重整计划草案的表决执行"分组＋每组均人数过半及债权额过三分之二同意"的规则。

此处需要关注出资人组的表决问题。基于公司人合性的特征，本书认为参加表决的出资人应包括债务人的全体出资人，无论其出资权益是否被重整计划草案调整。在此基础上，需要确定出资人组表决结果的核算规则。实务中，存在不同的处理方案，(1)有的管理人参照上述《企业破产法》第84条第2款的规定，以"人数过半＋表决权数额占比过三分之二"为出资人组的表决规则；(2)有的管理人依据《公司法》规定的股东（大）会表决规则，执行重大事项由出资人所持表决权的2/3通过作为表决规则；(3)还有的管理人将前述两种方式结合起来，即人数占出席会议出资人的一半以上，且其股权占比达到2/3以上。本书认为，既然设定出资人组的目的主要是为了就其权益调整事项进行表决，则应该在公司法律制度框架下保障出资人对债务人享有的人身权和财产权，故在实操过程中，适宜采用《公司法》关于修改公司章程的股东（大）会表决规则，即由出席会议的股东所持表决权2/3以上通过作为出资人组的表决规则。

此外，如债权人会议出现不可抗力或其他客观障碍等情形，导致无法在设定的表决期内完成全部表决的，管理人或债务人可向人民法院申请延长表决期，并经人民法院同意后将延期表决的时间、地点、表决方式等事项再通知各表决组。

七、重整计划的通过和批准

（一）二次表决

《企业破产法》第87条第1款规定："部分表决组未通过重整计划草案的，债务人或者管理人可以同未通过重整计划草案的表决组协商。该表决组可以在协商后再表决一次。双方协商的结果不得损害其他表决组的利益。"对于是否选择二次表决，法律并没有做限制性规定，"可以"意味着将启动二次表决的选择权给到了重整计划草案的制订主体（债务人或管理人），这就需要判断是否有协商的空间及债权人在协商后是否会变更表决意向。除少部分债权人因未完全理解重整计划草案内容而投出反对票外，大部分债权人主要认为其债权受偿利益未达预期，故协商多意味着提高该部分债权人的债权清偿条件（如提高债权清偿率、缩短清偿周期或改分期清偿为一次性清偿等），但协商变更内容不能损害其他债权人的合法权益。

(二)重整计划的通过与批准

经过各组债权人表决均通过,或第一次表决未通过后经协商于二次表决时通过,则重整计划草案视为债权人会议决议通过,也意味着全体债权人、债务人及其出资人、投资人等各方主体达成了协议。自重整计划草案表决通过之日起10日内,债务人或管理人应向人民法院递交批准申请(详见附件48),人民法院经审查重整计划内容及其决议程序和效力后,依法作出批准裁定并终止重整程序、予以公告。

关于人民法院审查的要点,《全国法院破产审判工作会议纪要》第17条规定:"人民法院在审查重整计划时,除合法性审查外,还应审查其中的经营方案是否具有可行性。重整计划中关于企业重新获得盈利能力的经营方案具有可行性、表决程序合法、内容不损害各表决组中反对者的清偿利益的,人民法院应当自收到申请之日起三十日内裁定批准重整计划。"即,法院的角色更多是从合法性(形式及内容的合法性)角度进行确认,并通过司法程序给予固定。

(三)强制批准程序

《企业破产法》第87条第2款、第3款规定:"未通过重整计划草案的表决组拒绝再次表决或者再次表决仍未通过重整计划草案,但重整计划草案符合下列条件的,债务人或者管理人可以申请人民法院批准重整计划草案:(一)按照重整计划草案,本法第八十二条第一款第一项所列债权就该特定财产将获得全额清偿,其因延期清偿所受的损失将得到公平补偿,并且其担保权未受到实质性损害,或者该表决组已经通过重整计划草案;(二)按照重整计划草案,本法第八十二条第一款第二项、第三项所列债权将获得全额清偿,或者相应表决组已经通过重整计划草案;(三)按照重整计划草案,普通债权所获得的清偿比例,不低于其在重整计划草案被提请批准时依照破产清算程序所能获得的清偿比例,或者该表决组已经通过重整计划草案;(四)重整计划草案对出资人权益的调整公平、公正,或者出资人组已经通过重整计划草案;(五)重整计划草案公平对待同一表决组的成员,并且所规定的债权清偿顺序不违反本法第一百一十三条的规定;(六)债务人的经营方案具有可行性。人民法院经审查认为重整计划草案符合前款规定的,应当自收到申请之日起三十日内裁定批准,终止重整程序,并予以公告。"

上述条文系《企业破产法》中规定较为烦琐的条款，其适用的前提条件是在二次表决受阻（包括债权人拒绝表决或仍反对的情况）之情况下，债务人或管理人主动申请人民法院强制批准重整计划草案（详见附件49）。其中内容既体现出法律制度力促重整的决心，又包含了司法的谦抑性。纵观各项表述，可看出其核心宗旨在于比对破产清算条件下，重整计划草案对各类债权人的权益保护是否更优且符合法律规定，对出资人权益的调整是否符合《公司法》等相关法律规定，对于债务人未来经营的安排是否可行。对于申请主体来说，如需增加人民法院的内心确信从而作出强制批准裁定，可以就重整计划草案的可行性、合法性、合理性及执行中的具体安排、相关法律风险的防控措施等进一步论证，并形成论证报告随强裁申请一并提交人民法院。

《全国法院破产审判工作会议纪要》第18条对于人民法院的强制批准权给予进一步限定，即："人民法院应当审慎适用企业破产法第八十七条第二款，不得滥用强制批准权。确需强制批准重整计划草案的，重整计划草案除应当符合企业破产法第八十七条第二款规定外，如债权人分多组的，还应当至少有一组已经通过重整计划草案，且各表决组中反对者能够获得的清偿利益不低于依照破产清算程序所能获得的利益。"

八、重整计划的执行与管理人监督

（一）执行主体

根据《企业破产法》第89条、第92条等规定，经人民法院裁定批准的重整计划，对债务人和全体债权人均有约束力。重整计划由债务人负责执行且管理人应当向债务人移交财产和营业事务（如涉及）。法律规定由债务人实际执行重整计划有其特殊的考量因素：第一，债务人始终是最了解己身情况的主体，且重整的目的在于助力债务人重回市场，由债务人负责执行重整计划既可以保障营业的接续性，也能够调动其积极性；第二，重整计划相当于一份协议，债务人是主要的履行方，由其推进协议履行将更为有效和全面；第三，重整计划的执行是一项庞大的工程，需要确定一个能够全程监督的主体。人民法院作为司法机关，虽然其中立性地位较为合适，但人民法院不具备实时监督的条件和可能性；其他诸如债权人、投资人或债务人的出资人因同时是重整计划的主体之一，由其监督可能无法保证全面性和中立性，且可能诱发为一己私利干预债务人执行行为的法律风险。故综合来看，由管理人承担监督责任较为合适,且管理人熟知破产情况及重整计划的内容,能够真正实现监督的全面性。当然,除管理人外,前述其他主体亦有随时监督的权利。

需要注意的是:债权人未依照《企业破产法》规定申报债权的,在重整计划执行期间不得行使权利;在重整计划执行完毕后,可以按照重整计划规定的同类债权的清偿条件行使权利。债权人对债务人的保证人和其他连带债务人所享有的权利,不受重整计划的影响。

(二)执行中的注意事项

1. 交接事项

重整期间由管理人负责债务人经管事务的,重整计划经人民法院裁定批准后,管理人应及时完成债务人相关财产和营业事务的移交。同管理人接受人民法院指定后限期接管债务人的法定职责一致,管理人在移交时应制作移交清单及移交方案。具体而言,应对所掌握的债务人经管事务相关的印鉴、证照、文书、档案等资料分类整理,并列明资料名称、数量、原件/复印件等情况。为了按期顺利完成移交工作,还可制作移交方案(包括参与移交的人员及其分工、移交工作时间安排、移交前的准备工作、正式移交的程序及注意事项等)并报备至人民法院。

2. 股权变更注意事项

对于重整计划涉及出资人权益调整的,出资人应及时配合办理权益变更登记手续。如需要调整的股权已被设定质押的,管理人可以与质权人协调办理股权质押解除手续;如需要调整的股权未被设定质押但被人民法院冻结的,或股权未被质押及冻结但原出资人拒不配合办理股权变更登记手续的,债务人或管理人可以申请人民法院出具协助执行通知书,借助司法强制执行措施完成股权变更。

需要注意的是,在涉及股权转让事宜时,对于股权受让方的资格应做严格审查。本书编写团队所承办案件中曾出现投资人以受让债务人原股东100%股权的形式参与重整,并要求将该股权过户至其指定主体名下。后在履行重整计划时,其指定的股权受让方为有限合伙企业,因合伙企业为非法人组织,不具有法人资格,根据 2018 年《公司法》第 57 条第 2 款的规定,合伙企业无法投资一人有限公司,故管理人通过将债务人股权的 99.99% 过户至该合伙企业名下,剩余 0.01% 股权过户至投资人名下的方式,避免了合伙企业成为一人公司股东的情形。此外，2018年《公司法》第58条规定："一个自然人只能投资设立一个一人有限责任公司。该一人有限责任公司不能投资设立新的一人有限责任公司。"在实务操作中应注意投资人资格的限制问题。

3. 解除司法限制、抵押/质押等措施

虽然根据《企业破产法》第19条的规定，人民法院受理破产申请后，有关债务人财产的保全措施就应当解除，执行程序应当中止。但实务中，各执行法院的配合程度却相差极大。在重整计划表决通过、批准及执行前，该等限制措施如未解除暂不会对债务人或其他利害关系人产生实质性不利影响。但在重整计划启动执行工作后，司法限制措施如不解除，将阻碍相关事务的进展。为避免该等情形出现，重整计划草案中可预先加入解除司法限制的配合主体；同时，在与相关执行法院沟通不畅时，债务人应及时报告管理人和破产受理法院，寻求支持，必要时由人民法院出具协调函件。

对于债务人财产已办理抵押/质押登记手续或被留置的，亦应事先在重整计划草案中设定相关权利人的债权获得全部或阶段性清偿后，配合办理解押手续或交回财产的义务，如相关权利人拒不配合的，暂停其债权清偿并将相应款项提存，待配合义务完成后再行分配。如重整计划未明确约定该等事项，在解押手续办理中遇有障碍的，债务人应及时提请人民法院出具协助执行文书。

4. 未决诉讼的处理

对于管理人接管的破产受理前的诉讼/仲裁案件，或重整期间新发生的诉讼/仲裁案件，建议在重整计划中列明后续负责主体；如未事先约定的，原则上由管理人继续处理。最高人民法院《全国法院破产审判工作会议纪要》第9条规定："在重整计划规定的监督期内，管理人应当代表债务人参加监督期开始前已经启动而尚未终结的诉讼、仲裁活动。"

对于债务人在重整计划执行期间及重整计划执行完毕后新发生的诉讼/仲裁案件，由于债务人在此时间下的经管事务已经交由企业内部人员或投资人，债务人处于独立状态，原则上应由债务人自行处理。这种处理原则已有相应依据，最高人民法院《九民纪要》第113条第2款规定："重整计划执行期间，因重整程序终止后新发生的事实或者事件引发的有关债务人的民事诉讼，不适用《企业破产法》第21条有关集中管辖的规定。除重整计划有明确约定外，上述纠纷引发的诉讼，不再由管理人代表债务人进行。"如债务人需要管理人为其代理相关案件的,应另行签署委托代理协议并约定代理费用。

(三) 管理人的监督

1. 监督期限

如本书在重整计划草案内容介绍时所述,管理人的监督期限既可以短于也可以等于重整计划的执行期间;且《企业破产法》第91条第3款规定:"经管理人申请,人民法院可以裁定延长重整计划执行的监督期限。"监督的目的在于确保重整计划完全执行及避免债务人的违法违规行为,故监督期限的届满日应以重整计划执行完毕或虽未执行完毕但预计不会偏离原经营方案且债务人已逐步实现资大于债、偿债能力增强等为设定标准。

2. 监督范围

管理人监督主要是防止债务人未完全执行或拖延执行重整计划的情况发生。通常来说,管理人会针对重整计划的执行制订切实可行的监督方案,内容包括:(1)印章的管理和使用。实务中,通常由管理人继续保管债务人的印章,债务人使用前需先履行报批手续。(2)人事任免监督。包括董事、监事、高级管理人员的任免、变动及普通职员的增减,债务人应该形成书面报告,阐述相关人员变动的理由、法律依据及可行性分析,由管理人批准后执行。(3)资金监管。一般设立债务人和管理人的共管账户,先行将用于清偿各类债权的资金转入管理,并监督其偿债行为是否严格依据重整计划进行;对于债务人后续经营过程中的收入,亦应划入共管账户,需要通过特定账户支付款项时再行划转;重整计划执行期间超过一年的,债务人应向管理人提交年度预算和决算;管理人随时监管账户资金的流入和流出情况,并有权要求债务人出具相关说明。(4)重大事项报告制度。如债务人经营出现异常、资产重大变动、维稳问题等重大事项,均应在发生后第一时间报告管理人,必要时上报人民法院。(5)定期报告制度。如要求债务人每季度、每半年、每年向管理人提交工作报告,包括重整计划的执行进展及出现的问题和解决方案、公司经营管理及财务情况、相关人员的履职情况等,对于其报告中列明的问题,管理人及时研判并给予指导,必要时寻求人民法院的帮助。

根据《企业破产法》第91条第1款、第2款的规定,监督期届满后,管理人应当就重整计划执行的详细监督情况向人民法院提交监督报告(详见附件50),此后管理人的监督职责终止。该监督报告作为破产程序文件,应接受重整计划的利害关系人查阅。

九、重整计划的变更

已经债权人会议表决通过且由人民法院批准的重整计划，原则上应完全执行而避免偏差。但实践中，因出现国家政策调整、法律修改变化、不可抗力等特殊情况导致重整计划无法执行或无法按期执行完毕的，债务人并不存在主观故意或重大过失，且适度调整内容不会损害债权人利益的，应给予重整计划变更的余地。该等变更一般是债权清偿条件的变更或其他可能影响债权清偿或出资人权益的变更情形。

《企业破产法》未对重整计划变更作出明确规定，世界银行集团《有效破产与债权人/债务人制度的原则》中主张如果符合债权人利益，重整计划应能够修改但相关修改内容须经债权人表决。重整计划类似于多方协议，应当允许其按照民事合同的原理，在履行过程中作出一定的内容变更；同时，由于内容调整直接影响到多数债权人的利益且突破了原有决议或法院强裁的内容，故需就此提请债权人会议表决。

那么，如何完成重整计划的变更程序呢？《全国法院破产审判工作会议纪要》第19条规定："债务人应严格执行重整计划，但因出现国家政策调整、法律修改变化等特殊情况，导致原重整计划无法执行的，债务人或管理人可以申请变更重整计划一次。债权人会议决议同意变更重整计划的，应自决议通过之日起十日内提请人民法院批准。债权人会议决议不同意或者人民法院不批准变更申请的，人民法院经管理人或者利害关系人请求，应当裁定终止重整计划的执行，并宣告债务人破产。"第20条规定："人民法院裁定同意变更重整计划的，债务人或者管理人应当在六个月内提出新的重整计划。变更后的重整计划应提交给因重整计划变更而遭受不利影响的债权人组和出资人组进行表决。表决、申请人民法院批准以及人民法院裁定是否批准的程序与原重整计划的相同。"因此，关于重整计划的变更程序分为两步：第一，就是否同意变更重整计划，提请债权人会议表决，此环节的表决规则应参照《企业破产法》第64条第1款规定的"人过半＋债权额过二分之一"计算，表决通过后应提请人民法院出具批准裁定；第二，在债权人会议决议通过且人民法院裁定批准变更重整计划后，债务人或管理人在6个月内修改重整计划并将该变更版本提交债权人表决，表决主体包括因重整计划变更而遭受不利影响的债权人组和出资人组，表决规则同本章节所述重整计划草案的表决规则。

十、重整计划的终止

（一）终止情形

《企业破产法》第 93 条第 1 款规定："债务人不能执行或者不执行重整计划的，人民法院经管理人或者利害关系人请求，应当裁定终止重整计划的执行，并宣告债务人破产。"因此，重整计划的终止包含两种情形：

1. 债务人不能执行重整计划

该种情形一般属于债务人客观上不能执行，即债务人缺乏执行能力。如市场变化、经营受阻、意外灾害等企业经营风险导致无法获得预期收益，进而无法偿债；或债务人经营持续恶化，也无法通过调整经营发展策略改善困境等。

2. 债务人不执行重整计划

该种情形属于债务人在具备执行基础和执行能力的前提下，不执行或拖延执行重整计划，存在主观上的故意。

（二）终止的后果

人民法院经管理人或利害关系人（包括因重整计划终止而遭受不利影响的债权人、债务人的出资人、职工、投资人等主体）申请，裁定终止重整计划执行的，应同时宣告债务人破产，此后，管理人将按照破产清算程序中的财产变价和分配规则等完成后续破产事务。同时，重整计划的终止产生如下法律效果：

1. 重整计划所涉债权调整的承诺事项失去效力

如前所述，重整计划中的债权调整往往意味着权利的放弃，既然重整计划已不能执行，则债权人先前为力促重整成功的让步承诺自然失去效力，其债权恢复至重整计划前的状态。

2. 债权人按照重整计划所受的清偿依然有效

对于已经清偿的款项，如要求债权人原路退还，一则存在客观上的障碍且可能引发追收风险，二则增加额外的破产成本（比如转款手续费、逐一催收的时间成本等）；且转入破产清算程序后最终仍然要处理债权清偿事宜，故对于已经清偿的部分保持现状，未获清偿的债权留待后续统一处理。

3. 债权人的最终受偿利益需按照清算程序中的法定规则核算

对于按照重整计划已获部分受偿的债权人,其以未获清偿部分的债权参与破产清算后续事务。同时,对于最终制订的破产财产分配方案,管理人应列明不同类别债权人的债权清偿顺序和比例,并备注各债权人自重整计划已获清偿的情况,最终的债权清偿分步进行,即,先对受偿比例较低的债权进行补差分配,直至同类债权所受清偿位于统一比例后,再进行补充分配,最终确保所有债权按照法定顺序和比例参与破产财产的分配。

4. 为重整计划的执行提供的担保继续有效

无论是用债务人财产设定的担保还是第三人另行提供担保,为保证担保权人的预期利益,即便重整计划因执行不能而终止,该等担保应当继续有效。当然,韩传华老师也提出一个保留观点,即如果担保时约定法院裁定终止重整计划执行后担保失效,那么此时为重整计划执行提供的担保,应该归于无效。[1]

重整程序是当前破产制度中最为复杂的破产程序,其中涉及的投资人招募、各方谈判、重整计划草案内容的设计、表决及执行等均需要兼顾多方主体,依法公平合理进行。如重整计划能够顺利执行完毕,则债务人获得新生,重回市场,债权人对其减免的债权不再主张,债务人"无债一身轻",方能大步向前发展,这也是重整制度的最终目标。

第三节 和 解 程 序

和解程序,是指债务人与债权人之间就债务清偿达成和解协议,从而消解债务的法律制度。与破产清算的消极偿债方式不同,和解是一种积极的偿债方式,通过减免债务数额、延长清偿期限等方式,缓解债务人企业的偿债压力,为债务人再建提供机会和条件。破产和解制度规定在《企业破产法》第九章,仅用12个条文涵盖了整个破产和解制度,法律规定较为简单。但近年来,随着中小微企业破产的数量越来越多,和解制度挽救中小微企业的作用逐渐显现,中小微企业和解案例逐年增多,各地法院在其出台的破产审判

---

[1] 韩传华:《企业破产法解析》,人民法院出版社2007年版,第303页。

指导性文件中对和解制度有了进一步的规定①，故本节内容除了参照《企业破产法》中关于和解制度的规定外，更多是结合地方性审判指引及实务操作经验进行分析。

一、和解申请的提出与审查

（一）和解申请的提出

1. 和解申请的提出主体

《企业破产法》第 7 条第 1 款规定："债务人有本法第二条规定的情形，可以向人民法院提出重整、和解或者破产清算申请。"第 95 条规定："债务人可以依照本法规定，直接向人民法院申请和解；也可以在人民法院受理破产申请后、宣告债务人破产前，向人民法院申请和解。"与破产重整及破产清算制度相比，和解制度的申请主体较为单一：破产重整的申请主体为债务人、债权人以及出资额占债务人注册资本 1/10 以上的出资人；破产清算的申请主体为债务人或债权人，当企业法人已解散但未清算或未清算完毕，资产不足以清偿债务时，依法负有清算责任的人也可以向人民法院申请破产清算。而和解的申请主体限定为债务人，其他利害关系人不得申请启动和解程序，法院也不得依职权强制启动和解程序。在个别地区的审判实践中，基于债权人自治要求，认为经债权人会议决议通过，债权人可以申请清算程序转入和解程序。②

具体到实践中，在人民法院受理破产申请后、宣告债务人破产前，由于管理人的介入，使得对于谁有权代表"债务人"申请破产和解、启动破产和解程序这一问题存在争议。有意见认为，管理人接管债务人企业后，只有管理人能够对外代表债务人，债务人原管理层或股东无权以公司名义提出和解申请，对于其申请应不予受理。③但经公开渠道检索与破产和解相关民事裁

---

① 《上海市高级人民法院破产审判工作规范指引（2021）》《北京市高级人民法院企业破产案件审理规程》《山东省高级人民法院企业破产案件审理规范指引（试行）》《江苏省高级人民法院破产案件审理指南（修订版）》《陕西省高级人民法院破产案件审理规程（试行）》《江西省高级人民法院企业破产案件审理规程（试行）》《河北省高级人民法院破产案件审理规程（试行）》《深圳市中级人民法院破产案件审理规程》。

② 参照《江苏省高级人民法院破产案件审理指南（修订版）》第 9 条之 5（和解程序的启动条件）。

③ 湖南省岳阳市中级人民法院（2019）湘 06 破终 1 号民事裁定书。

定书,实践中更多是由债务人法定代表人或其他经营管理人员以公司名义向人民法院提出破产和解申请。债务人被人民法院裁定进入和解程序且和解协议草案经债权人表决同意通过后,再由管理人申请人民法院裁定认可和解协议。

2. 和解申请的提出时间

根据《企业破产法》第7条、第95条的规定,破产和解根据申请时间可以划分为破产程序开始前的和解以及破产程序开始后的和解两种情况:破产程序开始前的和解,是指债务人在企业出现破产原因后、进入破产程序前,直接向人民法院提出和解申请;破产受理后的和解,是指债务人进入破产程序后、人民法院宣告债务人破产前提出的和解申请。债务人可以根据意愿或者结合案件实际情况,在进入破产程序前或进入破产程序后提出和解申请。

《全国法院破产审判工作会议纪要》第24条规定:"债务人被宣告破产后,不得再转入重整程序或和解程序。"但实践中,在人民法院作出破产宣告裁定后,债务人提出了切实可行的和解清偿方案,并希望通过和解程序一揽子清理债权债务,保留企业主体资格,此时债务人能否再向人民法院申请和解,具有一定的争议。一种观点认为,《企业破产法》第95条以及《全国法院破产审判工作会议纪要》第24条已明确规定了破产和解申请的截止期限即在破产宣告前,在人民法院作出破产宣告裁定后,对于和解申请应不予受理。另一种观点认为,在破产清算程序中,人民法院作出破产宣告裁定后,仍然存在可以撤销破产宣告的情形,并非绝对的禁止或不能撤销破产宣告裁定。要尊重当事人的民事选择和处分权利,只要其选择不违背法理,不损害他人利益,法院就不应当组织干预。① 参照破产重整程序,② 如果债务人提出的清偿方案较之于破产清算程序可以显著提高债权清偿率,保障债权人合法权益,人民法院应裁定撤销破产宣告裁定,受理债务人的和解申请。

(二)法院审查

1. 和解申请审查

《企业破产法》第96条规定:"人民法院经审查认为和解申请符合本法规定的,应当裁定和解,予以公告,并召集债权人会议讨论和解协议草案。"因

---

① 王欣新:《企业破产法第一百零八条与第一百零五条剖析——兼论破产宣告裁定的撤销》,载《人民法院报》2023年10月19日。
② 上海市第三中级人民法院(2021)沪03破130号之六民事裁定书。

此，对于债务人提出的和解申请，人民法院应当予以审查，以确定是否符合受理条件，但该条文并未细化人民法院审查的标准。

在审查标准方面，人民法院大多根据和解申请的提出阶段，确定不同的审查重点。对于债务人依据《企业破产法》第 7 条提出的和解申请，审查重点为债务人是否具备破产原因，只有确定债务人不能清偿债务并且资不抵债，或者明显缺乏清偿能力，即符合《企业破产法》第 2 条规定的条件，人民法院才裁定受理和解申请。人民法院经审查认为债务人已经发生破产原因，其申请符合企业破产法规定的，应当裁定受理和解申请。[①] 对于进入破产程序后、人民法院宣告破产之前，债务人提出的和解申请，此时债务人已被确认具备了破产原因，人民法院重点审查债务人是否具有履行能力、是否获得第三方资金支持、是否存在同类债权人受到不公平对待或债权人被迫放弃权益等有损债权人利益的情形；和解协议的执行是否具备可行性及有无违反法律、法规禁止性规定等。[②] 人民法院只有在审查认为申请主体合法、意思表示真实、和解不会损害债权人利益的情况下，才能裁定受理债务人的和解申请。

在审查方式方面，《企业破产法》对此未作规定。司法实践中，江西省、深圳市及海口市等地区人民法院要求对和解申请进行形式审查及实质审查，在对和解协议草案符合形式要件的情形下，承办法官应及时召开听证会对和解协议草案进行实质审查，听取债务人、主要债权人、其他利害关系人对和解的意见。对于债务人已提交翔实的和解协议、主要债权人意向书、相关执行保障等证据的，亦可以采取书面方式进行实质审查。经听证调查或书面审查，法院认为和解申请符合法律规定的，应当裁定和解，并予以公告。[③]

2. 和解协议的审查

如前所述，债务人在提交和解申请时应一并提交和解协议草案，人民法院对破产和解协议的审查是裁定和解的必经程序，但现行破产法并没有明确规定人民法院应采取何种模式审查和解协议。从各地法院发布的破产案件审理规程来看，人民法院对和解协议的审查应当是形式审查和实质审查并用，先形式审查后实质审查。人民法院在作出认可和解协议裁定前，应审查和解

---

① 《北京市高级人民法院企业破产案件审理规程》第 233 条。
② 参见《上海市高级人民法院破产审判工作规范指引（2021）》第 171 条，《深圳市中级人民法院破产案件审理规程》第 57 条。
③ 《江西省高级人民法院企业破产案件审理规程（试行）》第 143 条、第 144 条；《深圳市中级人民法院破产案件审理规程》第 57 条、第 58 条；《海口市中级人民法院破产案件审理规程》第 57 条、第 58 条。

协议是否符合相关规定条件,结合地方发布的相关审判指引,常见条件如下①:

(1) 债权人会议表决程序合法;
(2) 和解协议不违反法定的债权清偿顺序;
(3) 同类债权得到公平对待;
(4) 反对和解协议的债权人权益没有受到侵害;
(5) 和解协议内容不存在欺诈或违反法律、法规禁止性规定;
(6) 和解协议的执行期限合理、执行保障到位;
(7) 人民法院认为应当审查的其他内容。

人民法院经审查认为和解协议符合法律和前款规定的,合议庭应裁定认可和解协议、终止和解程序,并予以公告。

(三) 和解期间的继续经营和自行经营

《企业破产法》第98条规定:"债权人会议通过和解协议的,由人民法院裁定认可,终止和解程序,并予以公告。管理人应当向债务人移交财产和营业事务,并向人民法院提交执行职务的报告。"根据该条文之义,在和解程序终止后,债务人自行负责经营管理,而对于人民法院裁定债务人和解之日起至和解程序终止期间,债务人能否自行执行营业事务,现行法律法规并未提及。在破产重整中,《企业破产法》第73条第1款明确规定:"在重整期间,经债务人申请,人民法院批准,债务人可以在管理人的监督下自行管理财产和营业事务。"

和解程序与重整程序作为并驾齐驱的两个挽救制度,债务人均存在营业的现实可能性,进一步而言,和解程序是在不改变企业经营基本格局情况下,为债务人与债权人和解提供一个便捷的途径,如果企业自主经营管理权消灭了,不仅可能背离便捷的优势,更可能破坏企业继续经营条件,因此本书认为,债务人拥有自主经营权是和解程序的应有之义。在法律法规未有明确规定之情形下,债务人自主经营权的具体行使条件及程序,可以参照破产重整中债务人申请自行经营管理的处理,内容详见本章"重整程序"一节。

---

① 《北京市高级人民法院企业破产案件审理规程》第237条,《深圳市中级人民法院破产案件审理规程》第62条。

二、制作和解协议草案

（一）和解协议草案的制作主体

《企业破产法》第 95 条第 2 款规定："债务人申请和解，应当提出和解协议草案。"和解协议草案的制作主体和重整计划草案有所不同，和解协议草案仅能以债务人名义提出，而重整计划草案可以由债务人或管理人提出。实践中，基于管理人的实务经验，为了提升和解效率，保障协议顺利落地，和解协议草案通常是由管理人协助债务人拟定，甚至是由管理人根据债务人提出的清偿方案直接拟定，但最终仍是以债务人名义提出。

（二）和解协议草案的内容

《企业破产法》第 96 条第 1 款规定："人民法院经审查认为和解申请符合本法规定的，应当裁定和解，予以公告，并召集债权人会议讨论和解协议草案。"有别于破产重整程序中的重整计划草案，《企业破产法》并未对和解协议草案的内容作出明确规定，此种模糊规定将导致债务人拟定和解协议草案以及债权人同债务人谈判和解协议草案时缺少方向和指引，甚至可能会遗漏关键要素。

《企业破产法》虽未明确规定和解协议草案的内容，但在司法实践中已有部分法院出台相应的审判指导文件，对于和解协议草案的制订给出了指导性意见，综合来看，和解协议草案（详见附件51）一般包含以下内容[①]：

1. 债务人的财产状况

债务人财产是债权人利益实现的保障，是达成和解方案的基础。在和解协议中应翔实披露债务人财产现状，尤其是明确在和解程序中可供清偿的财产。一方面，这样便于债权人对于债务人的整体情况有个直观了解；另一方面，各方主体可基于债务人的财产现状，并结合债务人提出的清偿方案，分析比较破产清算状态下模拟清偿率与和解程序下的清偿率孰高孰低，进而作出理性判断。

2. 清偿债务的比例、期限及财产来源

对于债权人来说，关乎其切身利益的是债务清偿率、清偿期限及债务人

[①] 《山东省高级人民法院企业破产案件审理规范指引》《江苏省高级人民法院破产案件审理指南（修订版）》《北京市高级人民法院企业破产案件审理流程》。

财产来源，和解程序能否继续推进，决定性因素在于和解程序中的清偿方案是否优于破产清算状态下的清偿方案。因此在和解协议草案中约定清晰的债务清偿比例、期限尤为重要。对于债务人逾期未履行和解协议的处理，《企业破产法》仅规定了债权人可以申请人民法院宣告债务人破产，而对于能否延长和解协议履行期限并未作出规定。本书认为，和解协议实为契约，在经债权人同意的情形下，或债权人未向人民法院申请裁定终止和解协议执行的，和解协议履行期限延长不应被禁止。

实践中，很多中小微企业的财产大部分为知识产权、品牌效应等软资产，可供清偿的货币资金微乎其微，而为了盘活企业，债务人法定代表人、实际控制人、股东或其他第三方等，愿意提供资金用于和解偿债。为了避免一些因和解失败而出现的纠纷，债务人应在和解协议草案中明确非债务人自有偿债资金的性质及失败后相关主体的救济途径。

3. 破产费用、共益债务的种类、数额及支付期限

《企业破产法》第 113 条规定："破产财产在优先清偿破产费用和共益债务后，依照下列顺序清偿……"即，破产费用及共益债务先于债权清偿，两项费用的比重高低将影响债权清偿率，因此有必要在和解协议草案中写明相关费用的种类及数额、支付期限。

4. 和解协议的执行保障条款

对于是否设置执行保障条款及执行监督条款，各地法院意见相迥，其中北京市高级人民法院、山东省高级人民法院认为该类条款非必选项[1]，但陕西省高级人民法院、江西省高级人民法院、河北省高级人民法院、深圳市中级人民法院等则明确表示和解协议草案应当包含执行保障条款。[2] 具体的执行保障条款可以约定如下：(1) 违约条款；(2) 债务人的禁止性行为，如债务人在一定期限内不能处分自身的大额财产等；(3) 债务人及其出资人、实际控制人等设定担保作为增信措施；(4) 引入第三方承担履行不能的责任。

---

[1] 《北京市高级人民法院企业破产案件审理规程》第 232 条，《山东省高级人民法院企业破产案件审理规范指引（试行）》第 163 条。

[2] 《陕西省高级人民法院破产案件审理规程（试行）》第 195 条，《江西省高级人民法院发企业破产案件审理规程（试行）》第 142 条，《河北省高级人民法院破产案件审理规程（试行）》第 112 条，《深圳市中级人民法院破产案件审理规程》第 56 条。

三、和解协议的通过和认可

（一）和解协议的表决

《企业破产法》第 97 条规定："债权人会议通过和解协议的决议，由出席会议的有表决权的债权人过半数同意，并且其所代表的债权额占无财产担保债权总额的三分之二以上。"第 59 条第 1 款规定："依法申报债权的债权人为债权人会议的成员，有权参加债权人会议，享有表决权。"第 59 条第 2 款规定："债权尚未确定的债权人，除人民法院能够为其行使表决权而临时确定债权额的外，不得行使表决权。"因此，同债权人会议其他议案的表决要求一样，在对和解协议进行表决时，首先要确定的是享有表决权的主体，其应当依法申报债权且债权已被确认，否则，应基于实际情况确定是否为其申请临时表决权。

因职工债权涉及民生及社会稳定，从实现公平清偿的立法考虑，《企业破产法》给予职工群体特殊的保护，并通过第 48 条、第 59 条、第 113 条等规定了职工债权的内容、参与破产程序及职工债权的优先清偿顺序。因职工债权处于破产清算中优先保护的地位，一般认为破产财产的处置、分配不会影响其权益，因此职工债权人在债权人会议上不具有表决权，但职工和工会的代表参加债权人会议，可以对有关事项发表意见。

综上，在表决主体方面，对和解协议有表决权的债权人为除担保债权人、职工债权人之外，依法申报债权且经核查确认或人民法院临时确定表决权的债权人。在通过比例方面，需要满足表决人数过半及债权金额超 2/3 两个条件，即表决同意的债权人数占出席会议且有表决权的债权人人数 1/2 以上，表决同意的债权人代表的债权金额占无财产担保债权总额 2/3 以上。实践中，因职工债权金额占比较大，甚至超过无财产担保债权总额的 1/2，如将职工债权金额计入无财产担保总额计算基数，必将导致表决事项无通过可能性，故司法实践中对于是否将职工债权金额作为无财产担保总额的计算基数尚存争议。

（二）和解协议的认可

《企业破产法》第 98 条规定："债权人会议通过和解协议的，由人民法院裁定认可……"重整程序中，未通过重整计划草案的表决组拒绝再次表决或者再次表决仍未通过重整计划草案的,人民法院可以依据债务人或管理人的申请裁定强制批准重整计划。而和解程序中,只有经债权人会议表决通过的和解协议,人民法院才会裁定认可,人民法院不具有强制裁定认可和解协议的职权。

关于提请人民法院裁定认可和解协议的主体是债务人还是管理人,《企业破产法》并未有明确规定。最高人民法院《人民法院破产程序法律文书样式(试行)》中用于认可或不认可和解协议的"文书样式88"载明了申请人为债务人。据此,实践中有些法院认为申请主体应为债务人。而部分地区法院认为申请主体应为管理人,如北京市高级人民法院。[①]

四、和解协议的执行

(一)和解协议的约束力

《企业破产法》第100条第1款规定:"经人民法院裁定认可的和解协议,对债务人和全体和解债权人均有约束力。"和解协议经人民法院裁定认可后,债务人及全体和解债权人均应依约执行。同时,《企业破产法》第100条第2款规定:"和解债权人是指人民法院受理破产申请时对债务人享有无财产担保债权的人。"对于未按照规定申报债权的债权人,其在和解协议执行期间不得行使权利,只能等到和解协议执行完毕之后,按照和解协议规定的清偿条件向债务人主张权利。

此外,对债务人的特定财产享有担保权的权利人不受和解协议的约束,从人民法院裁定和解之日起,可以随时向管理人主张就该特定财产变价处置行使优先受偿权,管理人应及时变价处置,不得以须经债权人会议决议等为由拒绝。但是,担保财产一般为债务人的核心资产,为了保持核心资产的完整性,往往需要担保权人暂停行使担保权利。实践中,可以通过全额清偿担保债权人的债权、延长主债务期限、提供新的担保等方式缓解担保财产变现压力,达到挽救债务人核心资产、促进企业重生之目的。

(二)和解协议的强制执行力

实践中,鲜有债权人以债务人未按期履行和解协议中约定的义务而申请

[①] 《北京市高级人民法院企业破产案件审理规程》第236条:"债权人会议通过和解协议满十五日,无债权人依据企业破产法第六十四条第二款之规定请求撤销债权人会议决议的,管理人应当向人民法院提出认可和解协议的申请。"

强制执行的案件。对于经人民法院认可的和解协议是否具有强制执行力,理论界和实务界存在不同的观点。《最高人民法院关于审理企业破产案件若干问题的规定》第 26 条规定:"债务人不按和解协议规定的内容清偿全部债务的,相关债权人可以申请人民法院强制执行。"但北京市高级人民法院在其出台的《企业破产案件审理规程》中认为,和解协议不具有强制执行力,在债务人不能执行或者不执行和解协议时,债权人可申请人民法院终止和解协议的执行,宣告债务人破产。本书认为,在无其他更高位阶的法律法规或最高人民法院未作出相反规定之前,前述《最高人民法院关于审理企业破产案件若干问题的规定》第 26 条应依然有效,即和解协议具有强制执行力,债权人可以根据实际情况选择向人民法院申请强制执行或申请终止和解协议的执行。实践中,债务人因无资金可供履行和解协议的情形比较常见,债权人即便申请强制执行,也难以发现债务人有可供执行财产的,因此债权人会更倾向于直接申请人民法院宣告债务人破产。

(三)和解协议执行的监督主体

根据《企业破产法》第 90 条的规定,管理人负责监督重整计划的执行。而现行和解制度并未规定和解协议执行的监督主体。《企业破产法》第 98 条仅规定人民法院裁定认可和解协议,终止和解程序后,管理人应当向债务人移交财产和营业事务。和解协议通过后,管理人将失去对债务人企业的管理控制,法律亦未规定管理人具有监督和解协议执行之职责。但在实践中,为了避免债务人不法转移、隐匿、私分财产、对个别债权人提前清偿,进而损害债权人的利益,各地法院出台的审判工作规范指引或者管理人工作指引中,大部分鼓励在和解协议草案中设置监督条款。关于监督主体的选择,可以结合案件的具体情况,选择由管理人或债权人进行监督。① 而《上海市破产管理人协会破产案件管理人工作指引(试行)》第 105 条则直接规定:"管理人应当监督和解协议的执行并在和解协议执行完毕后三十日内向人民法院提交监督报告……"该指引虽非强制性标准,但对于管理人履职勤勉程度评价具有重大借鉴意义,实践中可予以参考。

---

① 《江苏省高级人民法院破产案件审理指南(修订版)》第九章"重整和解"之 6:"……和解协议草案中可以规定监督条款,由债权人对债务人执行和解协议情况进行监督。"

五、终止和解协议的执行

(一) 终止执行的情形

《企业破产法》第 104 条第 1 款规定:"债务人不能执行或者不执行和解协议的,人民法院经和解债权人请求,应当裁定终止和解协议的执行,并宣告债务人破产。"可见,和解协议终止执行有两种原因:一是债务人不能执行和解协议,为客观的执行不能,主要缘于债务人在宽限期内经济状况依旧不佳、再次出现资金困境等;二是债务人不执行和解协议,为主观的执行不能,表现为债务人拒不执行或者拖延执行。

(二) 终止执行的法律后果

因债务人不能执行和解协议或不执行和解协议,债权人请求人民法院裁定终止和解协议执行的法律后果规定在《企业破产法》第 104 条第 2 款至第 4 款,具体如下:

1. 债务人被宣告破产

有上述终止和解协议执行的法定事由,人民法院经和解债权人请求,作出终止和解协议执行裁定的同时,应宣告债务人破产,债务人的破产清算程序因此恢复,管理人将继续履职。

2. 债权人在和解协议中所作的债权调整承诺失去效力

为促成和解协议达成、拯救债务人,债权人一般会作出债权本金或利息减免让步,当债务人因违反和解协议而被宣告破产时,债权人所作的让步将失去意义,故当和解协议终止执行时,债权人在和解协议中所作的债权调整承诺将失去效力,其可按照原本债权金额在恢复后的破产清算程序中继续行使权利。

3. 因执行和解协议所受清偿的处理

和解协议终止并不影响已履行部分的效力,债权人根据生效和解协议已获清偿的部分继续有效,而未获清偿的将作为剩余债权在后续的破产程序中继续参与受偿,即在和解程序中已部分受偿的债权人,其后续参与破产程序所代表的债权金额为人民法院裁定确认的债权总金额减去和解程序中已受偿的债权金额。

4. 对已受清偿的债权人继续接受分配的限制

如前所述，债权人在和解程序中未受偿的剩余债权得以在后续的破产程序中继续参与分配。基于破产程序中各债权人公平受偿的立法精神，同一类别的债权应获得同等清偿，即同类债权人的清偿比例不仅相同，清偿进程也应同步。在实践中，考虑到案件的不同情况，尤其是存在实物分配与现金分配相结合的情形时，可能会对同类别债权人设置不同的清偿比例。当和解协议终止执行时，可能存在债权人实际受偿比例不一致的情形。此种情形下，受偿比例较高的债权人只有在其他同类债权人同自己所受清偿达到同一比例时，才能继续接受分配。

5. 为和解协议执行提供的担保继续有效

为保障和解协议的履行，债务人提出的和解协议草案可能加入了第三人对债务人履行和解协议提供担保的条款，包括保证、抵押及质押等。当债务人不履行和解协议或不能履行和解协议时，第三人为和解协议提供的担保将继续有效，债权人可以直接向第三人主张行使担保权利，以实现债权。

六、终止和解程序

《企业破产法》第 98 条规定："债权人会议通过和解协议的，由人民法院裁定认可，终止和解程序，并予以公告……"第 99 条规定："和解协议草案经债权人会议表决未获得通过，或者已经债权人会议通过的和解协议未获得人民法院认可的，人民法院应当裁定终止和解程序，并宣告债务人破产。"《北京市高级人民法院企业破产案件审理规程》第 240 条规定："在人民法院作出是否认可和解协议的裁定之前，债务人撤回和解申请的，人民法院应当裁定终止和解程序，宣告债务人破产，并公告。"可见，和解程序终止的情形有：（1）和解协议经债权人表决通过并经人民法院裁定认可；（2）和解协议未经债权人会议表决通过；（3）人民法院未裁定认可和解协议；（4）债务人在人民法院作出是否裁定认可和解协议之前撤回和解申请。

针对上述第（1）种终止情形，如债务人出现违约，未能执行或不执行和解协议的，债权人可以重新行使申请对债务人进行清算的权利，人民法院将依债权人申请宣告债务人破产，破产程序重新恢复。而针对上述第（2）(3)(4）种终止情形，人民法院将在裁定终止和解程序的同时，直接宣告债务人破产。

七、破产中的自行和解

《企业破产法》第 105 条规定:"人民法院受理破产申请后,债务人与全体债权人就债权债务的处理自行达成协议的,可以请求人民法院裁定认可,并终结破产程序。"该条文是债务人与全体债权人自行和解的主要依据。所谓自行和解,在实践中也称为民事和解,是债务人与全体债权人对自身民事权利处分的自愿形式,是私法自治下的债权债务消解方式。

(一) 自行和解不受破产程序阶段的影响

如前所述,破产和解应于人民法院宣告债务人破产前提出,但未明文规定自行和解在破产程序中的截止适用期。最高人民法院《人民法院破产程序法律文书样式(试行)》中用于认可债务人与全体债权人自行达成协议的"文书样式 92",在适用说明处载明:"若宣告破产后裁定认可协议的,应在裁定书的首部增加宣告破产的事实,并在裁定主文中一并撤销宣告破产的裁定,具体表述为:撤销本院(××××)×破字第×—×号民事裁定书……"由此可以看出,最高人民法院通过指导文书的方式认可债务人被宣告破产后仍然可以自行和解。自行和解体现了债务人与债权人完全的意思自治,是当事人对其权利的自由处置,在破产程序的任何阶段皆可进行。

(二) 自行和解无须经债权人会议表决

根据《企业破产法》第 98 条的规定,破产和解程序系和解协议须经债权人会议表决通过并由人民法院裁定认可的司法程序;而基于《企业破产法》第 105 条规定的自行和解所达成的协议,仅要求"所有债权人均与债务人达成和解协议",即需要得到全体债权人同意,并未要求再经债权人会议表决的司法程序,即使是债务人分别与各个债权人达成协议(可能存在同类债权人清偿条件不一的情形),亦符合自行和解的成功条件。基于自行和解制度与破产和解制度的本质区别,自行和解情形下达成的全体债权人一致同意的和解协议,不需再经债权人会议的表决程序。

(三) 自行和解的法律效果

根据《企业破产法》第 105 条的规定,自行和解达成的程序后果是破产程序全部完结。自行和解后人民法院和管理人均无继续介入的法律依据,人民法院即可对破产案件做结案处理,管理人职责也同时终止。

当然，自行达成的和解协议也可能存在未得到顺利执行的情况。当债务人不履行和解协议或不能执行和解协议的情形，由于原破产程序已终结，基于破产程序的不可逆性，债权人如要行使申请债务人清算的权利，只能另行提出申请，启动新的破产程序。这如同诉讼程序中当事人自行达成和解协议而撤诉的情形，当和解协议未能继续履行时，当事人如要实现权利救济则需重新起诉。

第四节 合并破产

实践中，关联企业合并破产主要分为实质合并与协调审理两种模式。

实质合并是对各关联企业的资产与负债进行合并处理，将多个关联企业在破产程序中视为一个主体，各关联企业的法人人格不再独立，对于所有关联企业的同类债权人，统一按照相同比例进行清偿。我国目前的司法实践中，实质合并主要以法人人格高度混同、区分各关联企业成员财产的成本过高、严重损害债权人公平清偿利益作为适用条件。

协调审理的规定体现在《全国法院破产审判工作会议纪要》第 38 条、第 39 条，实践中主要针对不同法院管辖的多个企业破产案件，采取程序合并、整体协调的方式推进破产程序，例如在不同企业的破产程序中统一制订各关联企业独立而又相互协调的推进方案，或整个集团企业的破产工作计划，从而提高各企业破产程序的综合效率，帮助债权人获得更多的分配。在协调审理中，各关联企业仍保持法人人格独立，各关联企业的资产负债分开核定，债权清偿比例分别确定。

一、关联企业的认定

关联企业是实质合并及协调审理程序的适用对象，若要确定是否将相关企业纳入合并破产程序，首先需要界定关联企业的范围。

由于《公司法》和《企业破产法》目前均没有对"关联企业"这一概念作出界定，实务中，管理人通常直接从企业间存在法人人格混同展开审查，并没有对被申请合并破产的相关企业是否为关联企业进行认定，或者直接作出若干企业是关联企业的结论。

我国首次出现"关联企业"的定义见于国务院1991年发布的《中华人民共和国外商投资企业和外国企业所得税法实施细则》（已失效），其第52条规定："税法第十三条所说的关联企业，是指与企业有以下之一关系的公司、企业和其他经济组织：（一）在资金、经营、购销等方面，存在直接或者间接的拥有或者控制关系；（二）直接或者间接地同为第三者所拥有或者控制；（三）其他在利益上相关联的关系。"其后，《税收征收管理法实施细则》第51条作出了相同规定；同时，《企业会计准则第36号——关联方披露》与《中华人民共和国企业国有资产法》对"关联方"作出了相关定义。上述规定都是从税收、会计以及国有资产的角度定义关联企业，因所调整范围的不同而作出相应规范，故无法准确适用于破产领域中对关联企业的认定。

对此，王欣新教授在参考联合国国际贸易法委员会《破产法立法指南》后，将"关联企业"定义为："通过股权、合同或其他方法如人事控制权、表决权协议等，在相互间存在直接或间接的控制与从属关系或重要影响的两个或多个企业。"①

需要注意的是，实践中不少企业的关联关系难以通过外部形式被发现，因此对于关联关系的审查需要根据各方的实际经济联系，从实质方面进行认定。

二、实质合并破产的适用标准

（一）适用标准分析

我国目前司法实践中适用实质合并的普遍标准是法人人格混同。不同于《公司法》中法人人格混同导致的"刺破公司面纱"制度，破产制度中对于法人人格的否认，不再局限于对个别行为或个别债务的调整，而是使被纳入合并破产的关联企业之间的所有债权债务关系归于消灭，将所有关联企业视为一体，以便对全体债权人进行统一清偿。

根据《全国法院破产审判工作会议纪要》第32条的规定，实质合并破产中适用法人人格混同需要同时达到"法人人格高度混同""区分各关联企业成员财产的成本过高""严重损害债权人公平清偿利益"的标准。若关联企业之

---

① 王欣新：《破产法（第四版）》，中国人民大学出版社2019年版，第383页。

间仅存在互相担保、互相承担债务、可以区分的资金、资产拆借调拨等情形，并不构成严重混同的，不宜以法人人格混同为由适用实质合并破产，管理人可以通过破产撤销权、"刺破公司面纱"、衡平居次原则等路径或通过协调审理程序进行处理。

1. 对于法人人格高度混同的判断

主要可以从人员混同、财产混同及业务混同三方面判断。

（1）人员混同主要表现为董事会人员互相兼任，高管人员统一调配，员工交叉任用。各关联公司尽管形式上独立，但实质上互为一套人马，公司因此失去独立的意思机构。

（2）财产混同主要表现为：关联公司之间营业场所相同，共用经营资产；关联公司之间银行账户、财务收支、财务记载混同，账簿难以区分；关联公司之间统一调配资金流转，存在大量资金拆借。

（3）业务混同主要体现在各关联企业从事同一业务；或者各关联企业内部业务流程存在混淆重叠，进行统一审批管理。

在判断法人人格是否高度混同的过程中，对于是否属于可以适用实质合并的高度混同需要从破产法角度综合考虑，避免仅从公司法角度对关联企业进行判断。对于集团化运营的关联企业之间普遍存在的集中性行为或现象，管理人不应将此类现象直接作为法人人格混同的要因，比如经营业务相同，经营地点相同，相互担保，交叉持股，管理权集中控制，董事、监事、高级管理人员混同，实际控制人相同等常见的一般性混同事项，仅可以作为资产与负债严重混同情形下，管理人用于判断混同程度的补充性因素，在资产与负债混同程度不高的情形下，上述因素无法作为法人人格高度混同的主要证据，否则将造成滥用实质合并破产的后果。

2. 关于"区分成本过高"的判定

主要是从债权人利益的角度出发，从法律和财务调查、财务调整、混同行为纠正、资产回收、时间效率等方面综合考虑需要投入的成本。区分成本过高的情况主要如下：

（1）区分关联企业财产的资金费用导致可供债权人清偿的债务人财产大量减少，从而与破产程序最大化归集债务人资产、保障债权人权益的初衷相违背，继续推进关联企业单独破产失去意义。

（2）在区分关联企业财产后，原先资产较多的关联企业的普通债权人可获得的实际清偿额，在扣除成本费用以及纠正混同效果后，与资产较少的关联企业普通债权人可获得的清偿相接近，从而导致实质合并程序下清偿率的降低不再对原先资产较多关联企业的债权人造成大量损失。

（3）区分关联企业的财产所需要投入的时间、资源、人力等成本会对债权人产生综合性的损失。

（二）实务案例解析

在上海华信国际集团有限公司等15家关联公司实质合并破产清算一案中，上海市第三中级人民法院（以下简称"上海三中院"）主要从组织架构与运行管理、经营业务、财务及资产情况、关联担保情况、注册资本转移情形五大方面综合分析案件所涉关联公司是否符合实质合并破产清算的实体要件。上海三中院认为，华信系各企业在决策、人事、营业、资产负债等方面，持续高度混同，不具有法人独立意志和独立财产，表现在：

第一，严重丧失法人意志独立性。在整个华信系组织架构中，被申请合并的11家企业虽名义上独立，但实质上受控于华信系实控人，该种控制已突破正常关联企业内部核心公司对从属公司的控制及影响，而达到滥用控制关系的程度。集团内的成员公司未按照公司法建立法人治理结构，经营决策、财务、资金、人事等公司重要事项均高度集中、垂直受控于核心控制企业董事局、实际控制人。具体表现为：

（1）对重大投资、融资、贸易等经营性行为由核心控制企业各部门或实控人直接、全方位管理审批。

（2）对于用印刻章、人事任免、行政采购、法律事务等管理性行为，各被申请实质合并企业均受核心控制企业不同程度的控制，缺乏对于重大管理事项实质意义上的决策权。

（3）在人员、业务、经营场所上受核心控制企业统一安排，缺乏相应独立性。

第二，严重丧失法人财产独立性。具体表现为：

（1）各被申请人企业按日向核心控制企业报送资金日报表、按月报送资金计划。

（2）核心控制企业统一调拨、管理各被申请人企业的资金，统一安排资金结算路径。

（3）各被申请人企业与四家申请企业存在大额往来余额，并存在大额互保行为，超出关联交易的正常范围。

对于区分各关联企业成员财产的成本是否过高,上海三中院从以下方面进行了论述:

(1) 从资金结算路径上,华信系企业及卫星公司的资金结算,难以从财务账面记载的资金流转路径判断是否具有正式的交易关系并加以追回;其次,在资金管控上,核心控制企业管理华信系企业的资金拆借业务,并以往来款的方式向下属企业调拨资金、税金、利息等日常经营资金需求及其他资金拆借,相关资金拆借款项额度巨大且分配于不同的从属公司之间,因无相应基础合同等交易凭证,难以通过财务调查、诉讼追偿等方式纠正调整,债务区分成本过高。

(2) 从混同程度上看,华信系各关联企业之间存在整体人格高度混同以及错综复杂的关联关系与交易,针对单个债务人财产支配和不当利益输送并非债务人自身作出,而是由控制企业整体安排作出;从责任追究方式看,如采用破产撤销权、无效制度,以及公司法上的人格否认制度、衡平居次原则,只能解决债务人单项违法行为的个别纠正,无法解决本案中华信系企业之间资产、债权债务、经营、人员等各方面整体人格高度混同问题。从责任追究成本和制度选择上看,本案中,管理人依据现存的财务账册及接管资料显然存在举证困难,考虑到纠正部分企业不当关联关系可能产生的高昂经济、时间、司法成本,采用实质合并破产使得关联企业之间债权债务关系消灭,财产合并处置,强调对债权人利益的整体维护,为处理本案更优程序选择。

对于实质合并能否使债权人受益,上海三中院认为债权人受益标准的判断有两种情况:其一是实质合并有利于所有债权人,即不会造成任何债权人损失;其二是实质合并产生的利益大于其造成的损害,即对于部分债权人而言,实质合并会带来损失,但其损失不会超过其他债权人或整体债权人可从实质合并破产清算程序中获得的收益,该种情况下,需从损失合理性、公平性等方面进行利益权衡后作出判断。在实质合并破产清算情形下,不排除部分关联企业的债权人的清偿率可能降低的情况,但这种差异的根源正在于华信系关联企业之间滥用关联关系,正是基于关联企业所获资产系统一调配和安排的结果,所以该企业的债权人可能获得高于其他华信系企业的清偿率。而实质合并破产清算正是对该种滥用关系的纠正,是公平清理债权债务的宗旨所在。此外,实质合并衡量的是全体债权人的整体利益,而非个别债权人的个体利益。适用实质合并破产清算的目的并非要确保每一位债权人的清偿利益均高于分别破产,而是指不明显损害或有益于大多数债权人利益。如从损失合理性、公平性等方面权衡整体债权人利益后,实质合并破产清算仍作为与法律后果、成本收益相匹配的程序,则应依法适用该程序。

三、实质合并破产的启动

(一) 实质合并破产关联企业范围划定

一般而言,可以适用实质合并破产的关联企业,主要是关联企业中存在破产原因的法人人格高度混同的企业,故存在破产原因是首要判断要素。

在区分关联企业是否存在破产原因时,需要从形式与实质上进行判断,形式上非破产是指从关联企业的外部情况(如财务报表、经营状况等)来看该企业未发生破产原因,但是通过行使撤销权等方式纠正该企业与其他关联企业之间的不当利益输送行为后,该企业实际存在破产原因,可以纳入实质合并破产。

实践中,对于未发生破产原因的关联企业(实质非破产),在少数情况下也可以被纳入实质合并破产:第一,该关联企业存在与其他企业法人人格高度混同的情况,并且其资产与混同企业基本相同,其实质上不存在独立经营的基础;第二,将该关联企业纳入实质合并有利于整个集团的利益,有利于破产程序的推进。

(二) 实质合并破产的启动方式

实质合并破产主要可以分为三种启动方式:其一,各关联企业分别进入破产程序后,再进行实质合并;其二,部分关联企业进入破产程序后,再申请将其他企业直接纳入实质合并破产程序;其三,各关联企业均未进入破产程序时,共同申请实质合并破产。

第一种方式在实践中较为常见,由于在进入实质合并破产程序前各关联企业已进入破产程序,故该种方式不会涉及对未进入破产程序企业的破产原因审查,不会造成实质合并破产企业范围的争议,但由于各关联企业的破产程序可能不由同一破产法院受理,因此后续会涉及确定集中管辖法院以及案件移送问题,管理人在此过程中需配合协调交接。

第二种方式在实践中同样被广泛采用,此种方式需要将未进入破产程序的关联企业直接纳入实质合并破产程序,因此需要对被申请纳入实质合并的关联企业进行实质合并破产实体要件的考察,确认是否符合实质破产原因。

在上海华信国际集团有限公司等十五家关联公司实质合并破产清算一案中，部分债权人对于将华信泰如、锦恒置业两家公司纳入实质合并破产提出异议，主要理由为两家公司与其他关联企业不存在经营地址、人员、业务高度交叉混同情形；同时，华信泰如账面显示资可抵债，其资金资产并未被占用，锦恒置业仅以出租自有房产获取收益，两公司财产状况清晰。对此，上海三中院经审理认为上述两公司在经营管理上无独立决策权，在资产来源上不具有独立性，在经营场所、业务范围、人员任职上存在混同，实质受核心控制企业统筹安排。因此在纠正不当关联交易之后再行清偿，两公司债权人与华信系其余债权人得到的清偿可能相差无几，不利于维护华信系债权人整体公平清偿利益。

第三种方式在实践中较为少见，主要通过各关联企业同时向人民法院联合提出实质合并破产申请，人民法院在受理各破产案件的同时启动实质合并破产程序，因而审查的标准很高，需要充分的证据材料辅助判断。

四、实质合并破产的申请与受理

（一）申请主体及时间

1. 申请主体

对于实质合并破产的申请主体，目前法律及司法解释并无明确规定，实践中主要可由债权人、债务人或管理人提出申请。

债权人申请实质合并破产的，无须作为所有关联企业的债权人，其可以仅作为单一关联企业的债权人提出申请。不同于债务人或管理人，债权人由于信息不对称的因素，可能存在难以充分提供证据的情形。需要注意的是，实践中单独破产情形下清偿率较高的关联企业债权人以及利用关联关系实现不正当利益的债务人会出于自身利益考虑而不主动申请实质合并破产，因此管理人在核查过程中需要积极主动调查实质合并破产的实体要件，对于符合条件的案件主动向人民法院提出申请。

2. 申请时间

原则上，申请人可以在破产宣告前向人民法院提出实质合并破产的申请，实质合并破产程序越早启动，越有利于破产程序的推进以及债权人利益的整体保护。

在上海华信国际集团有限公司等15家关联公司实质合并破产清算一案

中,部分债权人认为申请将其他关联企业纳入实质合并的四家企业已被人民法院宣告破产,不能再将11家企业以实质合并破产清算方式纳入该破产程序。对于提起实质合并申请的节点问题,上海三中院认为,实质合并规则的效用在于纠正关联企业法人人格高度混同的关联关系,最大限度保护全体债权人的公平清偿利益。只要在破产程序终结前发现有关联企业符合实质合并要件的,即应向人民法院申请实质合并破产。

(二)申请时的举证责任

申请人向人民法院提出实质合并破产申请的,应当承担相应的举证责任。

管理人及债务人提出实质合并破产申请的,应当对关联企业法人人格混同、财产区分情况、损害债权人公平受偿情况承担充分的举证责任。一般情况下,管理人可以提供的材料有:被申请企业的基本信息、集团内部管理制度等制度文件、第三方机构出具的专项咨询报告、管理人对各关联企业主要人员的访谈报告等证据材料。

债权人向人民法院提出实质合并破产申请的,因掌握的资料有限,当提供的证据达到合理怀疑程度后,债务人或管理人需配合人民法院提供进一步的材料。

(三)实质合并破产的管辖

《全国法院破产审判工作会议纪要》第35条及《上海市高级人民法院破产审判工作规范指引(2021)》均规定,采用实质合并方式审理关联企业破产案件的,应由关联企业中的核心控制企业住所地人民法院管辖。核心控制企业不明确的,由关联企业主要财产所在地人民法院管辖。

同时,当出现多个法院之间对管辖权发生争议的情形时,《全国法院破产审判工作会议纪要》第35条明确:"应当报请共同的上级人民法院指定管辖。"

(四)受理程序

《全国法院破产审判工作会议纪要》第33条规定:"人民法院收到实质合并申请后,应当及时通知相关利害关系人并组织听证,听证时间不计入审查时间。人民法院在审查实质合并申请过程中,可以综合考虑关联企业之间资产的混同程序及其持续时间、各企业之间的利益关系、债权人整体清偿利益、增加企业重整的可能性等因素,在收到申请之日起三十日内作出是否实质合并审理的裁定。"因此,在人民法院收到实质合并破产申请后,应当及时通知债务人、债权人关于实质合并破产的申请情况,如前期已有部分企业进入破产程序并指定了管理人,则管理人应协助人民法院通知申请人、债务人、相关债权人等利害关系人参与听证,并在听证期间协助人民法院做好实质合并案件情况通报,解释说明工作,充分保障利害关系人的知情权及异议权。

人民法院裁定对关联企业进行实质合并破产后,利害关系人如有异议,可根据《全国法院破产审判工作会议纪要》第34条之规定,自裁定书送达之日起十五日内向受理法院的上一级人民法院申请复议。

五、实质合并破产的法律后果

《全国法院破产审判工作会议纪要》第36条、第37条对实质合并破产的法律后果进行了简要表述。结合法律实践,相关法律后果主要分为以下几类:

(一)债权债务消灭

进入实质合并破产程序后,实质合并破产的各关联企业之间的债权债务关系因并为一个主体而消灭,关联企业之间为内部债务设置的担保也随之消灭,但该担保的消灭不包括对于外部债权所涉担保的消灭,原来对于外部第三人设立的担保依然有效。

同时,各关联企业的财产同样在合并后作为统一的破产财产,供所有实质合并破产企业的债权人按照统一的清偿比例公平受偿。

(二)对破产程序的影响

实质合并破产后,管理人需对各关联企业的破产程序进行有效衔接,对于实质合并破产的各关联企业的债权登记、债权审查确认、审计评估、破产费用与共益债务的确认等工作统一协调。

1. 债权登记与审查

债权方面,对于同一债权人的不同性质债权,管理人可以登记确认为同一债权人的几笔债权,但基于互相担保而产生的重复申报债权,则应当调整为一笔债权。对于债权审核工作,管理人可以基于实质合并后的材料,对已审核的债权查漏补缺,核查是否有需要调整确认的债权。

同时,管理人需统一债权审查口径,对于实质合并后的债权停止计息日是否需要调整,实践中有不同的观点。

第一种观点认为应以最先进入破产程序的企业的破产受理日作为止息日,

此种观点的主要理由是便于实质合并破产程序固定债权,使债权审查更具有确定性。例如,在后进入破产程序的公司作为担保人对债权人提供了抵押担保,其承担的担保责任不应超过在先进入破产程序的主债务人的债权范围。此外,以最先进入破产程序企业的受理日作为止息日也可以避免对已审核的债权重复审核及后续债权金额的再次调整,在程序上提高了合并破产的整体效率。

第二种观点认为各关联企业的债权停止计息日仍按照各自的破产受理日进行确认,实质合并仅仅是对资产负债的统一处理,并非对各关联企业进行组织合并。实践中,北京[①]与四川[②]等地的规定支持此种做法。

由于上海市对此并无明确的规定或操作指引,本书编写团队在实践中主要采取第一种观点的做法,即以最先进入破产程序企业的破产受理日作为实质合并破产后的债权止息日。最高人民法院在(2019)最高法民申265号民事判决中同样持此观点,认为:"原判决有关'孳息债权计算统一截止至先破产企业镭宝机械破产裁定受理日'的做法符合《中华人民共和国企业破产法》第一条'公平清理债权债务,保护债权人和债务人的合法权益,维护社会主义市场经济秩序'的立法目的,也不违反该法第四十六条'附利息的债权自破产申请受理时起停止计息'的规定,并且充分保障了全体债权人能公平有序受偿的立法目的。"

此外,西安市破产管理人协会在《西安市破产管理人协会破产管理人业务操作指引(试行)》第242条同样明确:"基于关联企业必然存在着高度的人格混同,企业进入破产程序后确定止息日能固定债权,让债权具有确定性,而以最早进入破产程序的关联企业破产受理日确定全部企业止息日可以避免关联企业债务规模扩大,提高债权人清偿率,同时也不会让关联企业存在拖延进入破产程序的心理,鼓励关联企业尽快进入破产程序等考量因素,除非个案情况特殊或受理法院有明确要求,管理人可以按照最先进入破产程序的关联企业破产申请受理日确定全部企业止息日,并在向债务人及各关联企业成员的债权人送达的债权申报通知中予以告知。"由此可见,以最先进入破产

---

① 《北京市第一中级人民法院关联企业实质合并重整工作办法(试行)》第39条:"【停止计息】实质合并重整案件,对相应关联企业成员的附利息的债权,一般自对相应关联企业成员的破产申请受理之日停止计息,法律另有规定的除外。"

② 《四川省高级人民法院关于审理破产案件若干问题的解答》之"六、破产重整、和解与清算"第5条:"在处理债权审查时的止息日以及在处理可撤销行为、追回财产时,应当按照债务人与关联企业各自进入破产程序的时间分别确定,并在债权人会议中予以释明。"

程序企业的受理日作为实质合并破产企业的债权止息日具有一定合理性。

2. 其他事项

(1) 审计与评估

为全面核查关联企业的整体资产及负债，管理人可在具备条件的基础上，就合并后的资产负债情况聘请第三方中介机构补充出具审计报告、资产评估报告。此外，对于审计和评估的基准日，也需要管理人视情况进行确定。

(2) 撤销权

类似于上文所述债权止息日的确定，由于各关联企业破产受理时点的不同，破产撤销权基准日的确认也存在不同观点。第一种观点以最先进入破产程序企业的破产申请受理日为基准日；第二种观点以各关联企业各自进入破产程序的破产申请受理日为基准日；第三种观点以人民法院作出实质合并破产裁定的时间为基准日。

本书认为，以各关联企业各自进入破产程序的破产申请受理日分别确定破产撤销权的基准日，能够在保证公平清偿的基础上，满足《企业破产法》的立法目的和维护交易安全，且符合相对方的行为预期。《北京市第一中级人民法院关联企业实质合并重整工作办法（试行）》（以下简称《北京实质合并重整工作办法》）第36条的规定①也持相同做法。

(3) 抵销权

由于实质合并破产后各关联企业的债权债务合并处理，原先对各关联企业分别享有债权和负有债务的债权人，在实质合并后可以向管理人主张抵销权。

(三) 对指定管理人的影响

《上海市高级人民法院破产审判工作规范指引（2021）》第69条规定："人民法院受理关联企业实质合并破产案件，原则上从一级管理人名册中随机指定管理人，可以根据下列情形指定管理人：（1）直接裁定受理实质合并破产申请的，应当在一级管理人名册中指定管理人；（2）裁定关联企业与已经受理并指定管理人的案件实质合并审理的，可以继续指定该管理人担任合并破产案件的管理人；（3）多个关联企业破产案件已经受理并指定管理人的，

---

① 《北京市第一中级人民法院关联企业实质合并重整工作办法（试行）》第36条：【解除权和撤销权起算】管理人依照企业破产法第十八条行使解除或者继续履行合同的决定权，以及依照该法第三十一条、第三十二条行使不当行为撤销权的期限，自对相应关联企业成员的破产申请受理之日起计算。"

裁定实质合并破产后，合并破产案件受理法院可以指定核心控制企业的管理人担任管理人，或者重新指定管理人。采用本条（2）（3）方式指定管理人的，应以保证破产案件审理质效为原则，并听取债权人意见。"

在本书编写团队经办的实质合并破产案件中，当多家关联企业破产案件已经指定管理人的，人民法院在保证案件审理质效的前提下，为保障破产事务有效推进，会选择指定原来各案件的管理人共同担任联合管理人。

（四）对表决权的影响

1. 债权人表决权的调整

由于实质合并破产后所有债权人将统一行使表决权，因此单一债权人的表决影响力将因债权比例的稀释而改变，原先在表决过程中有较高话语权的债权人将在实质合并破产后因债权占比降低而导致表决权重减少，甚至失去主导或控制地位。

2. 出资人组表决的设置

在实质合并重整案件中，需要设置出资人组对出资人权益调整事项进行表决。《企业破产法》第 85 条规定："债务人的出资人代表可以列席讨论重整计划草案的债权人会议。重整计划草案涉及出资人权益调整事项的，应当设出资人组，对该事项进行表决。"但该规定并未明确实质合并重整中出资人表决的设置及规则。

目前，司法实践中关于出资人组的表决方式大致有两种：

第一种，分别设置出资人组，将关联企业成员视为独立的主体，由其各自股东对其权益调整事项进行表决。

第二种，合并设置一个出资人组，将关联企业的股本总额进行确认，合并范围内的出资人不直接表决，而仅由全体外部出资人进行表决。此种方式将合并范围内关联企业之间的投资额按持股比例向上层层穿透至外部股东，分别累计外部股东对各层级关联企业的出资额，并以此为基数计算外部股东股权比例。该种方式可以清晰判断外部股东对各层级关联企业实施直接和间接持股的比例大小，能够客观准确地反映合并成员的实际投资人和最终受益人。

《北京实质合并重整工作办法》第 48 条[①]即采纳了第二种观点。同时，

[①] 《北京市第一中级人民法院关联企业实质合并重整工作办法（试行）》第 48 条："【出资人表决权计算】关联企业成员不参加对出资人权益调整事项的表决，其对其他关联企业成员的出资额按出资比例穿透至外部出资人，视为外部出资人对关联企业的出资额。外部出资人以其直接和按照前款规定确定的穿透投资额，累加为其总出资额行使表决权。"

《北京实质合并重整工作办法》第 47 条规定:"……关联企业中既有股份有限公司又有其他种类企业法人的,可以将股份有限公司的出资人单独设组进行表决。"第 49 条对出资人组表决规则进行明确:"出资人组中有股份有限公司的出资人的,出席会议的出资人所持表决权三分之二以上同意出资人权益调整事项,出资人组的表决结果即为通过。除前款规定的情形外,代表三分之二以上表决权的出资人同意出资人权益调整事项,出资人组的表决结果即为通过。"该等规定对管理人处理实质合并重整中的出资人表决事宜具有一定参考作用。

(五)对关联企业主体资格的处理

《全国法院破产审判工作会议纪要》第 37 条规定:"适用实质合并规则进行破产清算的,破产程序终结后各关联企业成员均应予以注销。适用实质合并规则进行和解或重整的,各关联企业原则上应合并为一个企业。根据和解协议或重整计划,确有需要保持个别企业独立的,应当依照企业分立的有关规则单独处理。"

实质合并破产清算终结后对于破产清算的企业注销主体资格并无不妥。然而,在实质合并和解或重整案件中,由于重整后的企业继续存续经营,为了保持经营牌照或经营许可的长期有效等实际经营需求,管理人通常可以在和解协议或重整计划中就实质合并的各关联企业主体资格存续作出安排,一并提交债权人会议表决。

六、程序合并破产制度

(一)法律规定及制度介绍

关联企业程序合并在《全国法院破产审判工作会议纪要》中又被称为协调审理,该审理模式主要适用于各关联企业不存在法人人格混同,或存在法人人格混同但未达到实质合并的实体程度,而又需要通过协调审理协助各关联企业破产程序有效推进的情况。例如,关联企业内部存在业务经营的上下游关系,通过程序合并可以提高重整成功率、提高各破产案件的整体效率。

《全国法院破产审判工作会议纪要》第 38 条对于协调审理的适用情形及管辖原则作出了规定:"多个关联企业成员均存在破产原因但不符合实质合并条件的,人民法院可根据相关主体的申请对多个破产程序进行协调审理,并可根据程序协调的需要,综合考虑破产案件审理的效率、破产申请的先后顺序、成员负债规模大小、核心控制企业住所地等因素,由共同的上级法院确定一家法院集中管辖。"有别于实质合并破产中产生管辖权争议后由共同的上级人民法院指定管辖,程序合并中的案件管辖直接由各受理法院的共同上级法院确定管辖。

同时,对于协调审理的法律后果,《全国法院破产审判工作会议纪要》第39条规定:"协调审理不消灭关联企业成员之间的债权债务关系,不对关联企业成员的财产进行合并,各关联企业成员的债权人仍以该企业成员财产为限依法获得清偿。但关联企业成员之间不当利用关联关系形成的债权,应当劣后于其他普通债权顺序清偿,且该劣后债权人不得就其他关联企业成员提供的特定财产优先受偿。"该条规定明确要求在协调审理中对于关联企业之间利用不正当关系形成的债权,适用衡平居次原则确认为劣后债权。

除《全国法院破产审判工作会议纪要》作出的上述原则性规定外,国内尚未形成完善的协调审理配套规则,实践中往往通过人民法院与管理人的灵活处理,根据案件情况协调办理进度。

(二)实务案例

1. 基本案情

上海中发开关有限公司(以下简称"中发开关公司")是一家主要从事配电开关控制设备制造的企业。因受关联企业债务影响、资金周转困难而停止经营。依债权人申请,上海三中院裁定受理中发开关公司破产清算案。经债权申报,中发开关公司共有债权人30余户,累计负债逾9亿元。管理人通过调查获知,中发开关公司的核心资产系位于上海市浦东新区周浦镇的工业用房,直接处置变现将面临缴纳土地增值税等高额税费、变现周期长、价值不确定等问题,而中发开关公司在高低压电领域仍有一定的市场品牌价值。因此,破产受理法院指导管理人多次研判重整可行性,最终确定了重整目标,并释明及引导该公司申请转入破产重整程序。

中发开关公司及其四家关联企业相继进入破产程序,而各关联企业并不符合实质合并破产条件。中发开关公司重整期间,破产合议庭克服疫情影响,利用线上系统协同推进五家企业破产程序,及时厘清关联企业之间的债权债务关系,综合核心控制企业及实际控制人等因素,各关联企业之间不当利用关联关系形成的债权统一被认定为劣后债权,得到了各案债权人会议的认可。

2022年7月,上海三中院裁定批准重整计划并终止重整程序。同年12月,重整计划执行完毕。

2. 案例评析

(1) 程序合并审理模式

合议庭在五家管理人的配合下,对在案证据开展全面审查工作。依五家关联企业的财务账册等资料显示,除已申报的关联债权外,五家关联企业无其他资金往来,且已申报的关联债权在各自财务账册中均有明确记载;从证据审查的结果来看,五家关联企业的财务制度较为规范,有独立的意思和独立的财产,不存在财产混同且无法区分或区分成本过高的问题,也不会严重损害债权人公平清偿利益。因此,本案不适用实质合并程序。

由于《全国法院破产审判工作会议纪要》第38条未对协调审理的事项、程序等作出细化,为了高效审理该批案件,上海三中院探索采取协同审理方式积极推进各个关联企业破产程序:一是五家关联企业破产案件交由同一合议庭办理,以便协同审理;二是合议庭指导五家管理人组建管理人联合工作机制,积极沟通关联企业识别、关联债权审查等事项,促成识别审查标准统一;三是合议庭定期召开五家管理人联合工作例会,就关联企业是否符合实质合并破产条件、关联债权审查认定等问题的识别和解决形成统一意见。

协同审理的成效明显,尤其是统一了关联债权的识别审查标准,降低了关联债权对各个破产程序的负面影响,极大提高了各破产程序的办理效率。

(2) 关联债权劣后清偿的实质判断

虽然《全国法院破产审判工作会议纪要》第39条规定就如何审查认定关联债权为劣后债权明确了审查要件,但由于"不当利用关联关系"概念不够明确,审查标准存在争议。《民法典》第84条规定:"营利法人的控股出资人、实际控制人、董事、监事、高级管理人员不得利用其关联关系损害法人的利益;利用关联关系造成法人损失的,应当承担赔偿责任。"实践中,"损害法人利益"常见的有利用关联关系不合理或不合法地转移法人财产、增加法人负债等情形。在法人破产的情况下,法人财产主要用于清偿债权,若将上述利用关联关系不合理或不合法地增加法人负债而形成的关联债权,与其他债权置于同一清偿顺位,其势必会降低其他债权的清偿率,从而损害外部债权人的清偿利益。因此,在破产语境下,"不当利用关联关系形成的债权",

应为损害其他债权人利益的债权。

本案中,经管理人审查,最终确认22笔关联债权,金额逾6.5亿,占总破产债权比例超过72%。故对关联债权清偿顺位的认定直接关系到全体债权人的清偿利益。经综合分析判断,本案的关联债权共有两类,一类是相互担保形成的债权,另一类是基于关联企业间的往来款项形成的债权。在债权审查阶段,五家管理人开展联合调查工作,发现这些关联债权形成时间久远,基础法律关系不够明晰,因而要求五家关联企业的实际控制人对关联债权形成的必要性以及相应款项的使用情况予以说明,但该实际控制人均语焉不详。各关联企业财务账册显示,关联企业间存在互负债务和三角债务的情况。前者如中发开关公司与上海中发电气(集团)股份有限公司互负债务;后者如中发开关公司对上海服装城股份有限公司负有债务,上海服装城股份有限公司对上海中发电气(集团)股份有限公司负有债务,上海中发电气(集团)股份有限公司对中发开关公司负有债务。大部分债务在各关联企业账上应收账款账龄超三年。结合债务形成及存续时间,分析各关联企业破产前的经营情况,各关联企业完全可以采取债权转让、行使抵销权等方式依法化债,从而合理缩小关联债务规模。但从审计结果来看,各关联企业不仅未采取任何妥善化债举措,反而放任部分债务长期挂账计息,不合理地维持及扩大关联债务规模。在各关联企业一同破产时,若不加甄别地将基于这些债务形成的关联债权予以确认,与其他债权置于同一清偿顺位,势必会降低其他债权的清偿率,从而损害外部债权人的清偿利益。基于此,本案的关联债权最终被认定为实际控制人利用关联企业控制权不当形成的债权,应作为劣后债权处理。在合议庭的指导下,五家管理人制定劣后关联债权的处理议案,并经各案债权人会议表决通过,切实保护了各案债权人的合法权益。

第五节 预重整程序

预重整制度虽属于舶来品,但随着市场经济的飞速发展及挽救企业方式探索实践的纵深拓展,国内有关预重整制度的理论研究、预重整程序实践及相关从业人员的实操成果越来越多。因国家层面尚无预重整制度的相关法律法规,仅在《全国法院破产审判工作会议纪要》第22条有简要论述,故本节主要立足于上海区域内的相关规定,并结合我们担任临时管理人或为濒临破产企业做预重整前辅导的经验，简要介绍一下预重整程序中的重点问题。

一、准备工作

工欲善其事，必先利其器。既然预重整程序系给陷入困境甚至濒临破产的企业以喘息机会，且避免其直接进入重整程序可能面临的重整失败而转入破产清算的不可逆风险，那么必须在决定启动该程序之初即做好各项准备工作。

（一）尽职调查

《上海破产法庭预重整案件办理规程（试行）》第3条规定："符合《企业破产法》第二条规定的债务人，在进入重整程序前具有下列情形的，债权人或债务人可以申请预重整：（一）企业及所在行业发展前景良好，具有挽救价值；（二）企业治理结构完备、运作正常；（三）具有基本自主谈判能力；（四）债务人、主要债权人均有重整意愿；（五）重整可行性尚需进一步明确。"故判断债务人是否具备预重整的条件，应当先行对其进行全面尽职调查，以对照是否符合该等情形。

因预重整的申请主体仅限债务人或债权人，而债权人在未经债务人同意之情况下，暂不具备对其开展全面尽调的条件，故此处的尽职调查主要是针对债务人提出的建议：（1）债务人经营管理层应就企业陷入困境的原因进行深入剖析，回溯过往发展的经验或教训，就债务人所处行业的发展现状或未来发展趋势进行研判，必要时聘请职业经理人给出专业的指导意见和建议，从而确定企业是否还具备挽救价值。（2）债务人自查企业内部治理结构、运作架构的完整和有效性，如有重大人事变动或股东会、董事会等召开和决议出现僵局情形的，是否有能力调整；如涉及重组方案协商谈判事宜的，债务人的出资人、高管是否有能力胜任及配合度如何；根据2023年《公司法》的相关规定，还应重点关注董监高的忠实勤勉履职情况，包括对股东出资的催收行为。（3）聘请律师事务所对企业进行全面法律尽职调查，厘清企业的法律风险及是否会阻碍预重整程序的进行或能否通过预重整程序纠正。（4）事先与主要债权人沟通，判断其协商意愿及是否支持在预重整程序中的统一偿债安排，特别是担保权人或其他优先权人、金融机构债权人等。（5）自行梳理企业资产和负债情况，判断资产负债率及现状下的偿债预测。

（二）财务审计和资产评估

该项工作视情况而定，如债务人本身的财务账目清晰、资产种类有限且权属清晰，也可以在后续预重整程序中启动。但对于债务人过往经营中财务做账不规范、资产繁多、权属存在一定争议且价值评估所需周期长，为避免因此拖延投资人招募或预重整方案的制订，建议在预重整程序启动之初即完成该两项工作，后续如无重大变动，可以此结果为基础展开相关工作。但需要注意，如债务人的财务做账不规范，特别是缺失财务账的，应在此环节根据财务凭证完善，再行开展审计；评估报告须有资产的清算价值和重整价值，以供后续与债权人协商谈判或招募投资人使用。

（三）研判预重整的可行性

各地关于预重整期限的限制基本都在6个月以内，在如此短的时间内，需要参照重整程序完成资债清查、投资人招募、各方协商谈判、预重整方案制订及表决，于案涉各方均是严峻考验，故预重整程序启动的可行性除了判断前述债务人的经营价值、运转结构的有效性、债权人的支持力度外，更要充分考虑所有工作完成的预期时间。实务中，很多预重整案件在启动之前，即先行完成了大部分的工作，甚至已有意向投资人，进入程序后，各方的工作重心主要落在如何设计预重整方案及表决事宜，这样方能有的放矢，在规定期限内实现预重整目标并顺利转入重整程序。

（四）临时管理人选聘

由于预重整制度本质上仍为庭外重组，故选择一个中立的第三方机构集中完成清产核资、债务统计及协调各方协商谈判，就预重整方案的制订、调整与表决提供全程服务就十分必要，为增进各方信任，人民法院充分尊重利害关系人的意思自治，优先采用各方推荐方式选定临时管理人。

《上海破产法庭预重整案件办理规程（试行）》第7条规定："债务人或债权额合计占已知总债权额二分之一以上的主要债权人，可以向法院书面提名临时管理人人选。被提名人选已编入管理人名册，且不存在不宜担任临时管理人情形的，法院确定其为临时管理人。金融机构债权人委员会可以根据中国银保监会、发展改革委、中国人民银行、中国证监会联合印发的《金融机构债权人委员会工作规程》（银保监发〔2020〕57号）的相关规定，代表成员机构向法院推荐临时管理人。数名提名人提名的临时管理人不一致的，法院应组织提名人协商，协商一致的，确定为临时管理人。无人提名或数名提名人无法协商一致的，法院参照《企业破产法》重整程序的规定指定临时管理人。法院对确定的临时管理人应出具《预重整临时管理人确定书》。"由此，临时管理人的选聘需要具备几个条件：（1）申请主体为债务人或债权额合计占已知总债权额 1/2 以上的主要债权人；（2）被提名机构应在人民法院管理人名册中，且不存在利益冲突等不宜担任临时管理人的情形；（3）提名文件应以书面形式呈报人民法院，并由债务人或法定比例债权人签名/盖章；（4）提名不一致时，应首先保障提名人的协商确定权；如无法协商一致或者无人提名的，方可由人民法院参照《企业破产法》的相关规定指定。对于最终选定的临时管理人，人民法院将出具对应的指定文书。

二、申请与受理

预重整申请的材料准备与重整程序基本一致，根据《上海破产法庭预重整案件办理规程（试行）》第 4 条的规定，申请材料主要包括：（1）预重整申请书（详见附件 52）；（2）申请人、被申请人主体资格材料；（3）被申请人符合本规程第三条的相关材料（即债务人具备营运价值、内部组织架构运转正常、已获主要债权人同意、具备协商谈判条件等与预重整可行性有关的材料）；（4）法院认为需要的其他材料（一般包括职工安置方案、债权清册、债务清册、财产状况说明等资料；已有意向投资人的，视情况提供相关材料）；（5）临时管理人推荐函（详见附件 53）；（6）债务人提出预重整申请的，还应提交同意申请预重整的符合法律规定决策程序的决议。

预重整案件的管辖原则上参照破产案件管辖确定，相关管辖法院收到预重整申请材料后，一般会组成合议庭，采用书面审查＋与申请人/被申请人谈话的审查方式。如债务人的资产负债情况复杂、涉及债权人人数众多或已经出现信访等不稳定因素的，人民法院则会举行听证会，听取债务人、主要债权人、相关市场主体及其上级主管单位的意见，必要时邀请政府职能部门或行业专家参会发表专业分析意见。

经综合审查，预重整申请材料齐备且债务人确实符合预重整条件的，人民法院将依法出具受理决定书，同时根据前期债务人/债权人的提名推荐，指定预重整临时管理人。

三、预重整工作方案的制订与实施

(一) 预重整工作方案的制订及内容

根据《上海破产法庭预重整案件办理规程（试行）》第 8 条、第 9 条的规定，临时管理人的履职范围参照《企业破产法》确定，包括资债清查、引导和辅助债务人经管事务、投资人招募及指导重整方案的制订、组织表决等；对债务人而言，其除了常规的配合义务外，更需要维持经营以增加重整价值、与债权人及投资人积极沟通以寻求其支持、制作预重整方案。基于此，为提高预重整效率，把控时间节点并在限期内完成预重整草案的制订和表决工作，原则上临时管理人将在案件被人民法院受理之初，就制订预重整工作方案。内容主要包括：

1. 债务人的现状

如工商登记情况、公司经营情况、公司经营管理层及其履职情况、资产情况（种类、数量、有无权利负担、价值等）、负债情况（初步统计的各类债权人及其债权金额）、债权的清算状态下清偿预估等。

2. 临时管理人的职责和主要工作

《上海破产法庭预重整案件办理规程（试行）》第 8 条规定，临时管理人参照《企业破产法》有关管理人职责的规定履行以下职责：（1）核实债务人基本情况、资产和负债情况。调查债务人是否有影响重整价值和重整可行性的情形，必要时可选聘第三方专业机构开展工作；（2）引导和辅助债务人自行管理财产和营业事务；（3）引导和辅助债务人与相关各利益主体进行协商，推动各方就重整计划草案达成共识；（4）接受债权人债权申报，对收到的债权申报材料登记造册，进行审查并编制债权表；（5）组织预重整期间债权人会议以及重整计划草案表决；（6）定期向各相关利益主体书面通报临时管理人履职情况和预重整工作进展，及时通报重大事项；（7）按法院要求书面报告履职情况、预重整工作进展和结果；（8）法院要求临时管理人履行的其他职责。

3. 债务人的义务及配合事项

《上海破产法庭预重整案件办理规程（试行）》第 9 条规定，债务人在预重整期间完成以下事务：（1）维持经营管理，维护企业重整价值；（2）协助临时管理人调查，接受临时管理人的引导和辅助；（3）及时向各相关利益主体通报预重整期间工作；（4）积极与出资人、债权人、意向投资人协商并制作重整计划草案；（5）其他应完成的相关事务。

4. 债权人的权利及协助事务

（1）向临时管理人申报债权，核查临时管理人制作的债权表；（2）获取与债务人预重整有关的信息；（3）参加债权人会议，审议、表决有关事项；（4）参与与债务人及出资人、意向投资人等主体关于债务人重组的协商，就预重整方案进行表决；（5）监督债务人、临时管理人的各项工作，通过债权人会议更换临时管理人；（6）参考《企业破产法》规定，债权人所享有的知情权、相关资料查阅权等其他权利。

5. 预重整的期限

原则上为3—5个月，特殊情况需要延长的，应提前报告人民法院。

6. 工作流程、内容及周期

参照破产重整程序中的相关事项，结合预重整周期，先后开展的工作包括：（1）临时管理人团队组建及分工、刻制印章、开立账户、建立各项工作制度等前期准备工作；（2）债权申报通知、资料接收、审核及组织核查；（3）债务人资产调查及清点，涉及资产被保全或债务人正被执行的情况，申请人民法院协调解除保全及中止执行事宜；（4）引导及监督债务人的财产管理和经营事务，避免其出现个别清偿或其他可能影响债权人整体利益及阻碍预重整进程的行为；（5）指导和监督投资人招募、各方协商谈判及预重整方案的制订；（6）组织预重整方案的表决及处理方案通过后转程序事宜；（7）其他与预重整相关的工作。

7. 信息披露与保密

需要披露的预重整相关信息主要包括：债务人的经营状况、财务状况、资债情况、重大诉讼或仲裁案件、清算状态下的模拟清偿率、债权人会议相关情况、重整方案的风险点等，以便案涉各方作出决策。而对该等披露信息及其他与预重整程序相关的资料、信息，案涉各方亦应作出保密承诺，不得利用获知的信息或资料损害债务人、债权人、投资人、临时管理人等主体的合法权益，更不能以此阻碍预重整工作甚至其后可能转入的重整程序。

（二）预重整工作方案的实施

预重整工作方案制订完成并报备人民法院后，临时管理人、债务人须对照执行，并定期（至少每月）向人民法院汇报工作进度。对于现有法律及地方规定未涉及的事项，原则上参照《企业破产法》的相关规定执行，但应形成具体方案报请人民法院批准，必要时提交债权人会议决议。

对于债权人人数众多的预重整案件，临时管理人可参照《企业破产法》的规定，组织选任临时债权人委员会，以此提高债权人群体决策的效率。

四、债权人会议

预重整程序中债权人会议的召开、表决规则及决议内容与常规重整程序中的设定基本一致。《上海破产法庭预重整案件办理规程（试行）》第13条规定："预重整期间的债权人会议由临时管理人召集，自债权申报期限届满之日起十五日内召开。申报债权的债权人有权参加预重整期间债权人会议，就议事事项发表意见和进行表决。债权尚未确定但能够临时确定债权额的债权人，可以参加表决。参照《企业破产法》第六十一条规定，预重整期间债权人会议的议事内容可包括：（一）核查债权；（二）听取临时管理人工作报告，监督临时管理人工作；（三）了解债务人情况以及与重整计划草案相关的信息；（四）选任和更换债权人会议主席或债权人委员会成员；（五）申请法院更换临时管理人；（六）对重整计划草案等需表决事项进行表决。"关于预重整方案的表决，亦执行"分组＋每组均人数过半及债权额过三分之二"的规则，不同的是，《上海破产法庭预重整案件办理规程（试行）》并未规定二次协商表决制度。

五、投资人招募

预重整期间的投资人招募亦与重整程序中的投资人招募类似，但因为预重整的庭外重组本质，其对于投资人的条件设定可能更为宽泛。如实践中，关于投资人的投资款项到账时间可设定为：债务人顺利转入重整程序且预重整方案未有实质性变更并经人民法院裁定批准后一定期限内，投资人的投资款项再行转入管理人账户；或者，如债务人转入重整程序后需要对预重整方案进行实质性变更且可能增加投资人负担的，则投资人有权根据各方协商谈判情况调整其投资方案等。

六、预重整方案及表决

(一) 预重整方案的内容

预重整方案的内容与重整计划草案基本一致,所不同的是,需要就债务人转入重整程序后的衔接问题(包括方案的衔接、已进行的资债清查工作的效力衔接、管理人的衔接及报酬标准、债权人会议决议结果的衔接、预重整期间的费用清偿等)作出规定。《上海破产法庭预重整案件办理规程(试行)》第 16 条规定:"重整计划草案内容可参照《企业破产法》第八十一条规定,一般包括:(一)债务人陷入困境的原因;(二)债务人预重整期间持续经营与管理的情况;(三)债务人未来经营发展前景;(四)债权分类、调整与受偿方案;(五)重整计划预计的执行和监督期限;(六)有关重整的其他内容。"

(二) 预重整方案的表决

如前述,预重整方案的表决与重整程序中基本一致。《上海破产法庭预重整案件办理规程(试行)》第 17 条规定:"预重整期间重整计划草案表决参照《企业破产法》第八十二条规定分组进行。出席会议的同一表决组的债权人过半数同意重整计划草案,并且其所代表的债权额占该组已知债权总额的三分之二以上,即为该组通过重整计划草案。重整计划草案涉及出资人权益调整事项的,应当设出资人组,进行表决。"不同之处在于,未设置二次协商表决的空间。如债权人会议首轮表决未能通过的,人民法院将裁定债务人预重整程序终止并不再转入破产程序。假设出现该等情形,债务人将会变得十分被动,因债权人可能对其丧失挽救信心,后续直接将其推入破产清算程序中。即便债务人或其出资人仍有申请重整的权利,但在经历预重整失败之前提下,如何增强法院的内心确信就变得更为艰难,除非市场条件发生重大变化(利好债务人)或重新出现了意向投资人,否则提请法院再行受理债务人重整申请将面临一定的阻碍。

七、程序终结与转换

(一) 预重整程序的终止

根据《上海破产法庭预重整案件办理规程(试行)》第 20 条的规定,预重整程序的终止情形包括:

(1)申请人请求撤回预重整申请,人民法院审查后作出准许撤回的裁定;

(2)预重整期间未有预重整方案提交债权人会议,或提交的预重整方案未能按照《上海破产法庭预重整案件办理规程(试行)》第17条表决通过的,人民法院将裁定预重整程序终止,不再转入破产程序;

(3)预重整方案经债权人会议表决通过,债务人或债权人提出正式重整申请的,人民法院将依法裁定受理重整案件,终止预重整程序。

(二)转入重整程序后相关行为及方案的效力延续

《上海破产法庭预重整案件办理规程(试行)》第18条第1款规定:"预重整期间已经表决通过的重整计划草案,与重整程序中的重整计划草案一致的,已同意的债权人和出资人表决意见为重整程序中重整计划草案的同意意见。"

此外,对于预重整期间已经申报的债权,转入重整程序后无须重复申报;债权人在已经召开的债权人会议上的表决结果有效。对于管理人履职过程中所作出的如解除/继续履行合同决定和通知、撤销相关行为、同意债权抵销等行为,其效力亦延伸至重整程序中。

(三)预重整方案的变更

《上海破产法庭预重整案件办理规程(试行)》第18条第2款规定:"重整程序中重整计划草案进行了修改且对相关债权人利益有影响的,受到影响的债权人有依法重新表决权;对出资人权益调整事项进行了修改且对出资人利益有影响的,受到影响的出资人有依法重新表决权。"一般来说,该等情形主要包括预重整方案的变更导致相关债权人的债权受偿利益受损或出资人的权益调整条件劣于原方案,指向的结果多为不利影响。

此外,对于(1)预重整方案表决前后,债务人存在隐瞒重要信息、披露虚假信息情形,有可能影响相关表决主体的决策;(2)预重整方案表决的程序不符合《企业破产法》的规定;(3)预重整方案表决通过后,债务人或者意向重整投资人的资产、负债、经营等客观情况出现重大变化,可能导致预重整方案无法履行且对相关权利人产生实质不利影响的,也应根据实际情况调整重整方案,甚至重新招募投资人,再次制定重整计划草案。

(四)临时管理人的身份转换及报酬

预重整期间届满,无论是否顺利转入重整程序,临时管理人均应向人民法院提交预重整工作报告。预重整工作报告一般包括:(1)债务人的基本情况；(2) 债务人出现经营或财务困境的原因；(3) 债务人的资产、负债情况；(4) 债务人的生产经营状况；(5) 债务人的重整价值分析及重整可行性分析；(6) 是否制订预重整方案以及预重整方案的表决情况，如未达成应列明理由；(7) 重整的潜在风险及相关建议；(8) 临时管理人的履职情况；(9) 其他需要报告的事项。

实务中，为了保证管理人工作的接续性，通常会将临时管理人转为正式管理人，但有一定的限制要求。《上海市高级人民法院破产审判工作规范指引（2021）》第151条第2款规定："预重整阶段临时管理人如需申请担任破产重整程序管理人的，其自身应当属于上海法院管理人名册中的一、二级管理人，并应提交第一次债权人会议讨论决定。经债权总额占三分之二以上债权人表决通过，且不违反《企业破产法》第二十四条、《最高人民法院关于审理企业破产案件指定管理人的规定》第九条、第二十三条及第二十四条的规定的临时管理人可继续担任破产重整程序管理人。如第一次债权人会议认为需要增加一名管理人，可由人民法院按照该重整案件应当适用的程序指定产生一家联合管理人。联合管理人之间的工作分工及报酬比例，由其协商后交债权人会议通过，协商不成或债权人会议无法通过的，由人民法院决定。"

对于临时管理人的报酬，如临时管理人顺利转为重整正式管理人，则其报酬收取标准适用破产程序中的相关规定自不待言；但如果临时管理人的身份未能完成转换，则根据《上海市高级人民法院破产审判工作规范指引（2021）》第151条第3款规定："受聘中介机构或临时管理人如未能被指定为破产重整管理人，其在预重整阶段及完成移交工作前的工作报酬，应当依据由其预重整参与人签订的相关委托合同确定，如需从债务人财产中支付的，应当提交第一次债权人会议讨论决定。"

此外，对于临时管理人履职期间产生的相关费用，原则上参照《企业破产法》规定的破产费用，自债务人财产中随时清偿。但为了避免争议，建议在预重整程序启动之初即确定该等费用的清偿原则，比如由债务人财产预留，或由预重整申请人先行垫付，或直接列明参照破产费用的清偿原则处理等。

从全国范围看，预重整程序尚在摸索实践中，由于现行地方规定不够精细，故建议临时管理人在履职之初即做好各项工作预案，并与案涉各方建立有效沟通机制。如程序进行中出现问题，需要确定解决方案的，基于庭外重组的特点，尽可能提交债权人会议决议，采用民主决策形式，形成多数人的意思自治，相关事务的展开方才具备依据，避免临时管理人履职的法律风险。

第十三章
破产案件衍生诉讼

第一节 概 述

根据《最高人民法院关于印发修改后的〈民事案件案由规定〉的通知》（以下简称《民事案件案由规定》）的相关规定，涉及破产衍生诉讼的案由一共有13个，分别是请求撤销个别清偿行为纠纷、请求确认债务人行为无效纠纷、对外追收债权纠纷、追收未缴出资纠纷、追收抽逃出资纠纷、追收非正常收入纠纷、破产债权确认纠纷（职工破产债权确认纠纷、普通破产债权确认纠纷）、取回权纠纷（一般取回权纠纷、出卖人取回权纠纷）、破产抵销权纠纷、别除权纠纷、破产撤销权纠纷、损害债务人利益赔偿纠纷、管理人责任纠纷。本章将从破产衍生诉讼的共性问题开始，介绍破产衍生诉讼的概念与特征、主体、管辖、诉讼费、提起时间等，然后分节介绍每个案由对应衍生诉讼的相关法律依据、管理人处理的主要思路以及相关案例分析。

一、破产衍生诉讼的概念

破产衍生诉讼从文义上理解即破产程序中产生的与债务人有关的诉讼，从广义上来讲可以分为民事诉讼、刑事诉讼及行政诉讼，但从狭义上来说一般指的是民事诉讼。[1] 破产衍生诉讼的主要目的是保障破产法下的公平清偿以及推进破产程序的顺利进行。在债权人、债务人利益受到损害时，管理人、

---

[1] 马俊勇：《破产衍生诉讼界定及管辖问题初探》，载《法制与社会》2020年第28期。

利害关系人可以通过破产衍生诉讼的手段维护其权益，同时，也可以对债务人、管理人进行监督。

二、破产衍生诉讼的主体

从民事案由来看，前述13个案由涉及的诉讼主体主要有三类，分别是：债务人，管理人，担任管理人的中介机构、个人或清算组。[①] 实践中的通常做法是对上述13个案由进行分类，将对外追收债权纠纷、追收未缴出资纠纷、追收抽逃出资纠纷、追收非正常收入纠纷、破产债权确认纠纷、取回权纠纷、别除权纠纷、破产抵销权纠纷、损害债务人利益赔偿纠纷这9个案由归为一类，债务人作为主体参与诉讼；将请求撤销个别清偿行为纠纷、请求确认债务人行为无效纠纷、破产撤销权纠纷这3个案由归为一类，管理人作为主体参与诉讼；管理人责任纠纷单独为一类，以担任管理人的中介机构、个人或清算组成员作为主体参与诉讼。

上述分类方式主要是依据管理人的权利范围以及请求权基础的来源而作出的。例如，在追收未缴出资纠纷、追收抽逃出资纠纷中，因股东（包括现有股东以及出让全部股权的股东）违反了维持债务人公司资本充足的相关义务，给债务人及其债权人造成了损失，故债务人有权要求股东按照相应的法律规定补足出资或返还出资款，上述权利来源于股东对债务人公司的资本充足义务，故应当由债务人作为诉讼主体参与，且根据《企业破产法》第25条第1款第7项的规定，管理人作为诉讼代表人，代表债务人参与诉讼；在请求撤销个别清偿行为纠纷中，因债务人偏颇性清偿的行为损害了其他债权人的利益，管理人有权根据《破产法解释（二）》第9条的规定提起诉讼，此时管理人为履行法律规定的职权而进行诉讼，其应当为诉讼主体；在管理人责任纠纷中，因为最终承担义务的是担任管理人的中介机构、个人或清算组，故应当列其为诉讼主体。

故管理人在进行衍生诉讼确定诉讼主体时，应当优先考虑该诉讼实体利益的归属情况，在前述基础上结合法律赋予管理人的权利义务，综合考虑后确定诉讼主体。

[①] 俞巍、吴泽均、王亚萌：《破产衍生诉讼主体之错位与调适》，载《人民司法》2023年第7期。

三、破产衍生诉讼的管辖

《企业破产法》第 21 条规定:"人民法院受理破产申请后,有关债务人的民事诉讼,只能向受理破产申请的人民法院提起。"该规定确立了破产衍生诉讼的集中管辖制度。究其原因,衍生诉讼的集中管辖能有效提升破产审判工作的质量和效率,更好地保护债务人财产以及维护债权人利益。[①]

我国现行《民事诉讼法》对诉讼管辖有较为明确的规定,但《企业破产法》相较于《民事诉讼法》来说属于特别法,故对于破产衍生诉讼的管辖,破产受理法院优先于其他有管辖权的人民法院管辖而不受地域管辖和级别管辖规定的约束。现行破产法体系也考虑到了集中管辖与地域管辖、级别管辖的协调问题,《破产法解释(二)》第 47 条第 2 款、第 3 款规定:"受理破产申请的人民法院管辖的有关债务人的第一审民事案件,可以依据民事诉讼法第三十八条的规定,由上级人民法院提审,或者报请上级人民法院批准后交下级人民法院审理。受理破产申请的人民法院,如对有关债务人的海事纠纷、专利纠纷、证券市场因虚假陈述引发的民事赔偿纠纷等案件不能行使管辖权的,可以依据民事诉讼法第三十七条的规定,由上级人民法院指定管辖。"

2021 年 12 月,上海市高级人民法院发布《关于调整上海法院强制清算与破产案件集中管辖的通知》,对上海的破产案件及衍生诉讼的管辖进行了调整,并于 2022 年 1 月 1 日开始实施。该通知的主要内容为:上海市第三中级人民法院、上海金融法院、上海市浦东新区人民法院为上海市破产案件的受理法院,上海铁路运输法院管辖上海市第三中级人民法院、上海金融法院为破产受理法院的破产衍生诉讼案件的一审案件,上海市第三中级人民法院管辖上述衍生诉讼以及上海市浦东新区人民法院作为一审法院审理的衍生诉讼的二审及审判监督案件,但涉知识产权、海事、金融等专门管辖案件及法定专属管辖案件可以按照专属管辖的规定进行;上海市浦东新区人民法院管辖其为受理破产申请案件的衍生诉讼的一审案件。

[①] 徐阳光、梁春瑾:《破产衍生诉讼集中管辖规则的解释论分析》,载《人民司法》2023 年第 7 期。

四、诉讼费

基于破产受理前后多数债务人深陷诉讼困境的现状，诉讼费是管理人需要关注的重点之一。《破产法解释（三）》第1条规定："人民法院裁定受理破产申请的，此前债务人尚未支付的公司强制清算费用、未终结的执行程序中产生的评估费、公告费、保管费等执行费用，可以参照企业破产法关于破产费用的规定，由债务人财产随时清偿。此前债务人尚未支付的案件受理费、执行申请费，可以作为破产债权清偿。"在实务操作中，管理人应当通过裁判文书网、人民法院调档材料、债权人的债权申报材料梳理生效判决，若涉及债务人需承担诉讼费、公告费、保全费等相关费用的，应当及时向相关法院发送债权申报通知。若在破产受理时，债务人有正在进行中的法律诉讼，涉及相关诉讼费的，可以按照破产费用进行清偿。

《最高人民法院关于适用〈中华人民共和国民事诉讼法〉的解释》（以下简称《民诉法解释》）第200条规定："破产程序中有关债务人的民事诉讼案件，按照财产案件标准交纳诉讼费，但劳动争议案件除外。"由前述破产衍生诉讼分类来看，其诉讼费缴纳标准主要按财产类案件计算。但在实务中亦引发了一些争议，诸如破产债权确认之诉，实际并未涉及清偿的诉讼请求，有观点认为理应按件收取案件受理费，我们也曾遇到过部分人民法院按件计费的案例；当然，此种做法也可能引发部分主体滥用诉权、阻碍破产进程之风险。有鉴于此，既然《民诉法解释》已有明确规定，建议按照相关规定计算，但考虑到部分破产企业资产有限的状况，当管理人主动提起相关衍生诉讼的，可商请受理法院减交或缓交诉讼费。

五、破产衍生诉讼的提起时间

关于破产衍生诉讼的提起时间，理论及实务界均有较大争议。根据《企业破产法》第123条的规定，在破产程序终结后，若发现有应当追回的财产，可以对债权人追加分配。《全国法院破产审判工作会议纪要》第30条规定："人民法院终结破产清算程序应当以查明债务人财产状况、明确债务人财产的分配方案、确保破产债权获得依法清偿为基础。"故有观点认为，破产程序是对债权人公平清偿的法定程序，在破产程序中应当查明债务人的资产负债情况，并将财产分配方案通过债权人会议表决以及经人民法院裁定确认，上述程序具有不可逆性，故原则上衍生诉讼的提起应当在破产程序内进行。亦有观点认为，《企业破产法》赋予了债权人要求追加分配的权利，故虽然破产程序已经终结，可以在终结后通过追加分配的程序提起衍生诉讼。[1]

本书认为，原则上破产衍生诉讼应当在破产终结前提出，若管理人判断破产终结后可能提起衍生诉讼的，可以在财产分配方案中列明，以避免债权人与债务人恶意串通，损害其他债权人的利益。

第二节 请求撤销个别清偿行为纠纷

一、法律规定及解读

《企业破产法》第 32 条规定："人民法院受理破产申请前六个月内，债务人有本法第二条第一款规定的情形，仍对个别债权人进行清偿的，管理人有权请求人民法院予以撤销。但是，个别清偿使债务人财产受益的除外。"《企业破产法》对偏颇性清偿有着较为严格的限制，因为偏颇性清偿的存在有违破产公平清偿的基本原则，故原则上应该禁止。究其缘由，企业在出现破产原因后，已无法清偿所有的到期债务，若允许企业肆意用其剩余财产对个别债权人进行清偿，则势必损害其他债权人的利益，故在进入破产程序后，管理人可以对上述行为进行撤销。但如果企业的个别清偿行为是基于特殊原因或特殊目的，则上述个别清偿行为也不应当被撤销，如《破产法解释（二）》第 14 条规定的"对以自有财产设定担保物权的债权进行的个别清偿"，除债务清偿时担保财产的价值低于债权额外，管理人不得撤销；又如《破产法解释（二）》第 15 条规定的"债务人经诉讼、仲裁、执行程序对债权人进行的个别清偿"，除债务人与债权人恶意串通损害其他债权人利益外，管理人不得撤销；再如《破产法解释（二）》第 16 条规定的债务人为维系基本生产需要而支付水费、电费等，支付劳动报酬、人身损害赔偿金，或使债务人财产受益等的个别清偿行为，管理人也不得行使撤销权。此外，诸如为债

---

[1] 上海铁路运输法院：《审判研究｜第 25 期 研讨综述：破产程序终结与衍生诉讼、衍生清算的程序衔接问题》，https://mp.weixin.qq.com/s/CqoTxedupHo1mNVTBZJyHA，2023 年 12 月 5 日访问。

务人申请破产而提供专项法律服务且已支付的律师费，也属于不应撤销的情形。

（一）严格限定可撤销的时间要件

管理人可撤销的个别清偿行为必须是发生在人民法院裁定受理破产申请之日起的前6个月内。故相较于《企业破产法》第31条规定的一年内的可撤销行为，个别清偿可撤销的时间范围大幅缩短。对比《企业破产法》第31条和第32条，债务人有《企业破产法》第31条的相关行为时，存在较大的欺诈性和明显故意，更大程度地损害了全体债权人的利益。而个别清偿行为的发生系偿还真实的到期债务，只不过在偿还时债务人在债权人之间作出了一定的选择，优先保障了部分债权人的利益，从而损害了其他债权人的合法权益。故在立法时对上述两种行为进行了区别对待，对于超出时间范围的个别清偿行为，应当谨慎处理。

（二）破产原因的认定

根据相关法律规定，只有在发生破产原因之后作出的个别清偿行为才有可能被撤销。根据《企业破产法》第2条的规定，破产原因要同时满足以下两个条件：（1）企业法人不能清偿到期债务；（2）资产不足以清偿全部债务或者明显缺乏清偿能力。

根据《破产法解释（一）》及《上海市高级人民法院破产审判工作规范指引（2021）》第22条至第26条的相关规定，同时存在以下情况时应当认定为企业法人不能清偿到期债务：一是债权债务关系依法成立；二是债务履行期限已经届满；三是债务人未完全清偿债务。认定企业资产不足以清偿全部债务时，除有相反证据能够证明债务人资产能够偿还全部负债外，若债务人的资产负债表、审计报告、资产评估报告等显示其全部资产不足以偿付全部负债的，应当认定债务人资产不足以清偿全部债务。对于明显缺乏清偿能力的认定主要包括以下情形：（1）因资金严重不足或者财产不能变现等原因，无法清偿债务；（2）法定代表人下落不明且无其他人员负责管理财产，无法清偿债务；（3）经人民法院强制执行，无法清偿债务；（4）长期亏损且经营扭亏困难，无法清偿债务；（5）导致债务人丧失清偿能力的其他情形。

（三）对个别债权人进行清偿

从立法本意来看，撤销个别清偿系因为债务人的清偿行为缺乏一定的公平性，即使债务人在清偿时已经考虑到了当时所有的已知已到期债权，并且在所有债权人之间合理分配了相应的财产，仍然是偏颇性清偿。根据《企业破产法》第 46 条的规定，在人民法院受理破产申请时，未到期的债权视为到期；《企业破产法》第 47 条赋予了附期限、附条件及诉讼、仲裁未决的债权人申报债权的权利。由此可见，《企业破产法》清理的债务不仅仅包括已到期债务，还包括未到期、附期限、附条件的债务。若仅仅对已到期债权人进行公平清偿，实质上仍会损害其他债权人的利益，故对未到期、附期限、附条件的债务清偿行为应当被列入撤销范围。

个别清偿的形式不仅仅包括直接清偿，还包括了通过抵销的方式进行清偿。《破产法解释（二）》第 44 条规定："破产申请受理前六个月内，债务人有企业破产法第二条第一款规定的情形，债务人与个别债权人以抵销方式对个别债权人清偿，其抵销的债权债务属于企业破产法第四十条第（二）、（三）项规定的情形之一，管理人在破产申请受理之日起三个月内向人民法院提起诉讼，主张该抵销无效的，人民法院应予支持。"

（四）管理人为提起撤销之诉的主体

关于衍生诉讼的提起主体，已在本章第一节概述部分进行了相应的归类总结，本部分不再赘述。但需要注意的是，管理人行使破产撤销权系基于保护破产程序中各债权人公平受偿的原则，解决的是对损害全体债权人利益或者妨碍多数债权人公平受偿行为的纠正，系对全体债权人的保护。故若管理人未提起相关诉讼，债权人会议也无明确放弃起诉的相关决议，从而给债务人财产造成了不当减损，根据《企业破产法》第 130 条、《破产法解释（二）》第 9 条第 2 款的相关规定，管理人应当对债权人的损失承担相应赔偿责任。

若管理人未提起相关诉讼，法律也赋予了债权人相应的救济途径。《破产法解释（二）》第 13 条第 1 款规定："破产申请受理后，管理人未依据企业破产法第三十一条的规定请求撤销债务人无偿转让财产、以明显不合理价格交易、放弃债权行为的，债权人依据民法典第五百三十八条、第五百三十九条等规定提起诉讼，请求撤销债务人上述行为并将因此追回的财产归入债务人财产的，人民法院应予受理。"

二、管理人对于债务人个别清偿行为的处理路径

管理人在履职过程中应当通过调取银行流水、查阅债务人账册、与债权人及债务人相关人员访谈等方式，调查债务人是否存在人民法院受理破产申

请前 6 个月内的个别清偿情况，并固定相关证据，必要时可以根据个案的实际情况聘请审计机构协助管理人开展上述工作。若发现确有个别清偿情况的，管理人应当进一步进行调查，判断是否属于可撤销的个别清偿行为。若管理人认为确实属于应当撤销的个别清偿行为，应当积极通过发函、诉讼等方式进行撤销。

若管理人通过诉讼方式撤销个别清偿行为的，撤销权是否会受到除斥期间的相关规定呢？一般来说，根据《民法典》第 541 条的规定，撤销权的除斥期间为一年，期间届满，权利消灭。鉴于破产程序的特殊性，根据（2021）最高法民申 2580 号判决的思路，《企业破产法》第 123 条赋予了债权人在破产程序终结之日起二年内，对个别清偿行为所涉及的财产向人民法院主张进行追加分配的权利，故在破产程序内以及破产程序终结后的两年内，相对方均无法通过除斥期间进行抗辩。但需要注意的是，前文提及的通过抵销方式进行个别清偿，管理人若认为抵销无效的，应当在破产申请受理之日起 3 个月内向人民法院提起诉讼主张抵销无效。

（一）案由的确定

涉及个别清偿相关问题的案由可能有以下四个：（1）请求撤销个别清偿行为纠纷；（2）请求确认债务人行为无效纠纷；（3）破产抵销权纠纷；（4）破产撤销权纠纷。本节主要介绍第一种情况，另外三种情况将在后文专节进行介绍。关于如何确定上述案由，本书认为应当有以下几个考虑因素：

1. 区分撤销个别清偿与确认债务人行为无效

个别清偿行为因发生的时间不同，所产生的法律效果也不尽相同。《企业破产法》第 16 条规定法院受理破产申请后，债务人的个别清偿行为应当被认定为无效。故若个别清偿行为发生在人民法院裁定受理破产申请后，则上述行为为无效行为，不可对其进行撤销，管理人可以按照相关法律规定请求确认其行为无效。但如个别清偿行为发生在人民法院裁定受理破产前 6 个月内，则适用撤销的相关法律规定。

2. 区分撤销个别清偿与破产抵销权

若债务人通过抵销的方式进行了个别清偿，且该抵销属于《企业破产法》第 40 条第 2、3 项规定不可抵销的范围的，则管理人应当适用抵销相关的法律规定进行权利救济，而不再适用撤销个别清偿的相关规定。

3. 区分撤销个别清偿与破产撤销权

破产撤销权与撤销个别清偿行为虽同为撤销权，但从目前司法实践来看，破产撤销权纠纷主要指的是管理人根据《企业破产法》第31条规定行使的撤销权，而撤销个别清偿行为仅仅指的是针对人民法院受理破产申请前6个月内个别清偿行为的撤销。在判断债务人的行为是否构成个别清偿时，如债权人与债务人达成协议的时间在破产受理前6个月之外，但实际履行的时间在破产受理前6个月内，此种情况下是否构成个别清偿有待商榷。但如果无法构成个别清偿的，管理人还应当判断其是否符合《企业破产法》第31条规定的可撤销情形。

（二）诉讼请求的列明

一般来说，请求撤销个别清偿行为纠纷的诉讼案件之诉请主要有两项，第一项为请求撤销××公司（债务人）于××××年××月××日对×××的个别清偿行为，第二项为请求×××返还××公司（债务人）所支付的×××元。

（三）诉讼思路

管理人在启动请求撤销个别清偿行为纠纷前，应当先行梳理以下内容：(1) 债务人作出具体清偿行为的清偿方式、具体时间、支付依据以及具体价款等；(2) 债务人作出个别清偿行为时的资产负债情况，即是否已经具备了破产原因；(3) 债务人作出个别清偿行为是否能使其自身的财产受益；(4) 债务人的个别清偿行为是否针对其自身财产用来担保的债权等。在请求撤销个别清偿行为时，管理人不需要过多关注债务人作出个别清偿行为是否存在主观恶意，只要客观上进行了偏颇性清偿，符合《企业破产法》对于个别清偿的禁止性规定，则可以进行撤销。

三、相关案例

案例一[①]

案情简介：长治煤化公司与山西焦炭新能公司及昊宇鑫隆公司于2019年12月12日在人民法院执行局的执行程序中签订《债务转让协议》，执行标的

---

① 最高人民法院（2021）最高法民申7153号民事裁定书。

额为山西焦炭新能公司与昊宇鑫隆公司买卖合同纠纷中昊宇鑫隆公司应当支付的货款。上述执行案件系约定将山西焦炭新能公司享有的第三方债权721434.86元以物抵债转抵长治煤化公司，是为履行2018年8月29日山西焦炭新能公司与其达成的《还款协议书》。2020年1月16日，山西省长治市中级人民法院裁定受理山西焦炭新能公司破产清算一案，管理人就上述行为提起请求撤销个别清偿行为之诉。

裁判要旨：因前述《债务转让协议》签订时山西焦炭新能公司已经出现不能清偿到期债务且资产不足以清偿全部债务的情形，该清偿行为亦未使山西焦炭新能公司财产受益。法院基于该行为发生在人民法院裁定受理破产清算前6个月内而认定其属于个别清偿。虽然上述《债务转让协议》在执行程序中订立，但长治煤化公司不是该执行案件当事人，其与山西焦炭新能公司之间的债权债务关系也非执行依据确认的范围。

本书观点：《破产法解释（二）》第15条规定的个别清偿的例外情形需要债权人、债务人均为上述程序中的一方当事人，并且清偿行为需依据上述程序所作出的法律文书而进行。个别清偿行为不仅包括直接的财产支付，也应当包括通过债权债务转让方式进行的清偿。

案例二[①]

案情简介：2018年11月27日，东辰集团基于担保责任向第一创业证券支付200万元。东辰集团财务资料显示，截至2018年11月30日，东辰集团资产总额为591981.90万元，负债总额为985761.33万元，资产负债率为167%。第一创业证券主张，根据东辰集团自行披露的材料和第三方机构作出的评估报告，截至2018年12月东辰集团信用评级仍保持在A+等级，对此，第一创业证券作为债权人是完全善意的。东辰集团既未提供证据证明东辰集团清偿时存在破产原因，更未证明第一创业证券知道东辰集团清偿时已出现破产原因。2019年3月15日，东辰集团被裁定进入重整程序。后，管理人就上述行为提起了请求撤销个别清偿行为之诉。

裁判要旨：《企业破产法》第32条规定："人民法院受理破产申请前六个月内，债务人有本法第二条第一款规定的情形，仍对个别债权人进行清偿的，管理人有权请求人民法院予以撤销。但是，个别清偿使债务人财产受益的除

---

① 最高人民法院（2021）最高法民申7688号民事裁定书。

外."该条文从平等保护全体债权人的角度出发,规定管理人有权撤销发生在受理破产前六个月内的个别清偿行为,并未设置债权人是否善意的条件。本案中,东辰集团 2018 年 11 月 27 日向第一创业证券清偿债务,2019 年 3 月 15 日被裁定进入重整程序,东辰集团的偿债行为发生在人民法院受理破产重整案件前的 6 个月内。第一创业证券以其不存在恶意为由主张案涉清偿行为不应被撤销,理由不能成立。二审认定东辰集团向第一创业证券支付 200 万元的行为属于个别清偿,管理人有权撤销,并无不当。

本书观点：个别清偿是否被撤销并不取决于债权人和债务人作出相应行为时是否存在主观恶意,即便都是善意的行为且债权人受偿时并不知晓债务人已经具备了破产原因,上述清偿行为仍然可以被撤销。债务人是否具备破产原因应当根据债务人真实的资产负债情况来判断,不能仅凭信用评级等相关第三方机构的结论为依据。

第三节 请求确认债务人行为无效纠纷

一、法律规定及解读

《企业破产法》第 33 条规定："涉及债务人财产的下列行为无效：（一）为逃避债务而隐匿、转移财产的；（二）虚构债务或者承认不真实的债务的。"从立法沿革来看,《企业破产法（试行）》第 35 条第 1 款规定："人民法院受理破产前六个月至破产宣告之日的期间内,破产企业的下列行为无效：（一）隐匿、私分或者无偿转让财产；（二）非正常压价出售财产；（三）对原来没有财产担保的债务提供财产担保；（四）对未到期的债务提前清偿；（五）放弃自己的债权。"该条文从起算时间及无效行为情形来看,与现行《企业破产法》第 32 条规定的撤销个别清偿行为类似。自 2007 年颁布的《企业破产法》实施以来,对破产企业行为无效已经不限定其行为发生的时间,即只要债务人存在为逃避债务而隐匿、转移财产或虚构债务或者承认不真实的债务的行为,均被认定无效,管理人有权根据《企业破产法》第 34 条、《破产法解释（二）》第 17 条之规定追回财产。

除《企业破产法》第 33 条外,《企业破产法》第 16 条也规定了债务人进入破产程序后的个别清偿行为应当被认定为无效,该种情形本节不再赘述。

（一）对为逃避债务而隐匿、转移财产的解读

债务人隐匿、转移财产需存在主观恶意，即在债务人发生隐匿、转移财产的行为之前已经产生了到期未履行的债务，且债务人的行为系为了逃避上述债务。所谓隐匿、转移即通过隐瞒债务人财产的信息或者将财产置于隐蔽场所或者改变财产的物理位置等方式，导致管理人不能有效接管、控制、处分债务人财产的行为。对隐匿财产行为应作广义理解，既包括积极隐匿财产的行为，也包括消极隐匿财产的行为。如在财务账册上不做记载或者不如实记载、对有关债权隐匿不报或者接受有关财产情况询问时不如实回答等。通常，隐匿、转移的财产尚处于债务人控制之下，否则可能构成非法转让或者赠与行为。

（二）对虚构债务或者承认不真实的债务的解读

虚构债务或承认不真实债务行为的无效并不以逃避债务为前提，因为虚构债务、承认不真实的债务本身即是一种无效的行为。此处的虚构债务或承认不真实的债务包括多种形式，例如虚构合同、发票、还款协议等形式使得债务人向特定主体承担特定的偿还义务。

（三）正确判断无效行为

尽管在行为方面存在隐匿财产、转移财产、虚构债务、承认不真实债务等多种方式，但在实质结果上，债务人的财产都因此遭受到了不同程度的损害。按照齐明教授的观点，这些行为均属于财产欺骗行为，其存在严重损害债务人财产的保值、增值，如不加遏制，不光有违债务人财产最大化的初衷，也会动摇破产法的基础。① 因此，无论上述行为发生在破产申请前的多长时间内，只要存在上述行为，均可以认定为无效。

二、管理人对于债务人无效行为的处理路径

管理人在履职过程中，如发现债务人存在无效行为损害债务人财产、债权人利益的，应当积极主动追回财产挽回损失。具体而言，管理人可通过发函、诉讼等方式追回财产。

首先，管理人应当对涉及债务人无效行为的基本事实进行充分调查，并

---

① 齐明：《中国破产法原理与适用》，法律出版社2017年版，第90页。

通过向债务人及相对方发函、查阅接管资料、公开信息查询、前往相关部门调查等方式固定证据,为后续工作提供有力支撑。

其次,在调查清楚事实并固定好相关证据的基础之上,管理人可以先行通过谈判、诉前调解的方式与债务人及相对方的相关人员进行沟通,告知管理人掌握的相关事实情况及可能产生的法律后果,通过替代性争议解决方案(Alternative Dispute Resolution,ADR)的方式达到追回债务人财产、保障债权人权益的目的。

最后,若债务人、相对方的相关人员拒不配合管理人处理涉及债务人行为无效的相关事宜,在向债权人会议充分披露并征询债权人意见后,管理人可以通过诉讼的方式处理。

(一)案由的确定

管理人应当准确判断债务人的行为属于《企业破产法》第31条、第32条规定的可撤销行为,还是属于《企业破产法》第33条规定的无效行为。

1. 主观恶意

与《企业破产法》规定的可撤销行为不同,针对债务人无效行为的判断应当更多地考虑债务人的主观恶意情况,即债务人在采取相应行动时存在逃避债务的故意。例如,在债务人已经作为执行程序的被执行人且尚未履行或尚未完全履行债务的情况下,通过虚假的债权转让、变卖资产等方式逃避执行,则可以初步判断债务人存在逃避债务的主观恶意。而可撤销行为则更多地考虑所涉行为的客观情况,比如所涉行为是否发生在破产受理前的特定时间内、是否存在法律规定的除外情形等。

2. 发生时间

《企业破产法》及相关司法解释未对债务人无效行为的发生时间加以限制,即管理人在履职过程中只要发现债务人存在《企业破产法》规定的无效行为,无论该行为是否发生在破产受理前的六个月或一年内,管理人均有权就上述行为请求人民法院确认无效。本书认为,《企业破产法》所规定的无效行为以债务人存在主观恶意为前提,从形式上看,上述行为往往系合法行为,故在管理人深入调查之前难以被发现。《企业破产法》对可撤销行为加以相应的时间限制的目的在于维护市场交易的稳定,如前文所述,可撤销行为更多的在于对客观情况的分析判断,故需要对上述行为进行一定的时间限制。

(二)诉讼请求的列明

一般来说,诉讼请求应当基于发生无效行为的基础法律关系来确定。例如，基础法律关系是房屋买卖合同的，可将诉讼请求列为："1. 请求确认×××与×××之间的《房屋买卖合同》无效；2. 请求×××协助×××办理上述房屋的房地产权变更登记手续。"基础法律关系是债权转让的，可将诉讼请求列为："1. 请求确认×××与×××签订的《债权转让协议》无效；2. 请求×××返还已收取的款项××元；3. 请求×××以××元为基数，按同期全国银行间同业拆借中心公布的贷款市场报价利率支付自起诉之日起至实际履行之日止的利息。"若是直接给付金钱的，可将诉讼请求列为："1. 请求×××返还××元；2. 请求×××以××元为基数，按同期全国银行间同业拆借中心公布的贷款市场报价利率支付自起诉之日起至实际履行之日止的利息；3. 请求×××、×××对上述还款义务承担连带清偿责任。"

（三）诉讼思路

该类案件所涉及的行为主要有两大类：为逃避债务而隐匿、转移财产；虚构债务或者承认不真实的债务。本书将从上述两类分别展开讨论通过诉讼确认上述行为无效的思路。

1. 为逃避债务而隐匿、转移财产

根据法条文义解释，管理人请求确认相关行为无效须充分证明债务人有逃避债务的故意，且为了逃避债务隐匿、转移了财产。管理人如何客观地判断债务人是否存在逃避债务的故意以及如何证明其转移财产与逃避债务存在一定的因果关系呢？本书将通过列举的方式来分析常见的判断标准及无效行为。

在债务人存在应清偿债务时，债务人未履行相关义务，将自己持有的或由他人代为持有的相关财产无偿或以不合理低价转让给他人，从而逃避对已有债务的清偿。

管理人可以通过债务人进入执行程序、查阅债务人财务资料等方式确定债务人实际应履行债务的具体时间，并由此判断其转移财产的行为是否与其逃避债务之间存在因果关系。常见的隐匿、转移财产的行为包括第三方代持财产、转移房产、股权、银行存款、存货、现金、知识产权、转让应收账款、指示付款等。

当管理人发现债务人存在上述行为时，首先应当对基础材料进行收集固定，调查债务人负债的具体时间，调取财产转让的具体时间、金额、方式、受让方等。在取得基础材料后，要求债务人相关人员、财产受让人说明情况并制作笔录。若相关人员拒不配合，管理人可以根据已掌握的资料向相关人员发送函件从而固定或加强证据。

若行为涉及执行程序，管理人应当参照执行过程的相关规定。例如，2020年修正的《最高人民法院关于民事执行中财产调查若干问题的规定》（法释〔2020〕21号）第9条规定："被执行人拒绝报告、虚假报告或者无正当理由逾期报告财产情况的，人民法院可以根据情节轻重对被执行人或者其法定代理人予以罚款、拘留；构成犯罪的，依法追究刑事责任。人民法院对有前款规定行为之一的单位，可以对其主要负责人或者直接责任人员予以罚款、拘留；构成犯罪的，依法追究刑事责任。"管理人应当充分告知债务人相关人员、财产受让人其行为的相应法律后果，并向执行法院申请对债务人的相关人员采取强制措施。

同时，管理人应当及时提起相应诉讼并采取保全措施，防止财产受让人进一步转移资产，避免出现即使胜诉也无法实际追回财产的局面。管理人应当依据现有法律规定，穷尽救济途径，从而追回相关财产。

2. 虚构债务或者承认不真实的债务

根据法条文义解释，债务人通过偿还虚构的债务或承认不真实债务的形式，逃避现有债务，给债务人财产造成了不当减损，管理人有权请求上述行为无效并追回相应的财产。

管理人在实践中应当重点关注债务人与其法定代表人、企业员工以及债务人关联公司之间的往来情况，对于不符合企业运作规范或存在疑问的交易，管理人应该深入调查，结合企业账册、银行流水、当事人的陈述等判断交易的真实性及合法性。常见的虚构债务的形式包括根据已生效但未履行的合同支付合同款项，包括服务费、劳务费、偿还借款等等，常见的承认不真实的债务的形式包括承认第三人的债务为债务人的债务并进行清偿等。

管理人在提起诉讼前应当作好充分的准备，对涉及虚构债务或承认不真实的债务相关情况多方调查，对债务人相关人员、涉及的第三方制作笔录，询问审计机构意见，前往涉及交易的相关部门调查（例如银行、中登、法院）。同时，管理人也应当考虑到被告的履行能力及财产情况，视情况采取相应保全措施。

三、相关案例

案例一[①]

案情简介: 2014年5月15日,亚航公司诉被告凯超经贸公司、被告汇成公司、被告黄某某买卖合同纠纷一案,北京市第二中级人民法院作出(2014)二中民初字第04910号民事调解书,各方当事人达成如下协议:一、广州凯超投行经贸有限公司于2014年7月15日前向亚航公司返还合同保证金5000万元;二、凯超经贸公司以5000万元为基数按照日万分之一从2013年12月26日算起至实际付清之日止支付违约金;三、汇成公司、黄某某对凯超经贸公司的上述第一、二项履行内容共同向亚航公司承担连带清偿责任。

2014年7月29日,北京市第二中级人民法院根据申请执行人亚航公司的申请作出(2014)二中执字第00722号执行裁定。2014年10月17日,汇成公司与张某签订了七份房地产买卖合同,约定:汇成公司自愿将坐落在兰州市城关区张掖路街道庆阳路的七处房产出售给张某;上述房产面积共2328.95平方米,成交价共计1522.22万元;张某于2014年10月17日前一次性付清房款,汇成公司将上述房产正式交付张某,房屋移交给张某时该建筑物范围内的土地使用权一并转移给张某。

合同签订后,同日,汇成公司与张某共同向兰州市房地产交易中心提交了七份房屋所有权转移登记申请书。2014年10月20日,兰州市住房保障和房地产管理局向张某发放了七份房屋所有权证书,但张某并未支付相应购房款项。

2016年9月7日甘肃省兰州市中级人民法院作出(2016)甘01民破1号裁定,受理申请人亚航公司对被申请人汇成公司的破产清算申请。

裁判要旨: 相关生效裁判在已确认汇成公司对亚航公司5000万元的债务承担连带清偿责任且该案已经进入执行程序、债务尚未履行的情形下,作为汇成公司股东和监事的张某与汇成公司签订《房地产买卖合同》,且未实际支

[①] 最高人民法院(2018)最高法民申1348号民事裁定书。

付购房款便取得汇成公司名下的房产并办理移转登记，上述行为是汇成公司为逃避债务而将房产无偿转移、损害其他债权人利益的行为，应当认定汇成公司与张某签订房地产买卖合同的行为无效。

本书观点： 在债务人进入执行程序后，债务人应当按照生效法律文书确定的义务积极履行，债务人没有履行相关义务且为了逃避履行义务无偿转让资产，严重损害债权人利益，破坏了社会经济秩序。上述行为符合《企业破产法》第33条第1款之规定，管理人应当提起请求确认债务人行为无效之诉讼，追回债务人财产，保障债权人利益。

案例二[①]

案情简介： 伟雄集团分别于2010年4月23日、2010年5月20日、2010年6月3日以预付账款的名目向曼莹商店转账，转账金额分别为200万元、214万元、500万元，共计914万元。但伟雄集团管理人并未在伟雄集团财务资料中发现曼莹商店收取前述款项的合法依据，遂于2020年3月16日向曼莹商店发送《履行债务通知书》，要求该商店清偿前述914万元。曼莹商店于2005年5月9日成立，企业类型为个体工商户，经营者为陈某。2010年7月2日，曼莹商店以生意不景气为由申请注销。2010年7月29日，佛山市顺德区市场监督管理局核准曼莹商店注销登记。

裁判要旨： 本案中，伟雄集团分别于2010年4月23日、2010年5月20日、2010年6月3日以预付账款名目向曼莹商店转账，共计转账金额为914万元。显然前述款项性质上属于预付款。预付款一般是指当事人在合同订立后，合同约定的付款义务履行前，预先向对方给付的一笔款项，其适用前提是当事人之间存在合法有效的合同关系。一般说来，民事活动中各方之间的权利义务具有对等性和一致性，这是维护交易公平的基本保障和重要体现。但是原告通过对伟雄集团财产清理、财务资料审查，并未发现伟雄集团与曼莹商店之间存在合法有效的以金钱履行为义务的合同，也未找到双方就相关合同关系结算的凭证。早在2010年4月22日，伟雄集团已在佛山市顺德区人民法院（2010）顺法执字第3090号案件中作为被执行人，再结合伟雄集团在成为被执行人后无合法有效合同关系基础仍大额向曼莹商店转账，曼莹商店在收到相关款项后又快速注销的情况，可以推定伟雄集团向曼莹商店转账

[①] 广东省佛山市中级人民法院（2023）粤06民初27号民事判决书。

的行为具有转移财产、逃避债务的目的。综上所述，原告请求确认伟雄集团以预付账款名目向曼莹商店转账共计914万元的行为无效，于法有据，法院予以支持。

本书观点： 债务人通过预付款形式，在其已有到期债务的情况下向第三方支付巨额款项，可以认定为《企业破产法》第33条第2项规定的虚构债务，其行为造成了债务人财产的不当减损，严重损害债权人利益，管理人应当予以追回。

第四节 对外追收债权纠纷

一、法律规定及解读

《企业破产法》第17条规定："人民法院受理破产申请后，债务人的债务人或者财产持有人应当向管理人清偿债务或者交付财产。债务人的债务人或者财产持有人故意违反前款规定向债务人清偿债务或者交付财产，使债权人受到损失的，不免除其清偿债务或者交付财产的义务。"而根据《企业破产法》第25条的规定，进入破产程序后，债务人管理和处分财产的权利被限制，由管理人依法接管并将债务人财产全面置于管理人的掌管之下。未经管理人同意，任何人不得擅自管理和处分债务人财产，其目的是防止债务人随意处置、隐匿或转移财产。这就要求债务人的债务人或财产持有人应当向管理人清偿债务或交付财产，这样才能实现财产归集，更好地保护全体债权人和有关各方的合法权益。

对外债权追收是企业破产程序中管理人法定的履职范围，管理人追收时需注意以下问题：

（一）对外债权追收的对象

1. 债务人的债务人

债务人的债务人，是指对债务人负担债务的人，所负担的债务既可以是人民法院受理破产申请前成立的，也可以是人民法院受理破产申请后成立的。

2. 债务人的财产持有人

债务人的财产持有人，是指一切持有债务人财产的人，其持有债务人财产，既可能是依据法律规定或者双方当事人的约定而合法持有，也可能是非

(二) 主观故意的认定

根据《企业破产法》第 17 条第 2 款的规定,当相对人明知债务人破产的事实,仍故意绕过管理人而向债务人清偿债务或者交付财产,即便其可能依据原合法有效的合同已经履行了相关义务,但若因此造成债权人损失的,该等故意行为并不免除其继续偿债或交付财产的义务。

民法领域中,对主观故意没有作出严格的定义,仅将其作为与过失相对应的一种主观状态。通常以行为人的客观行为来作为推定、认定故意的存在依据,即如果行为人主观上认识到,其知道或应当知道向管理人清偿债务或者交付财产而实际上却向债务人清偿债务或交付财产,且其行为使债权人受到损失的,则应当继续承担清偿债务或者交付财产的义务。

实践中,人民法院受理破产申请并指定管理人后,通常会在破产重整网发布公告,便于地址不详、无法通知的次债务人获知债务人破产消息;此外,企查查、启信网官方备案的企业征信机构网站,亦会在企业经营风险中同步更新破产受理信息,部分法院会以通知书的形式告知破产企业的债务人和财产持有人不得再向破产企业履行义务,而应向管理人履行。故行为人需证明"不知"破产事实,若不知破产事实系由于自身过失造成的,不能作为其免责的理由。

如果行为人违反《企业破产法》第 17 条的规定向债务人清偿债务或者交付财产,但未使债权人受到损失,如管理人通过债务人收到了清偿款并纳入债务人财产,则行为人无须再承担清偿债务或者交付财产的义务。

二、管理人对于对外债权追收的处理路径

(一) 诉讼主体

对外追收债权纠纷的诉讼主体在实践中存在一定争议,有的法院认为管理人并非该案由的适格诉讼主体,而驳回起诉。[①] 如本章概述所述,《企业破产法》第 25 条规定了管理人"代表债务人参加诉讼、仲裁或其他法律程序"的职责,且《企业破产法》也明确行为人应向管理人清偿债务或交付财产。故管理人有权依法履职,以管理人的名义提起诉讼。

---

① 甘肃省高级人民法院(2023)甘民终 277 号民事裁定书。

（二）案由

民事案件中，案由直接反映了案件待审理的法律关系（请求权基础），如合同纠纷、不当得利纠纷、一般侵权责任纠纷等。为优化营商环境，提高破产审判专业化水平，做到裁度统一、保障审判质效和防范风险等。在实践中，根据《民事案件案由规定》中"与破产有关的纠纷"的规定，该类衍生诉讼的案由统一为"对外追收债权纠纷"，破产受理法院或衍生诉讼集中管辖法院会根据案件性质，分配给破产受理法院内部对口的审判业务部门审理。①

（三）债权请求权基础

显而易见，对外追收债权为债权请求权，而非物权请求权，常见的债权形成基础有：

1. 对外追收合同债权

实践中，对外追收合同债权最为常见，诸如租赁合同、买卖合同、预售合同、债权转让协议、建设工程合同、委托代理合同、以房抵债协议等。法律依据主要为《企业破产法》第18条以及《民法典》合同编的相关规定。

管理人需详细调查债权发生的时间、履行期限、催收情况、履行情况及现状等，具体如下：

（1）若债务人已履行完毕而对方存在未履行的义务，管理人应向次债务人发函，要求其限期清偿债权或交付财产，若次债务人拒绝清偿的，管理人可以向人民法院起诉强制要求其履行清偿义务；次债务人对管理人主张的债权数额等存在异议的，可通过诉讼的方式，由人民法院裁判解决。

（2）若双方的义务均未履行完毕，为未履行完毕合同，则管理人应根据《企业破产法》第18条的规定及时作出继续履行或解除合同的决定，并通知对方当事人，若其有异议，可通过诉讼方式，由人民法院裁判解决。

2. 对外追收侵权债权

管理人在调查债务人资债的过程中，如发现存在侵权情况，如债务人相关人员为逃避债务而隐匿、转移财产；利用股东有限责任或实控地位侵犯公司财产等，管理人可依据《民法典》第七编的相关规定，对债务人合法权益被侵害所产生的对外债权予以追收。

---

① 年亚：《破产衍生诉讼在破产受理法院的分工》，载《人民法院报》2023年1月19日第8版。

3. 对外追收不当得利债权

管理人若发现债务人的财产持有人，存在没有法律依据的情况下占用资金、收取租金、越权处分债务人之物、擅自使用或消费债务人之物等行为，以及债务人在没有法律根据的情况下为他人代偿债务，管理人首先需确认资产权属是否归于债务人，再查明资产占用和使用情况，次债务人是否存在不当得利。若存在该情况，管理人应发函，要求其返还不当得利，其中包括原物及基于原物所产生的利益，若原物已损毁，应要求其以价额返还。

综上，对外追收债权纠纷或涉及不同法律关系，故管理人应根据案件性质、请求权基础，结合案件的实际情况列明诉请。

(四) 诉讼思路

管理人在启动对外追收债权纠纷前应当先行梳理以下内容：

(1) 通过接管到的财务账簿、会计凭证、合同文本等资料，进行初步的筛查与整理，并通过银行流水、会计凭证等确认相关合同的履行情况，梳理债权清单及账龄，若发现有审计的必要，可聘请审计机构。

(2) 通过接管资料难以看出是否涉及侵权、不当得利等行为时，管理人需同时与债务人的相关人员通过访谈、制作谈话笔录、发函问询要求其予以说明等方式，进一步确认债权发生的时间、履行情况、催收情况等。

从依法履职的角度，管理人需做到应发尽发，即对所有潜在或确实存在债权的相对方发函催收；但从诉讼成本的角度，管理人在发函后，应对债权的追收成本、诉讼时效、现有材料、诉讼难度、执行能力等综合判断，决定是否通过诉讼、仲裁等方式进行催收，并拟定相应的变价方案向债权人征询。对于追收成本高于追收可得的债权，经债权人会议决议，可予以核销或以拍卖方式对债权进行处置。

三、相关案例

案例一[①]

案情简介：2018 年感信公司（甲方）与感晟公司（乙方）签订《借款合同书》，约定感信公司向感晟公司借款 50 万元，若甲方违约，甲方须将 2 个

[①] 上海市第三中级人民法院 (2022) 沪 03 民终 170 号民事判决书。

专利所有权转给乙方抵偿全部本金和利息。同日，感晟公司向感信公司转账 50 万元，并备注"转款"。2018 年 5 月，感信公司（出租方）与感晟公司（承租方）签订《车辆租赁合同》，约定：出租人将 1 辆大通牌车租赁给承租人使用，租期为 60 个月，自 2018 年 6 月 1 日至 2023 年 5 月 31 日，租金为每月 3000 元。从合同生效之日起计，抵扣出租方欠承租方的借款，所用燃料由承租方负责，出租车辆的养路费、保险等费用（租赁期间若发生）均由承租方承担。

上述合同签订后，感信公司将牌号为沪B×××××的大通牌小型车辆交给感晟公司使用，至提出诉讼时该车辆仍在感晟公司处。2020 年 7 月感信公司被裁定受理破产清算。诉讼中，感信公司、感晟公司确认：（1）感晟公司从未向感信公司支付过车辆租金；（2）感晟公司至今尚未向感信公司申报 50 万元借款债权；（3）除本案所涉 50 万元转账外，感信公司、感晟公司之间仍存在其他大量款项往来记录；（4）感信公司实际并未将《借款合同书》违约责任中约定的 2 项专利权转让给感晟公司。

管理人诉请判令感晟公司向感信公司返还汽车；确认于 2021 年 3 月 7 日解除感信公司、感晟公司签订的《车辆租赁合同》；判令感晟公司向感信公司支付车辆租金，及至感晟公司实际返还车辆之日的车辆占有使用费。

裁判要旨：虽然根据法律规定，企业之间留置的动产，无须与债权属于同一法律关系，但根据担保法司法解释的规定，企业之间留置的动产与债权并非同一法律关系，债务人以该债权不属于企业持续经营中发生的债权为由请求债权人返还留置财产的，人民法院应予支持。感晟公司与感信公司先后签订《借款合同书》《车辆租赁合同》，两者属于不同的法律关系；感晟公司主张对感信公司享有借款债权，并基于车辆租赁关系占有涉案车辆，但现有在案证据不足以证明感晟公司的借款债权属于企业之间因经常性的商事交易，在企业持续经营中发生的债权，故感晟公司对车辆不享有商事留置权。因此，感晟公司应当向感信公司归还汽车。

本书观点：商事留置权不以留置的动产与债权是同一法律关系为要件，但管理人应根据《最高人民法院关于适用〈中华人民共和国民法典〉有关担保制度的解释》（以下简称《民法典担保制度解释》）第 62 条第 2 款的规定，对债权是否系企业持续经营中发生进行审查，若现有证据不足以证明属于持续经营中产生的债权，管理人应依法追收，要求财产持有人交付财产。

案例二[①]

案情简介：2009年，被告三水交建公司作为业主将两个项目工程发包给四处公司。2009年8月，四处公司与高通公司签订《工程承包合同》，将标的工程转包给高通公司。而后高通公司与原告铭通公司签订《工程承包合同》，将标的工程范围内所有沥青混凝土工程交由原告承包施工，并就承包方式、工程结算及工程款支付办法等进行了约定。高通公司于2012年3月20日注销，高通公司法定代表人与原告铭通公司于2018年7月25日签订《工程结算单》，确认原告已依约完成工程且验收合格，高通公司累计未付工程款300万元。2018年12月法院裁定受理铭通公司破产清算申请。管理人请求：高通公司股东被告胡某、陈某、朱某向原告支付工程款；四处公司对此承担连带责任；三水交建公司在欠付工程款范围内承担连带责任；朱某的老公胡某刚对朱某所负上述债务承担连带清偿责任。

裁判要旨：根据《企业破产法》第17条第1款规定，《工程结算单》已确认铭通公司工程承包合同内容已完成，工程施工内容已验收合格，高通公司未付工程款为300万元，故高通公司应给付工程款予铭通公司。

本书观点：管理人要求高通股东承担工程款的清偿责任，实质上是债权人追究清算义务人因违反清算义务构成侵权行为所产生的连带赔偿责任。管理人在列明诉请时，除要求次债务人或财产持有人向管理人清偿债务或者交付财产外，还应根据案件具体情况及法律规定，同步诉请股东、清算义务人、共同侵权人等承担相应的责任。

第五节 追收未缴出资纠纷

一、法律规定及解读

（一）背景

自2014年3月1日起，由于《公司法》的修订，新成立公司的注册资本由实缴登记制变为认缴登记制，很多股东采取认缴注册资本出资方式进行投资，即认而不缴。认缴制不需要一次性缴纳注册资本，不需要验资，股东按

[①] 佛山市南海区人民法院（2020）粤0605民初20206号民事裁定书。

照公司章程约定的时间缴纳出资即可，降低了投资者的资金负担，提高了资金周转效率，大大激活中小企业的新生和发展，但是弊端也很明显。认缴制在某种程度上加剧了"皮包公司""空壳公司"问题的产生，股东缺乏责任意识，章程约定的出资期限甚至长达 50 年或更久。在公司经营不善、无财产可供清偿债务，而股东履行出资义务的期限尚未届至时，公司资本为虚，债权人的利益很难得到保障。

值得欣慰的是，2023 年《公司法》第 47 条强制规定了有限责任公司股东的出资认缴期限最长为五年，纠正了盲目开办公司、庞大虚增的行为，能够促使股东更加理性地评估投资风险，并兼顾债权人对债权获偿的合理预期。而对于"过渡期"内原有公司出资认缴期限的缩短、减资等安排，则在一定程度上为公司出资回归实然留下了空间。

(二) 出资义务加速到期的相关规定

1.《企业破产法》中关于股东出资义务加速到期的规定

《企业破产法》第 35 条规定："人民法院受理破产申请后，债务人的出资人尚未完全履行出资义务的，管理人应当要求该出资人缴纳所认缴的出资，而不受出资期限的限制。"《破产法解释（二）》第 20 条规定："管理人代表债务人提起诉讼，主张出资人向债务人依法缴付未履行的出资或者返还抽逃的出资本息，出资人以认缴出资尚未届至公司章程规定的缴纳期限或者违反出资义务已经超过诉讼时效为由抗辩的，人民法院不予支持。管理人依据公司法的相关规定代表债务人提起诉讼，主张公司的发起人和负有监督股东履行出资义务的董事、高级管理人员，或者协助抽逃出资的其他股东、董事、高级管理人员、实际控制人等，对股东违反出资义务或者抽逃出资承担相应责任，并将财产归入债务人财产的，人民法院应予支持。"

2.《公司法》中关于股东出资义务加速到期的规定

《最高人民法院关于适用〈中华人民共和国公司法〉若干问题的规定（二）》[以下简称《公司法解释（二）》] 第 22 条规定："公司解散时，股东尚未缴纳的出资均应作为清算财产。股东尚未缴纳的出资，包括到期应缴未缴的出资，以及按照公司法第二十六条和第八十条的规定分期缴纳尚未届满出资期限的出资。公司财产不足以清偿债务时，债权人主张未缴出资股东，以及公司设立时的其他股东或者发起人在未缴出资范围内对公司债务承担连带清偿责任的，人民法院应依法予以支持。"

而 2023 年《公司法》第 47 条第 1 款规定："全体股东认缴的出资额由股东按照公司章程的规定自公司成立之日起五年内缴足。"第 54 条规定："公司不能清偿到期债务的，公司或者已到期债权的债权人有权要求已认缴出资但未届出资期限的股东提前缴纳出资。"第 266 条第 2 款规定："本法施行前已登记设立的公司，出资期限超过本法规定的期限的，除法律、行政法规或者国务院另有规定外，应当逐步调整至本法规定的期限以内；对于出资期限、出资额明显异常的，公司登记机关可以依法要求其及时调整。具体实施办法由国务院规定。"

3. 执行程序中关于股东出资义务加速到期的规定

《关于民事执行中变更、追加当事人若干问题的规定》第 17 条规定："作为被执行人的营利法人，财产不足以清偿生效法律文书确定的债务，申请执行人申请变更、追加未缴纳或未足额缴纳出资的股东、出资人或依公司规定对该出资承担连带责任的发起人作为被执行人，在尚未缴纳出资范围内依法承担责任的，人民法院应予支持。"

4. 其他规定

《九民纪要》第 6 条规定："在注册资本认缴制下，股东依法享有期限利益。债权人以公司不能清偿到期债务为由，请求未届出资期限的股东在未出资范围内对公司不能清偿的债务承担补充赔偿责任的，人民法院不予支持。但是，下列情形除外：（1）公司作为被执行人的案件，人民法院穷尽执行措施无财产可供执行，已具备破产原因，但不申请破产的；（2）在公司债务产生以后，公司股东（大）会决议或者以其他方式延长股东出资期限的。"

（三）股东出资加速到期的解读

1. 股东出资加速到期的情形

根据上述法律法规可知，股东出资加速到期的情形主要有四种：（1）公司进入破产程序；（2）公司解散清算；（3）执行程序中，公司已具备破产原因，但不申请破产；（4）在公司债务产生以后，延长股东出资期限。

2. 未履行出资义务的情形

参照《公司法》的相关规定，此处"尚未完全履行出资义务"的瑕疵出资情形主要包括：完全未履行出资义务、已经部分履行出资义务以及未适当履行出资义务。完全未履行出资义务、已经部分履行出资义务做字面意思理解；未适当履行出资义务，是指股东履行出资义务不符合法律规定或者不符合设立协议和公司章程的约定。① 未适当履行出资义务主要包括不完全履行、迟延出资、瑕疵给付、出资不实等情况。所谓瑕疵给付，是指股东缴付的现物在品质或权利上存在瑕疵的情形，如所交付的标的物存在着第三人的合法权利或其本身不具有相应的效用；所谓的出资不实，是指对非货币出资标的物评估不实的情形，是不完全出资的一种特殊形式。2023年《公司法》第49条规定："股东应当按期足额缴纳公司章程规定的各自所认缴的出资额。股东以货币出资的，应当将货币出资足额存入有限责任公司在银行开设的账户；以非货币财产出资的，应当依法办理其财产权的转移手续。股东未按期足额缴纳出资的，除应当向公司足额缴纳外，还应当对给公司造成的损失承担赔偿责任。"

基于2023年《公司法》的相关规定，管理人此后办理追收未缴出资案件时，还需以债务人成立时间为界，判定出资核查的关注期间、减资问题以及股东失权制度下可能存在的其他股东补足出资之义务。

3. 出资期限

在人民法院受理破产申请时，股东认缴出资尚未届至公司章程规定的缴纳期限的，管理人也有权要求其立即缴纳所认缴的全部出资，而不受出资期限的限制。

二、管理人追收未缴出资的处理路径

对于管理人而言，首先要依法履职，做好相关调查工作，对于出资是否实缴的调查方式详见本书第三章。在查清事实的基础上，管理人应先通过书面方式向债务人的股东追收出资，若其限期拒不履行，则应向人民法院提起追收未缴出资之诉。

（一）被告的确定

1. 现任股东

根据商事法律公示原则和外观主义原则，依法登记的股东对外具有公示效力。管理人可依据《企业破产法》第35条的规定，对债务人工商依法登记且瑕疵出资的股东提起诉讼。但需要注意，实践中存在大量股权代持的现象，

---

① 吕小薇：《股东违反出资义务的表现及其认定问题研究——兼论违反出资义务股东的民事责任》，首都经济贸易大学2009年硕士学位论文。

管理人可在查明后将隐名股东一并列为被告。

2. 发起人股东

《最高人民法院关于适用〈中华人民共和国公司法〉若干问题的规定（三）》[以下简称《公司法解释（三）》]第13条第3款规定："股东在公司设立时未履行或者未全面履行出资义务，依照本条第一款或者第二款提起诉讼的原告，请求公司的发起人与被告股东承担连带责任的，人民法院应予支持……"因此，发起人股东负有保证公司资本充实的法定责任。

3. 受让人股东

《公司法解释（三）》第18条规定："有限责任公司的股东未履行或者未全面履行出资义务即转让股权，受让人对此知道或者应当知道，公司请求该股东履行出资义务、受让人对此承担连带责任的，人民法院应予支持……"需要注意的是，此条仅适用于股权多次转让的情形下，对知道或应当知道转让股东未尽出资义务的除现任股东以外的受让人请求承担连带责任，因为现任股东的出资责任，管理人完全可以通过《企业破产法》第35条进行追讨。目前，对于在认缴期限届满前转让股权的转让股东及受让股东（非现任）是否应当承担连带责任在实务中有较大争议，若管理人无法对破产企业的历任股东在股权转让时，公司"已具备破产原因"或者"公司债务产生后"延长了出资期限进行举证，很难得到人民法院支持。

而在2023年《公司法》第52条规定的未缴出资股东失权制度下，管理人还应关注被动受让失权股东所持股权的其他股东，是否及时履行补缴出资的义务。

4. 董事和高级管理人员

根据《公司法》第180条第2款的规定，公司董事、监事、高级管理人员对公司负有勤勉义务。又根据《公司法解释（三）》第13条第4款规定："股东在公司增资时未履行或者未全面履行出资义务，依照本条第一款或者第二款提起诉讼的原告，请求未尽公司法第一百四十七条第一款规定的义务而使出资未缴足的董事、高级管理人员承担相应责任的，人民法院应予支持；董事、高级管理人员承担责任后，可以向被告股东追偿。"《破产法解释（二）》第20条第2款规定："管理人依据公司法的相关规定代表债务人提起诉讼，主张公司的发起人和负有监督股东履行出资义务的董事、高级管理人员，或者协助抽逃出资的其他股东、董事、高级管理人员、实际控制人等，对股东违反出资义务或者抽逃出资承担相应责任，并将财产归入债务人财产的，人民法院应予支持。"管理人根据该等规定，有权向负有监督股东履行出资义务的董事、高级管理人员、实际控制人等追究连带责任。

如前所述，2023年《公司法》第51条明确将董事作为催缴股东出资的义务主体，管理人应及时关注董事有无催缴行为，以基于董事未尽该等催缴义务，要求其对给公司造成的损失承担赔偿责任。

（二）诉讼请求的列明

根据检索的案例，该类型案件的诉讼请求一般列为：（1）判令被告一向原告缴纳未缴出资款人民币×××万元；（2）判令被告二向原告缴纳未缴出资款×××万元；（3）判令被告三向原告缴纳未缴出资款×××万元；（4）本案诉讼费用由三被告承担。

管理人可根据实际情况调整诉请，如可要求发起人股东对其他股东履行出资义务承担连带责任。诉讼请求可列为：（1）判令被告一向原告缴纳未缴出资款人民币×××万元，被告二、被告三对被告一履行出资义务承担连带责任；（2）判令被告二向原告缴纳未缴出资款×××万元，被告一、被告三对被告二履行出资义务承担连带责任；（3）判令被告三向原告缴纳未缴出资款×××万元，被告一、被告二对被告三履行出资义务承担连带责任；（4）本案诉讼费用由三被告承担。

（三）诉讼思路

1. 追收现任股东未缴出资

管理人接管后，可通过工商内档、债务人资料查询验资报告、延长出资期限的股东会决议，并对债务人的银行流水应调尽调，逐一核查转账明细、备注等，从而判断股东是否缴纳出资款。如有未缴出资情形，管理人应先向股东致函，通知其限期内补足出资，并跟踪物流及签收情况。在股东已签收快递，但限期未补足出资或无法获悉股东下落的情况下，管理人在向债权人会议充分披露并征询债权人意见后，可以通过诉讼方式处理。

2023年《公司法》第49条规定："股东应当按期足额缴纳公司章程中规定的各自所认缴的出资额。股东以货币出资的，应当将货币出资足额存入有限责任公司在银行开设的账户……"第55条第1款规定："有限责任公司成立后，应当向股东签发出资证明书……"据此，股东对公司出资需要有向公司账户缴存的出资行为以及明确的出资意思表示，公司亦应对股东出资作明确记载予以证明。

首先，关于出资形式，股东应将注册资本支付至公司账户，支付至其他股东或公司实际控制人个人账户等不符合出资形式。故管理人应对破产企业全部银行账户的明细进行全面调取，筛查股东出资是否符合形式要件。

其次，关于出资意思表示，管理人在整理银行交易明细时，应关注股东与公司的往来，若股东转入公司账户的款项未备注"投资款"，则无法证明该笔款项的性质为出资款，亦无法体现股东有实缴出资之意思表示。

最后，关于公司记载，管理人可通过工商内档、债务人资料中查询是否存在对出资作任何实收资本记载的资料，如验资报告、工商登记信息等。

此外，在追收未缴出资案件中，很多股东以股东会决议"非本人签字""未参与公司实际经营"进行抗辩，但其应对此进行举证，否则应承担举证不力的结果。管理人可根据商事外观主义的原则，要求登记股东承担相应出资责任，内部约定不能对抗外部第三人。

2. 发起人股东的连带责任

《公司法解释（三）》第13条第3款明文规定了发起人股东的连带责任。发起人股东之间的出资连带责任系为贯彻公司资本充实原则，而由公司设立者共同承担的相互担保出资义务履行的民事责任。发起人股东之所以承担资本充实责任，是基于公司发起人之间在设立公司时的合伙关系而产生的对各自出资互负监督、担保的责任。管理人可要求发起人股东之间针对初始的认缴出资，承担资本充实责任。

实践中存在大量股权代持现象，故发起人股东可能会以代持而非实际股东为由进行抗辩。对此，若发起人股东于诉讼进行时仍为破产企业工商登记的股东，即便代持事实属实，也不影响其连带责任的认定，但若其已于破产受理前通过转让股权使隐名股东显名化，而管理人无充足证据证明其存在主观恶意性，该项连带责任的请求很难得到人民法院的支持。

3. 原股东的连带责任

本书认为，《企业破产法》第35条所指"出资人"，应当包括现股东以及存在利用公司股东出资期限利益、通过转让股权的形式恶意逃避债务的原股东。若原股东在转让股权时具有明显逃避债务的主观故意，而将该条规定限定为现股东，势必导致大量逃废债行为产生，损害公司及债权人利益，有悖营造诚信有序市场的立法本意。故管理人可请求恶意转让股权的原股东，对受让股东（现任股东）的出资义务承担连带责任。此外，《九民纪要》中对股东出资加速到期亦有规定，但人民法院对原股东"恶意"的举证要求较高，管理人应提供充足的证据，证明大量债务形成于股权转让之前，原股东转让股权时公司已具备资不抵债或明显缺乏清偿能力之破产原因，以此要求原股东对已转让股权承担出资责任。

4. 向受让股东追究连带责任

《公司法解释（三）》第18条规定："有限责任公司的股东未履行或者未全面履行出资义务即转让股权，受让人对此知道或者应当知道，公司请求该股东履行出资义务、受让人对此承担连带责任的，人民法院应予支持……"实践中，普遍存在股权被多次转让的情形，管理人可请求全部的受让人对转让股东的出资义务承担连带责任，也可以选择仅部分受让人承担连带责任。①

5. 现任其他股东补足出资的责任

2023年《公司法》第52条第1、2款规定："股东未按照公司章程规定的出资日期缴纳出资，公司依照前条第一款规定发出书面催缴书催缴出资的，可以载明缴纳出资的宽限期；宽限期自公司发出催缴书之日起，不得少于六十日。宽限期届满，股东仍未履行出资义务的，公司经董事会决议可以向该股东发出失权通知，通知应当以书面形式发出。自通知发出之日起，该股东丧失其未缴纳出资的股权。依照前款规定丧失的股权应当依法转让，或者相应减少注册资本并注销该股权；六个月内未转让或者注销的，由公司其他股东按照其出资比例足额缴纳相应出资。"若债务人进入破产程序前存在股东失权情形，但在六个月内未通过股权转让或者减资注销相关股权的，管理人可诉请要求其他股东按其股权比例补足出资。

6. 董事的赔偿责任

即依据2023年《公司法》第51条之规定，基于董事未尽出资催缴义务，要求其承担相应赔偿责任。

三、相关案例

案例一②

案情简介：众鑫包装公司的股东赵某某、郑某某认缴出资总额为3000万

---

① 最高人民法院民事审判第二庭：《最高人民法院关于公司法解释（三）、清算纪要理解与适用（注释版）》，人民法院出版社2014年版。

② 安徽省滁州市中级人民法院（2019）皖11民终3138号民事判决书。

元，而实缴出资额均为0元。众鑫包装公司对中盛小贷公司、天享肥业公司负有债务，股东赵某某、郑某某与中盛小贷公司、张某某、天享肥业公司签订《内部股权转让协议》《股权转让协议》，约定将其持有的众鑫包装公司的股权转让，股权受让人不用支付股权转让金，不参与公司收益分配，且承诺在还清借款后，将股权全部归还给赵某某、郑某某。2017年法院受理众鑫包装公司的破产清算申请。

裁判要旨：股权让与担保合同中的股权受让人只是名义股东，不是真正意义上的股权受让人，不享有股东权利，不应承担股东责任，即无须对转让人未缴纳的出资承担连带责任。即便已经完成股权变更登记，根据"举重以明轻"的法律解释规则，可以认为完成了股权质押登记，参照适用股权质押实现的有关规定，认定其具有物权效力，享有优先于一般债权人受偿的效力。

本书观点：不能仅通过股权转让协议的名称或形式，来判断是股权转让还是股权让与担保。在该案中，当事人真实意思表示是以股权转让的方式为其之间的债权债务设定担保，案涉股权转让协议，名为股权转让，实为股权让与担保，并非真正意义上的股权受让人。管理人在起诉时，应透过现象看本质，判断现任股东是否为名义股东，是否实际享有资产收益、参与重大决策和选择管理者等股东权利。

案例二[①]

案情简介：赵某、钱某共同出资设立旦芭思公司，注册资本金1000万元，赵某认缴出资700万元，钱某认缴出资300万元，认缴期限均为2043年7月1日。2019年1月，钱某将股权分别转让给赵某、吴某，其中，29%股权作价290万元转让给赵某，1%股权作价10万元转让给吴某，股权转让后赵某持股99%，吴某持股1%，但赵某、吴某从未向钱某支付股权转让对价款。2020年2月27日，旦芭思公司被裁定受理破产清算。

裁判要旨：原股东对其已瑕疵转让的股权承担补缴的义务，同时作为发起人，对其他股东的出资承担连带责任。钱某转让股权时，公司符合破产条件，钱某有以转让股权逃避债务的故意，已经对公司责任财产及全体债权人的清偿利益造成损害。钱某的认缴期限利益已超出合法保护界限，即其认缴期限在其转让股权时加速到期，且不会扰乱公司债务的清偿秩序，符合破产

---

① 上海市高级人民法院（2022）沪民终446号民事裁定书。

程序下实现全体债权人的公平清偿利益的宗旨。故而,钱某仍应对其转让股权即 29％股权对应的未缴出资承担出资责任。

本书观点：本案精彩之处在于,管理人巧用《九民纪要》的规定,证明原股东钱某在转让股权时公司已具备《企业破产法》第 2 条规定的破产原因,彼时已然符合出资加速到期的条件。出资期限到期后,股东应当及时缴纳出资,钱某未缴纳出资即将 29％股权转让给赵某,不能免除其相应补足出资义务;同时又基于钱某发起人身份,请求其对另一位发起人赵某 70％初始出资承担连带清偿责任。即钱某作为发起人以及 29％股权的出让人对现任股东赵某的全部未缴出资承担连带责任。

第六节 追收抽逃出资纠纷

一、法律规定及解读

追收抽逃出资纠纷的法律依据主要是《公司法》第 53 条、第 253 条,《公司法解释（三）》第 12 条至第 14 条、第 16 条至第 18 条,《破产法解释（二）》第 20 条、第 23 条。在执行程序中,申请执行人可依据《最高人民法院关于民事执行中变更、追加当事人若干问题的规定》第 18 条追加抽逃出资的股东、出资人为被执行人,在抽逃出资的范围内承担责任。此外,2023 年《公司法》在责任主体上,从单一股东扩大到包括董事、监事、高级管理人员等经营管理层人员,同时增设了赔偿责任与赔偿范围,扩大了抽逃出资追缴主体的选择范围。

关于上述法律规定,管理人需注意以下要点：

1. 抽逃出资的主体

抽逃出资的主体为公司的股东。

2. 抽逃出资的情形

根据《公司法解释（三）》第 12 条的规定,抽逃出资主要有以下几种情形：(1) 通过制作虚假财务会计报表虚增利润进行分配的方式抽逃出资。(2) 通过虚构债权债务关系将其出资转出的方式抽逃出资。(2) 利用关联交易将出资转出的方式抽逃出资。(3) 其他未经法定程序将出资抽回的行为,如：转账增资骗取验资后以非正常交易往来将资金转出；未经股东会决议,股东擅自将实缴出资验资后转入个人账户；以"返还验资"的形式将出资抽回；股东将出资变为公司借款转入个人账户抽回；股东利用控股地位将公司作为个人贷款担保人的形式抽逃出资。

3. 抽逃出资的时间

抽逃出资发生在公司成立且股东已实际缴纳出资或增资款后。

4. 抽逃出资的法律后果

（1）民事责任

根据《公司法解释（三）》第 14 条的规定，股东抽逃出资的民事责任主要有：股东对公司债务不能清偿的部分在其转移资金的金额及相应利息范围内承担补充赔偿责任；返还出资本息。此外，2023 年《公司法》第 253 条规定："公司的发起人、股东在公司成立后，抽逃其出资的，由公司登记机关责令改正，处以所抽逃出资金额百分之五以上百分之十五以下的罚款；对直接负责的主管人员和其他直接责任人员处以三万元以上三十万元以下的罚款。"即除抽逃出资的股东面临罚款及补齐资金后对其他足额缴纳资本金的股东承担相应违约责任外，直接负责的主管人员和其他直接责任人员也将面临相应处罚。

（2）刑事责任

在实缴制下，根据《中华人民共和国刑法》（以下简称《刑法》）第 159 条、《最高人民检察院、公安部关于公安机关管辖的刑事案件立案追诉标准的规定（二）》第 4 条等规定，股东抽逃出资数额巨大、后果严重或者有其他严重情节的，处五年以下有期徒刑或者拘役，并处或者单处虚假出资金额或者抽逃出资金额 2% 以上 10% 以下罚金。单位犯前款罪的，对单位判处罚金，并对其直接负责的主管人员和其他直接责任人员，处五年以下有期徒刑或者拘役。

二、管理人追收抽逃出资的处理路径

（一）诉讼主体

1. 有抽逃出资行为的股东。

2. 协助抽逃出资的其他股东、董事、高级管理人员或者实际控制人。若该部分主体不但未监督股东履行出资义务，反而放任股东抽逃更有甚者协助抽逃出资的，管理人应依据《公司法解释（三）》第 14 条，要求其对股东的返还出资责任承担连带责任。

3. 受让股东。管理人可依据《公司法解释（三）》第 18 条的规定，要求股权受让人，在各自受让股权比例范围内承担连带责任。

4. 垫资公司。根据《民法典》第 527 条的规定，若垫资公司明知借款用于股东虚伪验资，则管理人可以垫资公司与抽逃股东实施共同侵权为由，请求垫资公司对抽逃股东返还抽逃出资本息义务承担连带责任，但应注意证明垫资公司存在侵权的主观故意。根据实践经验，若管理人无法证明垫资公司与股东之间在出资前即达成抽逃出资的合意，仅知道股东向其返还的资金系抽逃出资的，法院难以支持垫资公司承担连带责任的诉讼请求。因为"第三人代垫资金"通常表现为发起人以外的第三人以借款方式向发起人提供设立公司所需缴纳的出资款，作为借贷关系中的债权人，第三人对于实现债权所获得的财产性质及来源不负有特殊的审查义务。

（二）诉讼请求的列明

管理人可代表债务人提起诉讼，主张出资人向债务人依法返还抽逃的出资本息。诉讼请求一般列为：（1）请求判令被告甲将抽逃出资××万元作为破产财产支付至原告管理人账户；（2）请求判令被告甲以抽逃出资××万元为本金，自××年××月××日起至实际偿还之日止，按照同期中国人民银行公布的贷款基准利率或 LPR 贷款利率计算的利息损失，作为破产财产支付至原告管理人账户；（3）请求判令被告乙（股权受让人）对上述第一、二项诉请返还抽逃出资本息承担连带责任；（4）请求判令被告丙（垫资公司）对返还××的抽逃出资本息承担连带责任；（5）请求判令本案诉讼费由被告承担。此外，还可诉请对抽逃出资行为负有责任的董事、监事、高级管理人员与该抽逃出资股东承担连带赔偿责任。

（三）抽逃出资的事实

管理人可以通过以下几种方式调查股东抽逃出资的事实，并将收集的材料作为证据提交：

1. 股东抽逃出资往往出现在实缴制下设立的公司，管理人首先可通过查阅工商内档资料，收集设立公司、增加注册资本的情况，并比对验资报告，查验是否缴纳出资；然后查看股东是否严格按法定程序增减资本。资本不变原则的立法意图与资本维持原则相通，即防止资本总额的减少导致公司财产能力的降低和责任范围的缩小，保护债权人利益。

2. 通过验资报告可以进一步查询到验资账户，管理人应至验资户和公司其他银行账户全面调取银行流水，查询公司的转账记录，判断是否存在不合理的资金流转情况，尤其对实缴后的几日重点关注，若为第三人的垫资款，出资款往往在账户无法停留很久。

3. 管理人若接管到公司的财务资料，可以聘请第三方审计机构，对账簿等资料中公司与股东之间的资金往来进行重点核查，核实股东的出资情况与是否存在抽逃出资的情况。

（四）举证责任分配

《公司法解释（三）》第20条规定："当事人之间对是否已履行出资义务发生争议，原告提供对股东履行出资义务产生合理怀疑证据的，被告股东应当就其已履行出资义务承担举证责任。"该条将举证责任倒置给被告股东，即管理人只要能够提供证据证明股东存在抽逃出资行为达到合理怀疑程度，则需由股东举证证明其未存在抽逃出资的行为，如资金转移的合法性，对资金的来源、流向及用途作出合理解释，并承担举证不能的不利后果。①

此外，基于2023年《公司法》第53条第2款之规定，虽然股东抽逃出资情形下董监高存在承担连带责任的可能，但并未对董监高发现股东抽逃出资后应当采取何种措施或应对方式作出明确规定。故本书认为，董监高不能仅以"未协助"进行抗辩，而应举证证明其勤勉尽责，应察觉已察觉，或在已察觉的情况下采取阻止抽逃、要求股东返还至公司等积极行为。

（五）损害公司、债权人的利益为实质要件

管理人需证明股东的抽逃行为损害了公司和债权人的利益，如根据接管到的合同、财务资料、发票、转账记录等，判断出资款是否用于正常的商业往来；若未接管到资料，管理人可通过债权人提供的债权申报资料，对抽逃出资情况予以核查。关于诉请金额，即使破产企业的全部债务总额、预计破产费用合计数额小于抽逃资金数额的，人民法院一般根据侵权责任填平原则，判定被告承担抽逃资金数额相应的责任。

（六）诉讼时效

关于追究股东抽逃出资责任纠纷的诉讼时效，规定于《公司法解释

---

① 翁炎龙、刘雨昕：《"抽逃出资"的认定情形、典型案例与诉讼指引》，https://mp.weixin.qq.com/s/YW6B8L4LCLDNDKGgLO1dXg，2023年12月20日访问。

（三）》第19条第1款："公司股东未履行或者未全面履行出资义务或者抽逃出资，公司或者其他股东请求其向公司全面履行出资义务或者返还出资，被告股东以诉讼时效为由进行抗辩的，人民法院不予支持。"即，管理人代表公司或其他公司请求抽逃出资的股东履行返还出资不受诉讼时效的抗辩。

三、相关案例

案例一[①]

案情简介：陈某某、廖某、刘某于2016年12月27日共同出资成立景田公司，注册资本300万元。其中陈某某持股35%，认缴105万元；廖某持股35%，认缴105万元；刘某持股30%，认缴90万元。根据公司章程，股东应当按期足额缴纳各自所认缴的出资额，出资时间为2017年12月31日前。2020年7月7日，重庆五中院裁定受理景田公司破产清算。管理人对股东出资情况审查发现：2017年1月13日，三股东将各自出资款合计300万元汇入公司账户。该出资经某会计师事务所验资并出具验资报告。同日，景田公司向聪志公司转入300万元，摘要标注为"往来结算款"，交易后景田公司账户余额为0元，景田公司记账凭证将该笔款项记为"其他往来"。管理人调查发现，景田公司与聪志公司无任何业务往来，公司亦未收到聪志公司提供的等价资产。景田公司管理人认为陈某某、廖某、刘某将出资款转入公司账户，又以往来结算款的名义转出到无任何业务往来的公司，属于明显的通过虚构债权债务关系抽逃出资损害公司财产权益，应对三股东抽逃出资的事实予以认定。管理人代表债务人提起诉讼，要求各股东返还各自抽逃的出资款并赔偿利息损失，各股东对彼此出资本息责任承担连带责任。

裁判要旨：股东在验资当天将全部出资款从公司账户转出，以往来结算款的名义转至第三人账户，未能提供证据证明公司与第三人订立有相关合同及存在商业往来活动的事实，公司亦未收到第三人提供的等价资产，应认定为股东抽逃出资。

本书观点：公司资本不变原则系公司资本三原则的内容之一，公司在成立与运营过程中应维持与其注册资本相当的资产，以维护债权人的利益，股

[①] 渝五法宣：《重庆五中院发布破产衍生诉讼典型案例》，https://mp.weixin.qq.com/s/EL_2RO5ofJU6hHIg8ACMnA，2023年12月20日访问。

东出资资金从公司转移至第三人时,第三人需交付等值的资产或权益,否则为虚构往来,即便验资报告证明已实缴,亦应认定股东抽逃出资的事实。

案例二[①]

案情简介:福建建润公司的股东上杭建润企业于2016年8月17日将增资款996万元转入福建建润公司后,于验资当天即2016年8月18日就将该款转出,分别以往来款名义转给中龙杭川公司和中龙沃保企业,而中龙杭川公司、中龙沃保企业均与福建建润公司不存在债权债务关系,而此后转款分别流转至厦门市中龙杭川集团股份有限公司、王某、赖某等与股东上杭建润企业相关联的企业和个人。管理人代表债务人提起诉讼,要求上杭建润企业返还增资款项996万元。被告中龙沃保企业、中龙杭川公司、中龙杭川基金公司均非福建建润公司的股东、董事、高级管理人员或者实际控制人,管理人诉请被告中龙沃保企业、中龙杭川公司、中龙杭川基金公司对上杭建润企业返还出资款承担连带责任,依据不足,不予支持。被告张某在抽逃出资期间担任福建建润公司的董事,而接受抽逃出资转款的公司中龙沃保企业、中龙杭川公司均为张某关联企业或由其管理,应认定张某对上杭建润企业抽逃出资明知且有协助行为,管理人代表债务人诉请张某对上杭建润企业返还的增资款项996万元承担连带清偿责任,于法有据,法院予以支持。

裁判要旨:通过虚构债权债务关系损害公司财产权益,应认定为抽逃出资;董事、高管协助抽逃出资的,应对股东的返还出资责任承担连带责任。

本书观点:管理人若诉相关人员协助抽逃出资的连带责任,需关注相关人员的主体身份,是否为公司股东、法定代表人或董监高,可通过股权穿透的方式进行核查;此外管理人还应对其明知且协助的行为进行充分举证。

案例三[②]

案情简介:2013年9月12日,艳阳公司设立,注册资本150万元,其中吴某甲出资90万元,占股60%;且吴某甲于2013年9月23日实缴全部出资。2013年11月22日、12月2日,艳阳公司以借款名义分别转账10万元、28万元给吴某甲;2014年1月2日又以往来款名义转账322410元至吴某甲

[①] 福建省上杭县人民法院(2022)闽0823民初2173号民事判决书。
[②] 浙江省温州市中级人民法院(2017)浙03民终6079号民事判决书。

账户。2015年10月30日，吴某甲将股权转让给了吴某乙，并办理投资人变更、法定代表人变更登记手续，此后由吴某乙任该公司法定代表人。2016年10月28日，艳阳公司被法院裁定受理破产清算，并指定嘉瑞成律师事务所为管理人。管理人发现，吴某甲在未与艳阳公司发生货款或交易往来的情况下，先后以借款、往来款名义从艳阳公司账户将702710元转账至吴某甲个人账户且至今未归还，遂诉至法院要求返还抽逃的出资。吴某甲则辩称其仅是名义股东，实际投资人是吴某乙，其银行卡也由吴某乙使用，且自己从未参与过公司的经营管理，故不应当承担补足出资的责任。

本案经永嘉县法院一审，温州市中院二审，最终认定吴某甲的行为属于抽逃出资，应当将相应的款项予以返还。

裁判要旨：无论是名义股东还是实际股东，均应依法履行出资义务，不得抽逃出资；在公司被裁定受理破产后，管理人有权代表公司向抽逃出资的股东进行追缴，股东仅以其为名义股东为由进行抗辩的，不予支持。

本书观点：股东禁止抽逃出资，否则公司有权追回。股东必须依法履行出资义务，抽逃出资属于公司法上的违法行为和损害公司利益的行为，公司有权向其追究责任。本案中，吴某甲作为一名具备完全民事行为能力的公民，应当明白在章程和工商登记材料上签字的法律后果，其在签名成为艳阳公司的股东后，不得将出资款项转入公司账户验资后又转出或通过虚构债权债务关系将其出资转出。本案中，吴某甲将总计702710元以借款、往来款名义从艳阳公司账户转入其个人账户，应承担法律后果，即使吴某甲作为名义股东只是向实际出资人出借账户，亦不能免除其归还702710元出资的义务。

第七节 追收非正常收入纠纷

追收非正常收入是指管理人在破产程序中，对于债务人的董事、监事和高级管理人员（以下简称"董监高"）利用职权从企业获取的非正常收入和侵占的企业财产予以追回。债务人的董监高利用职权从企业获取的非正常收入和侵占的企业财产，是对债务人财产的侵犯，应当予以追回并将其纳入债务人财产的范围。管理人在人民法院受理破产申请后应当接管债务人的所有财产，并在破产程序进行期间负责管理和处分债务人的财产，其有权利且有义务进行追收，若相关主体经管理人催告后拒不缴纳，管理人可以追收非正常收入纠纷为由向有管辖权的人民法院提起诉讼。

一、法律规定及解读

（一）适用主体

《企业破产法》第 36 条规定："债务人的董事、监事和高级管理人员利用职权从企业获取的非正常收入和侵占的企业财产，管理人应当追回。"本条规定在立法沿革上并无太大变动，主要规范的对象是债务人的董监高，所规范的行为是利用职权获取非正常收入和侵占企业财产。

对于高级管理人员的界定，可参照 2023 年《公司法》第 265 条："高级管理人员，是指公司的经理、副经理、财务负责人，上市公司董事会秘书和公司章程规定的其他人员。"

需要注意的是，《企业破产法》第 36 条对于追收非正常收入的对象仅限于董监高三类主体，若上述主体之外的其他人员存在《企业破产法》第 36 条所述情形的，管理人可以通过《企业破产法》第 17 条的规定，要求相关人员返还财产。

（二）适用情形解读

对于管理人追收非正常收入的适用情形，《破产法解释（二）》第 24 条第 1 款进一步明确规定："债务人有企业破产法第二条第一款规定的情形时，债务人的董事、监事和高级管理人员利用职权获取的以下收入，人民法院应当认定为企业破产法第三十六条规定的非正常收入：（一）绩效奖金；（二）普遍拖欠职工工资情况下获取的工资性收入；（三）其他非正常收入。"可见，当企业出现不能清偿到期债务，并且资产不足以清偿全部债务或者明显缺乏清偿能力时，企业的董监高获取的非正常收入和侵占的企业财产可以由管理人进行追收。由于上述规定并未对追收的时间作出限定，管理人可以参照王卫国教授的观点，无论获取非正常收入和侵占企业财产的行为发生在破产前还是破产程序中，也无论该行为是一次性行为还是持续一定时间的行为，管理人都有权利追回。[①]

关于"利用职权"这一前提条件的认定，上述规定并未限定利用职权行为须由董监高本人实施，不应排除相关人员通过其他董监高利用职权行为间

---

① 王卫国：《破产法精义（第二版）》，法律出版社 2020 年版，第 135 页。

接获益的情形,正如韩传华老师认为,如果债务人的董事会决议,给所有董监高发放超过合理水平的奖金,也属于"利用职权从企业获取的非正常收入",未参与该决策的董监高不得以未参与决策为由,对抗管理人的追收权。①

关于"非正常收入",上述规定列举了三类情形,同时,《企业破产法》起草组指出,可以通过参考同行标准、企业经营标准以及职工收入标准来衡量是否属于非正常收入②。

由于《企业破产法》第36条规定的追收对象是"非正常收入"及"侵占的企业财产",除"非正常收入"外,管理人在处理追收"侵占的企业财产"所涉问题时需注意,若相关侵占的财产数额较大,涉嫌造成职务侵占行为,需要区分处理。正如齐明教授所述,如果相关人员的行为被认定为职务侵占,则相关人员需要承担刑事责任,而被侵占的财产仍然需要归入债务人财产。③

此外,在审查适用董事、监事及高级管理人员获取非正常收入和侵占企业财产时,还需区分上述人员"为逃避债务而隐匿、转移财产"或"虚构债务或者承认不真实的债务"的相关行为。根据韩传华老师所述,在债务人为逃避债务而隐匿、转移财产、虚构债务或承认不真实债务时,如果债务人的董监高从上述行为中直接获益,则应视为上述主体有侵占企业财产的行为;如果上述主体从上述行为中间接受益,则不认为上述主体有侵占企业财产行为,如果涉嫌犯罪,则需要移送刑事侦查机构;如不涉嫌犯罪、情节轻微,那么上述行为可以按照《企业破产法》第33条规定被认定为无效。④

(三) 追收所形成债权的认定

对于董监高因返还非正常收入所产生债权的救济方式,《破产法解释(二)》第24条第3款规定:"债务人的董事、监事和高级管理人员因返还第一款第(一)项、第(三)项非正常收入形成的债权,可以作为普通破产债权清偿。因返还第一款第(二)项非正常收入形成的债权,依据企业破产法第一百一十三条第三款的规定,按照该企业职工平均工资计算的部分作为拖欠职工工资清偿;高出该企业职工平均工资计算的部分,可以作为普通破产

---

① 韩传华:《企业破产法解析》,人民出版社2007年版,第135—136页。
② 《中华人民共和国企业破产法》起草组编:《〈中华人民共和国企业破产法〉释义》,人民出版社2006年版,第144—145页。
③ 齐明:《中国破产法原理与适用》,法律出版社2017年版,第92页。
④ 韩传华:《企业破产法解析》,人民出版社2007年版,第137页。

债权清偿。"由此可知，董监高返还的绩效奖金和其他非正常收入可按普通债权进行清偿，而在债务人普遍拖欠工资期间获得的收入，根据债务人职工平均工资折算后的部分按职工债权进行清偿，高出部分作为普通债权进行清偿。

二、管理人对于非正常收入的处理路径

若债务人的董监高经管理人催告后，仍拒绝返还债务人财产或对管理人要求返还财产有异议的，管理人应以自己的名义向有管辖权的人民法院提起诉讼。

（一）案由的确定

本诉讼的案由为追收非正常收入纠纷，但如前文所述，管理人在核查债务人相关人员非正常收入过程中，需根据情形区分适用不同的法律规定：

1. 当管理人追收的对象并非债务人的董事、监事或高级管理人员时，管理人需依据《企业破产法》第17条规定的追收对外债权纠纷或基于物权请求权要求相关方返还财产；

2. 当管理人在核查过程中发现债务人的董事、监事或高级管理人员涉嫌职务侵占犯罪的，需要向相关刑事侦查部门举报；

3. 当管理人发现上述人员为逃避企业债务而隐匿、转移财产、虚构债务或承认不真实债务并获取间接利益的，可根据《企业破产法》第33条的规定请求确认债务人的行为无效。

虽然本诉讼的案由在名称上对于追收对象仅表述为"非正常收入"，但根据《企业破产法》第36条的规定，对于债务人的董监高利用职权侵占的企业财产，管理人都应当予以追回。追收非正常收入与追收侵占的债务人财产，虽然可以基于不同的请求权进行主张，但其目的均在于否定董监高利用职权侵害企业财产权利，从而导致债务人可供分配财产不当减少的行为，都应当由管理人追回。因此，对于追收非正常收入纠纷案由的适用范围，根据《企业破产法》第36条的规定可以相应予以扩张解释。

（二）诉讼请求的列明

围绕本诉讼的基础法律关系，管理人可以列举的诉讼请求主要如下：（1）请求判令被告×××向原告返还×××元；（2）请求判令被告×××向原告赔偿利息损失×××元（以×××元为基数，按全国银行间同业拆借中

心公布的贷款市场报价利率自××××年××月××日起至实际支付日止计算的利息，暂计至××××年××月××日）；（3）本案的诉讼费用由被告承担。

若管理人在核查过程中发现并掌握债务人其他董事、监事或高级管理人员存在实施或帮助实施侵占债务人财产行为的，可以在诉请中增加关于相关义务人就返还财产及赔偿利息承担连带责任。

（三）诉讼思路

根据检索的现有追收非正常收入纠纷案件，实践中追收非正常收入主要可以分为四大类，分别为：侵占型、分红型、工资型以及奖金型案件。对于上述各类情况，我们将分别展开讨论：

1. 侵占型案件

侵占型非正常收入指董监高直接侵占公司的财产。在四种类型中侵占型非正常收入案件占比最高。相比于其他类型，侵占型非正常收入一般表现为偶发性大额收入，不具有经常性，其识别难度相对较低。

侵占型非正常收入还可以细分为三种类型。（1）直接支取型：董监高直接从公司账户中支取款项，将其用于个人使用，并不入账。（2）直接转账型：公司受董监高操纵直接将公司账户中钱款转移至董监高的个人账户。（3）截留钱款型：董监高截留第三方转给公司的钱款，如货款、土地转让款、补偿金等，并不归还。

认定侵占型非正常收入，首先需要初步确定被告支取、转账、截留的事实。实践中为了确定相关事实，人民法院会注重审查债务人内部的财务资料。如果债务人的财务管理混乱，此时管理人还需提交证明力更强的文件，例如专业机构出具的专项审计报告等。此外，在核查处理董监高侵占债务人财产过程中，管理人还需注意区分侵占资产的后续走向和用途，以及涉案董监高与债务人之间是否有基于其他法律关系的交易。

实践中有大量中小企业财务管理混乱，企业账户和个人账户混用。如果相关款项最终用于债务人的生产经营，董监高并未从中获利，该行为也没有给企业或者债权人造成损害，此种收入不应当认定为非正常收入。同时，管理人还需核查被侵占的财产后续是否被归还至债务人账户，若相关款项已经归还给企业，则管理人主张被告归还的请求也难以被支持。此外，如果债务人和董监高之间存在其他法律关系能够证明董监高收取相关款项合理，那么该收入也不应当认定为非正常收入。例如，董监高曾提供借款给债务人或代债务人垫付相关费用的，此种情形也不属于非正常收入。

2. 分红型案件

2023年《公司法》第210条第4款规定："公司弥补亏损和提取公积金后所余税后利润，有限责任公司按照股东实缴的出资比例分配利润，全体股东约定不按照出资比例分配利润的除外；股份有限公司按照股东所持有的股份比例分配利润，公司章程另有规定的除外。"公司的盈利分配必须按照顺序进行，先弥补亏损、清偿债务，再依法提取法定公积金及依照股东会决议提取任意公积金，最后方可分红。若违反前述规定违规分红的，《公司法》第211条明确规定："公司违反本法规定向股东分配利润的，股东应当将违反规定分配的利润退还公司；给公司造成损失的，股东及负有责任的董事、监事、高级管理人员应当承担赔偿责任。"因此，未弥补亏损、提取公积金的分红需退还债务人。

在核查被告获取违规分红事实的过程中，管理人还需注意两点：

（1）该财产分配是否属于股东分红，这需要审查相关的财务记账材料、股东会/董事会决议来辨别该财产分配是否涉及其他的法律关系，例如工资发放或归还个人借款。

（2）在财产分配前公司的亏损状况。通过审查账册、审计报告等，能够确定利润分配前公司是否已完成补亏；如果没有按照《公司法》的要求先补亏，则该分红会被认定为非正常收入。

3. 工资型案件

根据《破产法解释（二）》第24第1款的规定，在债务人普遍拖欠职工工资时，董监高获取的工资性收入应当被认定为非正常收入。

对于此类收入，重点在确定企业拖欠员工工资的时间点。在确定该时间点后，只要证明董监高在此之后依然支取工资，那么该工资便构成非正常收入。管理人可以通过核查债务人人事及财务资料，了解职工欠薪情况；或与债务人职工了解情况，制作谈话笔录；或通过查询债务人相关的劳动仲裁、劳动监察、劳动诉讼案件综合判断拖欠工资的时间节点。

此外，当普通职工执行"少发"工资措施时，董监高依然领取全额工资，则多发的部分也应当被认定为不正当收入。

4. 奖金型案件

实践中，奖金型的非正常收入认定较为复杂，主要集中于绩效奖金的认定以及奖金发放的程序。

第一,对于是否属于绩效奖金的认定,需要严格把控"绩效奖金"的含义。绩效奖金须与债务人利润挂钩,不与利润挂钩的奖金只能被认定为一般的劳务收入或者补贴。实践中存在大量名为绩效工资、实与公司经营状况无关的奖金,需要对其进行实质判断。如果奖金与债务人盈利的状况无关,那么其实际上反映的是董监高对企业运营其他方面的付出;对该收入一律追回有矫枉过正之嫌。尤其许多企业进入破产程序后,在清算、重整等工作上仍需要董监高发挥管理才能和信息优势,一律收回将严重打击董监高的积极性,不利于各项工作的稳步推进。

第二,对于发放奖金的程序是否需要作为判断非正常收入的因素,本书认为,参照上文韩传华老师的观点,即使发放奖金有债务人的相关决议做文件支持,绩效奖金也可以认定为非正常收入。如同违规分红,债务人董监高往往可以通过控制、操纵公司的董事会,以表面合法的形式推动股东会、董事会通过决议,违规分发奖金,把非正常收入限定在未履行程序的范围内不利于保护债权人利益,也无法有效规制董监高的上述不当行为。

三、相关案例

根据《企业破产法》的相关规定及司法实践案例来看,追收非正常收入纠纷诉讼的争议焦点主要为债务人的董监高、股东等相关主体是否收取或侵占了非正当资金。人民法院在审理案件过程中审查非正常收入的关注点在下列案例中有所体现:

案例一[①]

案情简介:在破产过程中,管理人根据接管到的债务人公司会计凭证梳理账目发现,被告存在占用公司资金的行为。自 2004 年起,被告以取款、往来款、代支付等名义,占用原告 309 笔资金,总计 105299075.81 元;在此期间,被告以还款、往来款等名义向原告还款 74 笔,总计 58696024.26 元。两相抵销后,被告仍占用原告 46603051.55 元未归还。因此原告认为,被告作为公司高级管理人员,违反公司高级管理人员忠实、勤勉义务,占用原告资

---

① 上海铁路运输法院(2022)沪 7101 民初 1029 号民事判决书。

金,侵害了原告的利益。

被告辩称,记账凭证中有23份无附件,均为公司支付的货款、利息等费用,73份无被告本人签名,36份备注支付其他人款项,71份虽系本人签字但均为原告支付的货款、利息、日常备用金等,原告购置车费款项虽记在被告名下,但实际上是为原告支付的相应款项。被告替原告对外支付的借款利息支出、公益慈善支出、日常经营支出等款项,远远超过46603051.55元。被告认为其不存在占有原告资金的行为,请求法院判决驳回原告的诉讼请求。

经法院核查,原告财务账簿中涉及被告的部分会计凭证,对于未附付款凭证的会计记账凭证,以及虽记账在被告名下但付款凭证所载付款对象并非被告的会计记账凭证,不予认定为原法定代表人从公司支取的款项。在扣除上述证据不足以支撑款项被原法定代表人侵占的款项数额后,仍存在23177371.55元款项原法定代表人无法提供证据证明来源,因此法院判决该部分款项作为原法定代表人的非正常收入予以返还。

裁判要旨:公司的董事、监事、高级管理人员应当遵守法律、行政法规和公司章程,对公司负有忠实义务和勤勉义务。董事、监事、高级管理人员不得利用职权从企业获取非正常收入和侵占企业财产,是其负有的法定义务。被告作为原告的法定代表人兼执行董事,在公司经营期间,从公司支取属于公司所有的款项。管理人在原告被裁定适用破产程序后,有权予以追回。

本书观点:管理人准备诉讼过程中需要对被告是否收取了相关资金进行举证,若仅凭债务人无附件的记账凭证或账面记载,存在难以被人民法院支持的可能。人民法院在认定侵占资金过程中会着重审查相关资金的实际支付及走向,综合判断债务人董监高从债务人处支取的款项以及后来向债务人归还金额。若无法证明相关金额由董监高实际收取的,法院会在认定侵占金额中将上述金额连同董监高后续归还的金额一并扣除。

案例二①

案情简介:本案为二审,在一审中管理人认为段某某、吴某两人通过POS机、支付宝账号等收款共28106162.11元,通过银行、信用卡、微信、支付宝等生产经营支出合计8820514.07元,为节约诉讼成本等,管理人请求判令吴某向品智公司返还财产350万元并赔偿利息损失,段某某对吴某的上

---

① 上海市第三中级人民法院(2022)沪03民终190号民事判决书。

述义务承担共同清偿责任。段某某、吴某辩称其为品智公司从2015年6月至2019年12月共计支出基本工资、提成佣金、团操课时费、管理费等共计20108502.1元，这些费用已经剔除实际支出但没有任何证据的部分、实际支出与工资单有差额的认可较少的那部分支出。段某某、吴某为证明上述事实提供有签名的工资单、佣金单、提成单等，没有签名的单据演示电子邮箱中或移动硬盘中保存的当月财务做账表格。公司聘请公司隐名股东常某代表公司应诉，从2019年12月到2020年6月约有130起诉讼，为此支付常某8万元的酬劳。

经法院组织，双方核对确认，段某某、吴某账户共计收入28106162.11元，段某某、吴某为品智公司生产经营支出共计12270543.29元。双方争议焦点集中在段某某、吴某为诉讼支付给常某的8万元酬劳及品智公司支出的工资。

关于8万元酬劳，段某某、吴某提供了相应判决书及委托材料，涉案金额高达上百万元，常某代品智公司应诉可以适当收取酬劳，且该酬劳金额未超过合理范畴，故该笔酬劳一审法院认定为品智公司合理支出。

关于品智公司支出的工资及佣金，段某某、吴某提供工资单、邮件、电脑数据等能相互印证，该部分证据时间连贯，金额浮动均在合理范围内，支出项目固定，均为品智公司作为一家健身企业的正常运营所需，且段某某、吴某对存疑部分支出也已做扣除，故一审法院确认本案工资支出金额为19985205.10元。据此确认段某某、吴某涉案账户为品智公司支出共计28885279.17元，高于段某某、吴某收入金额，不存在非正常收入。

裁判要旨： 一审法院曾多次组织双方当事人就品智公司的工资支出等重要数据进行对账，双方确认了总收款和无争议的生产经营支出。对有争议的支出部分，根据品智公司的统计，"工资/差旅费/报销等"的款项和无备注的款项合计20049767.91元，而一审法院认定的工资支出金额为19985205.10元，故一审法院并未将"借款""预付款"等明显不属于工资性支出的款项认定为工资支出。对于备注为"工资/差旅费/报销等"的款项等，一审法院根据段某某、吴某提供的工资单、邮件、电脑数据等，扣除了部分无依据的款项，认定其余款项支付时间连续，金额在合理范围内浮动，支出项目固定，系品智公司正常运营所需，法院予以认同。

本书观点： 对于收取资金的正当性，人民法院往往会对被告从债务人处收取资金的交易背景及性质进行详细拆分。除对于所收取资金的种类进行区分确认外，法院还会结合资金支付的相关信息，综合判断资金支付的合理性。

如果相关款项最终用于企业的生产经营，并非由董监高用于个人支出，董监高并未从中获利，此种收入不应当认定为非正常收入。

案例三①

案情简介：本案为二审，在一审中惠利佳清算组向法院起诉，请求孙某某返还非正常收入和侵占的惠利佳公司资金 356400 元及利息 133249.67 元。孙某某辩称，其所得款项均是由惠利佳公司召开全体股东大会表决通过，并按股东投资比例分红，属合法所得，原告惠利佳清算组的诉讼请求无任何事实依据和法律依据，请求人民法院依法予以驳回。

2006 年 3 月 5 日，五联联合会计师事务所有限公司对惠利佳公司进行审计，并出具审计报告，报告显示惠利佳公司资产负债 304006.47 元。2007 年 2 月 1 日，惠利佳公司董事会、监事会决议，新任董事会、监事会成员以支借的形式将其出资按比例支借。2009 年 7 月 20 日，惠利佳公司召开股东大会及董事会，以补发 2003 年 7 月 1 日至 2009 年 6 月 30 日工资的形式将公司资产进行分配，孙某某从惠利佳公司非正常领取工资计 356400 元。

一审法院认为：按照公司法的相关规定，在 2015 年 7 月 13 日本院裁定受理惠利佳公司强制清算一案后，惠利佳清算组在人民法院受理破产申请后应当接管惠利佳公司的所有财产，并在破产程序进行期间负责管理和处分惠利佳公司的财产，对于惠利佳公司董事利用职权从公司获取的非正常收入和侵占的公司财产有权力并且也有义务进行追收。孙某某作为惠利佳公司的董事，违背公司法的规定，从公司支取工资的行为，是对惠利佳公司财产的侵占，应当予以追回并将其纳入惠利佳公司财产的范围。

裁判要旨：惠利佳公司董事和股东通过召开董事会、股东会的形式，以发放工资为名，对公司的财产进行分红，实际损害了公司和债权人的权益。公司被依法清算中，瑞华会计师事务所作出的《专项审计报告》表明，公司被侵占的资金合计 5364833.60 元，其中包括孙某某分得的款项。该部分资金被孙某某等股东和董事占有后，公司实际处于严重亏损状态，不但影响公司清算程序的进行，且直接损害了债权人的合法权益。惠利佳清算组根据《企业破产法》第 36 条关于"债务人的董事、监事和高级管理人员利用职权从企业获取的非正常收入和侵占的企业财产，管理人应当追回"的规定，请求追

---

① 青海省高级人民法院（2017）青民终 149 号民事判决书。

回孙某某侵占的公司财产，符合法律规定。一审法院判决认定孙某某利用职权占有公司财产没有法律依据并判决予以返还正确。

本书观点： 实践中，董监高主张分红经过董事会、股东会的决议，故董监高未滥用职权，该收入不属于非正常收入。本书认为，此类主张不能得到支持。公司盈利分配的顺序属于法律的强制性规定，公司内部的决议亦不得违反。因此公司必须依照公司法规定的顺序分红，跳过补亏、提取公积金等步骤分红，即使有公司的决议背书，对于这部分收入管理人也应当追收。

案例四①

案情简介： 博炀瑞公司成立于2011年7月29日，注册资本100万元，公司设立时的发起人是股东何某某（占股55%，担任法定代表人，职务执行董事）、许某（占股45%，担任监事），公司设立时的章程规定何某某应于2011年7月出资11万元、于2013年7月出资44万元，许某应于2011年7月出资9万元、于2013年7月出资36万元。2011年7月22日，上海B事务所有限公司出具验资报告，证实何某某实缴出资11万元、许某实缴出资9万元。2013年6月18日，上海C事务所出具验资报告，证实何某某实缴出资44万元、许某实缴出资36万元。此后，博炀瑞公司的股权经过转让，股东于2018年7月31日变更登记为案外人王某（占股55%）、杜某（占股45%），由王某担任法定代表人、职务为执行董事兼总经理，由杜某担任监事。

2014年12月23日，博炀瑞公司银行账户向何某某个人用户账户转款179904元，摘要记载为"跨行转账"。

2020年11月13日，人民法院裁定受理原告博炀瑞公司破产清算案，于11月25日指定立信会计师事务所（特殊普通合伙）为管理人。管理人于2021年4月7日向何某某书面发出通知，对博炀瑞公司于2014年12月23日向何某某的转款179904元，要求何某某在收到通知10个工作日内予以返还。此后何某某未返还。管理人于2021年3月24日向被告许某发函，对博炀瑞公司于2014年12月23日向何某某的转款179904元，要求许某在收到通知10个工作日内予以返还。

裁判要旨： 被告何某某作为博炀瑞公司的法定代表人，其于2014年12

---

① 上海市第三中级人民法院（2021）沪03民初391号民事判决书。

月 23 日向将公司款项 179904 元转至其个人账户的行为构成侵占公司财产，应当承担返还的民事责任。被告何某某对上述款项的支付系出于正常的交易负有举证责任，其未举证证明应承担不利的后果。

本书观点： 若管理人举证证明被告从债务人处获取有关资金并无明确合理依据的，对于相关付款系基于正常交易的举证责任由被告承担，其未举证证明应承担不利的后果。

第八节　破产债权确认纠纷

一、法律规定及解读

《企业破产法》第 58 条第 3 款规定："债务人、债权人对债权表记载的债权有异议的，可以向受理破产申请的人民法院提起诉讼。"从文义解释的角度，债权人、债务人均有权对债权表记载的债权提出异议并提起诉讼，其中债权人包括法定优先权债权人、职工债权人、社保税收债权人、普通债权人、劣后债权人等。管理人在审查完毕债权后提交债权人会议核查，核查通过后由人民法院依法裁定。若债权人、债务人在债权人会议核查时对债权有异议的，可以回归到正常的诉讼程序进行，主张权利。其中，债务人可以对所有的债权提出异议并提起诉讼，债权人既可以对自己的债权提出异议并提起诉讼、也可以对他人的债权提出异议并提起诉讼。

二、管理人对于破产债权确认纠纷的处理路径

当债权人行权时，若债务人发生资不抵债的情况，在执行程序中可能较难受偿，破产程序可以有助于债权人进行集中公平清偿。因此，对于破产程序来说，债权的申报确认及公平清偿是破产程序的核心工作，这不仅影响到表决权的行使，也会影响到后续的债权清偿。管理人在审核债权时，首先审查是否属于破产债权，综合审查债权的性质、数额、担保情况、是否超过诉讼时效期间、是否具有强制执行性等，并将审核结果告知债权人并提交债权人会议核查。破产债权需要经过债权人的申报、管理人的登记、审查、编制债权表以及确认的环节。破产债权确认是关键步骤，只有经过确认后，债权

人申报的债权才能成为破产债权，债权人才能在破产程序中行使权利，并获得清偿。

管理人在审查债权时，应当结合债权申报材料、债务人提供的资料等综合因素进行审查，并留好底稿，做好应对债务人、债权人以及债权人会议的问询准备。若债权人、债务人对管理人认定的债权有异议的，根据《破产法解释（三）》第8条的规定，应当说明理由和法律依据。经管理人解释或调整后，异议人仍然不服的，或者管理人不予解释或调整的，异议人应当在债权人会议核查结束后15日内向人民法院提起债权确认的诉讼。当事人之间在破产申请受理前订立有仲裁条款或仲裁协议的，应当向选定的仲裁机构申请确认债权债务关系。

（一）案由的确定

破产债权确认纠纷分为职工破产债权确认纠纷和普通破产债权确认纠纷两个第四级案由。

职工破产债权确认纠纷，是指债务人的职工对于管理人所列职工债权清单记载的内容有异议，请求管理人予以更正，而管理人不更正，向人民法院提起的请求确认上述清单记载的费用数额及相关事项所引发的民事纠纷。职工破产债权包括债务人所欠职工的工资和医疗、伤残补助、抚恤费用，所欠的应当划入职工个人账户的基本养老保险、基本医疗保险费用，以及法律、行政法规规定应当支付给职工的补偿金等。

普通破产债权确认纠纷，是指债务人、债权人对于管理人编制的债权表记载的债权有异议，请求管理人予以更正，而管理人不更正，向人民法院提起的请求确认债权的民事纠纷。由此可见，异议的情况可分为三种：（1）债权人对自身在债权表中记载的债权有异议；（2）债权人对于他人在债权表中记载的债权有异议，因为债权人的债权对其他债权人在破产程序中的利益产生影响，所以债权人也有异议权；（3）债务人对于债权表中记载的债权有异议。

（二）管辖

1. 职工债权

关于职工破产债权确认纠纷的管辖，《上海市高级人民法院关于上海法院受理涉劳动争议破产衍生诉讼指定管辖的通知》规定："鉴于与债务人相关的劳动争议类案件专业性强，而此类非破产衍生诉讼案件主要由各基层人民法院民事审判庭等审理，根据《中华人民共和国民事诉讼法》第三十七条第一款,《最高人民法院关于适用〈中华人民共和国企业破产法〉若干问题的规定（二）》第四十七条第二款的规定,本着审级对应、方便诉讼、执法统一的原则……1.本市人民法院受理破产申请后,有关债务人的劳动争议诉讼案件,按照劳动争议纠纷的管辖原则,仍由用人单位所在地或劳动合同履行地的基层人民法院管辖;二审案件由该基层法院对应辖区的中院审理。2.本市人民法院受理破产申请前,已经受理的有关债务人的劳动争议诉讼案件,按照《中华人民共和国企业破产法》第二十条规定,待管理人接管债务人财产后,继续审理;二审案件由该基层法院对应辖区的中院审理。"

2. 其他债权

对于其他债权确认之诉的管辖问题,本章第一节"概述"部分已进行了介绍。

（三）诉讼期间的认定

在《破产法解释（三）》出台之前,司法实践对债权人提出债权异议的时限要求并不一致。《破产法解释（三）》第8条明确了债权人、债务人若有异议的,应当在债权人会议核查债权后的15日内提起诉讼。关于该15日是诉讼时效、除斥期间还是引导性的规定存在较大争议。目前,根据最高人民法院的裁判口径,上述15日系为了督促债权人积极行使权利,高效审理破产案件,并非诉讼时效,亦非除斥期间,该15日期间届满并不导致异议人实体权利或诉权消灭的法律后果。①

三、相关案例

案例一②

案情简介： 一审法院于2020年6月10日裁定受理塔尼尔公司、宏达公司合并破产重整一案,并指定河南睢阳律师事务所与北京市炜衡律师事务所共同担任上述两公司破产重整管理人。2020年11月20日召开第一次债权人会议,在第一次债权人会议上管理人告知沙某某其申报的11655787.2元债权及涉案土地使用权、房屋及设备的取回权未被确认。沙某某于2020年11月

---

① 最高人民法院（2022）最高法民再233号民事裁定书。
② 同上。

25 日向塔尼尔公司、宏达公司的管理人提交债权异议申请书。塔尼尔公司、宏达公司的管理人于 2020 年 12 月 2 日 12 时 11 分向沙某某通过 EMS 中国邮政速递物流送达了异议答复函。沙某某收到塔尼尔公司、宏达公司管理人的异议答复函后，在其债权未被确认的情况下，未按异议答复函的意见于 2020 年 12 月 5 日之前向一审法院提起诉讼，亦未根据《破产法解释（三）》第 8 条之规定在债权人会议核查结束后 15 日内向人民法院提起债权确认的诉讼。

裁判要旨：法院经再审认为，《破产法解释（三）》第 8 条规定的 15 日期间，系附不利后果的引导性规定，目的是督促异议人尽快提起诉讼，以便尽快解决债权争议，提高破产程序的效率，防止破产程序拖延。异议人未在该 15 日内提起债权确认的诉讼，视为其同意债权人会议核查结果，破产程序按债权人会议核查并经人民法院裁定确认的结果继续进行，给异议人财产分配和行使表决权等带来的不利后果，由其自行承担。但《破产法解释（三）》第 8 条规定的 15 日期间并非诉讼时效、除斥期间或起诉期限，该 15 日期间届满并不导致异议人实体权利或诉权消灭的法律后果。一二审法院以沙某某超过 15 日起诉期限为由驳回起诉，适用法律错误。

本书观点：《破产法解释（三）》第 8 条规定的 15 日并非诉讼时效或除斥期间，无法直接通过 15 日内未起诉而直接剥夺债权人的债权确认权利。但若债权人未在异议期内提起诉讼，导致其无法行使其他权利（例如表决权等），若后续债权被确认，也无法进行救济。

案例二①

案情简介：××公司和同福公司均系有限责任公司（台港澳法人独资），法定代表人均为林某。××股份公司系其他股份有限公司（非上市），法定代表人为林某。2002 年 5 月 27 日至 2012 年 9 月 28 日，林某分别向何某某出具借条或借据共计 15 份，借款金额共计 273 万元。2012 年 1 月 10 日，林某向三福公司相应中层干部发送主题为"林某寻求各位的帮忙"的邮件，称：因公司资金缺口很大，要求在公司范围内扩大到科长以上的管理人员，以及有能力的员工们进行集资，借款期为 3 个月，借款利息为月息 2‰等。2016 年 3 月 14 日，何某某、茹某某向同福公司申报债权，申报债权金额为 1826100 元（包括本金 100 万元，利息 480600 元，其他如违约金、迟延履行利息等

---

① 上海市第一中级人民法院（2018）沪 01 民终 6023 号民事判决书。

345500元)。2016年2月29日,一审法院出具的(2015)浦民二(商)破字第3、4、5号民事裁定书认为:××股份公司、同福公司及××公司的情形已构成公司间人格混同。如继续分别清算,将难以有效确认财产归属,影响审理效率,不利于债权人得到合理清偿。为公平保障各公司债权人利益,避免公司股东利用多个关联公司转移利益,损害其中一个或若干个公司的利益,一审法院现决定对××股份公司、同福公司及××公司实施合并破产。并作出裁定:对债务人××股份公司、同福公司、××公司进行合并破产;自2016年3月1日起对债务人××股份公司、同福公司、××公司进行重整。2016年5月26日,上海A律师事务所出具的三福公司《债权人会议材料》载明:第一顺位债权中包含了何某某和茹某某的债权申报金额为4360228元,确认本金为314万元,确认利息及其他为1220228元,已确认债权金额为4360228元,并载明款项性质为"职工集资款";第三顺位已确认普通债权中包含了债权人为沈某,申报债权额为2357408.50元,确认债权本金为200万元,确认利息及其他为357408.50元,确认债权额为2357408.50元。同福公司2006年至2013年度的审计报告中并无职工集资款的任何记载。××股份公司2007年、2008年、2009年和2011年度的审计报告中并无职工集资款的任何记载。××公司2009年、2011年和2012年度的审计报告中并无职工集资款的任何记载。2016年3月1日,上海B事务所对三福公司作出的《专项审计报告》中并未体现职工集资款和利息发放的记载。该报告还指出,由于三家公司系非正常清算,财务资料缺失,账、表、实不一致现象较为严重……在同福公司于2011年5月至2014年2月的发放表和公司借款利息发放表中载明,同福公司曾每月向职工发放月利息,其中包括每月向何某某发放的利息为13184元。

裁判要旨:据在案证据显示,三福公司在存续期间发生了大量向职工借款的行为,该借款行为系面向不特定的多数职工作出。何某某、茹某某作为××公司职工,亦参与了集资行为。沈某并未证明何某某、茹某某的借款资金来源于非工资性收入。企业进行内部集资活动,在实践操作中往往存在缺乏规范性、程序性的问题。因而,尽管三福公司的审计报告中没有包含职工集资的记载,但不能因缺乏账册记载即否定三福公司存在职工集资的事实。根据相关法律规定,职工集资款应作为第一顺位债权优先受偿。

本书观点:债务人用员工的工资性收入进行集资,若到期无法偿还,进入破产程序后,应当将其列为职工债权进行清偿,这是对职工生存权的保护,也是《企业破产法》保护职工的立法本意。

案例三[①]

案情简介：2012年4月18日，被告城演公司（甲方）与案外人南影公司（乙方）签订《〈胡桃夹子·海上梦〉合作协议书》，约定："鉴于：1. 甲方系一家在原创舞台剧投资制作、销售推广和演出运营等方面具有丰富经验及国外营销渠道资源的公司；2. 乙方系一家集影视传媒娱乐投资制作、影视媒体管理运营、剧场演出等业务于一体的有限公司，在全国及华南地区拥有丰富的媒体资源及媒体运营经验；3. 甲方与上海东方娱乐传媒集团有限公司就原创舞台剧《胡桃夹子·海上梦》的联合出品及市场运营等事宜，同意与乙方进行共同合作……1. 合作项目：1.1 项目名称：原创舞台剧《胡桃夹子·海上梦》……2. 合作内容：2.1 甲方同意乙方作为该项目的合作方。甲方作为该项目著作权人，负责该项目的投资、制作及运营。乙方作为该项目合作方可按本协议第5.1款约定取得本项目在海外运营的相应收益，并负责该剧于广东省及华南地区的制作及运营。2.2 乙方同意于本协议签订之日起15个工作日内支付300万元……5. 其他权益：5.1 在乙方依约履行合同项下全部义务的前提下，甲方须向乙方支付该项目海外运营收益（收益是指项目全部收益，包括但不限于票房收益、衍生产品、经营收益、版权收益及其他收入）扣除成本和营业税金后的10%作为投资收益。收益分成自海外运营开始每半年结算一次，甲方应于每个结算周期结束后20日内将乙方应得的收益支付给乙方，乙方依据本条款所获之收益将由甲方从其与东方娱乐项目合作协议中所获的收益份额中支付，不影响东方娱乐原有的收益份额……10.3 本协议所有条款执行至2015年1月31日后，甲乙双方将对本协议作重新议定。"

2012年5月4日，南影公司向被告城演公司支付300万元。

2012年9月3日，南影公司（甲方）、原告高度公司（乙方）与被告城演公司（丙方）签订《〈胡桃夹子·海上梦〉合作协议书合作项目转移三方协议》，约定："1. 鉴于甲方与丙方于2012年4月18日签订了《胡桃夹子·海上梦合作协议书》。2. 甲方拟将上述《合作协议书》中的全部权利义务转移于乙方……一、甲方同意于2012年8月1日，将甲丙双方签订的《合作协议

---

① 上海市闵行区人民法院（2021）沪0112民初45529号民事判决书。

书》中甲方所承担的责任、义务及享有的权利全部转移至乙方,乙方同意于2012年8月1日起,接受并承担《合作协议书》所规定应由甲方承担的全部责任、权利和义务。二、丙方同意甲方于2012年8月1日,将《合作协议书》中的责任、权利和义务全部转移至乙方,并同意自2012年8月1日起,甲方不再承担《合作协议书》中的责任、权利和义务。三、根据《合作协议书》约定甲方向丙方支付300万元,因此甲方拥有协议中的一切权利和利益。现经甲乙双方友好协商,乙方同意于2012年8月1日前将甲方支付给丙方的300万元整一次性返还给甲方。并同时拥有甲方在《合作协议书》中的所有权利和利益。四、本协议是甲方与乙方双方之间的项目转移协议,对原协议的内容及权利等性质没有任何的改变。今后乙方与丙方的合作与运营等合作条件还按原协议执行。"

2012年11月30日,原告高度公司向南影公司支付300万元。

2014年9月24日,被告城演公司向原告高度公司提交《关于〈胡桃夹子·海上梦〉演出及合作情况的报告》,载明:"《胡桃夹子·海上梦》2011年11月自创作首演以来,海内外共计演出了31场,其中国内演出25场,海外演出6场……2014年5月赴卡塔尔文化村演出六场,合同金额为46万元人民币,然而因为主办方和中间人之间的账务问题,始终未能付清演出费,我司至今仍在积极追讨……我司愿意就双方未来的合作作出如下承诺:1.我司将一直积极推广《胡桃夹子·海上梦》的海外演出计划,并将通过各种途径,计划在国内外进行巡演,届时将由专人对接,向贵司及时通报一切正在进行的演出情况,保持合作的透明化。2.未来巡演的收入,将在扣除相应的成本后,根据双方约定将贵司应得款项及时支付给贵司。"

2017年2月6日,上海市闵行区人民法院出具(2017)沪0112破3号民事裁定书,裁定受理申请人上海东方惠金融资担保有限公司对被申请人城演公司的破产清算申请。

2021年9月3日,城演公司破产清算管理人对高度公司债权申报材料进行审核后,向高度公司出具《债权审查结果告知书》,对于高度公司申报的投资款300万元以及利息858082.10元的债权不予确认。

裁判要旨:被告并无证据证明其实际履行了合同义务,原告主张被告未履行合同义务构成违约,从而要求被告返还投资款的诉讼请求,法院予以支持。现被告已进入破产程序,上述基于委托合同的未尽事宜应转换为原告对被告享有相应债权。对于原告主张被告支付逾期付款利息的诉讼请求,法院认为,在被告进入破产清算程序之前,原告从未向被告提出返还投资款的请求,亦未与被告进行合同终结后的结算,且合同中亦未对投资款返还期限进行约定;而在进入破产清算之后,被告作为债务人的债务利息应停止计算。

本书观点:因进入破产程序后,债务人无法继续履行合同,按照合同约定债权人可以主张相应的违约责任,向管理人申报债权,若管理人认为上述合同已经履行完毕不应当承担相应义务的,应当提供充足的证据证明。

第九节　取回权纠纷

一、法律规定及解读

破产程序中的各项实体性权利,包括抵销权、撤销权、取回权、债权人的受偿权等都紧紧围绕着债务人财产展开,尽管现行《企业破产法》及其司法解释从正反两个方面对破产财产的范围进行了界定,但对于某一财产究竟是否属于破产财产,仍是破产审判中经常面临的一个疑难问题。一项财产如果属于破产财产,就意味着债权人可就该财产参与分配,相反,如果该财产不属于破产财产,则该财产的权利人自可行使破产取回权,请求管理人返还。

《企业破产法》第38条规定:"人民法院受理破产申请后,债务人占有的不属于债务人的财产,该财产的权利人可以通过管理人取回。但是,本法另有规定的除外。"取回权是破产法上的一项权利,其基础是民法上的返还原物请求权,是物上返还请求权在破产程序中的体现,即权利人基于物权而请求作为占有人的债务人返还财产的权利。所以不同于其他债权,其并不需要按照破产程序申报,也不需要在破产财产变价和分配后受偿。以取回权标的物仍客观存在为前提,破产法并非新创设了取回权,而是对依照民法或其他实体法上的权利加以承认和保护[①]。

根据上述规定,取回权纠纷应当注意以下问题:

1. 行权对象

取回权的行权对象是被债务人所占有的他人财产,行权结果是权利人取

---

① 谢楚宁:《破产一般取回权探析》,https://mp.weixin.qq.com/s/IHoRTZyo47gZ5r6Foa2g1Q,2023年12月10日访问。

回被债务人占有的己方财产，使己方财产从债务人财产中分离出来，避免该财产被管理人用于清偿全体债权人的债权。在破产程序中，管理人一般采取概括接管的方式，即将债务人占有的财产首先不加区分地全盘接管，难免出现债务人占有第三人所有的财产的情形。虽然关于权利证明以及区分情况的举证责任主要在于权利人，但管理人应在明确债务人财产范围的基础上，对债务人占有的财产进行初步的甄别处理。

（1）破产财产

《企业破产法》第 30 条明确了债务人财产主要由两部分构成：① 破产申请受理时属于债务人的全部财产；② 破产申请受理后至破产程序终结前债务人取得的财产。《破产法解释（二）》第 1 条进一步说明债务人财产的种类除货币、实物外，还包括债务人依法享有的可以用货币估价并可以依法转让的债权、股权、知识产权、用益物权等财产和财产权益。

（2）非破产财产

《最高人民法院关于审理企业破产案件若干问题的规定》第 71 条列举了不属于债务人财产的几种情形，实践中较为常见的主要是债务人基于仓储、加工承揽、租赁等法律关系占有、使用他人的财产。需要注意的是，管理人认定标的物是否属于债务人财产，以及相关主体是否可以行使取回权，除前述规定外，主要依据的应是《民法典》关于物权变动的有关规定，在认定债务人是否已经取得物权时，应根据债务人取得物权的原因选择适用不同的物权变动规则，不能简单以债务人是否已经实际占有标的物或者是否办理不动产登记作为认定权属的依据。如果买受人离取得物权只有一步之遥，且未办理权属登记非因自身原因，仍将其与一般债权置于平等地位，使其与其他债权人一起平等受偿，明显不合理，在这种情况下我们可以物权期待权对出卖人的取回权进行限制。

2. 取回时间及条件

《破产法解释（二）》第 26 条对权利人行权时间进行了规定，即权利人行使取回权应当在破产财产变价方案或者和解协议、重整计划草案提交债权人会议表决前提出。否则应当承担因延迟行使取回权增加的相关费用。

权利人在取回定作物、保管物等财产时，存在相应给付义务的，向管理人交付加工、保管等费用后，方得取回，否则管理人可依据《破产法解释（二）》第 28 条的规定拒绝其取回相关财产。

3. 破产取回权的类型

破产取回权依成立的根据不同，可以分为一般取回权和特殊取回权。

(1) 一般取回权

一般取回权，系指管理人占有不属于破产企业的他人财产，财产权利人可直接对该项财产行使取回权利。

(2) 特别取回权

特别取回权，是财产权利人依破产法的专门规定或者商事特别法的专门规定，请求从由管理人管理的财产中取回其财产的权利，包括出卖人取回权、行纪人取回权与代偿取回权。

① 行纪人取回权，指行纪人受委托人的委托购入物品并交付给委托人，在货物发运后，委托人尚未收到货物又未付清价款而被裁定受理破产的，行纪人对于已发运的财产拥有取回权。

② 代偿取回权。根据《破产法解释（二）》第32条的规定，在债务人占有的他人财产毁损、灭失时，由此产生的保险金、赔偿金、代偿物在未交付给债务人之前或代偿物可与债务人财产区分时，可由权利人取回。

③ 出卖人取回权。《企业破产法》第39条规定："人民法院受理破产申请时，出卖人已将买卖标的物向作为买受人的债务人发运，债务人尚未收到且未付清全部价款的，出卖人可以取回在运途中的标的物。但是，管理人可以支付全部价款，请求出卖人交付标的物。"因此出卖人取回权的行使必须以解除买卖合同为前提，买卖合同一旦解除，买受人就失去了再占有标的物的法律依据，从而恢复出卖人对标的物的所有权。

所有权保留合同、融资租赁合同取回权是实践中较为常见的特殊取回权。

4. 所有权保留合同中的取回权

《民法典》第641条至第643条完善了所有权保留买卖的法律规定。所有权保留是指在买卖合同中，买受人虽先占有使用标的物，但在全部价款支付以前，出卖人对标的物仍然保留所有权；所有权保留合同属于未履行完毕合同，管理人有权决定继续履行或解除合同。《破产法解释（二）》第34条至第40条在《企业破产法》第18条的基础上，对不同情形下所有权保留合同中取回权的行权方式予以规定，具体如下：

(1) 当出卖人的管理人决定继续履行合同

买受人应当按照原买卖合同的约定支付价款或者履行其他义务。管理人可行使取回权的情形：① 买受人未依约支付价款或者履行完毕其他义务；

② 买受人将标的物出卖、出质或者作出其他不当处分，给出卖人造成损害。

例外情况为：买受人已经支付标的物总价款75％以上或者第三人善意取得标的物所有权或者其他物权的，管理人不得行使取回权。但可依法主张买受人继续支付价款、履行完毕其他义务，以及承担相应赔偿责任。

（2）当出卖人的管理人决定解除合同

管理人可行使取回权，并根据《企业破产法》第17条的规定要求买受人交付买卖标的物，买受人不享有单方抗辩权。若买受人依法履行合同义务，则其已支付价款损失形成的债权，作为共益债务清偿；若买受人违约，则作为普通债权清偿。

（3）当买受人的管理人决定继续履行合同

买受人履行期限加速到期，买受人管理人应及时支付价款。出卖人可行使取回权的情形：① 买受人管理人无正当理由未及时支付价款或者履行完毕其他义务；② 将标的物出卖、出质或者作出其他不当处分，给出卖人造成损害。出卖人可依据《民法典》第641条等规定主张取回标的物。

例外情况为：买受人已支付标的物总价款75％以上或者第三人善意取得标的物所有权或者其他物权的除外。但出卖人可依法主张买受人继续支付价款、履行完毕其他义务，以及承担相应赔偿责任，所形成的损失作为共益债务清偿。

（4）当买受人的管理人决定解除合同

出卖人可依据《企业破产法》第38条的规定主张取回买卖标的物，但应返还买受人已支付的价款。取回的标的物价值明显减少造成损失的，出卖人可在返还价款中予以抵扣；已支付价款不足以弥补标的物价值减损而就损失形成的债权作为共益债务清偿。

（5）重整期间权利人的取回权

重整期间，权利人行使取回权应当符合双方的事先约定，但若因管理人或者自行管理的债务人违反约定，可能导致取回物被转让、毁损、灭失或者价值明显减少的，可以取回。

综上，出卖人可以与买受人协商取回标的物；协商不成的，可以提起诉讼请求返还标的物，亦可根据《民法典》第642条的规定，参照适用担保物权的实现程序。

二、管理人对于取回权纠纷的处理路径

如前述,破产取回权是指在破产程序中,权利人有权通过管理人申请取回被债务人占有的财产的权利。《企业破产法》第 38 条规定的取回权行使主体是"财产的权利人",而不是"财产的所有人",因此权利主体范围更广。且该案由下,往往管理人处于代表债务人被动应诉的状态(债务人系另案取回权行权主体的除外)。

1. 破产财产的判断

判断某一特定财产尤其是有体物是否属于破产财产的依据应是《民法典》关于物权变动的有关规定,包括基于法律行为的物权变动与非依法律行为的物权变动。在认定债务人是否已经取得物权时,应根据债务人取得物权的原因选择适用不同的物权变动规则,不能简单以债务人是否已经实际占有标的物或者是否办理不动产登记作为认定权属的依据。

根据《民法典》物权编所体现的物权变动规则,基于法律行为发生的物权变动,原则上采形式物权变动模式,例外情形下采意思主义物权变动模式:前者将交付(动产)或登记(不动产)作为物权变动的生效要件,后者则将交付或登记作为物权变动的对抗要件,而非生效要件。此外,对于特殊动产(如船舶、航空器和机动车)的所有权变动,《民法典》还采取了交付生效、登记对抗的双重要件主义。例如非依法律行为发生的不动产物权变动,都不以登记为生效要件,登记仅仅具有宣示的功能。

因此,管理人在收到财产权利人的取回权申请后或基于债务人可能为取回权行权主体的情况,应及时审查确认标的物的权属,以及是否存在未依法向管理人支付相关加工费、保管费、托运费、委托费、代销费等费用,以便做好应诉准备或行权准备。

2. 诉讼请求列明

根据检索的案例,该类型案件的案由为与破产有关的纠纷中的"取回权纠纷",诉讼请求一般列为:(1)请求确认原告为标的物的所有权人;(2)判令被告返还标的物/请求确认原告有权取回标的物;(3)判令被告向原告支付违约金/占用费;(4)本案诉讼费由被告承担。在债务人处于取回权行权主体的情况下,管理人可根据实际情况调整诉请,如"请求确认解除行为无效,请求确认原合同有效,继续履行"等。

三、相关案例

案例一[①]

案情简介：海安市人民法院于2020年4月13日裁定受理被告润禾公司破产清算案，并于2020年4月28日指定管理人。其间管理人并未发现本案所涉标的物（24台机器），且2020年7月10日在一债会上通过的财产变价方案中不包含上述24台机器。原告井蓝公司于2020年7月30日向管理人主张取回权，之后的两个月内管理人未书面通知原告井蓝公司解除或者继续履行上述销售合同（定性为所有权保留合同）。原告向破产法院提起诉讼，要求被告返还24台机器并就设备价值明显减少的损失作为破产共益债务进行清偿。

被告润禾公司管理人主张，因本案所涉标的未进行保留所有权登记，且润禾公司已经进入破产程序，根据《民法典》及《民法典担保制度解释》第67条、第54条的规定，已将所有权保留纳入到实现担保物权程序中。井蓝公司主张的所有权保留实际属于主张担保物权，但根据前述法律规定，因润禾公司已破产且本案所涉标的未进行保留所有权登记而不能取回，且不能实现对担保财产（即保留所有权的设备）的优先受偿，未收回的价款更不属于共益债务。

裁判要旨：《民法典》于2020年5月28日颁布、2021年1月1日开始施行，合同中标的物交付的约定到期日之时或者相应价款给付的约定到期日之时，《民法典》尚未颁布，没有开始施行，可能无法适用《民法典》中关于所有权保留登记对抗的规则。

本书观点：虽然人民法院以《民法典》未颁布为由对被告管理人的抗辩不予支持，但本书认为，被告管理人抗辩充分运用《民法典》及《民法典担保制度解释》对所有权保留新增设的登记对抗规则，和出卖人取回标的物可以参照担保物权实现程序的规定。根据前述物权变动规则可以看出，所有权保留合同属于意思主义物权变动模式，登记并非物权变动的生效要件，而是对抗要件，即"未经登记，不得对抗善意第三人"，《民法典担保制度解释》

[①] 江苏省海安市人民法院（2020）苏0621民初6477号民事判决书。

第 67 条作出了参照动产抵押权（第 54 条）对抗范围的规则的解释，即不得对抗的范围包括"受让人、承租人、扣押债权人、破产债权人"。所以当出卖人保留的所有权未经登记，此一事实发生在或持续至买受人破产时，因不具有对抗买受人的普通债权人的效力，出卖人向管理人主张破产取回权的，管理人应当对出卖人恢复标的物占有的请求不予认可，标的物属于破产财产。只有经登记，出卖人才能在破产程序中行使破产取回权，未经登记则只能以价款债权申报普通债权，否则会弱化未经登记的对抗效力。

案例二[①]

案情简介：上海市某保障性住房建设项目于 2012 年经招标评审由长沙城建公司中标。为开展该项目建设，长沙城建公司于 2012 年 6 月 11 日全资设立铭鼎公司。2012 年 10 月 31 日，市住房保障中心和房屋管理局作为甲方、长沙城建公司与铭鼎公司作为乙方、住宅建设中心作为丙方，共同签订《项目协议书》。该协议书约定：本项目销售价格与建房价格（结算价格）之间的差额，扣除乙方应缴纳的相关税费后，纳入财政专户管理，统筹用于本市经济适用住房销售基准价格的平衡、政府优先回购经济适用住房支付价款和保障性住房及其相关配套设施建设费用。2015 年 12 月 1 日，铭鼎公司作为甲方、市住房保障中心作为乙方、农行作为丙方，三方共同签订两份《共有产权保障住房（经济适用住房）销售资金监管协议》。

铁路运输法院于 2019 年 8 月 2 日裁定受理铭鼎公司破产清算一案，铭鼎公司进入破产程序后，市住房保障中心和住宅建设中心向铭鼎公司管理人提出取回保障住房专项资金的申请。但管理人以原告申请取回的款项属于被告财产为由，不同意两原告提出的取回申请。为此，两原告向法院提起诉讼，诉请要求取回保障住房专项资金。

裁判要旨：保障住房专项资金属货币，其作为占有即所有的特殊种类物，在占有与所有相分离的特定化情形下，所有权人可在占有人破产时行使取回权。保障住房专项资金要成为取回权的行权对象，需具备以下条件：当事人有明确约定或依款项性质，保障住房专项资金所有权不随占有的转移而转移；有独立的账户或其他保管方式，足以保证保障住房专项资金不与占有人的财产相混同。

---

① 上海铁路运输法院（2020）沪 7101 民初 74 号民事判决书。

本书观点： 特定化的货币才可以行使取回权。《项目协议书》已明确约定，监管账户进行资金监管后，已特定化，属于货币占有即所有原则的例外情形，案涉保障住房专项资金占有与所有相分离，所有权不因其占有而发生变动。此外，保障住房专项资金以监管资金的形式进行保管，足以保证不与铭鼎公司自有资金相混同，故具备行权基础。

第十节　破产抵销权纠纷

一、法律规定及解读

《企业破产法》第 40 条规定："债权人在破产申请受理前对债务人负有债务的，可以向管理人主张抵销。但是，有下列情形之一的，不得抵销：（一）债务人的债务人在破产申请受理后取得他人对债务人的债权的；（二）债权人已知债务人有不能清偿到期债务或者破产申请的事实，对债务人负担债务的；但是，债权人因为法律规定或者有破产申请一年前所发生的原因而负担债务的除外；（三）债务人的债务人已知债务人有不能清偿到期债务或者破产申请的事实，对债务人取得债权的；但是，债务人的债务人因为法律规定或者有破产申请一年前所发生的原因而取得债权的除外。"该条规定了破产抵销权，即只要双方互负债务，且债权人是在破产申请受理前对债务人负有债务的，不论其债权是否已届至清偿期，其债权与所负债务种类是否相同，是否存在条件限制，均可向管理人主张以其债权抵销其对债务人所负债务。

但是，为维护破产程序中其他债权人的利益，保护破产企业其他债权人行使权利的公平性，又必须对债权人行使抵销权的范围进行限制。这是因为，破产申请受理后，在破产企业财产分配阶段，破产债权必将受到分配损失，变为不足值债权。而债权人对破产企业所负担的债务，则作为破产企业的债权从而全额偿付。如果随意允许债权债务互相抵销且不加以限制，势必会严重损害破产程序的公平受偿原则，损害其他债权人的利益或者出现债权人在破产申请受理前故意对债务人负债从而受理后纷纷找债务人进行抵销的混乱局面。因此，《企业破产法》第 40 条对破产抵销权进行了上述三种情况的限制，出现上述三种特殊情况的，不得行使抵销权。

（一）破产抵销权行使的积极要件

1. 主张抵销的债权需经确认

《最高人民法院关于审理企业破产案件若干问题的规定》第60条第1款规定："与债务人互负债权债务的债权人可以向清算组请求行使抵销权，抵销权的行使应当具备以下条件：（一）债权人的债权已经得到确认……"该条文并未明确债权需经何种程序确认。司法实践中一般认为，债权人在破产程序中申报了债权，申报债权已经管理人审核、提交债权人会议核查并经人民法院裁定确认，为已经得到确认之债权。① 然而在实践中，因某些因素，管理人无法及时提交债权表申请人民法院裁定确认，对于未经裁定确认的债权能否申请抵销，浙江高院在（2014）浙商终字第27号民事判决书中认为，"债权虽未经法院裁定确认，程序上存有瑕疵，但该笔债权已经破产管理人审查确认，其真实性、合法性和准确性能得到保障，且债权数额远大于所欲抵销的债务数额，该程序瑕疵尚不足构成破产抵销权实质性障碍"，可以用于抵销。即，未经人民法院裁定确认的债权并不必然不能抵销。

2. 主张抵销的债务须在破产申请受理前

可进行破产抵销的债务以破产申请受理前成立的为限。通常情况下，破产抵销权的基准日以人民法院作出受理破产清算裁定之日为准，但在实质合并案件中，对于破产抵销权基准日如何确定未有明确规定，司法实践中也未统一。司法实践中对于关联企业实质合并重整破产抵销权基准日的确定，主要有三种做法：一是以最先进入破产程序企业的破产申请受理日为基准日，二是以关联企业各自进入破产程序的受理日分别确定抵销权基准日，三是以人民法院裁定关联企业实质合并重整时间为抵销权基准日。②

3. 破产抵销一般由债权人主动提出

根据《破产法解释（二）》第41条第2款的规定，管理人不得主动主张抵销债权债务，立法宗旨是认为抵销权为债权人的一项权利，可以任由其行使或放弃，但若由管理人主动主张抵销，将使个别债权人受益，使破产财产减少，客观上对多数债权人不利，与管理人应当为全体债权人共同利益活动的职责不符。但也存在例外情况，如果管理人主动提出抵销，产生的效果是

---

① 广东省广州市中级人民法院（2020）粤01民终7361号民事裁定书；温州市龙湾区人民法院（2020）浙0303民初1091号民事判决书；安徽省芜湖市中级人民法院（2020）皖02民初27号民事判决书。

② 山东省东营市中级人民法院（2022）鲁05民初74号民事判决书。

使债务人财产受益,有利于债权人权益,该等抵销受法律保护。如管理人主张抵销的债务是债权人对债务人享有抵押担保权对应的债务,经测算该笔债务的清偿率即可达到100%且经过抵销后可以解除对特定财产的抵押从而有利于处置,该等管理人主动主张的抵销应属有效。

(二)破产抵销权行使的消极要件

1. 破产申请受理后取得他人对债务人的债权不得用于抵销

如前所述,进入破产程序后,债权人之债权将受损失,变为不足值债权,如果允许债务人的债务人在破产申请受理后,取得他人对债务人的债权,将会直接损害债务人财产,也妨害了债务人财产最大化。① 关于债权取得时间,应以债权最终完全转移为准,如果债务人的债务人与债权人之间因为债权转让协议而发生诉讼,在破产申请受理后,即便该债权转让协议的效力需要人民法院判决,但"取得"时间的确定,应以债权转让协议的达成为准,而不应以破产申请受理后法院的判决为准。②

2. 债权人对债务人恶意负债不得抵销

《企业破产法》第40条第2项规定的破产抵销禁止情形,意在防止债权人故意制造债务,进行恶意抵销。如果债权人在知道债务人存在无法清偿到期债务的情形,仍有意对债务人负债的,实系变相使其自身债权得到优先清偿,从而规避破产程序的公平受偿原则。至于如何判定债权人已知债务人具备破产原因,可以结合债权人的身份、与债务人之间的关系、相关人员证词以及负债时债务人的经营状况等进行分析。如债权人负担债务时,债权人的董事、监事或高级管理人员等或债权人本身兼任债务人的高级管理人员,可以推定债权人知道债务人无法清偿到期债务之事实。③ 但法律规定或者破产申请前一年所发生的原因,导致债权人"已知债务人有不能清偿到期债务或者破产申请的事实"但仍旧对债务人负担债务的,可以例外适用抵销。

3. 债权人对债务人恶意取得的债权不得抵销

《企业破产法》第40条第3项规定的破产抵销禁止情形与第2项规定的破产抵销禁止情形类似。这里值得注意的是,如果债务人的债务人已知债务

---

① 齐明:《中国破产法原理与适用》,法律出版社2017年版,第96页。
② 韩传华:《企业破产法解析》,人民法院出版社2007年版,第157—158页。
③ 同上书,第160—161页。

人出现破产原因而恶意负债,且该交易有恶意串通、显失公平等无效或者可撤销事由,则不得适用抵销外,还可以适用无效或者可撤销规定,使其丧失破产债权的地位。①

(三)破产抵销权的特殊情形

1. 特定情形下已完成的抵销无效

《破产法解释(二)》第 44 条规定:"破产申请受理前六个月内,债务人有企业破产法第二条第一款规定的情形,债务人与个别债权人以抵销方式对个别债权人清偿,其抵销的债权债务属于企业破产法第四十条第(二)、(三)项规定的情形之一,管理人在破产申请受理之日起三个月内向人民法院提起诉讼,主张该抵销无效的,人民法院应予支持。"该条文规定了在特定情下,已完成的抵销无效。即债务人破产申请受理前六个月内,债务人已经具备破产原因,债权人恶意负债或恶意取得债权,与债权人对债务人的债权或债务进行抵销,该等抵销即使已经完成,管理人可以主张无效,已抵销的债权债务恢复到抵销前的状态,债权人所负债务应依法履行,享有的债权可依法申报。

2. 债务人股东因未缴出资、抽逃出资、滥用股东权利和关联关系对债务人产生的负债,不得抵销

《破产法解释(二)》第 46 条规定:"债务人的股东主张以下列债务与债务人对其负有的债务抵销,债务人管理人提出异议的,人民法院应予支持:(一)债务人股东因欠缴债务人的出资或者抽逃出资对债务人所负的债务……"《最高人民法院关于破产债权能否与未到位的注册资金抵销问题的复函》中亦认为,股东对债务人享有的破产债权不能与其对债务人未出足的注册资金相抵销。债务人的股东对债务人享有合法债权,其与债务人其他债权人享有平等的权利,其对债务人负有的债务也可以依法主张抵销。但为了保护其他债权人的合法权益,债务人股东对债务人负有的债务,如果是因为未缴出资、抽逃出资、滥用股东权利或者利用关联关系恶意损害公司利益而产生的,不得进行抵销,该等债务应由债务人股东作为正常债务履行清偿义务。

---

① 王卫国:《破产法精义(第二版)》,法律出版社 2020 年版,第 149 页。

二、管理人对于破产抵销的处理路径

(一)案由确定

一般情况下,破产抵销权的启动主体是与债务人互负债权债务的债权人,债权人应向管理人发送主张抵销的通知。《破产法解释(二)》第42条对管理人收到债权人提出的主张债务抵销通知后的处理方式进行了规定:(1)经审查无异议,抵销自管理人收到通知之日起生效;(2)管理人对抵销主张有异议的,应当在约定的异议期限内或者自收到主张债务抵销的通知之日起三个月内向人民法院提起诉讼。无正当理由逾期提起的,人民法院不予支持。人民法院判决驳回管理人提起的抵销无效诉讼请求的,该抵销自管理人收到主张债务抵销的通知之日起生效。为此,管理人在收到债权人的抵销通知后,应尽快审查抵销行为是否存在无效情形,如存在无效情形的,应限期提起破产抵销权诉讼。

(二)诉讼请求列明

经公开渠道检索法院文书并结合实务经验,管理人代表债务人提起破产抵销权纠纷的,列明的诉讼请求主要有以下两种情形:(1)仅请求人民法院确认抵销行为无效;(2)请求人民法院确认抵销行为无效,并要求对方返还债务人款项。本书认为,应根据个案具体情况判定诉讼请求的选择。如债务人的债务人所负债务已经人民法院文书予以确认,遵循一事不再理之原则,诉讼请求不应再要求债务人的债务人返还债务,而仅能请求确认抵销行为无效了;如债务人的债务人所负债务未经诉讼程序确认,为减少诉累、节约司法资源,管理人可以同案请求确认抵销行为无效及债务人的债务人支付债务人款项。

(三)诉讼思路

破产抵销制度的本质是债权人只能依破产程序按债权清偿比例受偿的例外,破产抵销权主张一般由债权人提出,管理人在接收到相关抵销通知后,应核查债权人破产抵销权是否符合实体条件及程序条件,并根据相关条件确定诉讼思路。

1. 实体条件

(1)双方是否存在互负债权债务关系

破产抵销的前提是债权人与债务人双方互负债权债务,即债权人需向债务人管理人申报债权,且债权已经管理人审核确认、债权人会议核查无异议并经人民法院裁定确认,实践中,确定的债权并非必须经法院裁定确认,只要管理人审核确认,真实性、合法性和准确性能得到保障,即可认定为确认债权。至于债权人对于债务人所负债务的核查,管理人可以结合债权人提交的抵销通知材料以及债务人自身的财务资料、对账单及合同文件等核查债务是否真实、金额是否一致等。如经核查,双方并不存在债务或债权关系,管理人应主张破产抵销无效。

(2) 所负债务是否发生在破产受理前

核查债权人对债务人所负债务是否发生于破产受理之前,亦是管理人判断破产抵销是否有效的重要依据之一,该项核查的关键点在于判断债权人所负债务的形成时间。对于形成时间的判断,应从债务发生原因出发,债务发生条件成就即债务形成。如债务系经法律文书确认的,应以双方合同或其他文件确认的债务形成时间为准,不应以裁判文书确认时间为准;在利息债务中,因利息属于本金的孳息,利息债务形成时间应以本金债务的成立时间为准。

(3) 对于特定期限内成立的债务,债权人主观上是否存在恶意

债务人破产受理前特定期限内成立的债权债务能否抵销,要以对方当事人是否恶意作为区分标准。当事人为恶意者,其抵销权的行使应被认定为无效;反之,则可以行使抵销权。实践中,判断债权人是否存在恶意,关键在于判断债权人是否已知债务人有不能清偿到期债务或者破产申请的事实,管理人可以从以下几方面辨别债权人是否"已知":

① 核查债权人的债权申报文件、抵销通知等,是否存在其已知债务人存在不能清偿到期债务的事实;

② 债权人对债务人负担债务时,债务人是否存在对债权人的到期债务且未能清偿;

③ 债权人对债务人负担债务时,债权人与债务人是否存在关联关系;

④ 债权人对债务人负担债务时,债权人的董事、监事、高级管理人员在债务人处是否兼任高级别职务;

⑤ 债权人对债务人负担债务时,债权人本身是否在债务人企业担任高级别职务;

⑥ 债权人对债务人负担债务时,是否有相关书面文件或凭证证明,或相关人员证词可以证明债权人知道债务人存在不能清偿到期债务的事实;

结合案件情况,判断是否存在其他证明债权人存在恶意之情形。

2. 程序条件

破产抵销权行使的程序条件是债权人据以主张抵销的债权在破产程序中必须依法申报并最终经人民法院裁定确认。通过管理人审查和债务人、债权人会议核查等程序,可以保证抵销债权的真实性、合法性和准确性。债权人未按照规定向管理人申报债权且债权未经破产程序确认,不得进行破产抵销,管理人可以据此提出抵销无效主张。

三、相关案例

案例一[①]

案情简介: 忠成数码科技有限公司(以下简称"忠成公司")因开立信用证所需与中国建设银行股份有限公司温州分行(以下简称"建行温州分行")签订信用证开证合同,约定忠成公司将钱款交存于其在建行温州分行处开立的保证金专用账户,并承诺以该账户中的款项作为偿还开证合同项下债务的保证。当忠成公司不履行债务时,建行温州分行有权在该账户中直接扣划保证金用于偿还债务,而建行温州分行则对忠成公司交存的保证金按定期存款利率计付利息。忠成公司向建行温州分行交纳的信用证保证金分别为2010年7月27日277372元人民币、2010年8月11日240600元人民币、2010年9月16日260000元人民币、2010年12月17日268000元人民币和211050元人民币,相应的信用证到期付款日分别为2010年10月27日、2010年11月11日、2010年12月16日、2011年3月17日。忠成公司在建行温州分行就信用证对外付款后,已向建行温州分行履行了支付义务,但开立信用证保证金在忠成公司被宣告破产前仍以存款方式留存在忠成公司在建行温州分行处开设的账户上。2012年12月之前,忠成公司经营尚属正常。温州市中级人民法院于2013年7月19日裁定受理忠成公司破产申请,2013年11月4日裁定终止忠成公司重整程序并宣告忠成公司破产。建行温州分行申报并经忠成公司破产管理人审查确认的对忠成公司享有的债权金额为25311292.49元人民币、6861027.78美元。忠成公司破产管理人在查账过程

---

① 浙江省高级人民法院(2014)浙商终字第27号民事判决书。

中发现，建行温州分行于 2013 年 9 月 5 日对忠成公司在建行温州分行的账户进行了两笔扣收不良贷款的操作，共计扣收 1417286.15 元人民币。为此，忠成公司破产管理人向建行温州分行发函，根据《企业破产法》第 16 条关于个别清偿无效的规定，要求建行温州分行返还。2013 年 10 月 29 日，建行温州分行向忠成公司破产管理人致函，针对 1417286.15 元人民币扣款，提出破产抵销权主张。2014 年 1 月 15 日，忠成公司破产管理人起诉至法院，请求确认建行温州分行主张的 1417286.15 元人民币债务抵销行为无效，并要求建行温州分行返还存款 1417286.15 元人民币及利息。

裁判要旨：

第一，建行温州分行具备行使破产抵销权的实体条件。

1. 双方互负债权债务。在忠成公司偿付了信用证项下应付款项后，忠成公司与建行温州分行之间就该笔保证金的法律关系为储蓄存款合同关系，忠成公司依储蓄存款合同对建行温州分行享有债权。

2. 该笔债务成立于破产申请受理日即 2013 年 7 月 19 日之前。因利息属于本金的孳息，该笔债务的成立时间应以本金债务的成立时间为准。

3. 债权人建行温州分行主观上无恶意。首先，该笔保证金所涉信用证到期付款日远早于破产案件受理日即 2013 年 7 月 19 日；其次，在 2012 年 12 月之前，忠成公司经营尚属正常，而信用证到期付款日远早于这一时间点；最后，债权人主观上存有恶意的举证责任在于主张破产抵销权无效的一方，在案证据无法证明建行温州分行是已知债务人有不能清偿到期债务或者破产申请的事实而对债务人负担该笔债务。

第二，建行温州分行具备行使破产抵销权的程序条件。

破产抵销权行使的程序条件是债权人据以主张抵销的债权在破产程序中必须依法申报并最终经人民法院裁定确认。本案中，建行温州分行申报并经忠成公司破产管理人审查确认的对忠成公司享有的债权金额为 25311292.49 元人民币、6861027.78 美元。虽然该笔债权尚未经法院裁定确认，程序上存有瑕疵，但在该笔债权已经忠成公司破产管理人审查确认，其真实性、合法性和准确性能得到保障且债权数额远大于所欲抵销的债务数额的情况下，该程序瑕疵尚不构成破产抵销权行使的实质性障碍。

本书观点： 笔者支持银行可以行使破产抵销权的观点，只要其行使符合民法和破产法的行使要件，应不受偏颇性清偿的审查。对于债权人行使破产抵销权的债权是否必须依法经申报并经人民法院裁定确认的问题，《企业破产法》第 44 条规定："人民法院受理破产申请时对债务人享有债权的债权人，依照本法规定的程序行使权利。"银行应当向管理人主张抵销，自行划扣不符合上述法律规定。

案例二[①]

案情简介：2020 年 9 月，瑞氢公司（系被告）通过受让方式取得氢为公司（系原告）全部股权，并直接控制氢为公司的实际经营。自 2020 年 5 月起，氢为公司连续数月未能支付职工工资，无法清偿的到期债务已达 170 余万元。自 2020 年 10 月起，瑞氢公司向氢为公司提供了数笔借款，金额合计 4772719.69 元，氢为公司将借款用于支付人工工资、缴纳社保、发放年终奖等，基于上述借款，瑞氢公司取得了对氢为公司的债权。2020 年 12 月 11 日，氢为公司、瑞氢公司签订《技术开发及产业化推广服务合同》（以下简称《技术服务合同》），约定 2020 年 10 月 1 日至 2021 年 9 月 30 日期间，氢为公司支持瑞氢公司开发电堆、系统开发及产业化推广项目，瑞氢公司向氢为公司支付研究开发经费和报酬。该合同签订后，氢为公司依约提供了技术服务，但瑞氢公司累计拖欠氢为公司研究开发经费、报酬等款项 2852137.29 元。2021 年 5 月，氢为公司作出股东会决定，同意氢为公司申请破产清算。同年 7 月，氢为公司提出破产清算申请。2021 年 11 月 23 日，北京市第一中级人民法院裁定受理氢为公司的破产清算申请。在接管氢为公司后，管理人于 2021 年 12 月 30 日向瑞氢公司寄送通知书，要求瑞氢公司清偿《技术服务合同》项下的债务。同日，管理人收到瑞氢公司申报债权材料，申报 4816887.43 元普通债权。经审核，管理人确认瑞氢公司对氢为公司享有 4772719.69 元普通债权。2022 年 2 月 18 日，北京市第一中级人民法院作出确认无异议债权裁定，确认上述债权。2022 年 2 月 14 日，瑞氢公司向管理人邮寄《抵销通知书》，载明瑞氢公司确认欠付《技术服务合同》项下款项 3023265.53 元（含税金额），主张以瑞氢公司享有的 3023265.53 元债权进行抵销。

原告认为被告作为原告股东并直接控制经营，充分知晓原告的财务状况及申请破产清算的事实，在此情况下仍拖欠《技术服务合同》项下款项，对原告负担债务，根据《企业破产法》第 40 条第 2 项的规定，其与原告互负的债权债务不得抵销，被告提出的破产抵销应为无效，故提起本案诉讼。

[①] 北京市第一中级人民法院（2022）京 01 民初 106 号民事判决书。

裁判要旨： 法律规定不得行使抵销权的情形，是为了避免出现债权人在得知债务人出现破产原因或提出破产申请后抢先获得个别清偿，侵犯其他债权人利益的行为出现。被告向原告出借的款项，均用于支付原告公司职工的工资、社会保险、奖金等，说明原告已经出现无法清偿到期债务的情形，被告作为原告的全资股东对此情形亦应是明知。在明知原告有不能清偿到期债务，需借款支付人员工资等情况下，仍对原告负有债务，此情形属于法律中规定不得抵销的情形。

本书观点： 债务人的实际控制主体负责债务人的日常经营管理，对债务人的财务账款及是否存在不能清偿到期债务情形应十分了解，在此情况下仍对债务人负担债务的，在法律上应推定为恶意负债，不能行使破产抵销权。

第十一节 别除权纠纷

一、法律规定及解读

《企业破产法》第 109 条规定："对破产人的特定财产享有担保权的权利人，对该特定财产享有优先受偿的权利。"该条文规定的别除权以担保制度为基础，即债权人由于对债务人特定财产享有担保物权，当债务人处于破产程序中时，可以优先自该特定财产获得受偿的权利。此外，因我国法律还规定了除担保债权之外的其他法定优先权，部分法定优先权还优先于担保债权，故实践中对其他法定优先权也适用破产别除权之规定。以下将结合别除权的权利基础进行阐述。

（一）别除权之担保物权基础

1. 抵押权

《民法典》第 394 条第 1 款规定："为担保债务的履行，债务人或者第三人不转移财产的占有，将该财产抵押给债权人的，债务人不履行到期债务或者发生当事人约定的实现抵押权的情形，债权人有权就该财产优先受偿。"《中华人民共和国海商法》（以下简称《海商法》）第 11 条规定："船舶抵押权，是指抵押权人对于抵押人提供的作为债务担保的船舶，在抵押人不履行债务时，可以依法拍卖，从卖得的价款中优先受偿的权利。"《中华人民共和国民用航空法》（以下简称《民用航空法》）第 17 条规定："民用航空器抵押权设定后,未经抵押权人同意,抵押人不得将被抵押民用航空器转让他人。"

2. 留置权

《民法典》第447条第1款规定:"债务人不履行到期债务,债权人可以留置已经合法占有的债务人的动产,并有权就该动产优先受偿。"《海商法》第25条规定:"船舶优先权先于船舶留置权受偿,船舶抵押权后于船舶留置权受偿。前款所称船舶留置权,是指造船人、修船人在合同另一方未履行合同时,可以留置所占有的船舶,以保证造船费用或者修船费用得以偿还的权利。船舶留置权在造船人、修船人不再占有所造或者所修的船舶时消灭。"

3. 质权

《民法典》第425条第1款规定:"为担保债务的履行,债务人或者第三人将其动产出质给债权人占有的,债务人不履行到期债务或者发生当事人约定的实现质权的情形,债权人有权就该动产优先受偿。"此外,债务人可能涉及的下列权利可以出质:(1)汇票、本票、支票;(2)债券、存款单;(3)仓单、提单;(4)可以转让的基金份额、股权;(5)可以转让的注册商标专用权、专利权、著作权等知识产权中的财产权;(6)现有的以及将有的应收账款;(7)法律、行政法规规定可以出质的其他财产权利。

(二)别除权之法定优先权基础

1. 建筑工程承包人对建筑工程款的优先受偿权

《民法典》第807条规定:"发包人未按照约定支付价款的,承包人可以催告发包人在合理期限内支付价款。发包人逾期不支付的,除根据建设工程的性质不宜折价、拍卖外,承包人可以与发包人协议将该工程折价,也可以请求人民法院将该工程依法拍卖。建设工程的价款就该工程折价或者拍卖的价款优先受偿。"《最高人民法院关于审理建设工程施工合同纠纷案件适用法律问题的解释(一)》[以下简称《新建工司法解释(一)》]第36条规定:"承包人根据民法典第八百零七条规定享有的建设工程价款优先受偿权优于抵押权和其他债权。"承包人建设工程价款优先受偿的范围仅限于工程价款,不包含因逾期支付导致的建设工程价款的利息、违约金、损害赔偿金等。

结合现行法律和司法解释的规定以及实践中的司法裁判观点,承包人主张建设工程价款优先受偿权需要满足四个要件:

(1) 承包人直接与发包人订立建设工程施工合同

《新建工司法解释（一）》第35条规定："与发包人订立建设工程施工合同的承包人，依据民法典第八百零七条的规定请求其承建工程的价款就工程折价或者拍卖的价款优先受偿的，人民法院应予支持。"因此，只有与发包人订立建设工程施工合同的承包人才享有建设工程价款优先受偿权，不包括设计合同和勘察合同。

《新建工司法解释（一）》第37条规定："装饰装修工程具备折价或者拍卖条件，装饰装修工程的承包人请求工程价款就该装饰装修工程折价或者拍卖的价款优先受偿的，人民法院应予支持。"装饰装修工程的承包人亦可以行使建设工程价款优先受偿权，但需要满足如下两个条件：一是装饰装修工程能够折价或拍卖且装饰装修部分的价值能够区分；二是装饰装修工程承包人的建设工程价款优先受偿范围仅限于装饰装修使建筑物增值的部分。

合法分包与违法分包情形下的分包人均非与发包人订立施工合同的承包人，不享有建设工程价款优先受偿权。但在实践中，对于指定分包人是否有权主张建设工程价款优先受偿权的问题存在争议。一种观点认为，指定分包人与发包人之间形成事实合同关系，有权主张建设工程价款优先受偿权。[①]另一种观点认为，指定分包本质上仍属于分包，且指定分包人并未与发包人直接订立合同。同时，从主体结构不得分包等行政规范角度而言，总承包人承担建设工程主体结构的施工任务，指定分包人仅承担部分施工任务，指定分包人不享有建设工程价款优先受偿权。[②]

(2) 建设工程质量合格

《新建工司法解释（一）》第38条规定："建设工程质量合格，承包人请求其承建工程的价款就工程折价或者拍卖的价款优先受偿的，人民法院应予支持。"第39条规定："未竣工的建设工程质量合格，承包人请求其承建工程的价款就其承建工程部分折价或者拍卖的价款优先受偿的，人民法院应予支持。"据此，承包人享有建设工程价款优先受偿权的前提是建设工程质量合格。而根据《新建工司法解释（一）》第14条的规定，对于未经竣工验收或未完工的工程，如发包人已经实际使用该工程，可以推断工程质量合格，承包人可以主张建设工程价款优先受偿权。

---

① 最高人民法院（2020）最高法民申6978号裁定书。
② 最高人民法院民事审判第一庭编著：《最高人民法院新建设工程施工合同司法解释（一）理解与适用》，人民法院出版社2021年版，第365页。

(3) 承包人在规定的期限内行使建设工程价款优先受偿权

《新建工司法解释（一）》第41条规定："承包人应当在合理期限内行使建设工程价款优先受偿权，但最长不得超过十八个月，自发包人应当给付建设工程价款之日起算。"建设工程施工合同中，通常对工程价款结算事项予以约定，包括预算工程价款、工程进度款、竣工价款、质量保修金等支付方式、时限及数额等，一般应以工程最终竣工总价款的应付款时间作为建设工程价款优先受偿权的起算时间。①

根据《新建工司法解释（一）》第27条的规定，当事人对付款时间有约定的按照约定，无约定的按照以下顺序确定：① 工程交付之日；② 承包人提交竣工结算文件之日；③ 承包人起诉之日。最高人民法院认为，以提交竣工结算文件之日作为应付款时间的条件是双方当事人对结算文件所载明的工程款均无异议。② 如果结算双方当事人就结算款金额仍有异议的，不能以提交竣工结算文件之日为应付款时间。建设工程施工合同因故被解除的，且工程处于未复工、未完工、未交付、未结算的状态，应付工程款实际难以确定，建设工程价款优先受偿权应自合同解除之日起计算。③

(4) 建设工程可以折价、拍卖

建设工程价款优先受偿权本质上是工程变价款的优先权。承包人主张该权利的前提是，工程本身可以通过折价、拍卖的方式进行变现，工程按照相关规定无法折价、拍卖变现的，承包人对此类建设工程不享有优先权。如国家重点工程、特定用途工程、应当拆除的违章建筑。④

2. 消费性购房者的优先权

消费型购房者，类似于"消费者"，根据最高人民法院第六批指导案例第23号的判决书⑤，消费者是相对于销售者和生产者的概念，即只要是为了个人、家庭生活而不是为了生产或者职业活动需要，在交易活动中购买、使用商品或接受服务，就应认定为"为生活消费需要"的消费者。虽然现行法律法规未对消费型购房者有明确定义，但一般是指为了居住等基本需求而购买

---

① 最高人民法院（2021）最高法民再193号民事判决书。
② 最高人民法院（2021）最高法民申7245号民事裁定书。
③ 最高人民法院（2021）最高法民终742号民事判决书。
④ 最高人民法院民法典贯彻实施工作领导小组编著：《中国民法典适用大全：合同卷（四）》，人民法院出版社2022年版，第2694页；黄微：《中华人民共和国民法典释义（中）》，法律出版社2020年版，第1484页。
⑤ 《最高人民法院关于发布第六批指导性案例的通知》（法〔2014〕18号），2014年1月26日。

房屋的刚需购房者。

除上述法定优先权外，《海商法》第21条规定："船舶优先权，是指海事请求人依照本法第二十二条的规定，向船舶所有人、光船承租人、船舶经营人提出海事请求，对产生该海事请求的船舶具有优先受偿的权利。"《民用航空法》第18条规定："民用航空器优先权，是指债权人依照本法第十九条规定，向民用航空器所有人、承租人提出赔偿请求，对产生该赔偿请求的民用航空器具有优先受偿的权利。"船舶优先权、民用航空器优先权破产程序中鲜有，在此不做详细分析。

二、管理人对于别除权纠纷的处理路径

（一）案由的确定

别除权是指在破产程序中，对于破产人的特定财产享有担保物权的权利人，可不依照破产程序而对该特定财产优先受偿的权利；别除权的行使应以管理人为相对人，双方因担保物权或其他优先权利的实现而发生的争议，属于别除权纠纷。实践中，一般是债权人以对债务人的求偿权和享有的优先权为由向管理人申报债权，管理人经审查未对债权人的优先权予以确认，而是将其确认为普通债权，债权人为此向人民法院提起相关诉讼，该类诉讼因涉及别除权确认，案由应为"别除权纠纷"，而非"破产债权确认纠纷"。

（二）诉讼请求列明

该类纠纷通常由债权人发起，债务人为被告。通过检索现有的生效法律文书发现，原告诉讼请求一般会基于别除权的权利基础来确定。例如，别除权基础权利来源于担保财产的，可将诉讼请求列为"1. 请求确认×××对×××的不动产或动产或权利等的拍卖、变卖价款享有优先受偿权；2. ×××承担本案全部诉讼费。"别除权的权利基础为法定优先权的，可将诉讼请求列为："1. 请求确认×××就×××结欠的工程款×××元在其所承建的工程折价或者拍卖所得的价款享有优先受偿的权利；2. ×××承担本案全部诉讼费。"实践中，债权人有可能对管理人审核认定的债权持有异议，在产生相关别除权纠纷时，一般会增加一项关于确认债权金额的诉讼请求，如"请求确认×××对×××享有债权×××元"。此外，如果是第三人对于别除权人优先权持有异议而提起诉讼的，一般诉讼请求列为："请求确认×××对×××

享有的债权不属于优先权"或"请求确认×××对×××的财产的拍卖、变卖价款不具有优先受偿权"。

（三）处理路径

该类案件通常是由于管理人未确认债权人主张的别除权或是第三人对于管理人认定的别除权有异议而发生，不管是何种情形，债务人在案件中的诉讼主体均为被告。本书将结合管理人审查别除权的要点及该类案件的争议焦点，展开讨论该类案件中常见的诉讼思路。

1. 是否享有别除权

别除权的权利基础来源于担保物权及特别优先权，权利人对于别除权的主张能否成立，关键之一在于判断其对于债务人财产或权利是否享有担保物权，或是否对债务人的财产享有特别优先权。因不同权利成立的要件有所不同，管理人应结合债权人主张的基础权利进行个别判断。

如债权人主张别除权的基础权利为担保物权的，管理人应审查相关担保物权是否成立，例如，债权人主张抵押权的，管理人应从如下几方面审查抵押权是否成立：（1）债权人与债务人之间是否签署书面的担保合同；（2）不动产抵押是否有登记；（3）同一财产设立了多个抵押的，主张别除权的债权人享有的抵押权是否处于第一顺位；（4）同一财产上设立了固定抵押与浮动抵押的，判断抵押权归属；（5）对于最高额抵押，判断债权人主张的抵押权是否超最高额抵押财产；（6）债权人主张的优先权是否超抵押财产范围，如抵押权优先范围是否及于抵押财产孳息；（7）抵押财产是否存在禁止抵押情形。

如债权人主张别除权的基础权利为特别优先权，管理人应审查债权人是否具备特定身份等特别优先权行使条件。在债权人主张建设工程优先权的情形下，审查其是否为承包人、主张建设工程优先价款对应的工程是否质量合格、相关工程能否折价或拍卖变现、非独立工程能否独立拆分等。在债权人主张消费者购房者优先权的情形下，审查债权人是否为消费型购房者、相关购房价款是否已支付完毕等。

2. 行使期限是否届满

我国法律对于部分别除权对应的基础权利行使期限作出了相应规定。如《民法典》第419条规定："抵押权人应当在主债权诉讼时效期间行使抵押权；未行使的，人民法院不予保护。"依据该条文，债权人在主债权诉讼时效期限内未主张过抵押权的,相关抵押权将消灭。如债权人在诉讼中只主张了主债权,而未主张相关抵押权的,导致抵押债权已超主债权诉讼时效的,抵押权消灭,管理人应不予认可债权人别除权的主张。根据《新建工司法解释(一)》第41条的规定,承包人应该在合理期限内行使建设工程价款优先权,在发包人应该给付工程款之日起十八个月内未主张的,其将丧失优先权。因此,债权人在破产程序中主张建设工程价款优先权的,管理人除审查该债权人是否享有建设工程价款优先权外,还应审查该其行使期限是否届满。

三、相关案例

案例一[①]

案情简介：2016年12月19日,无锡市崇安区人民法院作出(2016)苏0202民初2285号民事判决：S公司返还甲银行借款本金1499万元及利息,甲银行有权以S公司提供抵押的国有土地使用权协议折价或者以拍卖、变卖价款优先受偿。在该案诉讼之前,案涉不动产被张家港市人民法院查封。在该案审理过程中,崇安法院根据甲银行的申请,于2016年7月21日对案涉不动产予以轮候查封。

2019年8月30日,S公司因不能清偿到期债务且资不抵债被一审法院裁定受理破产清算。2020年9月4日,×公司向S公司管理人支付案涉不动产自被法院查封之后的租金98万元。甲银行随即向S公司管理人提出对上述98万元租金享有优先受偿权,但S公司管理人经审核对甲银行的申请不予认可。甲银行遂诉至法院,请求确认其对案涉不动产的租金98万元享有优先受偿权。

裁判要旨："查封"作为针对不动产的财产保全措施,与《物权法》第197条第1款(《民法典》第412条)规定的"扣押"具有相同的法律效果,抵押权人可主张对不动产的抵押权及于自查封之日起计算的租金。不动产被查封之后,抵押权人不论是否通知租金清偿义务人,抵押权均及于不动产自查封之日起计算的租金,但是在抵押权人通知租金清偿义务人之前,租金清偿义务人向抵押权人给付租金的行为产生消灭租金债务的法律效果,抵押权

---

① 江苏省无锡市中级人民法院(2021)苏02民终4530号民事判决书。

人无权再要求租金清偿义务人继续给付租金。

本书观点：在破产程序中，抵押权人对于抵押财产的天然孳息或者法定孳息享有别除权应当具备两个条件：一是天然孳息或者法定孳息产生于抵押财产被扣押或查封之后，对于抵押财产被查封或扣押之前产生的天然孳息或法定孳息不享有别除权；二是抵押权人已经通知应当给付法定孳息的义务人，如果抵押权人不通知清偿义务人，清偿义务人向抵押人给付孳息并不具有过错，其孳息清偿行为应当认定有效，抵押权人对于已给付的孳息不再享有别除权。

案例二①

案情简介：原告华夏银行（上诉人、再审申请人）诉称，2013 年 12 月 18 日，华夏银行股份有限公司无锡分行（以下简称"华夏银行"）与无锡市沪安电线电缆有限公司（以下简称"沪安公司"）签订《最高额货物质押合同》（以下简称"质押合同"）。同日，华夏银行与沪安公司、中储发展股份有限公司无锡物流中心（以下简称"中储物流中心"）签订《货物质押监管合作协议》（以下简称"监管协议"），委托中储物流中心监管质押物。2014 年 1 月 17 日，沪安公司向华夏银行交付质物，中储物流中心接收并监管。2014 年 7 月 25 日，中信宜兴支行以沪安公司的 10000 吨原材料办理动产抵押登记。2015 年 6 月 30 日，无锡市中级人民法院（以下简称"无锡中院"）判决沪安公司所有的、中储物流中心保管的《最高额融资合同》（以下简称"融资合同"）项下质物享有优先受偿权。2015 年 12 月，宜兴市人民法院（以下简称"宜兴法院"）受理对沪安公司破产清算的申请，华夏银行与中信宜兴支行对存货均向沪安公司主张优先受偿权。沪安公司管理人向华夏银行告知中信宜兴支行的抵押权优先于华夏银行的质权。之后中信宜兴支行将抵押权转让给资产公司。华夏银行认为：（1）质权与抵押权效力等同，在后设立并经登记的抵押权不能优先于在前设立的质权；（2）我国物权法未直接规定抵押权优先于质权，华夏银行在中信宜兴支行设立抵押前已占有质押物，中信宜兴支行不能基于善意取得制度取得抵押权；（3）相关抵押合同未记载抵押物，抵押合同不成立，抵押登记内容与抵押合同内容不符，抵押登记无效；（4）电线电缆属于一般动产，不能适用《最高人民法院关于适用〈中华

---

① 江苏省高级人民法院（2021）苏民再 92 号民事判决书。

人民共和国担保法〉若干问题的解释》（以下简称《担保法司法解释》）第79条的规定。原告向法院提出诉讼请求：确认华夏银行的质权优先于中信宜兴支行的抵押权受偿。

被告沪安公司（被上诉人）辩称：华夏银行和资产公司均向管理人申报债权并主张优先受偿，管理人经审核明确双方的质权或抵押权合法有效，但该存货折现价款不足以清偿全部债务，管理人依照《担保法司法解释》第79条规定，向双方确认资产公司的抵押权优先于华夏银行的质权。

被告资产公司（被上诉人）辩称：《担保法司法解释》第79条规定，同一财产法定登记的抵押权与质权并存时，抵押权人优先于质权人受偿。因此，资产公司优先于华夏银行受偿。

第三人中信宜兴支行陈述：中信宜兴支行已将债权转让，其当时与沪安公司约定抵押方式为浮动抵押，抵押物包括现有和将有的原材料产品和半成品，抵押物在设定抵押时并不确定，因此无法在抵押物清单上列明。2013年12月18日，沪安公司与华夏银行签订《最高额融资合同》，约定即日起至2014年12月18日止，沪安公司向华夏银行申请使用最高融资额度12500万元，办理贷款、票据承兑、票据贴现、开立信用证等业务。同日，双方签订质押合同，约定沪安公司以其所有的货物在最高债权本金7000万元内为沪安公司向华夏银行的融资提供质押担保，质押的货物为原材料铜、铝，产品电线电缆（铜芯或铝芯）。同日，华夏银行与沪安公司、中储物流中心签订《货物质押监管合作协议》，约定质权自沪安公司交付质押物时成立，华夏银行委托中储物流中心接收占有。2014年5月19日至2014年7月1日期间，沪安公司与华夏银行四次签订《流动资金借款合同》，华夏银行向沪安公司提供贷款共计6500万元。2014年1月17日，沪安公司交付质押物，中储物流中心接收后在沪安公司厂区内划定特定区域（电缆堆放区、电缆车间等）进行监管，并出具《质物清单》。之后沪安公司多次提取、补充交付质押物，至2014年10月30日，沪安公司交付的质押物有铜265吨、铝6吨、电线电缆（铜芯）折算含铜量2761吨、电线电缆（铝芯）折算含铝量161吨。因沪安公司不能偿还借款及垫付汇票款项，华夏银行诉至江苏省无锡市中级人民法院，该院作出（2015）锡商初字第21号民事判决，判令沪安公司偿还借款本金6500万元及利息、垫付款项498.55万元及利息，赔偿律师费损失60.46万元，华夏银行有权以沪安公司所有的且由中储物流中心保管的前述质押财产折价或者拍卖、变卖所得价款优先受偿。

2014年7月25日，沪安公司与中信银行股份有限公司南京分行（以下简称"中信银行")签订《最高额抵押合同》,约定沪安公司以其财产为其与中信银行在 2014 年 7 月 25 日至 2019 年 7 月 25 日期间签订的主合同形成的债务提供最高额抵押担保;合同第 5 条对浮动抵押作出特别约定。同日,沪安公司与中信银行到宜兴工商局办理动产抵押登记,登记的抵押物为沪安公司所有的全部原材料(包括但不限于铜杆、铝杆等)、半成品以及产品,数量 10000 吨。2015 年 7 月 30 日,沪安公司与中信银行签订《人民币流动资金贷款合同》二份,约定沪安公司向中信银行借款合计 7489 万元。

2016 年 10 月 21 日,中信银行与江苏资产公司签订《分户债权转让协议》,约定中信南京分行将中信银行在贷款合同 1、2 项下截至 2016 年 7 月 20 日的主债权及从权利一并转让给江苏资产公司,本金数额为 7489 万元。

2015 年 12 月 2 日,宜兴法院受理对沪安公司的破产清算申请。华夏银行与中信银行向管理人申报债权,华夏银行主张对沪安公司的质押财产优先受偿,中信银行主张对沪安公司的抵押财产优先受偿。2017 年 6 月 29 日,管理人向华夏银行发出通知,认为对于沪安公司的存货,中信银行的抵押权优先于华夏银行的质权。

华夏银行向一审法院起诉请求,确认华夏银行的质权优先于中信银行的抵押权受偿。主要理由为:根据物权法规定,先设立的质押优先于后设立的抵押权优先受偿。《担保法司法解释》关于"法定登记的抵押权优先于质权"的规定,在物权法生效后不应继续适用。华夏银行的质权设立时间为 2014 年 1 月 17 日,早于江苏资产公司的抵押权设立时间。2014 年 1 月 17 日起,中储物流中心在仓储地派人监管,并采取张贴"华夏无锡分行质押物"标签的方式进行公示,该状态延续至沪安公司管理人进场监管。故华夏银行自 2014 年 1 月 17 日起享有质权,早于中信银行抵押权设立时间。

江苏资产公司、中信银行辩称,本案应当适用《担保法》及其司法解释的规定,且案涉抵押权形成在先,沪安公司原材料、产成品等采取先进先出方式,故华夏银行质权设立时的质物早已使用完毕,前期质权已经消灭,后期新设的质权晚于江苏资产公司抵押权设立,故江苏资产公司的抵押权应优先受偿。

裁判要旨: 流动质押与静态质押相对,都属于动产质押的一种方式,其质权自出质人交付质押财产时设立。在第三人监管质物的情形下,监管人按照债权人的委托将质物特定化并实际控制货物之日起质押有效设立。流动质押登记可以作为质权设立的辅助证据,但并非质权设立的标志,登记与否不影响质权的设立。

流动质押的重要功能在于保障正常贸易往来、质物得以持续使用的同时获得融资。因此，质权设立后，第三人监管下的质物流入和流出的动态变化符合流动质押的特性，是维持质物恒定价值的方式，不构成流动质权的消灭与新设，不影响流动质权有效设立的时间。

同一动产上同时存在流动质押和其他动产担保时，根据担保物权有无完成法定公示要求，以及完成公示时间的先后顺序确定清偿顺序。

本书观点： 所谓"流动质押"，通常是指质权人、出质人与监管人通过订立监管协议的形式，不直接将质物交付质权人占有，而是由监管人根据质权人的指令或监管协议的约定，对质物进行监管，允许出质人在约定范围内通过约定的方式提取质物、补新出旧等，尽可能形成质物的流动，保证出质人正常的生产经营活动，最终实现出质人或债务人依约偿还债务。"流动质押"实则为质押的一种特殊形式，意味着"流动质押"的设立需要满足动产质押权设立的条件，即质押财产需要交付。但基于其一般由监管人负责监管的特殊形式，质物可能保管在第三方仓库甚至出质人的仓库内，导致债权人不直接控制质物，故如何认定"质物是否交付"即"质权是否设立"在司法实践上存在一定争议。在破产程序中，管理人应当根据案件具体情况，结合实际判断质押财产是否交付，进而判断质权是否成立。

第十二节　破产撤销权纠纷

一、法律规定及解读

《企业破产法》第 31 条规定："人民法院受理破产申请前一年内，涉及债务人财产的下列行为，管理人有权请求人民法院予以撤销：（一）无偿转让财产的；（二）以明显不合理的价格进行交易的；（三）对没有财产担保的债务提供财产担保的；（四）对未到期的债务提前清偿的；（五）放弃债权的。"破产撤销权是《民法典》中债权人撤销权在破产程序中的延伸，其立法目的在于防止债务人通过欺诈性转让行为损害债权人利益。从立法沿革来看，各个时期的破产法对该条的内容变化并不大,但部分草案①中有"其他损害债权人利益的行为"条款。《企业破产法》中将此项删除,可能是考虑到了债权人利益与交易稳定之间的平衡,不宜过分扩大可撤销的范围,避免撤销权的滥用。本书将根据该条对于时间的限制以及对于各分项的理解进行解释说明。

（一）严格限定可撤销的时间要件

与请求撤销个别清偿行为纠纷类似,《企业破产法》第 31 条规定的可撤销行为必须发生在人民法院受理破产申请前的一年内。如前文所述,该条文的立法目的在于取得债权人利益与债务人交易稳定性之间的平衡,不得对债务人的行为随意进行撤销。鉴于债务人的上述行为存在一定的欺诈性,故在人民法院受理破产申请之后,对发生在可撤销时间内的行为,管理人应当予以撤销,追回相应的财产。与撤销个别清偿行为类似,若上述行为存在一定的持续性,交易的缔约时间或完成时间跨越了人民法院受理破产申请前一年的时间,即部分行为发生在人民法院受理破产申请前一年以外,但部分行为在人民法院受理破产申请前一年内,针对此种情况,可参考本章第二节请求撤销个别清偿行为纠纷的处理方式。

（二）无偿转让财产

无偿转让财产,根据文义解释可以理解为赠与。在企业正常生产经营活动中,若进行赠与行为,无可厚非。但若该赠与行为发生在人民法院受理破产申请前一年内,因该行为致使债务人财产发生了不当减损,且该减损损害了债权人的利益,则按照《企业破产法》的规定应当被撤销。

在实践中,管理人遇到了另一种可以被视为无偿转让的情形。债务人在前述期限内存在增加债务的行为,例如无偿为第三方提供担保、与个别债权人变更原有协议增加债务等导致债务人财产不当减损,违反了公平清偿原则,故实质上导致了债权人利益受到了一定程度的损害,上述行为也可能按照该条款被撤销。

（三）以明显不合理的价格进行交易

《最高人民法院关于适用〈中华人民共和国民法典〉合同编通则若干问题的解释》(以下简称《民法典合同编通则解释》)第 42 条规定:"对于民法典

---

① 《企业破产与重整法》(2001 年 1 月草案)第 24 条:"人民法院受理破产案件前一年内,有关债务人的财产和财产权利的下列行为理人有权请求人民法院予以撤销:……(六)其他损害债权人利益的行为。"

第五百三十九条规定的'明显不合理'的低价或者高价，人民法院应当按照交易当地一般经营者的判断，并参考交易时交易地的市场交易价或者物价部门指导价予以认定。转让价格未达到交易时交易地的市场交易价或者指导价百分之七十的，一般可以认定为'明显不合理的低价'；受让价格高于交易时交易地的市场交易价或者指导价百分之三十的，一般可以认定为'明显不合理的高价'。债务人与相对人存在亲属关系、关联关系的，不受前款规定的百分之七十、百分之三十的限制。"

故判断是否存在以明显不合理的价格进行交易应当综合考虑交易主体及交易价格，若债务人存在与一般主体（非亲属关系、非关联关系）之间以高于市场交易价或者物价部门指导价30%价格的买入行为、低于市场交易价或者物价部门指导价70%价格的卖出行为，或存在与特殊主体（亲属关系、关联关系）存在高于市场交易价或者物价部门指导价的买入行为、低于市场交易价或者物价部门指导价的卖出行为的，应当适用此条款。

（四）对没有财产担保的债务提供财产担保

该条款主要规避的是债务人与个别债权人之间达成一致，将该债权人原本无财产担保的债权"上升"为有财产担保的债权，则当债务人进入破产程序后，上述债权人的清偿顺位优先于原清偿顺位，有违公平清偿原则。需要注意以下几点：一是此条款规制的是对已有债务新增担保的行为，若担保与债务同时发生，不受此条款约束；二是该条款规制的是企业针对自己的债务提供担保，若企业以自己财产为他人提供担保的，不受此条款约束；三是此处的担保必须是财产担保，若企业为其债务提供了一般的保证行为，则不受此条款约束。

（五）对未到期的债务提前清偿

《民法典》第530条规定："债权人可以拒绝债务人提前履行债务，但是提前履行不损害债权人利益的除外。债务人提前履行债务给债权人增加的费用，由债务人负担。"虽然《民法典》允许债务人在不损害债权人利益的情况下提前履行债务，但若上述行为发生在人民法院受理破产申请前一年内，则应当按照《企业破产法》的相关规定，由管理人进行撤销。实务中存在合同约定债权加速到期的条款，例如当借款人发生合同约定的情况时，如财务状况严重恶化、出现违约行为等，银行可以依据该条款使尚未到期的合同加速到期，从而提前收回贷款。若银行在未宣布提前到期的前提下，直接对债务人的财产进行划扣,且该行为发生在人民法院受理破产申请前一年内,管理人有权撤销。

(六)放弃债权

债权人在其未进入濒临破产状态时,在不损害第三人利益的情况下,法律未禁止其放弃债权;但在企业出现破产原因、进入人民法院受理破产申请前一年的期限内时,若随意放弃对外债权,且上述行为使得债务人财产发生不当减损,严重损害债务人的债权人的利益,则应当予以规制。[①] 放弃债权主要是指签订协议免除债务,以通知的形式免除债务人的债务等。从广义上讲,债务人通过各种消极放弃诉讼权利的行为也属于放弃债权。

二、管理人应对撤销权纠纷的路径

(一)案由的确定

本章第二节请求撤销个别清偿行为纠纷中已经就撤销个别清偿与确认债务人行为无效、撤销个别清偿与破产撤销权进行了对比,本节不再赘述。

(二)诉讼请求的列明

实践中,本节所述撤销权纠纷的诉讼案件之诉请有两项,第一项为请求撤销××公司(债务人)于××××年××月××日对×××的无偿转让行为(或以明显不合理的价格进行交易,或对×××的债务提供财产担保,或对×××债务的清偿行为,或放弃债权的行为);第二项为请求×××返还××公司(债务人)所支付的×××元。

(三)诉讼思路

一般来说,管理人在发现债务人可能存在前述行为时,应当先行梳理以下内容:(1)债务人作出具体行为的方式、具体时间、支付依据以及具体价款等;(2)债务人作出具体清偿行为是否能使其自身的财产受益。另外,关于管理人行使撤销权是否受除斥期间的限制,详见本章第二节"请求撤销个别清偿行为纠纷"。

---

① 韩传华:《企业破产法解析》,人民法院出版社2007年版,第123—124页。

三、相关案例

案例一[①]

案情简介：2017年12月4日，新光控股（转让方）、华融资产（受让方）、新光饰品（债务人）签订《债权转让协议》，约定新光控股将其对新光饰品享有的6.6亿元本金债权转让给华融资产，转让价款为6.6亿元，并约定转让价款的支付期限及条件等。同日，华融资产（甲方、债权人）与新光饰品（乙方、债务人）签订《还款协议》，约定甲方同意给予乙方12个月的还款宽限期，自2017年12月14日起至2018年12月13日止，乙方应于还款宽限起始日届满6个月当日，偿还债务本金3.3亿元，满12个月当日，向甲方偿还完毕全部重组债务本金等内容。2017年12月15日，华融资产向新光控股支付转让款4亿元；2018年1月2日，支付转让款2.6亿元。

2017年12月4日，新光控股股东周某某、虞某某与华融资产签订《抵押协议》，以其二人名下位于义乌市××街道世贸中心的六套房产为涉案6.6亿元债务提供抵押担保，并办理了抵押登记。

2017年12月5日，新光控股与华融资产签订《保证协议》，约定由新光控股对涉案6.6亿元债务承担连带保证责任。同日，新光控股与华融资产签订《质押协议》，约定新光控股以其对新光圆成享有的应收账款4.345亿元为涉案债务提供质押，并于2017年12月12日办理质押登记。2017年12月21日，新光控股与华融资产签订《质押协议》，约定新光控股以其持有的新光饰品92.72％股权及其派生权益，对应出资额为14465.60万元向华融资产出质，并于2018年4月12日办理股权出质登记手续。

2018年6月15日，华融资产（甲方）与新光饰品（乙方）签订《还款协议之补充协议二》，对案涉6.6亿元重组债务的质押担保措施进行变更，增加以新光控股持有的新光圆成2200万股的限售流通股提供质押担保。同日，双方签订《还款协议之补充协议三》，对重组债务本金的还款期限等进行延期变更。同日，新光控股与华融证券签订《质押协议》，约定新光控股以其持有的新光圆成2200万股限售流通股及其派生权益为涉案债务提供质押，并于

[①] 最高人民法院（2021）最高法民申2231号民事裁定书。

2018年6月20日办理质押登记。

2018年6月27日,华融资产与新光饰品、新光控股等签订《还款协议之补充协议四》,变更其中一项质押担保措施为:以新光控股持有的新光圆成股份有限公司3200万股的限售流通股提供质押担保。即在《还款协议之补充协议二》基础上新增1000万股提供质押担保。同日,新光控股与华融证券签订《质押协议》,约定新光控股以其持有的新光圆成1000万股限售流通股及其派生权益为涉案债务提供质押,并于2018年6月27日办理质押登记。

2019年4月25日,金华中院裁定受理新光控股破产重整一案,并于2019年4月26日指定浙江天册律师事务所、北京市高朋律师事务所、浙江振进律师事务所、浙江韦宁会计师事务所有限公司担任管理人,履行管理人职责。

裁判要旨:《企业破产法》第31条规定,人民法院受理破产申请前一年内,涉及债务人财产的下列行为,管理人有权请求人民法院予以撤销:(一)无偿转让财产的;(二)以明显不合理的价格进行交易的;(三)对没有财产担保的债务提供财产担保的;(四)对未到期的债务提前清偿的;(五)放弃债权的。案涉债权债务发生于2017年12月,后期存在对该债务展期的行为,但是并非形成新的债权债务关系。新光控股分别于2017年12月5日、12月21日与华融资产签订《保证协议》《质押协议》,约定以新光控股的应收账款、持有的股权等向华融资产出质。后华融资产与新光控股于2018年6月15日签订的《质押协议》中载明,新光控股以其持有的新光圆成2200万股的限售流通股及其派生的权益向华融资产出质。同年6月27日,新光控股与华融资产再次签订《质押协议》,新光控股以其持有的新光圆成1000万股的限售流通股及其派生的权益出质,该两份《质押协议》从其内容看均是对之前已提供的担保之上增加担保。新光控股在破产申请前一年内,为他人提供担保且无相应对价,因此新光控股为他人提供担保与《企业破产法》第31条第1项"无偿转让财产"的情形无本质区别。虽然二审法院适用《企业破产法》第31条第3项确有不当,但是判决结果正确,同时一审法院认为本案符合破产法撤销权设立的立法目的,据此判断管理人享有撤销权并无不当。

本书观点:人民法院受理破产申请前一年内债务人作出了纯负担义务的行为,导致其对外产生了债权,进入破产程序后管理人若不撤销且确认其债权,则会导致债务人财产分配有违公平清算原则,其本质与无偿转让财产无异。

案例二①

案情简介：2018年5月25日，河南省通用机械进出口有限公司以商贸公司作为债务人，无力清偿到期债务且明显缺乏清偿能力为由，向郑州市中级人民法院申请对商贸公司进行破产清算。2018年7月2日，郑州市中级人民法院作出（2018）豫01破申16号民事裁定书，裁定受理河南省通用机械进出口有限公司对商贸公司的破产清算申请，并于2018年8月1日指定了破产管理人，2019年5月31日商贸公司破产程序终结。

松山公司系商贸公司的全资子公司，2018年3月30日，松山公司将持有的土产公司100%股权以10万元人民币向松山公司工会委员会进行转让。2019年8月15日，该股权又变更回松山公司名下。2019年4月19日，中天华评估公司出具中天华资评报字〔2019〕第1181号河南商贸集团有限公司破产清算拟股权转让所涉及的河南松山物产有限公司股东全部权益价值项目《资产评估报告》一份，该报告显示评估基准日为2019年1月31日，评估范围是松山公司于评估基准日的全部资产及相关负债，有效期至2020年1月30日。评估报告结论显示松山公司净资产账面值为－135.16万元，净资产评估值为－132.88万元。2020年5月20日，中天华评估公司出具《河南省土产进出口有限公司评估情况说明》一份，载明土产公司为商贸公司子公司松山公司的子公司，本次评估时虽其股权已变更至松山公司工会委员会名下，但商贸公司管理人认为该事项存在瑕疵，要求将其作为正常的股权投资纳入评估范围，即将土产公司仍视为松山公司的全资子公司，纳入评估范围。土产公司评估基准日净资产评估值为负数，反映在母公司松山公司长期股权投资的评估结果为零。

另查明，2019年5月30日，商贸公司破产财产所涉及的河南省轻工业品进出口集团有限公司等17家企业股权以2.23亿元的成交价格，由物资公司拍卖取得。

裁判要旨：根据第三方评估机构出具的《资产评估报告》及《河南省土产进出口有限公司评估情况说明》，土产公司100%的股权价值已被纳入商贸公司全资子公司松山公司的资产评估范围，山西冶金公司对《资产评估报告》及《河南省土产进出口有限公司评估情况说明》有异议，但并未申请重新评

---

① 最高人民法院（2021）最高法民申2830号民事裁定书。

估。而河南省轻工业品进出口集团有限公司等17家企业股权以2.23亿元的成交价格由物资公司拍卖取得，松山公司包含在上述企业内，故土产公司100％股权作为商贸公司全资子公司松山公司的资产已被处置，该股权处置程序已经完成。二审判决未支持山西冶金公司关于对土产公司100％股权作为商贸公司财产再行处置的诉讼请求，并无不当。山西冶金公司主张土产公司的土地资产被低估、负债被高估，未提交相应证据予以证明。

本书观点：对于以明显不合理的价格进行交易的认定，应当按照交易时的相关资料来判断，若交易时已有第三方机构出具了相应的报告，除非有相反证据足以推翻上述报告，否则不宜轻易启动撤销程序。

第十三节　损害债务人利益赔偿纠纷

损害债务人利益赔偿纠纷，是指债务人的有关人员不当执行职务或有《企业破产法》规定的损害债权人利益行为，造成债务人财产利益的损失，在破产程序中被要求承担损害赔偿责任而引发的纠纷。

一、法律规定及解读

经检索分析公开的裁判文书，损害债务人利益赔偿的原因大致可以归为三类：第一类是债务人的有关人员违反《企业破产法》第15条规定的"人民法院受理破产申请的裁定送达债务人之日起至破产程序终结之日的有关义务"；第二类是企业董事、监事或者高级管理人员违反《企业破产法》第125条的规定，致使所在企业破产的；第三类是债务人违反《企业破产法》第128条的规定，存在《企业破产法》第31—33条规定的欺诈性资产转移行为、偏颇性清偿行为和无效行为而损害债权人利益的。

（一）违反配合清算义务

《企业破产法》第15条规定："自人民法院受理破产申请的裁定送达债务人之日起至破产程序终结之日，债务人的有关人员承担下列义务：（一）妥善保管其占有和管理的财产、印章和账簿、文书等资料；（二）根据人民法院、管理人的要求进行工作，并如实回答询问；（三）列席债权人会议并如实回答债权人的询问；（四）未经人民法院许可，不得离开住所地；（五）不得新任其他企业的董事、监事、高级管理人员。前款所称有关人员，是指企业的法定代表人；经人民法院决定，可以包括企业的财务管理人员和其他经营管理人员。"该条文规定的是法定清算义务人需配合管理人进行清算的义务，包括向管理人移交债务人公章、证照、合同文书、财务凭证及账簿等资料；协助管理人核查债务人资产负债情况等。如法定清算义务人未能向管理人移交债务人的财产、账册等，致使管理人无法全面执行职务、全面核查债务人财产状况，导致债权人利益受损的，一般认为法定清算义务人存在损害债务人利益情形。

配合清算义务人的主体为法定代表人及财务管理人员或其他经营管理人员，股东不属于配合清算义务主体，但股东同时担任法定代表人、财务管理人员或其他经营管理人员职务的情况除外。在实践中，通常由管理人查阅已接管的债务人资料以及查询到的税务、工商、社保等登记信息，结合案件当事人的访谈、申请人民法院调查等方式，确定上述条文规定的主体范围，再通过电话、短信、致函等方式通知其配合管理人开展清算工作。如无法与相关主体取得联系或相关主体拒绝配合的情况下，需形成书面报告申请人民法院确定其为配合清算义务人，再次以发布公告或由人民法院传唤等方式要求其配合清算，如仍不予配合，则由管理人制作追究不予配合清算责任的议案提交债权人会议进行表决后，依法代表债务人提起诉讼。

（二）违反忠实、勤勉义务

《企业破产法》规定了"董事、监事或者高级管理人员违反忠实义务、勤勉义务，致使所在企业破产的"，管理人可以诉请追究董事、监事、高级管理人员的相应赔偿责任。

2018年《公司法》第147条第1款规定了董事、监事、高级管理人员的忠实义务和勤勉义务，而对于忠实义务及勤勉义务并未给出明确定义，仅在第148条列举了违反忠实义务的情形，该条属于禁止性规定。从条文内容可以看出，忠实义务的本质在于要求董事、监事、高级管理人员不能将自己的私利置于与公司利益相冲突的位置或情形，上述人员在管理公司、经营业务、履行职责时，必须代表全体股东为公司最大利益努力工作，当自身利益与公司利益发生冲突时，必须以公司利益为重，不得将自身利益置于公司利益之上。相比于忠实义务，2018年《公司法》并未对勤勉义务的具体内容作出规定,司法实践中认为,勤勉义务要求公司董事、监事及高级管理人员履行职责时,应当为公司的最佳利益,具有一个善良管理人的细心,尽一个普通谨慎之人的合理注意,勤奋、审慎地管理与决策。①

2023年《公司法》对于忠实义务及勤勉义务的具体含义有了进一步规定。根据2023年《公司法》第180条的规定,忠实义务的核心是"董事、监事、高级管理人员应该应当采取措施避免自身利益与公司利益冲突,不得利用职权牟取不正当利益",即以公司利益为先;勤勉义务的核心是"执行职务应当为公司的最大利益尽到管理者通常应有的合理注意"。主观上而言,董事、监事、高级管理人员是善意为公司最大利益而执行职务;客观上而言,作为管理者,董事、监事、高级管理人员在岗位上应具备管理公司事务的相应能力,以体现其合理注意义务。

2023年《公司法》第180条第3款规定:"公司的控股股东、实际控制人不担任公司董事但实际执行公司事务的,适用前两款规定。"第192条规定:"公司的控股股东、实际控制人指示董事、高级管理人员从事损害公司或者股东利益的行为的,与该董事、高级管理人员承担连带责任。"据此,公司控股股东及实际控制人如参与执行公司事务或者指示董事、监事、高级管理人员实施违反忠实义务、勤勉义务的行为,造成公司损失的,应承担赔偿责任。

具体到破产程序中,如管理人调查发现债务人董事、监事及高级管理人员在管理、经营债务人的过程中,未尽到基本的管理职责,导致公司大量的资产无法查明去向、公司资产用于清偿非公司债务或造成债务人账实不符等情形的,可以认定相关董事、监事及高级管理人员已违反了法定的忠实义务和勤勉义务,损害了债务人利益。结合2023年《公司法》第180条第3款、第192条的规定,管理人在履职过程中,也应注意债务人的控股股东、实际控制人是否实际执行公司事务、是否存在违反忠实义务及勤勉义务或是否存在指示董事、监事及高级管理人员从事损害公司利益的行为之情形。

(三)实施欺诈性交易及偏颇性清偿

《企业破产法》第128条规定:"债务人有本法第三十一条、第三十二条、第三十三条规定的行为,损害债权人利益的,债务人的法定代表人和其他直接责任人员依法承担赔偿责任。"该条文明确,如果债务人存在《企业破产

---

① 最高人民法院(2020)最高法民申640号民事判决书。

法》第31—33条规定的行为,不仅这些行为可以被撤销或者直接归于无效,而且如果这些行为损害了债务人利益,法定代表人及直接责任人员须要承担赔偿责任。

关于《企业破产法》第31条、第32条规定的行为解读可见本节前述,此处不再赘述。至于责任承担主体,除了债务人的法定代表人外,还有其他责任人员。此处的直接责任人员可以是实施偏颇性清偿或欺诈性交易行为的主体,或是因未能履行忠实义务及勤勉义务导致上述损害债务人利益的行为发生之主体。如,债务人的财务负责人对公司的财务交易行为未尽到勤勉义务,在没有核实收款人信息,也没有任何审批的情况下对收款人进行个别清偿,则应当承担赔偿责任。[①]

《破产法解释(二)》第18条规定:"管理人代表债务人依据企业破产法第一百二十八条的规定,以债务人的法定代表人和其他直接责任人员对所涉债务人财产的相关行为存在故意或者重大过失,造成债务人财产损失为由提起诉讼,主张上述责任人员承担相应赔偿责任的,人民法院应予支持。"在案件办理过程中,如果管理人在核查债务人相关银行交易明细、财务账簿等资料时,发现债务人法定代表人或其他直接责任人员存在偏颇性清偿行为、欺诈性交易行为的,且造成债务人财产损失的,管理人除了主张相关行为可撤销或无效外,管理人还应代表债务人追究法定代表人及其他直接责任人员的损害赔偿责任,保障债权人利益最大化。

二、管理人对于损害债务人利益行为的处理路径

债务人的法定代表人、董事、监事及高级管理人员作为掌握公司经营管理及决策权限的经营主体,对于公司经营情况、资产负债情况等均较为了解,也更容易滥用其权利作出损害债务人利益的行为。管理人在履职过程中,应对债务人法定代表人、董事、监事及高级管理人员有无违反忠实义务、勤勉义务的情形、有无通过不正当行为损害债务人利益的情形等予以关注,如通过核查债务人银行交易明细、财务账册记载情况,判断债务人相关人员是否存在《企业破产法》第31—33条规定涉及的行为。管理人通过私力追收仍无法实现目的时,即可提起损害债务人利益赔偿纠纷诉讼,达到追究相关人员

---

① 浙江省温州市中级人民法院(2014)浙温商终字第839号民事判决书。

责任、实现债权人利益保障之目的。

（一）案由的确定

如前所述，债务人的有关人员不当执行职务或有《企业破产法》规定的损害债权人利益行为，造成债务人财产利益的损失，在破产程序中均可提起相关诉讼追究相关人员的责任。管理人在办理案件过程中，通过调查发现债务人相关人员存在违反《企业破产法》第15条规定未配合管理人进行清算；违反忠实义务、勤勉义务；涉及《企业破产法》第31—33条等行为，应当结合案件情况，判断债务人相关人员上述行为是否导致债务人发生相应损失，并进一步判断是否提起损害债务人利益赔偿纠纷。

（二）诉讼请求列明

损害债务人赔偿纠纷涉及的行为较多，诉讼请求因行为不同也有所不同，如因债务人相关人员不配合清算导致债务人损失，诉讼请求可以列为："1. 请求判令×××、×××共同在×××无法清偿的破产债权×××元范围内向×××承担赔偿责任，赔偿所得财产归入×××破产财产；2. 本案的诉讼费由两被告承担。"此处需要说明的是，综合分析目前公开的裁判文书，通常认为管理人执行职务产生的费用、管理人报酬等，不属于未配合清算行为导致的直接损失，债务人主张的该部分赔偿金额，法院不予认可。① 如系因债务人相关人员违反忠实、勤勉义务或存在《企业破产法》第31—33条规定的实施欺诈性交易行为或偏颇性清偿行为，导致的债务人损失，诉讼请求可列为："1. 请求判令×××、×××赔偿×××经济损失×××元及利息损失（自×××年×××月×××日起按贷款市场报价利率计算至实际履行之日止）；2. 诉讼费用由×××、×××承担。"

（三）诉讼思路

损害债务人利益赔偿纠纷的性质属于侵权纠纷案件，应承担的责任为侵权责任，需要证明因果关系。管理人在处理该类案件过程中，应当结合侵权责任的构成要件进行分析。具体如下：

1. 相关主体存在不当行为

根据《企业破产法》第125条至第128条的规定，损害债务人利益赔偿主体主要是债务人的董事、监事或者高级管理人员，以及法定代表人或者其

---

① 深圳市宝安区人民法院（2021）粤0306民初32448号民事判决书。

他主要直接责任人员。管理人在办理案件过程中，对于上述人员的职务行为应予以关注。首先，可以通过核查债务人的银行交易明细、财务凭证、公司决议等其他重要文书，或者结合债务人相关人员、债权人或第三人的访谈结果，综合分析债务人董事、监事或高级高管人员是否违反忠实、勤勉义务，或者存在不当职务行为，导致债务人利益受损，如未将债务人资金用于公司生产经营，而是用于偿还股东或其他关联主体个人债务，严重损害公司利益。其次，管理人在核查债务人是否存在《企业破产法》第31—33条规定的可撤销及无效行为，应同时关注该类行为是否导致债务人利益受损。最后，在法定代表人及其他经营管理人员不配合清算的情形下，管理人可以通过工商内档记载、公司财务资料或税务资料记载、合同文书或裁判文书记载等证明经营管理人员主体，及时向相关主体寄送要求配合接管的通知函，并做好相关函件签收情况的证据保存。

2. 相关主体主观上存在过错

除法律的特殊规定外，侵权责任纠纷适用过错责任的归责原则，要求行为人实施侵害行为时存在主观过错。实务中，如债务人相关人员违反法定义务或者实施不正当行为，一般认为其相关行为存在故意或者重大过失。如，在债务人进入破产清算程序后，法定代表人或其他经营管理人员未能向管理人移交公司财务资料等全部重要文件，也未能举证证明其并非配合清算义务人，则推定其存在明显过错。① 当然，如相关人员能举证证明其未实际参与企业经营管理，无法取得企业相关资料的，不存在故意不配合的情形，此情况下，人民法院一般不会判决其担责。

3. 债务人发生了损失

《企业破产法》赋予管理人向债务人相关人员主张损害债务人利益赔偿的职责，目的在于减少因债务人财产减损给债权人带来的损害，让债权人能够更大限度地获得清偿，债务人利益受到了实际损失是管理人主张损害债务人利益赔偿的前提条件。关于损失的认定，应当结合不当行为的类型区别判断。如法定代表人及其他经营管理人员未履行配合清算义务，未能向管理人移交财产、账册等，致使管理人未能执行清算职务，未能查清债务人财产，导致债务人财产状况不明，最终使得债权人清偿利益减损，损失金额应以人民法院裁定确认的债权金额与可供清偿财产金额的差额为限。如债务人相关人员

---

① 上海铁路运输法院（2022）沪7101民初1442号民事判决书。

违反忠实、勤勉义务或实施了欺诈性交易或偏颇性清偿，导致债务人利益受到损害的，应以实际损失确定诉讼请求金额。例如，债务人相关人员违反忠实、勤勉义务，将债务人资金用于清偿其个人或股东及其他关联方债务的，相关资金无法追回的，应对无法追回的金额承担赔偿责任。

4. 不当行为与债务人损失之间存在因果联系

在破产程序中，追究债务人相关人员损害债务人利益赔偿责任的，应当考虑其行为与债务人破产、导致债务人无法清算或者造成损失之间的因果关系强度，只有当债务人董事、监事或者高级管理人员违反忠实义务、勤勉义务，导致债务人破产或造成债务人损失；或当债务人的有关人员不履行法定义务，导致管理人未能接管债务人，从而无法清算、造成损失的；债务人的法定代表人和其他直接责任人员实施欺诈性交易行为或偏颇性清偿行为对债务人造成损失的，此类人员才应当承担民事责任。

三、相关案例

案例一①

案情简介： 原告于2017年4月10日登记成立，企业类型为有限责任公司，被告苏某为原告的股东、法定代表人。

2021年7月27日，法院裁定受理原告佛山某汽车科技公司破产清算一案并指定管理人。第一次债权人会议上，苏某确认原告经营场所内有电脑4台、打印机2台，其在未通知管理人且未向管理人行使取回权的情况下搬走，理由为这些设备属于广州某公司而非原告所有，被告需要保护这些设备。随后，原告被裁定确认职工债权501369.20元、税款债权42761.57元、普通债权3655407.45元；另债权人林某某及关某某的债权经管理人审查确定为8038872.02元，经债权人会议审核，债权人及债务人对该债权、数额并无争议，仅债权人甲公司对该债权受偿顺位提出异议并已经进入破产债权确认诉讼。

2021年12月21日，法院裁定宣告原告破产。截至2022年6月13日，原告破产财产合计5443680.85元。

---

① 佛山市顺德区人民法院（2022）粤0606民初7788号民事裁定书。

裁判要旨：首先，被告苏某虽然向管理人移交了部分资料，但未提供应收账款、会计账簿等资料，且未经管理人同意擅自取走原告经营场所内供原告经营使用且具体用于"销售、财务、跟单、仓库"的电脑，应当认定未完全履行配合清算的义务。其次，被告不仅未举证证明其未全面履行配合清算义务不存在过错，还辩称管理人满足其条件的情况下才提交相关资料，该理由缺乏法律依据，明显存在过错。再次，原告经破产清算，除5443680.85元外尚无其他破产财产且已被宣告破产，客观上存在损失8047734.50元（职工债权501369.20元＋税款债权42761.57元＋普通债权3655407.45元＋债权数额8038872.02元＋破产费用1253005.11元－破产财产5443680.85元）。最后，被告未能全面履行配合清算义务，致使原告管理人无法全面接管和调查债务人财产状况，导致无法审计、清算，在被告无相反证据推翻的情况下，应推定其行为与原告损失之间存在因果关系。

本书观点：损害债务人利益赔偿性质上属于侵权责任，配合清算义务人未履行或未全面履行配合清算义务情况下，其承担损害债务人利益赔偿责任，应同时符合义务人存在不配合清算义务的行为、义务人主观上存在过错、造成债务人损失、不当行为与债务人损失之间存在因果关系四个条件。

案例二①

案情简介：2011年6月2日，艺谷文化公司经公司登记机关核准设立，注册资本为5000万元。现艺谷文化公司股东为被告（认缴出资5000万元，持股比例100%），并担任公司法定代表人。

2016年3月8日，艺谷文化公司向被告转款两笔，分别为7558029.20元、3821970.74元。2016年3月18日，艺谷文化公司向被告转款294万元。2016年3月24日，艺谷文化公司向被告转款300万元。2016年3月25日，艺谷文化公司向被告转款297.3万元。2016年5月10日，艺谷文化公司向被告转款214万元。2016年5月11日，艺谷文化公司向被告转款30万元。2016年5月12日，艺谷文化公司向被告转款952500元。2016年12月26日，艺谷文化公司向被告转款2万元。被告收到该笔2万元款项后，将其与一笔2000万元的款项一并打入艺谷文化公司贷款扣款过渡账户内。

---

① 上海市嘉定区人民法院（2020）沪0114民初6713号民事判决书。

2016年6月15日，被告向艺谷文化公司账户转入80万元。2016年12月26日，被告向艺谷文化公司还款账户转入501万元。2016年12月27日，被告向艺谷文化公司的贷款扣款过渡账户转入2002万元。

2017年1月3日，人民法院作出（2017）沪0114破5号民事裁定书，裁定受理建峰公司对艺谷文化公司的破产清算申请。该案审理中，艺谷文化公司管理人委托审计机构对艺谷文化公司截至破产清算受理裁定日即2017年1月3日的财务状况进行审计。

被告根据艺谷文化公司对其账面应付款余额的统计，向艺谷文化公司管理人申报债权，金额为5507434.84元。申报债权时，被告提供了债权申报书、活期账户明细查询表一页及身份资料。申报理由为：被告借款给艺谷文化公司。2018年7月5日，艺谷文化公司管理人向被告出具《审查意见》，认为：申报人提供的材料无法证明申报人所申报的债权成立。之后，被告未再补充证据材料，也未提出异议或诉讼。

管理人接管到艺谷文化公司的财务资料后，发现被告存在挪用公司款项等损害公司利益的行为，故提起诉讼。

裁判要旨： 根据相关法律规定，公司董事应当遵守法律、行政法规和公司章程，对公司负有忠实义务和勤勉义务，公司董事不得挪用公司资金。被告作为艺谷文化公司的法定代表人及唯一股东，在并无实际债权债务发生的情况下从公司账户随意支取款项，违反对公司的忠实勤勉义务。不论被告是否已向原告返还挪用的资金本金，被告均应赔偿原告相应的利息损失。

本书观点： 董事、高管等应忠诚于公司利益，始终最大限度地实现和保护公司的利益，不得利用其在公司中的优势地位为自己或与自己有利害关系的第三人谋求在常规交易中不能或很难获得的利益。如董事、高管等存在2023年《公司法》第181条规定的情形，给债务人造成损失的，应当承担赔偿责任。

第十四节 管理人责任纠纷

一、法律规定及解读

《企业破产法》第130条规定："管理人未依照本法规定勤勉尽责，忠实执行职务的，人民法院可以依法处以罚款；给债权人、债务人或者第三人造成损失的，依法承担赔偿责任。"管理人责任纠纷为民事责任纠纷，即管理人违反勤勉忠实义务不当履行职责的行为，给债权人、债务人或者第三人造成损失时，受害人要求管理人承担民事赔偿责任所引发的纠纷。

管理人承担赔偿责任的义务来源于《企业破产法》及相关司法解释对管理人职责的确定。例如，《企业破产法》第25条规定："管理人履行下列职责：（一）接管债务人的财产、印章和账簿、文书等资料；（二）调查债务人财产状况，制作财产状况报告；（三）决定债务人的内部管理事务；（四）决定债务人的日常开支和其他必要开支；（五）在第一次债权人会议召开之前，决定继续或者停止债务人的营业；（六）管理和处分债务人的财产；（七）代表债务人参加诉讼、仲裁或者其他法律程序；（八）提议召开债权人会议；（九）人民法院认为管理人应当履行的其他职责。本法对管理人的职责另有规定的，适用其规定。"如管理人未积极履行职责，给债权人、债务人或第三人造成了损失，则可能会被追究相应的责任。再如，《破产法解释（二）》第9条第2款规定："管理人因过错未依法行使撤销权导致债务人财产不当减损，债权人提起诉讼主张管理人对其损失承担相应赔偿责任的，人民法院应予支持。"明确若管理人因其自身过错未行使撤销权导致债务人财产不当减损的，债权人可以要求管理人承担相应的赔偿责任。

根据上述法律规定，管理人责任的构成要件应当按照侵权责任的构成要件来进行认定，即需要同时满足管理人违反相关义务，债权人、债务人或者第三人有相应的实际损失，管理人违反相关义务的行为与债权人、债务人或者第三人的损失之间存在因果关系。另外，最高人民法院在审判过程中曾指出，管理人违反相关义务需要承担责任的前提是管理人存在故意或者重大过失，而并非一般过失。[①]

二、管理人应对管理人责任纠纷的解决路径

首先，管理人应当积极学习贯彻习近平法治思想，按照《企业破产法》及相关司法解释的规定勤勉尽责，接受债权人和人民法院的监督，切实履行《企业破产法》对管理人相关职责的要求，例如积极履行《企业破产法》第

---

① 最高人民法院（2014）民申字第827号民事裁定书。

25条规定的管理职责、第27条规定的勤勉忠实义务；再例如，管理人在处理《企业破产法》第18条规定的双方均未履行完毕的合同和《企业破产法》第31、32、33条规定的可撤销、无效行为等具体问题时，是否穷尽救济途径等。综合来看，管理人应当提升自身的专业素质和履职水平，优化管理人团队架构，建立重大事项决策及风险控制机制，从源头上降低管理人履职风险。

其次，鉴于破产案件的复杂性，管理人应该对其承办的案件通过职业责任险等方式对履职风险进行防控，即便发生风险，也在可控范围内。

最后，本节重点关注在管理人履职过程中的高发风险。具体如下：

1. 及时接管债务人的财产、印鉴、重要资料并妥善管理

《企业破产法》第25条规定了接管债务人财产、印章和账簿、文书等资料系管理人的职责之一。管理人在履行该义务时有以下几个注意点：一是管理人应当及时对债务人的财产进行接管。《最高人民法院关于推进破产案件依法高效审理的意见》《上海破产法庭关于规范破产案件接管工作办法》明确对管理人接管工作的时效性提出要求，管理人应当按照人民法院要求，在规定的期限内完成工作，对于短期内难以接管的，应当制订接管方案，并及时向人民法院汇报。二是管理人应当全面接管。具体接管范围包括但不限于经营证照、印鉴、财务会计资料、现金、银行存款、有价证券、债权凭证、土地、房屋等不动产及权利凭证、机器设备、交通工具、原材料、产品、知识产权、对外投资、特许经营许可、有关电子数据、管理系统授权密码、U盾，以及支付宝和微信等电子支付工具的账号密码等。三是管理人应当规范接管。四是管理人完成接管后应当妥善保管。管理人对已接管财产不得脱管，须视情况采取上锁、贴封条、聘用人员看管等有效管控措施，确保所接管财产置于有效管控下。接管物移转应报告人民法院同意。管理人须定期核查接管财产保管状况，发现财产可能发生毁损、遗失等风险的，应及时采取相应防范措施。管理人不得擅自挪用、处置债务人财产。关于接管工作的详细要点参见本书第二章所述。

2. 严格按照《企业破产法》规定及债权人会议决议执行职务

管理人执行职务受人民法院及债权人会议（及债权人委员会）的监督。管理人履行职务应当严格按照《企业破产法》规定及债权人会议决议，除法律另有规定外，不得擅自未经人民法院许可或债权会议决议履行职务，例如在没有债权人会议决议或人民法院许可的情况下自行聘请其他评估、审计、造价等中介机构，擅自处分债务人财产，擅自新增共益债务等等；法律规定

的管理人应当履行的职务除债权人会议另有决议外应当积极履行,包括追收股东未缴出资、追缴股东抽逃出资、追究法定代表人及相关责任人员的清算责任、涉及《企业破产法》第 31—33 条可撤销及无效行为的诉讼等等。

3. 积极调查、维护债务人财产并审查债务人负债情况

管理人应当积极调查债务人的财产情况,并按照前述要求进行接管。首先要明确债务人的财产范围,并积极展开调查,尤其要注意容易忽略的财产,例如外地的银行账户、对外投资、应收账款等等;同时管理人也应当积极维护债务人的财产,避免其贬值、灭失等,例如管理人应当及时对无形资产进行续期,对连续 3 年未使用的商标如相关人员提出对其撤销/宣告无效登记的应当及时提出异议。对于债务人的应收账款,若资料齐全、尚未过诉讼时效的,应当积极追收等。

对于债务人的负债方面,管理人应当及时通知已知债权人、主动调查职工债权,对于已申报的债权应当严格审查,如发现虚假申报的应当严正告知相关方法律后果,必要时向公安机关报案处理。

4. 管理人报酬由人民法院确定后方可支取

一般来说,债权人会议会审议管理人的报酬方案,但管理人报酬最终是由人民法院根据《最高人民法院关于审理企业破产案件确定管理人报酬的规定》确定。管理人报酬的具体金额会在财产分配方案中列明,提交债权人会议审议表决并最终经人民法院裁定。因管理人账户的支取一般来说属于较为敏感的事项,为谨慎起见,管理人应当在报酬的具体金额通过债权人会议决议及人民法院裁定后,另行通过书面方式就管理人报酬问题申请人民法院确认。

三、相关案例

案例一[①]

案情简介: 佳和公司系晨德公司债权人,经上海市松江区人民法院(以下简称"松江法院")审理,该院以(2008)松民二(商)初字第 1250 号判决书判令晨德公司给付佳和公司货款 225080 元及逾期货款的利息,案件受理

---

① 上海市第二中级人民法院(2017)沪 02 民终 6077 号民事判决书。

费 2338 元及财产保全费 1645 元均由晨德公司承担。判决生效后，晨德公司未主动履行义务，佳和公司遂申请法院强制执行。其间，晨德公司的债权人上海新集煤炭销售有限公司向松江法院申请该公司破产，该院于 2008 年 12 月立案受理，并指定××公司为晨德公司破产管理人，佳和公司遂向××公司申报了具体债权金额。2009 年 3 月上审公司向管理人出具对晨德公司审计报告。报告载明："晨德纺织提供的财务及相关资料中，未见 2008 年 8—12 月的任何资料，2008 年以前的报表、账册和凭证也有缺失，且破产人未对所提供的财务及相关资料的真实性作出承诺。故本次审计只能对已获取的资料进行审核并得出结论，因资料缺失和真实性问题而影响到审计结论正确性的情况无法作出任何保证。"清算过程中，管理人曾至晨德公司的债务人"伊鑫公司"及其浦西分公司注册地查找该公司下落，未曾发现上述地址存在该公司或分公司。另外，根据交警总队车管所的信息，晨德公司尚有一辆未被查封的东风货车。由于晨德公司未向管理人移交该车辆，管理人因客观上无法掌握、控制该财产，遂提请松江法院对该车辆的行踪进行调查。2010 年 3 月，松江法院裁定终结晨德公司的破产程序。佳和公司最终分得晨德公司破产财产 12969.75 元。

裁判要旨：关于上审公司的责任问题。上审公司接受委托对晨德公司的资产进行破产审计，其仅能就晨德公司已移交的账册、财务资料等进行审计，而对晨德公司账册、财务资料不全的情形，已在审计报告中作了说明；其对资产负债表的部分数据进行调整，佳和公司并不能就此证明上审公司的审计工作存在错误或不实，更不能证明上审公司在审计中存有过错，故佳和公司要求上审公司承担赔偿责任依据不足。

关于管理人的清算责任问题。××公司作为晨德公司破产清算案件的管理人，对晨德公司的对外债权以发函形式进行催讨，在函件被退回后也至实地进行了核查，以及对可能涉及晨德公司实际经营人收款未入账的情形向公安部门报案，已基本尽到破产管理人的勤勉尽职义务。至于佳和公司所称晨德公司的车辆未作处理一节，因管理人并未实际掌控车辆，无法进行处置，且已向破产受理法院汇报此事，并不构成管理人的失职。

本书观点：管理人在履职过程中应对债务人财产进行调查，但根据实际情况确实无法接管、处置相关财产且已经穷尽救济途径并向人民法院报告，已基本尽到管理人的勤勉尽职义务，不应当承担赔偿责任。

案例二①

案情简介：2016年3月1日，原告作为乙方、A公司作为甲方共同签署《租赁合同》一份，约定将上海市青浦区××路××弄××号××幢××层、建筑面积为800平方米的房屋租赁给原告作工业厂房、附属办公及仓库使用。合同主要内容有：

第二条　租赁期限

1. 本租约期限为6年，自2016年5月1日起，至2022年4月30日止；租赁期限的前三年为固定期限，三年满后，乙方可经提前三个月书面通知甲方单方面解除合同，且不构成违约。

……

第三条　租金金额及付款方式

1. 房屋租金金额：每平方米0.68元/天，即每月租金16320元；租金第一、第二年不变，第三年起每两年递增6%（前述租金含税）。如乙方到期继续租用，在同等价格下，乙方享有优先权。

2. 物业管理费的收取：按500元/月收取（含税），与租金同期支付。物业费在租期内保持不变。

3. 免租期自2016年5月1日起至2016年5月31日，免租期内乙方无须支付租金，但仍应支付承租区域的物业管理费、水电煤气费（如有）及公共分摊（如有）等费用。

合同另对双方权利义务、乙方装修该物业应符合的规定、协议的解除条件、违约责任等内容作了具体约定。

2019年7月25日，上海市青浦区人民法院作出（2019）沪0118破28号民事裁定书，裁定受理上海B有限公司对A公司的破产清算申请。2019年11月28日，青浦法院作出（2019）沪0118破28号决定书，指定本案被告担任A公司破产管理人。2019年年底，被告于涉案租赁厂区张贴A公司破产公告，原告知悉A公司破产事宜。

2020年3月24日，被告向原告发送《通知书》，主要内容为："根据2020年3月17日在上海市青浦区人民法院所作的谈话笔录，你方应按原《租赁合同》的支付标准、支付周期向管理人支付实际占有使用费。本期实际

---

① 上海市青浦区人民法院（2021）沪0118民初6003号民事裁定书。

占有使用费结算期间自 2020 年 5 月 1 日至 2020 年 10 月 31 日，支付金额为 115467.87 元（含物业管理费）。故，管理人要求你方于 2020 年 3 月 31 日前将上述款项付至管理人账户。"

2020 年 3 月 31 日，原告通过中国银行向被告指定账户汇款 115467.87 元，并备注用途和附言均为"2020 年 5—10 月房租及物业费"。

2020 年 7 月 13 日，法院组织召开 A 公司第一次债权人会议，会议表决通过管理人提交的 A 公司财产管理方案，该方案中提及"管理人按照 A 公司与上述 4 家公司（注：含原告）原租赁合同上的支付标准、支付周期计算收取实际占有使用费。……原告已经支付 2020 年 5 月 1 日至 2020 年 10 月 31 日的实际占有使用费 115467.87 元"。

此后，原告核算发现被告核算金额有误，包含了物业费 3000 元。按照法理和第一次债权人会议确定的占用费计算原则，占用费不包含物业管理费；且被告及 A 公司未提供物业管理服务，因此被告收取款项有误。根据《企业破产法》第 130 条之规定，被告作为管理人未勤勉尽责、忠实执行职务，给原告造成损失，依法应承担赔偿责任，原告提起诉讼。

裁判要旨：本案中，应着重分析被告有无未尽勤勉职责、忠实履职之情形。法院认为，被告作为 A 公司破产管理人积极履行管理人职责，清理债务人财产，催收相关债权，在涉案《租赁合同》中对租赁费用、物业费用有明确约定的情况下，被告按照合同约定的标准向原告催收占有使用费及物业费，该占有使用费及物业费亦得到了债权人大会的追认。被告计算物业费的依据源自《租赁合同》，被告在合同解除后按实际占用期间计算物业费具有一定的合理性，尚未构成违反管理人的勤勉忠实之责；且在被告向原告发送《通知书》时也注明了收取的 115467.87 元中包含了物业费，随后原告不仅按照《通知书》的金额、期限及时交付上述费用，甚至还在汇款凭证中注明"房租及物业费"字样，故应视为原告对被告计算的占有使用费及物业费金额并无异议，以其实际行动予以了确认。原告在《通知书》规定的期限内怠于行使核算款项的权利，并将此结果全部归责于被告，法院不予支持。

本书观点：管理人责任纠纷系基于侵权行为处理，该案中，管理人收取的租金及物业费已经原告方确认，并由原告自行支付至管理人账户，管理人并未违反勤勉忠实义务，故不满足侵权要件，不应当承担赔偿责任。

附录
常见管理人工作文书样式

因破产事务的复杂性及行文要点考虑，本书并未列举所有的管理人工作文书，仅就编写团队在办理上海市破产案件时所形成的契合实务要求的文书进行列示。未涉及的文书，读者可参考最高人民法院《人民法院破产程序法律文书样式（试行）》或根据实践需要撰写。

附件1. 管理人任职函件及项目组成员名单

附件2. 协助查询债务人涉诉涉执行案件及财产状况的申请书

附件3. 印章备案函

附件4. 管理人账户备案函

附件5. 债权申报材料

附件6. 催收函（要求债务人的债务人清偿债务）

附件7. 接管函并附接管要求及接管清单

附件8. 印章接管表

附件9. 接管访谈笔录

附件10. 继续履行合同通知书

附件11. 解除合同通知书

附件12. 关于提请人民法院许可继续/停止债务人营业的报告

附件13. 关于请求法院裁定债务人配合接管并罚款的申请书

附件14. 关于请求法院裁定债务人限期配合管理人完成接管工作的申请书

附件15. 解冻、划款协助执行通知书

附件16. 要求缴纳出资款的通知书

附件17. 追收抽逃出资函件

附件18. 调取债务人车辆信息的所函

附件19. 致公积金管理中心的协查函

附件 20. 债权初审认定结果通知书

附件 21. 申请裁定确认无争议债权的报告

附件 22. 中止审理申请书

附件 23. 中止执行及解除财产保全申请书

附件 24. 申请出具解除账户冻结裁定的报告

附件 25. 关于提请债权人会议核查债权的报告（附债权表）

附件 26. 管理人执行职务的工作报告

附件 27. 财产管理方案

附件 28. 财产变价方案

附件 29. 破产财产分配方案

附件 30. 管理人报酬方案的报告

附件 31. 采取非现场方式召开债权人会议及表决的方案

附件 32. 债权异议程序和补充申报费用规则

附件 33. 后续聘请第三方机构的方案

附件 34. 提起诉讼后无力支付/部分垫付案件受理费的处理方案

附件 35. 关于招募重整投资人的方案

附件 36. 关于债务人对外融资借款的方案

附件 37. 关于提请法院裁定认可破产财产分配方案的报告

附件 38. 宣告破产申请书

附件 39. 破产财产分配公告

附件 40. 关于债务人财产不足以清偿破产费用提请人民法院终结破产程序的报告

附件 41. 破产财产分配执行情况的报告

附件 42. 提请人民法院裁定终结破产程序的报告（破产财产分配完毕）

附件 43. 终止执行职务的报告

附件 44. 关于提请人民法院许可聘用工作人员的报告

附件 45. 关于债务人自行经营管理的可行性分析报告

附件 46. 重整意向投资人招募公告

附件 47. 重整计划草案

附件 48. 关于提请人民法院裁定批准重整计划草案的报告（请求批准债权人会议表决通过的重整计划草案）

附件 49. 关于提请人民法院裁定批准重整计划草案的报告（请求批准债

权人会议表决未通过的重整计划草案）

附件 50. 关于重整计划执行情况的监督报告

附件 51. 和解协议草案

附件 52. 预重整申请书

附件 53. 临时管理人推荐函

注：上述附件的详细内容请扫描下方二维码获取。